国外国防科研生产能力发展与监管研究

GUOWAI GUOFANG KEYAN SHENGCHAN NENGLI FAZHAN YU JIANGUAN YANJIU

中国船舶第七一四研究所 编著

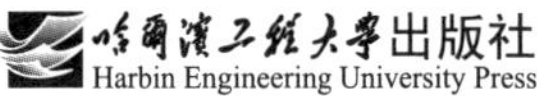

内容简介

本书围绕政府在国防科研生产能力发展调整过程中实施管理的事项和措施，综合运用文献搜集法、理论分析法、案例比较分析法、实地调研访谈、专家综合研讨等方法，通过梳理美国、英国、法国、德国、俄罗斯、日本、以色列等典型国家国防科研生产能力发展与监管的历史沿革、发展战略等，从政策法规、资金、项目、调整重组等方面，分析政府对国防科研生产能力发展的监管手段。在此基础上，归纳、分析上述国家国防科研生产能力体系结构与监管的特点。

本书可供从事与国防科技有关工作的人员，以及一切关心国防事业的人员阅读。

图书在版编目(CIP)数据

国外国防科研生产能力发展与监管研究 / 中国船舶第七一四研究所编著. — 哈尔滨 : 哈尔滨工程大学出版社, 2020.4

(国家战略 : 经济建设和国防建设融合发展理论与实践丛书)

ISBN 978 - 7 - 5661 - 2513 - 2

Ⅰ. ①国… Ⅱ. ①中… Ⅲ. ①国防科学技术 - 科研能力 - 研究 - 国外 Ⅳ. ①E115

中国版本图书馆 CIP 数据核字(2019)第 271825 号

选题策划 张 玲
责任编辑 薛 力 邹德萍
封面设计 李海波

出　　版 哈尔滨工程大学出版社
社　　址 哈尔滨市南岗区南通大街 145 号
邮政编码 150001
发行电话 0451 - 82519328
传　　真 0451 - 82519699
经　　销 新华书店
印　　刷 哈尔滨市石桥印务有限公司
开　　本 787 mm×1 092 mm 1/16
印　　张 26.25
字　　数 517 千字
版　　次 2020 年 4 月第 1 版
印　　次 2020 年 4 月第 1 次印刷
定　　价 168.00 元
http://www.hrbeupress.com
E-mail:heupress@hrbeu.edu.cn

编 委 会

总 序

当今世界,随着新一轮科技革命、产业革命的兴起和世界新军事革命的加速发展,社会经济形态、技术形态和战争形态深刻演变,推动经济建设和国防建设融合发展已经成为时代潮流,成为各国综合国力竞争和军事竞争的一种新趋势。随着我国经济建设和国防建设融合发展实践的不断深入,其理论研究也在不断深化,如何借鉴国外经验教训,破除阻碍经济建设和国防建设融合发展的坚冰、壁垒、藩篱,是亟待解决的现实问题:一是资源配置不合理,如军工企业融资渠道单一,军工企业专业人才队伍不稳定。二是军民双方内在机制不协调,如技术标准不统一,保密解密机制不协调,利益分配不协调,文化不协调。三是运行机制滞后,虽然我国关于经济建设和国防建设融合发展的相关政策制度文件总量庞大,但相关政策并未形成较为清晰的逻辑体系,经济建设和国防建设融合发展的实施缺少宏观统筹规划;相关政策缺少实践检验与经验总结,部分文件因为缺乏实际操作细则而作用甚微。究其深层次原因,既有思想观念保守固化的问题,也有法律制度供给不足的因素,还有体制机制的羁绊。

《国家战略:经济建设和国防建设融合发展理论与实践丛书》正是基于上述经济建设和国防建设融合发展中存在的问题及原因所策划的。本丛书包括《国外国防科研生产能力发展与监管研究》《国外涉军资产管理模式研究》《国外军民两用计划实施方式研究》《我国经济建设和国防建设融合发展现状与国际经验启示》《我国经济建设和国防建设融合发展政策法规体系甄别与分类研究》《我国经济建设和国防建设融合发展政策法规体系国际比较与建设路径》6 个分册。本丛书一方面通过梳理典型国家在国防科研生产能力建设、涉军资产管理、军民两用计划及项目管理经验等经济建设和国防建设融合发展领域的做法、政策制度体系和成效等,归纳可供参考借鉴的做法,弥补国内在相关领域的研究空白;另一方面,聚焦促进武器装备科研生产领域,甄别和挖掘国外国防科技工业、武器装备采购等方面的政策法规体系,梳理了我国经济建设和国防建设融合发展组织管理、工作运行、政策制度“三大体系”发展现状及存在的问题和障碍,对比国外成功经验做法,提出推进我国经济建设和国防建设深度融合发展的具体措施和政策建议，对加强应用基础研究、推进我国经济建设和国防建设融合发展创新体系建设具有重要意义。

本丛书力求使社会大众、企事业单位、政府和军队相关部门准确把握经济建设和国防建设融合发展的内涵与外延，系统了解国内外经济建设和国防建设融合发展主要涉及领域的现状、问题、经验、教训，进而启发引导社会各类主体从认识角度统一思想，从实践角度落实经济建设和国防建设融合发展战略，因此具有较大的社会效益。

第一，本丛书的出版为实现国防和军队现代化提供了丰厚的资源，为可持续发展奠定了良好的基础，促进了我国经济建设和国防建设良性互动，更好地推进了我国国家战略的实施；填补了经济建设和国防建设融合发展领域在国内政策制度建设方面研究的多项空白，有助于我国国防和军队现代化建设以及对相关人才的培养；同时本丛书结合具体经典案例总结其经验教训，针对我国经济建设和国防建设融合发展管理实践、政策体系现状，提出相关措施建议，为我国经济建设和国防建设融合发展管理实践工作提供决策支撑。

第二，本丛书通过跟踪研究世界上具有代表性的几个国家经济建设和国防建设融合发展的实施背景、认识、主张、思路、重点领域与特点，为我国经济建设和国防建设融合发展相关领域的广大科研工作者提供了第一手的研究素材。此外，本丛书重点分析了美国、英国、法国、德国、俄罗斯、日本等国在军工开放、资源共享、军民科技成果转化、军工带动国民经济发展、改善军工投入和能力管理等经济建设和国防建设融合发展重点领域的典型做法、管理措施和实施效果，以此提出了推进我国经济建设和国防建设融合发展管理实践的政策措施建议，为实现我国武器装备研制水平和国民经济发展水平的同步提高提供了一定的参考和借鉴。

第三，本丛书介绍的我国经济建设和国防建设融合发展的阶段、历程及政策制度建设，为各地方的经济建设和国防建设融合发展提供了参考和借鉴，使各地方的经济建设和国防建设融合发展更具有针对性及方向性，进而为推动经济建设和国防建设融合健康发展，增强国家的战略威慑力，实现强军梦、中国梦提供强有力的支撑。

由于我们理论水平有限，在选题与具体研究内容上难免存在不足之处，欢迎广大同人及读者批评指正。

中国船舶第七一四研究所

2019 年 10 月

目 录

导 论
国防科研生产能力的内涵

一、对国防科研生产能力的理解

国防科研生产能力主要包括:

• 从能力的定位来讲,区别于一般能力,对于武器装备建设来说,要同时满足不可或缺的、不可替代的、起决定性作用的能力。这类能力是武器装备研制生产专有的能力,无法在民用工业领域获得;需要长期的建设、锻炼和改进,才能成熟,不是可以在短时期内迅速形成的;一旦丧失,会对国家武器装备科研生产的独立自主造成不可承受的负面影响。

• 从能力的要素来讲,应包括关键设备设施,基础、前沿和关键技术的储备,核心人才,以及武器装备科研生产组织与管理体系等全要素。不仅从满足装备建设需要的单项能力上来考察,还应该从各种能力的整体,即综合能力上来考察。

• 从能力的分布来讲,应该包括在武器装备建设相关的基础性研究、装备研发、装备生产、系统集成、装备维修保障等各个环节上的核心能力。

• 从能力的布局来讲,国防科研生产能力既包括传统军工领域,也包括非传统军工领域,即从全社会范畴来考虑国防科研生产能力建设。站在国家层面看,"军工"系指国内承担主要武器装备科研、生产、维修等任务的机构组成的群体。武器装备科研、生产、维修等任务延伸到哪个机构,哪个机构就属于军工的组成部分。因此,国防科研生产能力指的是全国范围内,武器装备科研生产的核心能力,军工集团之外的能力也可能属于国防科研生产能力的范畴。

• 从能力的发展来讲,核心能力是一个动态的概念,核心是否具有时代性,与武器装备发展需求密切相关,与基础条件完备性和水平密切相关。国防科研生产能力建设是围绕特定时代的历史任务而展开的。在不同的历史阶段,国防科研生产能力有其不同的时代内涵。应根据科学技术的实际发展和军事需求的

变化,对国防科研生产能力范围进行适当调整。

• 从能力的外延来讲,国防科研生产能力必定存在于一定的组织或机构中,政府对核心科研生产能力的建设和监管,离不开对其承载实体本身的关注。从这个角度界定的国防科研生产能力称为"军工核心机构"。因此,考虑核心能力必须要考虑能力载体以及载体间的相互关系。

二、美国军品科研生产能力的内涵及重点

美国国防部指令5000.60h"评估国防工业能力"中,从保证采办执行的角度,将能力按类型分为技能(skill)、知识(knowledge)、设备设施(facilities and equipment)、工艺(process)、技术(technology),认为能力表现在(即能力支持的活动)系统、子系统或零部件设计、开发、生产、维护、修理中,并单独提到"产能"(amount of capacity)。

在对国防工业进行评估时,比如美国国防部每年发布的年度工业能力报告中,评价的对象包括某个行业的工业能力、某种/型装备的工业能力、某种/型配套的工业能力,以及技术研发的能力;关注的方面,可以是能力的特性,如竞争性、安全性、充分性、先进性、经济性,也可以是构成或影响能力的要素,如人员、设施、管理、政策、投入。

在5000.60h指令中还提出了"国防工业特有能力"(unique industrial capability)的说法,用以下三个判据来认定:是否只有一条(个)或很少生产线(供应商)能够提供;是否没有替代品,或无法用其他工业能力生产;产品是否是任务必需。

2003年,美国出台《国防部国防工业基础转型路线图》,力图打造"可靠、充分、划算"的国防工业基础。直至当前,这一目标仍然有效:

"可靠"是指供应商能够按时交付签约的产品和服务,可靠的公司是能够长期存在的公司。

"充分"是指供应商所提供的签约产品和服务能满足国防部对性能的要求。

"划算"是指供应商能够在成本目标范围内交付签约产品和服务。

近两年,受到国防预算趋紧的冲击,美国更加重视维护国防工业基础,政府和工业部门采取了若干措施,例如,除了年度例行的国防部"工业能力评估"外,美国国防部还启动了"逐层级、逐行业"的工业能力审查;美国国防部将适度竞争、促进出口、稳定研发作为维持国防工业基础的三大手段;美国国防工业协会、航空航天工业协会、专业服务委员会这三个主要的军工行业机构组成团队,调查研究了预算削减对国防工业发展的影响,并提出应对措施(以下简称"工业界评估")。

综合分析这些重要举措，可以看出美国当前对于国防工业的关注重点，从而发现美国军工核心能力的范畴，主要包括以下方面。

(一)强大而稳定的研发能力

美国 2010 年《四年防务审查报告》指出，“国防部要研制、部署和维护高品质的设备，必须依赖强大精良的国防工业基础。事实上，美国的工业规模和能力使其在第二次世界大战中取得胜利成为可能，保持了优于苏联的技术优势，并在今天确保置身险境的军人拥有世界上最好的设备，得到现代化后勤和信息系统的保障。因此，我们的技术优势必须受到密切的监测和培育”。

技术优势是美国保持绝对军事优势的保证，而技术优势来源于持续、高强度的国防研发投入。美国目前是世界上国防研发(RDT&E)投入最多的国家，近五年来均超过 700 亿美元，占世界总投入的 2/3。

尤其是美国高度重视国防基础科研，这是美国长期保持军事能力绝对优势的根本原因。2009 财年，美国国防部、能源部、航空航天局的基础科技投入高达 216.5 亿美元，是欧盟的近 8 倍。政府还供养了一支庞大的科研队伍，规模超过 13 万人，仅美国国防部直辖的工程技术中心和研究实验室，其研究人员总数就达 7 万余人。

即使在预算趋紧时，美国仍然坚持稳定的研发投入。20 世纪 70 年代越南战争后，美国国防经费急剧下降，但是国防部仍然保证研发经费充足。面对再一次的国防预算削减，美国政府仍将持续稳定的国防研发投入视为维护国防工业基础的三大手段之一，国防部官员反复强调要维持研发预算的稳定。2013 财年，在国防预算总体下滑的情况下，美国国防部依然确保对国防基础技术研究(S&T)的稳定拨款，预算申请额为 119 亿美元，与 2012 财年基本持平，国防研发预算下降 2.8%，小于总预算 6.4% 的降幅。其中，基础研究费为 21 亿美元；应用研究费为 45 亿美元；先期技术开发费为 53 亿美元。国防部给国防高级研究计划局的预算申请额为 28 亿美元，同比减少不到 0.5%，下降幅度远远低于其他国防机构。国防高级研究计划局将继续进行下一代制造技术、赛博空间安全等前沿技术开发项目，同时也将启动一些新的前瞻性技术开发项目，如云计算技术、5 倍音速高超声速飞行器研发项目等，其中的重点新兴能力赛博的研发预算还大涨 50%。

在“工业界评估”中，三大协会重点关注了企业因利润减少而降低研发投入，提议政府安排多年度预算，支持长期研发计划，保持企业研发开支的稳定。为了推动企业投资研发活动，国防部也颁布新规，调整了对企业申报独立研发项目的要求，为企业提供更明确的需求和资金补助等。

（二）持续、稳定的劳动力队伍，尤其是高水平科研人才

在美国对国防工业能力的评估中，劳动力被视为能力的构成要素之一，如兰德公司在评价美国海军船厂能力时，重点关注了劳动力队伍的规模和素质。美国国防部2007年完成的《全球造船工业基础对标研究——第二部分：中级船厂》报告认为，中级船厂的造船能力主要是受熟练劳动力短缺情况的影响，而不是受限于生产设施。“工业界评估”认为大规模裁员不利于工业基础的稳定。

其中，高水平科研人才尤其受到关注。美国政府将科研人才队伍建设与国防基础科技发展紧密联系起来。例如，国防部2000年《国防科学技术战略》指出，实施国防基础科技计划的目的之一是，“聘用和保持顶级的科学家和工程师队伍”；国防部国防研究与工程局2007年《战略计划》指出，它的使命就是发现科学领域的人才及其理念，明确将“能够产生成果并吸引高素质人才的科技计划”作为衡量基础科技成功的目标之一。美国还设立了“大学研究计划”“青年人才发现计划”“总统早期职业奖”等资助计划，吸引美国社会上更多有潜力的人才投入到国防基础科技研究中，帮助他们成才。

2007年的《国防部年度工业能力报告》指出：“软件开发行业的劳动力问题是国防部所有系统都面临的挑战，其中包括 C^4ISR 系统①。……顶层软件开发和管理骨干人员存在供需不平衡问题，并且由于这类专业人才的不可替代性，问题显得更严重。”“工业界评估”在评估裁员时，特别指出由于缺乏资金和长期研究项目的支持，军工企业将难以吸引或留住高素质科研人才，也无法为新一代科研人员的成长提供良好环境。而且，老一代设计师和专家临近退休，一旦人才队伍流失，则需要付出巨大的成本和相当的时间才能重建。

（三）安全的供应链

美国国防部指出，很长时期以来，国防工业被看作是一个完整的经济部门，其主要角色是少数几家选定的军工供应商，这是完全不正确的。国防部所需的产品和服务十分深入地延伸到美国的整个经济体系中。虽然有些东西是专为国防部生产的，但这些东西本身往往依赖于产品供应商的复杂和完整的供应链，如果供应链的第二、第三甚至第四层吃紧，即使是纯粹的军工供应商，也会危害到军队的支撑能力。国防工业的许多需要有不可替代技能的工作，掌握在非主要供应商手中。许多这样的小型、高度专业化的公司依赖于主供应商及其特有的需求来维持生存。因此，只有搞清楚国防部在整体计划层面所做出的决策对他

---

① C^4ISR 系统：军事指挥信息系统；军队指挥自动化系统。

们的传递效应,才能确保关键的底层供应商能够响应这些决策,确保国防工业基础能够不断得到关键的组成成员,确保关键的技能不会丧失,保证美国的国家安全不受供应链损伤风险的影响。

美国国防工业供应链,从数量上看,从顶层承包商到底层供货商的合理布局应该呈金字塔形,即:大系统集成商数量少,能力强;零部件供应商数量多,分工细。供应链的安全主要关注底层供货商,其包括两方面内容。

一是规模充分。在“工业界评估”中,三大协会认为:武器装备研制生产供应链的底层大多是中小企业,它们通常难以承受订单的急剧减少。武器装备采购数量减少和利润缩水,迫使一些二、三级供应商开始退出国防部相关业务,最终可能导致供应链各环节企业大量退出,主承包商将不得不承担过去分包出去的任务,现有供应链被打破,专业分工退化,竞争性下降,整体成本提高。工业界建议政府精简程序,降低中小企业参与国防业务的成本,增加底层供应商的利润,吸引其留在国防业务领域,维持美国本土供应链的稳定。

二是货源安全。这主要是市场全球化造成的,尤其在电子领域。2007 年的《国防部年度工业能力报告》指出:“全球化供应链也存在风险,如被篡改的风险和维持过时民用部件可靠供应的风险。例如,随着国防部的承包商出于经济利益原因,将软件开发工作移到国外,恶意代码(如特洛伊木马、后门病毒、定时炸弹病毒)等潜在安全风险就增大。”美国商务部在《2010 年国防工业基础评估》中指出,伪冒芯片导致武器系统的可靠性每年下降 5% ~15%,政府问责署也于 2011 年 7 月称国防供应链的 40% 已受到伪冒芯片的影响,参议院军事委员会更是在 11 月举证百万件伪冒芯片已进入陆海空军八大现役装备。“工业界评估”认为,中小企业出于利润目的,将工厂从美国转移出去,“这将加重美国对全球供应链的依赖,增加安全风险”。美国已采取多项措施,如加强供应链安全审查;开展可信代工项目,在境内维持完整的国防关键系统用集成电路供应链;通过“可信集成电路”等项目开展可信技术研究,重点提高对硬件木马、人为工艺缺陷等恶意芯片的检测能力。

(四)充足的产能,尤其是应急产能

充足的产能是保障武器装备规模发展的基础,也是生产某些大型武器系统所必需的,比如建造航母必须有足够大的船坞、足够能力的龙门吊。“工业界评估”认为预算削减的重要影响之一是“导致资金向军工行业外转移,或迫使大公司剥离军工业务,国防工业规模萎缩”。

而对于产能的关注,在产生紧急需求时表现得尤为明显,这种“紧急需求”可以是战时动员生产的,也可以是突然出现的特定新需求。美国国防部对“充分”

工业产能的要求是:“要能灵活而主动、迅速地对国防部的需求与重点的变化做出反应,尤其是在冲突发生期间,最能表现出其生产线和技术的自适应性。……顺畅应对需求高峰和需求低谷。……总是存在一些在和平时期需求量很低、生产范围很窄的国防专用产品,其工业能力有限。当在国防部需要加速生产这些产品时,这类问题便突显出来。”

为了维持产能的充分性,工业界提议政府加快实施出口管制改革,促进军品出口,利用国际军火市场,维持美国国防工业的产能;慎重衡量削减军工特有的,与民用产业相关度不大的行业的项目。

(五)尖端、紧缺或存在风险的技术能力

美国一贯重视国防尖端技术,庞大的国防研发投资和研发队伍使其在大部分国防科技领域领先世界,引领着世界武器装备的发展方向,在当前新兴技术领域,如赛博、空间对抗、水下对抗,美国都明显超出其他国家。而且,对于一些非常重要,但企业没有足够能力或动力推动进步的公共基础技术,由政府承担。如美国设立国防制造与加工中心,不但研究先进加工技术,而且允许企业使用其先进且昂贵的加工设备设施。

此外,美国持续监视本国技术能力的发展状态,当某种技术能力出现紧缺或面临风险时,则适时发出警告,并由政府采取相应措施进行引导和加强。例如,美国关注到本国先进制造能力的流失,认为制造业对经济的贡献率相对下降,高技术工业产品出口占全球市场的份额由 20 世纪 90 年代末的 20% 下降到 2008 年的 11%;国内先进制造能力下降,已基本丧失了发光二极管等一批先进技术产品的生产能力;制造业相关研发活动向海外转移,在国外投入研发费用的增长速度比在本国快 3 倍,制造业研发投入占国内生产总值(GDP)的比例仅列世界第七,低于韩国、日本、瑞士、以色列等国。为此,美国总统科技咨询委员会向时任总统奥巴马提交了《确保美国先进制造业的领导地位》报告,要求政府在重振先进制造业中发挥关键作用。据此,奥巴马总统启动了“先进制造伙伴”计划,由政府部门联合工业界、学术界共同推动先进制造能力发展。

(六)适当的竞争

美国国防工业走市场化道路,一贯强调竞争的作用。2007 年《国防部年度工业能力评估》指出:“在所需产品和服务领域维持竞争的市场态势,通常可以最大程度地满足国防部的利益。在核心国防市场拥有数量足够且具备资格的供应商,可以促进竞争和创新,这对满足国防部未来作战需求而言非常重要。”《2009 年武器系统采办改革法》规定,在每一个重大采办项目全寿命周期的“主包和分

包层面上，必须要有竞争或竞争选项”。近年来美国国防部反复强调“稳健而可信的竞争，对保证国防部采购到高质量、可承受、创新性的产品至关重要”。

但实际上，由于高度的寡头化，美国国防工业的竞争并不充分，例如，在国防专用市场上，子系统/零部件层面上有时几乎不存在竞争，国防部必须利用许多孤源供应商提供产品；2003—2008 年国防部 5 700 多亿美元的合同中，竞争性合同金额只占 33.7%，尤其是大宗合同（合同金额高）的竞争性要远低于竞争性合同，这是美国国防部一直关注的问题，也是每年的《国防部年度工业能力报告》论述的重要内容。如 2012 年国防部向国会提交的《工业能力报告》指出：“一般而言，国防部认为市场竞争是营造支持国家防御策略的工业环境的最佳工具。因此，国防部只在必要时才干预市场，以保持适当的竞争并发展维持国防的必要工业能力和技术能力。国防部评估各提议交易在个体市场情况下及动态的市场变化情况下的独特优点。此外，国防部必须建立、维持和加强工业关系来确保未来的国防工业基础健全、富有生命力。在此过程中，国防部关注鼓励竞争力量创新的必要性，同时承认各企业有必要通过扩大规模或与其他企业联合来创造未来作战需求必不可少的新工业能力。此外，国防部力求确保中小型企业中出现的具竞争性、创新性的尖端技术支持不会因为被大型企业收购而受到制约和牵制。”

面对预算削减对国防工业的冲击，美国国防部将保持适度竞争作为维持国防工业基础的三大手段之一。国防部前部长林恩曾表示，在 20 世纪 90 年代美国 50 家主要的防务公司被合并为 6 家后，面对当前的预算削减，“我们不会再进一步对国防工业基础的大型承包商进行合并。主要国防承包商数量减少不会进一步加强国防工业力量，也不会使政府受益。”

此外，美国于 2011 年下半年启动的评估国防工业能力的新做法，即“逐行业逐层级”（S2T2）评估，对其所关注的国防工业能力进行了更为细致的阐述。“逐行业逐层级”评估的主要目的，一是系统梳理对国家安全至关重要的国防工业现有行业和新兴行业；二是识别从原材料到最终产品的整个供应链中，对军事需求至关重要的关键工业能力；三是明晰国防相关工业能力的整体结构、竞争性以及不同项目、不同军种工业能力的相关性和通用性；四是研究提出对工业能力，尤其是低层次供应商的早期风险预警指标，包括具体能力预警、过度依赖国外预警、竞争不足预警；五是建立对国防工业整体评价监管的基准，实施对关键工业能力的风险评估，发现严重影响军事使命的供应链断裂问题；六是为编制预算、安排采办计划、制定工业政策提供依据。美国国防部规定，评估工作以系统识别供应链中关键和薄弱环节为重点。这些关键和薄弱环节体现了其军工核心能力的关注重点。10 个方面的关键环节，包括国防专用能力，满足未来特定需求能

力,跨平台共性能力,依赖特殊材料、技术娴熟的劳动力,来自非同盟国家且来源单一、特有的设计团队能力,重构成本较高的能力,技术不可替代能力,需长期积累的能力;5 个方面的薄弱环节,包括供应商财务状况脆弱、产量接近维持能力底线、供应商数量过少、供应商完全或主要依赖国防业务、无法从国外获得资源。

三、欧盟主要国家国防科研生产能力的内涵及重点

英国自20 世纪90 年代中期开始推行国防工业基础私有化的进程,除少量为国有外,大多数军工企业以私人产权的形式存在,这在一定程度上造成了国防工业能力相对分散、能力水平较弱的局面。为此,如何对国防工业进行有效管理,维持国防工业核心能力,成为近年来英国政府十分关心的重大问题。英国政府力图采取多种措施引导国防工业基础为适应未来需求而主动调整能力结构,发展国防部所需要的工业技术和能力,以求保持一个可持续发展的国防工业能力基础,形成新的能力格局。综合分析其近年来发布的国防工业重大战略与政策以及采取的相关举措,可以发现,英国对其军工核心能力的关注重点主要集中在基础技术、关键基础设施、关键技术以及技术使用等几个方面。

2012 年 2 月,英国发布的《防务与安全产业政策》白皮书表明:"有必要采取行动保护英国的作战优势或行动自由时,我们希望通过获得供应安全来保护专项能力:关键系统和子系统的设计、开发、评估、保障和维护所需的基本技术和知识,以及对该系统进行测试、评估、支持和升级所需的基本技术和知识。科学、技术、工程和数学(STEM)技术对此特别重要;支持以上工作的设备和基础设施,包括专业制造和生产设备、设计系统、支持基础设施、测试和集成台架;关键系统和子系统设计开发的关键技术;技术使用(包括知识产权)上获得适当的法律自由,促使英国和其供应商对关键系统和子系统进行维护、升级和操作。"

同时英国也在供应商层面提出:"我们也需要对可信赖供应者提供的一项或多项独特服务进行保护,因为这些服务对作战响应非常重要……有些供应商是实现和维护我们某些自主能力需求的基础,因此我们要对这些方面的能力采取保护行动。"

(一)保护本土供应商

英国十分看重本土国防供应商,强调在"鼓励科技创新和维持英国科技基础,创造可满足国防和安全能力需求的知识产权,并进行商业开发创造更多经济价值;创建和维护先进工程技能和知识,包括在某区域内的强技能群;提供高品质就业;通过税收方式等促进更普遍的增长"等方面"具有重大影响"。据统计,与国防相关业务使整个供应链中数以千计的英国公司得以生存和发展。国防部

的开支和国防产品出口提供了155 000个工作岗位，其中许多是高技术岗位，而且其中145 000名员工间接受雇于供应链。100多家英国公司成为美国联合攻击战斗机（JSF）等军用飞机项目的供应商。该领域的公司位于英国各地，带动了整个国家的经济繁荣，且国防供应商所从事的研发活动对于一些先进制造业也具有很强的带动作用。2010年，国防相关的研发工作占电气和机械行业工作的一半以上，占航空航天部门的三分之一左右，结果常常是让民用部门受益。例如，“台风”战斗机的碳纤维和发动机技术被应用于民用飞机和汽车工业。同时，国防领域从民用领域得到好处，例如先进的电子设备。实际上，英国对于本土供应商的保护体现了在整个制造业中布局国防工业核心能力的一种思路。

（二）促进基础技术和关键技术发展

英国提出“技术是大部分装备和保障的基础……实现对潜在对手的作战优势取决于技术投资。技术对我们世界产生的影响源于消费需求增加和制造技术更新。为了掌握、对抗、防范这种威胁，我们要能够利用在国防和安全科技上的有效投资，获得未来系统和设备所需要的技术，以保证作战优势。”近年来，英国制定了一系列支持技术发展和创新的计划，如英国国防装备与保障局公布的《国防创新战略》提出英国政府、工业界和学术界加强合作、鼓励创新的重点目标。国防装备与保障局局长表示：“英国国防部通过鼓励奇思妙想、创新思维，来为军队提供能够克敌制胜的最新技术和装备……希望与工业界共同构建激励创新、迅速开发并形成作战能力的良好环境。”2008年3月21日，英国国防装备与保障局宣布建立新的“国防企业中心”（CDE），鼓励发明家、科学家、学者与私人投资者共同研究探索新的国防技术。该中心积极寻求创新思维和建议，并组织相关研究课题。该局负责人表示：“要尽力消除障碍，转变思想。学术界、投资人、发明家、企业家、工程师都可以为下一代国防科技的发展尽职尽责。中心将为此提供良好的发展空间。”2009年2月，英国国防部公布的《国防技术计划》，首次提出国防部满足未来军事需求的长期研究计划和目标，分为系统、新兴技术、能力愿景三部分。其中，系统部分包括舰船、地面装备、航空航天、武器、C^4ISTAR① 与核生化、交叉学科、联合供应链七大系统；新兴技术包括13个技术领域；能力愿景包括5个项目领域。2012年2月的防务与安全政策白皮书，更是提出国防科技投资将最低维持在国防预算投资的1.2%，并通过重点投资实现六个方面的关键成果。

• 支持当前的国防和安全行动　促进开发技术方案，解决迫切的和当前的

① C^4ISTAR：指挥、控制、通信和计算机、情报、监视、目标获取和侦察。

作战问题；

• 规划未来长期需要的能力　研究新科技，特别是致力于开发当前能力的下一代技术，确保 2020 年及以后未来军力需求能得到满足；

• 降低成本和开发面向未来的系统　利用科技为防务与安全能力提供解决方案和方法，确保能降低这种能力的长期成本，从而保证国防和安全能力的发展途径适于未来需求和技术发展；

• 支持重要科技能力/设施　确保关键基础设施的建设，使我们在关键领域能保持良好的用户状态，在重要技术领域保持自主；

• 向部长和政府提供及时和有效的建议　确保以科学和技术为基础的证据和分析可用于支持部长和政府的防务及安全能力方面的决策、方针的制定和防务及安全能力评估；

• 特别关注（国防和安全）能力的人类和社会学特征　在武装部队和安全人员的培训、辅导、精神风貌、领导能力和医疗等方面提供以科技为基础的解决方案；在军事和安全行动的影响、人文科学、心理方法等方面提供以科技为基础的解决方案。

此外，英国在技术开发方面，对于政府科研机构也给出了明确的定位，指出"虽然我们需要改造和使用更多的民用技术来满足我们的国防和安全需要，但是仍然存在技术开发的领域，这些领域的市场较弱，包括化学和生物防御（CBD）及反恐（如电子监控）。这些领域的技术超越了民用或商业市场所能提供的科学与技术，将继续需要科技重点投资。政府只在工业界不愿意或不能进行技术研发的领域进行技术研发"。政府科研机构只在对国家安全至关重要的防务与安全领域进行研究和开发，尤其是在敏感国际合作中需要特殊专业的领域（如破除临时爆炸装置［IED］的技术要求）；私营机构不能满足市场需求的领域（如化学、生物、放射性和核保护）；政府拥有风险和责任管理权的领域（如核威慑）；需对商用现成技术进行关键修改的领域（即把商用成品改成安全领域用品）。

（三）加强基础设施管理

英国十分重视国防基础设施的发展，专门成立国防基础设施管理机构，提高基础设施利用效率。2011 年 4 月，为将国防部所有的固定资产和基础设施整合到一个统一的机构进行管理，英国国防部成立了国防基础设施局，主要负责国防部所有资产和基础设施的管理和运营。组建国防基础设施局是英国国防部在国防改革进程中具有里程碑意义的第一步，新机构将为英国军队提供资产和基础设施的"一站式"服务，具体职责包括：降低固定资产运营成本；确保更有效地使用国防资产；向基础设施的用户提供更好的服务；创建更快速反应的工作模式；

确保更有效地使用国防资源。国防基础设施局将监管和维护建筑物、设备设施以及保障服务设施。国防部官员表示,该局与工业界以及最终用户之间的信任、透明、密切沟通与合作关系是确保国防部的基础设施投资用于最需要的地方的关键保证。

(四)培养和提高人才技能

英国认为有技能的英国劳动力大军是提供国防和安全所需能力的基础,“我们需要及时获得专业技术技能,用于关键系统和子系统的设计、开发、评估、支持、维护和升级,特别是来自更广泛的科学、技术、工程基础的技术技能”,“如果不能获得专业化知识,我们就会失去快速反应能力,也不可能成为明智消费者,在正确解析复杂科学和技术数据的基础上,做出可靠的明智决策。因此,发展和保持人民的技能是确保武装部队和国家安全机构不断获得所需技术、设备、保障的基础”。2010 年 10 月,商业、创新和技能部国务大臣成立了技能与就业保留小组,帮助那些受《战略防务与安全审查报告》决定影响的技术熟练员工在不断增长的先进工程与制造领域找到另外的职位。这是工业界领导的小组,得到了先进制造业的大力支持。它制订了行动计划和“人才保留解决方案”网络化系统,协助受影响员工就业。英国政府采取了一系列行动,打造了一支教育程度更高、在欧洲更具灵活性的劳动力大军,如投资提供 100 000 个额外工作职位帮助青年人积累经验;扩大大学技术学院项目,建立新学院。学徒制是各年龄层人们获得技能的重要方式,可让员工获得在全球市场上发展和竞争所必需的技能。同时,为青年人创造新的机遇,使他们达到高级水平和获得更高级别的学徒资格。2011 年 8 月起,年龄在 16 ~ 24 岁未在业、正在受教育或培训的,或经历其他挫折的年轻人都可参加“学徒资格准入”(access to apprenticeships)计划。通过这种途径,每年约有 10 000 人受益。2011 年 7 月,英国首相宣布了 2 500 万英镑的新基金计划,支持多达 10 000 个高级水平和较高级别的学徒资格。该基金将支持发展学徒制,满足公司尤其是中小型企业的需要,特别要满足那些还未拥有更高层次技能的企业的需求。另外,英国国防部向英格兰高等教育委员会拨款时表示,具有重要战略意义和敏感科目,包括许多与“科学、技术、工程和数学”(STEM)相关的科目,在大学教学补助分配中保持部长级优先权。英国政府还推出了一个可持续发展的资金制度,以确保大学能够保持一定的学生人数,并保证所有接受高等教育的学生拥有高质量的知识储备。未来学生们将获得更多大学拨款。政府承诺退役人员通过“转业人员”项目进行“第一次”深造或接受高等教育(在三级水平和第一学位之间),从皇家海军、陆军、皇家空军退役的人员需要注册成为武装部队增强学习信用卡(ELC)项目的会员,政府会为其支付学费。

(五)充分发挥中小企业的创新作用

英国国防部称“中小企业是提供英国创新性国防和安全解决方案的排头兵”“中小企业的创新性和灵活性是满足国防和安全需求的重要源泉”。根据商业、创新与技能部统计数据,2010 年初,英国员工人数少于 250 人的私营中小企业有 450 万家,占英国企业总量的 99.9%,就业人数占私营部门的一半以上(59.1%),营业额几乎占所有私营部门的一半(48.6%)。英国政府在 2005 年《国防工业战略》中指出“注重推动中小型企业的发展”,《英国防务与安全装备、保障与技术(讨论稿)》再次论述了对中小企业的支持。2011 年 1 月,英国国防大臣彼得·鲁夫表示:创新能力对军事技术开发十分重要,而中小型企业在国防技术创新研究领域发挥着巨大作用,尤其是在网络攻防领域,它们可为英国的国防提供具备创新性和灵活性的解决方案。

英国国防部采取了一系列措施帮助中小企业成长,例如,增加中小企业在公共采购中的份额,目标是在整个费用审查期使中小企业的政府合同额占到 25%,包括供应链。据英国国防部统计,2011 年有 42% 的国防部合同直接与中小企业签订,合同额 9.53 亿英镑,占总合同额的 13.2%。大量的额外工作是由国防部合同供应链中的中小企业承担的。政府为中小企业指定“荣誉代表”,建立更具战略性的对话机制,并推出中小企业“产品外科手术”,允许选定的公司“提出”创新产品和服务,确保一个公平竞争的领域,为中小企业提供公平的机会,既不优待、也不设置歧视性障碍。在新的国防供应商论坛,创建一个由国防部部长领导的专门中小企业组,为小供应商提供更好的通话渠道;为解决中小企业没有途径与关键决策者对话,采购更倚重主要承包商的问题,英国国防部还提出:把“中小企业意识”作为新主题增加到国防部项目团队中的高层采办决策者主要采购培训计划中;鼓励小公司组团参加项目,相较于单个中小企业能提供更好的解决方案;维持和扩大国防部内国防供应商服务的角色,为潜在供应商,特别是中小企业,提供电话和电子邮件帮助服务台及更多样的服务;尽可能针对能力和产出提出国防和安全要求,让工业界提出潜在的技术解决方案,这将使创新型供应商(往往是中小企业)有更大的空间提出更划算的“非传统”解决方案;要求主承包商就增加中小型企业参加政府合同供应链的措施提出建议,或是通过直接参与或是通过技术转让,从而使得中小型企业在技术使用费/许可费上获得收益;对价值超过 100 万英镑的投标者,要求其确定计划分包给中小型企业的工作量;保护中小企业知识产权等。

(六)提高国际竞争力与影响力

英国国防白皮书提出“承诺开放市场”,确保英国继续为国防工业提供一个独特的环境:相比于其他主要国家,整个行业的开放比率更大;对高新产品有巨大的需求,使这些产品不断做大、主动创新;有一个开放市场和多元化的供应商体系,鼓励改革创新、新进入者以及外来投资。英国认为,在国防预算紧缩时期,英国本土工业成功的关键不在于国防部,而在于赢得海外新业务。通过精简国内供应商和使其更具竞争力,将提升其在国际市场上的竞争力;支持国内供应商进入国际市场。因此,英国国防部大力支持出口。英国国防白皮书指出:“出口在英国国防和安全的政策和目标中作用重大。帮助英国在最具活力和最成功的行业开展出口业务可维护国家的利益,这是政府重视负责任的国防和安全产品出口的原因。国防和安全产品出口有利于我们与主要盟国发展、建立和加强双边关系及防务合作,通过帮助其他志同道合的国家建立他们自己的国防和安全能力,可促进区域安全,有助于化解对英国国家安全的威胁。国防和安全产品出口有利于促进我们与盟国的双边关系,其作用胜过其他领域的商贸。国防出口也会提高我们部队的互操作性,如维和行动……产品成功出口也可提高供应商的长期生存能力,有助于减少国内需求波动或需求少的影响,并可持续保有国家安全必不可少的工业能力。”

四、俄罗斯国防科研生产能力的内涵及重点

在恢复和重建国防实力的战略指导下,俄罗斯近年来不断加强国防工业调整与改革。在2012年,俄罗斯第七届总统选举前夕,普京发表《强大是俄罗斯国家安全的保证》讲话,其中强调了对俄罗斯军工综合体的新要求,指出:“我们要尽快解决几个相互联系的问题。成倍增加现代化技术装备的供应,建立先进的生产基础,研发有竞争力的军用产品所需的核心技术,依靠新技术生产新型武器和军备等。”其国防工业能力建设的重点主要体现在以下几个方面:一是强化对战略性企业的改革与控制;二是重视对外技术合作,提升军贸实力;三是加强先期技术储备;四是注重军民结合以及军工对民用领域的带动能力;五是强调人才发展。

(一)结构布局优化的战略性企业

2001年,俄罗斯政府明确了以保持国防工业能力和关键技术为宗旨,在行业核心机构和企业的基础上进行重组的方针。此阶段结构改造的总体构想是,以具有战略性的国家企业和国家控股股份公司为基础,组建国防工业综合体的“核

心”。俄罗斯政府计划通过对国防工业企业实行大规模的结构改造，最终建立起数量有限、具有完整生产流程、超大型的、纵向管理的、行业内及跨行业的、军民生产联营的联合公司，以满足国家对现代化武器装备以及军民两用产品的需求。

从2002年起，俄罗斯政府连续出台了一系列有关战略企业和机构问题的法律、政府决议和总统令，规定要严格限制外国公司在俄罗斯国防工业公司中的所有权份额，总统还下令确定了对国家利益和安全有重大意义的国家“核心”部门——战略企业和公司的名单，其中包括国防工业中禁止私有化的战略企业和股份公司，并对生产战略性产品的股份公司制定了国家掌握控股权的机制，即国家至少保持51%的所有权股份。

俄罗斯现有的国防工业科研生产体系是多种所有制形式并存的混合型体系。俄罗斯的国防科研机构和企业分为国有国防科研机构和企业、国家参股的国防科研机构和企业以及私有国防科研机构和企业三类。国防科研机构和企业对国家安全的重要意义，使得俄罗斯政府在国防科研机构和企业的所有制改革方面比较谨慎，禁止核心科研机构和企业私有化。目前，俄罗斯国防科技工业国有化程度仍然较高，大部分设计研究机构和生产企业仍由国家行政部门领导和管理。国有国防科研机构和企业大多以军品研制生产为主。

2004年，俄罗斯政府开始对国防工业综合体的结构进行大幅度改革。为保证国家的管理作用、凝聚国防工业综合体企业的资产、合理化资金流量、提高竞争优势，俄罗斯政府于2005年制定了相关的改革政策、法律和方针，在国防工业综合体内进行了所有制改造和企业重组，组建了55家“一体化结构”，凝聚了资源，保持了国防工业的核心力量。

在俄罗斯国防工业综合体的改革与发展达到第二阶段时，总统普京下达了“实施建设和发展俄联邦武装力量以及现代化国防工业综合体的计划”的总统令。总统令提出，为实现2020年俄联邦武装力量的现代化装备率达到70%的目标，将继续大力发展俄罗斯国防工业综合体，俄罗斯政府将统筹解决武装力量的现代化与国防工业的现代化问题。俄罗斯政府审议并批准了新制订的“2011—2020年发展俄罗斯国防工业综合体”联邦专项计划，以及“2020年前现代化国防工业综合体”联邦专项计划，明确提出继续推进国防工业综合体的结构重组，到2020年前将建立约40个有自主发展和高效工作能力的巨型集团公司；开发工业关键基础性技术，形成先进的科技储备；培养和教育专业化人才。

（二）国家“垄断”的军贸能力

普京指出，军工企业的活动应该集中在成批次生产高质量、技术性能优越并符合未来国防需要的武器上。只有最新的武器和军事装备才能巩固和提高俄罗

斯在世界武器装备市场的地位。只有提供先进产品，才能在武器装备市场取胜。国防工业综合体不能不紧不慢地追赶，我们要促成飞跃，成为主要的发明者和生产者。

为了长期从国外向本国的投入中获益，俄罗斯近年来出台了《俄罗斯对外军事技术合作法》等有关政策，与许多西方发达国家以及一些发展中国家建立了合作关系，为国防企业找到了多个合作项目。俄罗斯政府积极鼓励国防科技工业企业走出国门，与其他国家进行国防技术交流，联合研制和生产高新技术武器装备。俄罗斯还认为，通过国际军贸可以保持国防科研生产的相对稳定，解决部分就业问题，平衡外汇收支。俄罗斯政府改变了苏联时期以政治关系为原则的武器装备交易方针，突出经济利益，扩大军品出口国范围，增加现代化武器装备的出口，采取赊账、出售许可证、债务抵押等多种灵活方式推销武器装备。同时，还着手对阻碍军贸发展的体制进行调整，将原有的多家国有军品、军事技术进出口公司合并，适度放宽企业出口自主权。

在对外军事技术合作（军贸）的管理体系方面，俄罗斯历经了集中到放权，又逐步走向集中与放权相结合的改革调整过程。2000 年，俄罗斯政府将对外军事技术合作的职能划归国防部承担，组建了俄罗斯国防部下属的国有独资企业“俄罗斯国防出口公司”。为了有效促进俄罗斯工业（包括国防工业）的发展和高科技产品在国际上的竞争力，2007 年底，根据俄罗斯联邦政府批准的法律和总统令，成立了国有独资公司——“俄罗斯技术”国家集团，用于促进民用和军用高技术产品的研究、生产和出口。2008 年底，政府将“俄罗斯国防出口公司”改造为 100% 的开放股份公司，并由“俄罗斯技术”国家集团接管其所有业务和全部资产。“俄罗斯技术”国家集团由 600 多家机构构成，包括 17 家控股公司（12 家属于国防工业领域，5 家属于民用工业领域）和 22 家直属机构。“俄罗斯技术”公司产品出口到世界 70 多个国家。

2008 年 4 月，俄罗斯政府通过了在“俄罗斯技术”国家集团公司下的所有国防控股公司中，国家将持有“金股”的决定，即俄罗斯政府作为控股体制的股东，在“俄罗斯技术”国家集团的所有战略决定上拥有否决权。这表明俄罗斯政府意欲加强在军贸上的管理作用，而不是全部由国防部包揽，由此形成了“总统 - 政府 - ‘俄罗斯技术’国家集团 - 国防工业管理机构 - 国防工业的企业与机构”的纵向管理体系。至此，俄罗斯军品贸易自由化的趋势最终完全被国家“垄断”所代替。2012 年，俄罗斯又提出针对出口对象的具体需求定制合作方案。

作为俄罗斯军贸的核心企业，“俄罗斯技术”国家集团不断加强科技投入，提升创新水平。2012 年 9 月 26 日，该公司宣布 2011 年为创新发展计划投入 620 多亿卢布，其中 368 亿卢布用于科研和试验设计，159 亿卢布用于技术升级。截

至2020年，该公司将开展1 000多个项目，总额约1万亿卢布，使创新产品比例从5%增加到15%。2012年年初普京宣布，当年用于超大型国有公司的创新费用将达9 500亿卢布，2013年增长到1.5万亿卢布。

（三）技术储备和技术优势

普京指出："现在俄罗斯已经完全融入世界经济，愿意同所有伙伴国进行对话，进行国防和军事技术方面的合作。研究其他国家的经验和发展趋势，并不意味着俄罗斯要引入其模式和不再依靠本国的力量。相反，稳定的社会经济发展和保证国家安全，必须采用所有优秀的成果，培养和支持本国的军事技术和科技独立。要提高国家的防御能力，我们必须有世界上最先进的技术，不能让军队成为过时武器的销售市场，而且还是花国家的钱。"这一论调充分强调了强化技术储备，保持和提升技术优势对俄罗斯国防建设的重要性。但"冷战"结束后，俄罗斯的国防科技发展并不顺利，因此技术发展成为俄罗斯当前军工核心能力建设的重中之重。

"冷战"结束后，国家政治、经济衰退等负面因素给俄罗斯国防科技发展造成了严重冲击。俄罗斯虽然继承了苏联大部分科研力量，但在组织管理和经费支持上存在严重问题。例如，军方经常出台先进武器装备发展设想与规划，工业口每年向政府提出先期技术研究的方向，但双方缺乏沟通协调机制，使工业口的研究缺乏切实的需求导向；军方的技术研究大多紧密围绕装备研制，前瞻性不足；双方的科研力量和资源欠缺统筹调配；由于国防经费短缺且重点用于型号的研发，先期技术研究资金不足，尤其是科学院、基础性研究机构、大学经费不足，人员收入低下，导致人才大量流失，科研队伍严重萎缩。梅德韦杰夫指出，俄罗斯当前"各种机构未能有效地开展国防和安全突破性技术的研究，包括先期研究"。

尽管俄罗斯针对国防技术发展，制订了一系列国防工业科技和武器装备发展计划，如"关键国防技术计划""两用技术计划"，重点发展微电子技术，光电器件，人工智能系统，近实时导航系统，空气动力系统，计算机、雷达、核技术、新型火炸药和燃料等领域。这在一定程度上推动了俄罗斯国防科技的发展，但受上述问题影响，近20年时间里，俄罗斯国防领域鲜有新技术突破，苏联时期很多领先世界的技术领域逐渐被其他国家超越，优势不再。早在2008年，负责国防工业的第一副总理伊万诺夫就指出，苏联时期的技术储备已基本耗尽。技术储备枯竭严重制约了新一代装备的研制。例如，苏联解体后俄罗斯自行设计建造的首批22350型护卫舰，因新型无线电电子设备和防空导弹的研制以及舰上系统集成遇到技术难题，出现严重的拖进度、涨费用问题。2006年签订合同时，计划首舰于2009年交付，价格约为70亿卢布。最后交货期限推至2012年后，价格涨

到180亿卢布。装备第四代“北风”级核潜艇的“布拉瓦”洲际弹道导弹屡次试射失败,归根结底也是因为关键技术不成熟。当时俄罗斯一些专家甚至认为,俄罗斯国防技术水平落后美国至少10~15年。

2012年5月,普京签署了关于“俄罗斯联邦武装部队、其他部队、军事机构发展和建设纲要,以及实施国防工业改革”的总统令,指出2020年俄罗斯军队武器装备现代化率要达到70%。要实现这一目标,必须大力发展先进技术,支撑新一代尖端武器装备研制。俄罗斯国防工业改革已进入第二阶段,其中一项重要任务就是“形成先进技术储备”。2012年10月16日,俄罗斯总统普京批准《“国家安全和发展”先期研究基金会》法案,正式决定成立先期研究基金会,围绕巩固国防和保障国家安全的目标,选定技术发展方向,形成项目清单,调动和资助各种科研力量开展基础和应用技术领域突破性、高风险项目,大量产出创新技术和尖端技术,缩小与西方国家的差距,支撑未来武器装备研制。

虽然也强调技术或理念上的创新,但相比美国国防高级研究计划局,俄罗斯的先期研究基金会更注重项目的实用性。法案强调基金会的责任是“为研制生产高技术军用、专用和两用产品,开发和验证创新技术理念、先进设计和技术解决方案”,检验技术“实际应用的可能性和可行性”。罗戈津特别指出,基金会要“首先弥补先进技术领域落后于西方强国的地方,涉及电子元器件、金属、装甲、特殊化学品和弹药”。先期研究基金会将根据政府授权,对研究成果行使支配权,将其分配至相关机构,确保成果在武器装备研制和国民经济领域的实际应用。

先期研究基金会由总统直接领导,超脱于军方和工业部门,独立于俄罗斯现有国防科研管理体系,可站在国家层面上,兼顾军事需求和技术发展,面向所有科研生产机构,为其国防相关先期科研活动提供资金支持。这一举措力图避开当前体制的制约,以及减弱体制的阻力,采取了一种新的管理方式。

(四)军民结合以及军工对民用领域的带动能力

普京在《强大是俄罗斯国家安全的保证》一文中,对军民结合给予了高度重视,明确指出“国家应该寻找突破性的研发,鼓励研究和设计阶段的健康竞争,吸收年轻的爱好者中涌现的非正统的创意。国防工业的复兴能带动冶金、机器制造、化学、无线电、信息技术以及电信等部门的发展,成为火车头,并为这些部门的企业提供更新的技术和资金,为众多科研和设计单位提供保障,确保其在民用部门研发市场上的存在。当代世界中,军用与民用技术之间已经形成了相互影响的关系。在一些部门(电信、新材料和信息)中,民用技术推动着军事技术的快速发展,而在航空和航天等部门则相反,军用技术推动民用技术的发展。这要求

我们改变过去对保密的认识,重新看待信息交换的原则。我们要严格保守最重要的机密,但也要促进更多的科技信息交流。保证国防部门与民用部门之间创新和技术的双向交流是很重要的。军工企业的发明应该切实地体现为价值。这种价值的体现要考虑到民用产品商业化的潜力和技术转化的前景。军工企业也可以直接生产民用产品。”

此外,文章还特别明确了发挥民用企业和私营公司的作用,使其参与到国防科研生产中来。文章指出,“我们要吸收民用企业和私营公司参与军事设备的生产和国防研发的工作。只依靠国家的力量发展国防企业,现在效果不太好,中期看来在经济上更不大现实。军工领域中国有企业与私营企业的关系发展非常重要,建立新军工企业的手续也要简化。私营企业愿意给军工企业投入更多的资金和技术。希望我们会出现更多的‘杰米多夫’和‘普洛夫’家族企业。美欧的主要军火商都不是国有企业。我们应该从一种新的角度看军工部门,从商业的角度看生产如何激发新的活力,提升俄罗斯武器在世界的竞争力。当然,对私营企业要有特殊的规定,包括在保密方面。但这不能妨碍这种公司的建立和发展,不能阻碍其参与国防采购。新的私营企业应该成为技术突破的源泉,促进军工行业发生重大变化”。

作为俄罗斯国防工业改革第二阶段的重要举措,俄罗斯政府决定成立军事工业委员会直属的“国家 - 私营合作委员会”,在国防订货范围内扩大实行公开竞争和竞标,并实施国家 - 私人伙伴关系的机制,以推动私营企业参与国防工业,达到打破垄断、引进先进技术、吸引外资以及减少国防预算负担的目的。

2013 年 2 月,俄罗斯副总理罗戈津称,俄罗斯政府目前正在起草一项立法,目的是支持私有企业积极参与国内国防市场。俄罗斯军工联合体目前均为国有性质或由国家控股。尽管俄罗斯分析家们质疑罗戈津提出的这些措施是否能够实现切实可行的改革,但这些措施有望能够鼓励新的力量进入市场,通过采取公有 - 私有合作关系,扩大私有企业参与采办过程。

(五)培养高技能人才

近年来,俄罗斯将人才的培养,尤其是年轻人才的培养摆在国防工业能力建设的突出位置,特别是世界经济危机后,俄罗斯更是将国防工业高技术人才作为“在经济危机中俄罗斯对国防工业采取的挽救和保护国家的重要力量”。早在 2010 年 4 月 29 日,时任俄罗斯总统的梅德韦杰夫,在总统经济现代化与技术发展委员会上宣布了《关于对俄罗斯联邦国防工业年轻工作人员提供国家支持措施》总统令。总统令规定:从 2010 年 1 月 1 日起,俄罗斯对国防工业所属单位 35 岁以下、工作满两年的年轻工作人员(工程技术人员、专家和高级技能工人)进行

评选，之后总统将依据政府的提议，对获胜者每人每月提供 2 万卢布（约合 700 美元）的津贴，以奖励其在科技工作中的突出贡献。津贴设立期限为 3 年，一人可多次获得。每年获得津贴人数不超过 1 000 。虽然受世界经济危机的影响，俄罗斯经济出现困难，但俄罗斯国防工业发展良好，在应对经济危机计划框架下，俄罗斯国防工业 2009 年工业产品总量比 2008 年提高了 4.1%，军事产品提高了近 13%。

普京在《强大是俄罗斯国家安全的保证》一文中指出，“尤其要关注在生产过程中教育和培养新的干部。许多企业现在都遇到了这种情况，非常缺乏技术人员和熟练工人，这会妨碍执行国家采购，更别说提高生产能力了。专业性大学和技术学校在这方面要起到关键作用。我认为，高校、国防类企业与大学生之间可以签订三方合约安排就业。在上学期间就要到企业工作，要进行专门的生产实践和进修。对学生来说，除了经验，这也会给他们一定的收入和认真掌握技能的动力。自然，这样的工作经历应该成为学习计划的一部分。技术类专业的声望要逐渐提高。军工企业要能吸引优秀青年，就像苏联时期一样，提供更多的机会实现个人在研发和科研上的进取心。我们应该考虑派国防企业的年轻工作人员和技术学校的大学生到国外的先进实验室、研究所和工厂去实习。控制现代技术设备需要很高的技术、丰富的知识和不断的学习，所以一定要支持他们直接在生产中提高技能”。

2012 年 9 月，俄罗斯副总理罗戈津指出，俄罗斯政府即将制订和通过一项计划，该计划将鼓励青年人才投身于国防工业综合体企业。罗戈津在莫斯科国立鲍曼技术大学召开的会议上表示，“昨日我刚同教育与科学部部长德米特里·利瓦诺夫举行了工作会议。我们决定拟订一项旨在鼓励青年专家投身国防工业的计划”。在该计划框架内，俄政府将为青年干部提供一系列特惠和福利，包括购房优惠政策和高额奖学金。“我们愿意接受其他措施，只要有能力的青年干部愿意投身于我们的工业”。罗戈津指出，目前俄罗斯工业领域专家平均年龄在 48 岁，他还特别提到航天业领导人平均年龄是 62 岁。同时，俄罗斯总统普京在参加武器制造者纪念日时称，发展和改造国防工业系统是国家的首要任务，“这方面的关键任务包括培养专业人才、在该领域企业开发和推广先进技术。我相信，依靠我们前辈最丰富的经验，学者、工程师和专家的高技能，你们能实现所提出的目标，俄罗斯军队和舰队能获得最现代化的武器保障，而我们国家能巩固在国际军事技术设备市场上的地位”。

第一章 美国国防科研生产能力体系演变及趋势

第一节 美国国防科研能力调整及现状

一、美国国防科研能力历史沿革

美国为推动国防实验室改革做了多方面的努力，首先是在1994年5月5日颁布了第PRD/NSTC-1号总统令，做出了对国防部、能源部、国家航空和宇航局所属实验室系统进行审查的决定；其次是1995年9月在政府部门实验室审查工作组随上述政府部门所属实验室审查结果的基础上，以第PDD/NSTC-5号总统决策指令的形式颁布了联邦实验室改革的总体方针和原则。这项指令提出的四项原则包括：①各政府部门应在适当的时候审查和废除影响实验室研究水平和能力提高的指令、规章制度和重复监督；②各政府机构应明确所属实验室的任务重点领域，并在适当和必要的时候撤销重复的研究机构和重组其实验室系统；③各政府部门在采取措施提高实验室效率时，应首先寻求通过重组和改善管理流程，实现最大限度地节约经费，必要时应根据管理预算局和科学技术政策办公室的指导，按照国家科学委员会和国家安全委员会确定的优先顺序，减少或取消优先顺序比较差的计划；④各政府部门应继续寻找机会协调和整合政府部门间和军种间的实验室资源及设施，消除不必要的重复和在适当的实验室建立联合管理。另外，在1996年夏天，总统科学技术顾问要求科学政策办公室与国防部、能源部、国家航空和宇航局及管理预算局一起对上述政府部门所属实验室的改革进展情况进行评价。根据总统科学技术顾问的要求，科学技术政策办公室在1997年春完成了国防部、能源部、国家航空和宇航局所属实验室改革进展情况评价，并形成了报告。报告认为对于实现美国总统提出的以更少的费用更好地做

好政府的工作目标，仍然需要做很多工作。对此，国家科学技术委员会针对存在的问题，在提高科学技术水平、重组管理流程和提高科研效率、减少政府重点部门间合作的障碍与在满足国家需求方面使实验室的能力利用最优化提出了8条建议，并建议科学技术政策办公室和国家科学技术委员会将联邦实验室改革的范围扩大到所有管理联邦实验室的政府部门和从事政府部门内部研究计划的科研机构。

1996年4月30日，美国国防部发布了一个名为“前景21”的报告，对国防部在2005年10月1日前合并、重组实验室、试验与鉴定中心的详细计划进行了阐述，国防研究与工程署也成立了一个国防科技咨询小组，旨在为国防部科学技术项目的战略计划、规划、预算、审查和评估提供决策咨询，确保调整的顺利进行。调整的措施主要集中在以下三个方面。

（1）削减。撤销那些老旧、维护费用高和效率低下的设施，确保资金投入到未来的关键能力上。

（2）重组。不仅对各军种内的设施和业务流程进行重组，还将重点集中在跨军种的重组上。

（3）振兴。对一些重点实验室和试验鉴定中心进行现代化改造，旨在适应21世纪的技术发展，提高效率，降低运行和维护成本，实现跨军种资源共享。

国防部在明确工作重点和任务方向方面，修订了基础研究计划、联合作战科学技术计划和国防技术领域计划，协调了科学与技术能力，明确了研究工作重点；在整合机构方面，撤并了部分实验室和试验鉴定中心。到2001财年，已经关闭了62个实验站，其中陆军14个、海军40个、空军8个。实验室雇员数量也有所减少；在撤销和修改不必要的指令和规章方面，国防部将采办法规的数量从766个减少到505个，减少了约34%。有关的行政命令和法规的总页数减少了约46%，从15.5万页减少到8.4万页；在改善管理流程方面，国防部制定了一些重要措施，加强实验室的合作和管理。此外，国防部还在探讨与国家航空和宇航局所属国防科研机构的合并事宜，旨在集中国家优势资源，节省开支，提高科研效率。

20世纪70年代末，能源部的工作重心是能源开发和制定相关法律法规，到80年代，转为核武器的研发和生产，“冷战”结束后，转到了核武器的管理、防止核扩散、核设施环境的清理、能源效率与节能、能源可靠供应与运输等方面，包括降低处理掉的核原料带来的风险，解除及退役那些能源部不再使用的核设施，通过颁布并执行核安全及人员健康与安全条例来保护公众利益。此外，能源部还负责保持国家核威慑的重大职责，并在国际上肩负着领导防止核扩散的责任。1994年2月，能源部成立了由工业界、学术界和公众代表组成的独立调查组，对

能源部实验室进行了系统评审，指出了方向任务不明确，对实验室的管理名为“国有民营”实为“国有国营”，以及管理层次多、行政指令多、审计评议多等主要问题。针对这些问题，能源部提出了多项实验室改革措施，如明确方向任务、精简机构、恢复并坚持“国有民营”的宏观管理方式，以及实现一体化的统一的虚拟实验室体系等。目前，能源部实验室的改革仍在进行当中，但已经取得了初步成果，主要体现在如下几个方面：确定了四大工作重点和研究方向，在科学技术、国家安全、能源资源以及环境质量领域开展长期战略性研究。成立了实验室运行理事会，旨在消除能源部和国会对国家实验室的微观管理，加强实验室之间的沟通与协调，改善实验室的内部管理，提高效率。在人员精简方面，各国家实验室纷纷裁减人员（主要是裁减辅助人员）。例如，太平洋西北国家实验室裁员 900 人，洛斯阿拉莫斯国家实验室裁员 209 人；能源部实验室联邦雇员的数量已经从 1993 财年的 1.89 万人减少到 1996 财年的 1.73 万人，2000 财年减少到了 1.5 万人；其他 9 个大型综合项目实验室的职工数量从 1993 财年的 5.08 万人减少到 1996 财年的 4.75 万人。在减少微观管理和行政命令方面，仅在 1995 年底，能源部派驻各地区的办公室就裁员 8%，并已将原有的 312 条行政命令减少了一半，将 7 200 页的行政命令减少到 2 400 页，将年度最重要的政令数从 103 项减至 42 项。对审计和评价规程进行改革，包括商业惯例审查，技术审查，环境、安全和健康审查等，如从 1995 年 4 月到 1996 年 4 月，16 个实验室的商业惯例审查从 324 次减少到了 21 次，参与审查的年人均次数从 14 减少到了 4.7，附带节省的费用从1 020万美元减少到了 280 万美元。

进入 21 世纪，在推动解决国家能源、科学、环境及国家安全问题上，能源部始终冲在最前线，包括开发并应用新能源技术、减少对国外能源的依赖、保护核武器存放、确保美国在全球市场中的竞争性。美国 50 多年来的核防务活动给美国 8 100 平方千米区域的环境带来了影响，能源部负责管理这些污染的清理。面对新的挑战，能源部于 2003 年下半年出台了《能源部战略计划》，该战略计划确定了其在未来 25 年内的核心任务和四大战略目标，提出了实现这些战略目标的中期具体目标和措施。未来 25 年，美能源部的核心任务是“促进美国的国家、经济、能源安全，推进为实现上述任务所需的科技创新，对国家核武器设施及试验场进行环境清理”。能源部的四大战略目标是：①国防战略目标，利用先进科技，尤其是核技术来维护国家安全；②能源战略目标，通过促进可靠、经济、环境友好的能源供应多样化来维护国家和经济安全；③科学战略目标，通过世界一流的科研能力和科学知识的不断发展来维护国家和经济安全；④环境战略目标，解决“冷战”时期发展核武器遗留的环境问题，对高辐射性核废料进行永久性处理。2006 年 3 月，能源部公布了《能源部实验室规划》，将能源安全、核安全、科学发现

与创新、环境保护以及卓越的管理作为其未来五大核心发展战略。

国家航空和宇航局在1994年9月也成立了一个由26个非国家航空和宇航局成员组成的调查组,对所属研究试验设施进行审查。根据审查报告和结果,国家航空和宇航局目前也在制定一些改革措施并取得一定的成果。这主要体现在:明确工作重点和任务方向,将其写入年度战略计划中,通过合并空间技术功能,将战略企业从5个整合成4个,每个研究试验中心也都确定了自己的特定任务,并制订了详细的实施计划,使中心的发展目标与企业保持协调;在人员精简方面,到1996年,将文职人员裁减了13%,2000年再裁员19%,并裁减了21%的合同工;在减少命令和法规方面,将内部管理法规减少了63%,页数减少了一半;在改进管理方面,正在开发一套全成本会计实务和基于客户的财务管理系统,改进了600多项管理条例,并正在考虑对其他管理条例进行改进。同时通过航空航天协调委员会,加强与国防部的沟通与合作,以提高管理效率。

二、美国国防科研能力基本架构

1947年7月26日,美国总统杜鲁门签署国家安全法案并组建新的国防部,1950年签署国防产品法案,这标志着美国国防工业体系的形成。美国国防工业属于典型的资金密集和技术密集型行业,科研活动带来的强大科技优势奠定了国防工业的产品优势。目前,美国已形成了“官、产、学”互补式的国防工业科研体系,即国家设定发展目标和研究计划,由有关部门牵头负责,通过合同等管理手段,根据任务需要组织政府部门的研究机构、大学和私人企业分别或协同完成。美国国防工业体系以国防部为主导、以私营企业为主体、以市场为基础、以法律为保障,是一个比较成熟的体系。

美国国防科研能力的基本架构包括四个层面——政府国防科研机构、大学国防科研机构、工业企业国防科研机构和非营利性国防科研机构(图1-1)。由于国防科技发展和武器装备技术储备不仅直接关系到国家安全,而且具有针对性极强、用户单一、近中期市场回报不明显等特点,政府所有的国家研发机构具有不可取代的作用。美国出于掌握绝对军事优势的目的,目前拥有世界上最完备的政府国防研发机构和十分庞大的研究队伍。这种研发机构不走市场化道路,主要依靠国家拨款运行,承担国防部或与国防相关的研发或研发管理任务。美国把其超强的军事能力归结于长期采用的科技发展模式,由此看来,美国的政府国防研发机构会继续长期保留,当然不排除会进行优化性调整。

按照所属部门的不同,美国的国防科研机构主要由联邦政府国防科研机构、大学国防科研机构、工业企业国防科研机构和其他非营利机构等组成。其中大学和工业企业科研机构在美国国防科研体系中占有重要地位,它们承担的国防

科研任务大体上占美国全部国防科研任务的三分之二以上。

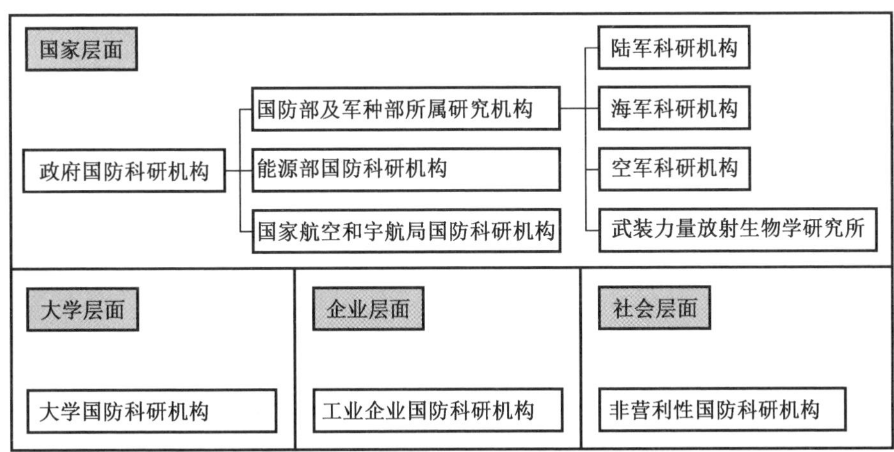

图 1－1　美国国防科研能力的基本架构

美国非常重视国防科研机构的建设和发展，通过投资拥有世界一流的研究队伍和实验室，致力于在基础性或探索性研究上取得实质性进展，并能将其运用于产生绝对军事优势的军事变革和能产生巨大经济效率的社会变革。

（一）政府国防科研机构

政府国防科研机构由联邦政府直接管辖和支持，是美国国防科研系统的一个重要组成部分，拥有良好的科研环境和试验条件，是美国国防科研的骨干力量，主要包括美国国防部、能源部、国家航空和宇航局所属的实验室、各类试验鉴定机构、研究所、技术中心以及情报中心等。这些机构主要从事基础研究工作、应用研究工作以及试验鉴定任务，部分机构还要履行政府投资的科研项目的管理职能。

1. 国防部及军种部所属研究机构

美国国防部所属研究机构，是自第二次世界大战以来逐渐组织和发展起来的，是美国国防科研的重要力量，在美国联邦政府科研工作中占有首要地位，主要包括国防先期研究计划署及陆、海、空三军所属的研究机构。1992 年，美国三个军兵种拥有的研究所、研究与发展中心以及其他科研单位共 76 家，约占联邦政府科研单位总数（726 个）的 1/10。这些年来，美国国防部实验室不断调整，截至 2012 年 4 月，国防部共有 66 家实验室，其中陆军 28 家、海军 26 家、空军 11 家、国防部直属 1 家。这些研究机构是承担军事研究特别是预先研究（基础研究、应用研究、先期技术发展）的核心力量。国防部所属研究所同大学和工业界

一起，构成美国军事科学科研特别是预先研究的三大支柱。此外，美国国防部还拥有10家信息分析中心，由国防部研究与工程署下属机构——国防信息技术中心统一管理。国防部研究机构承担的业务主要有：基础研究，探索性研究（应用研究），先期发展（包括先期技术发展和先期系统发展），系统方案探索与演示验证，工程研制，生产过程的工程保障，试验与鉴定，使用阶段的后勤保障（包括产品改进）。

美国陆军科研机构主要包括：陆军航空医学研究实验室、武器研发工程中心、通信电子研发工程中心、陆军材料系统分析机构、陆军地理空间技术和结构物实验室、陆军建筑和工程研究实验室、陆军寒冷区域研究和工程实验室、陆军海岸和水力实验室、陆军信息技术实验室、陆军环境实验室、航空动力学理事会、陆军支持司令部、陆军行为和社会科学研究院、陆军环境医学研究院、陆军研究实验室、航空和导弹研发工程中心、埃奇伍德生化中心、工程兵研发中心、陆军外科研究院、陆军化学防护医学研究院、陆军传染病医学研究院、内蒂克军人研发工程中心、仿真和训练技术中心、空间和导弹防御技术中心、坦克车辆研发工程中心、沃尔特里德陆军研究院和地形工程中心等。其中陆军研究室隶属于陆军物资司令部，主要负责陆军的基础研究与应用研究工作，设有传感器与电子设备部、计算与信息科学部、武器与材料研究部、人员研究与工程部、生存性与致命性分析部以及战车技术部6个业务部门，并且还管理着陆军研究办公室、欧洲研究办公室和远东研究办公室3个机构。

美国海军科研机构主要包括：海军陆战队战斗实验室、海军健康研究中心、海军医学研究中心、海军研究实验室、海军水下战中心纽波特部、海军水下战中心Keyport部、空间和海军作战系统中心太平洋中心、空间和海军作战系统中心大西洋中心、空间和海军作战系统中心空间战场机构、海军空战中心飞行器部Patuxent River、海军空战中心训练系统部、海军空战中心飞行器部莱克赫斯特、海军空中作战中心武器部China Lake、海军空中作战武器中心Point Mugu、海军水面战中心Carderock部、海军水面战中心达尔格伦部、海军水面战中心怀尼米港部、海军水面战中心Indian总部、海军水面战中心科罗纳部、海军水面战中心巴拿马部、海军水面战中心克雷恩部门、海军水面战中心爆炸军械处理技术部、海军水面战中心Carderock部船舶系统工程站、海军潜艇医学研究实验室、海军航空航天医学研究实验室、海军健康研究中心环境健康实验室等。其中海军研究实验室隶属于海军系统的司令部，主要负责海军基础研究工作。实验室下设执行部、商业管理部、系统部、材料科学与设备技术部、海洋与大气科学技术部以及海军航天技术中心6个业务部门。

空军科研机构主要包括：空军科学研究办公室、空军研究实验室航空器理事

会、空军研究实验室定向能理事会、空军研究实验室总部、空军研究实验室人员效能理事会、空军研究实验室信息理事会、空军研究实验室材料和制造理事会、空军研究实验室军需理事会、空军研究实验室推进器理事会、空军研究实验室传感器理事会、空军研究实验室空间运载器理事会等。其中空军研究实验室隶属于空军物资司令部,负责空军科学技术的管理、计划和计划的实施。实验室设有航空武器部、射线武器部、人力效能部、信息部、材料与制造部、弹药部、推进部、传感器部、航天器部、技术转让部以及空军科学研究办公室等业务部门。

最后,还有一个国防部直属的武装力量放射生物学研究所,主要研究领域为士兵及平民防护、电离辐射效果研究、医学训练、辐射泄漏事故应急处理等。

2. 能源部国防科研机构

美国能源部(DOE)成立于 1977 年,是美国最重要的联邦政府机构之一,主要负责核武器研制、生产和维护,制定相关能源政策,对能源行业进行管理和指导,组织并负责能源相关技术研发等。经过近 40 年来的发展,DOE 如今运营着 21 个研究型实验室和 4 个职能部门,其中 10 个是大型综合项目实验室,分别是艾姆斯实验室(AMES)、阿尔贡国家实验室(ANL)、布鲁克文国家实验室(BNL)、费尔米国家实验室(FNAL)、劳伦斯伯克利国家实验室(LBNL)、奥克利奇国家实验室(ORNL)、太平洋西北国家实验室(PNNL)、普林斯顿等离子物理实验室(PPPL)、斯坦福线性加速器中心(SLAC)和托马斯·杰斐逊国家加速器实验室(TJNAF)。每个实验室在研发及管理上高度自主,独立性强。DOE 雇员达 12 万余人,其中实验室雇员近 6 万人,研究人员约为 3 万人。

DOE 十大重点实验室基本情况如下:

(1)艾姆斯实验室

艾姆斯实验室成立于 1947 年,在开发出高纯度铀批量加工及生产技术后,参与“曼哈顿计划”。现在,该实验室主要专注于材料科学、工程、分析仪器及化学科学,为能源及环境改进领域提供专门技术。未来艾姆斯实验室将重点关注以下五个核心能力,即材料设计、合成及处理,分析仪器/设备设计/装配,压缩物理理论(包括光子间隙及其他新型材料),材料特性描述、X 射线及中子散射、固态核磁共振、光谱学/显微镜,离析科学。

(2)阿尔贡国家实验室

阿尔贡国家实验室成立于 1946 年,过去主要负责核能工业研究,如今已经转型成为一个多功能实验室,致力于基础性及应用性材料、化学科学、能源技术及分析、高性能计算机、物理及生物科学的研究,此外还参与环境和国家安全方面的科学研究。其主要研究领域为纳米级材料研究;低能核物理,特别是稀有和不稳定的同位素;聚合材料科学、计算科学;世界领先加速器开发;千兆兆级计算

机开发;用于提高化学能转换的纳米生物能力开发。

(3)布鲁克文国家实验室

布鲁克文国家实验室成立于1947年,起初为一个由9所主要大学代表联合拥有的核科学实验室。如今,该实验室主要研究领域为物理科学、基础能源科学、生物药学,此外在环境科学、能源技术及国家安全领域也颇有建树。该实验室未来四个重点研究领域为先进加速器、检测器、磁铁及仪器概念设计;同步加速器辐射科技;成像技术(包括放射性化学及成像仪器);高能物理及核物理数据分析用高级软件与设备。

(4)费尔米国家实验室

费尔米国家实验室是美国最大的粒子物理实验室,其主要研究领域为高能物理。目前所知的18种基本亚原子中,有3种是在该实验室发现的,即顶夸克(1977)、底夸克(1995)及τ中微子(2000)。1971年运行的环形加速器是当时世界上最先进的加速器,1983年投入使用的万亿伏电子加速器是当时采用超导电磁技术的最大质子加速器。该实验室未来发展方向为粒子物理及粒子天体物理实验室的建造及运行;加速器技术的研究、设计及开发;高性能科学计算机及网络技术开发;国际科学合作;理论粒子物理和粒子天体物理学。

(5)劳伦斯伯克利国家实验室

劳伦斯伯克利国家实验室成立于1931年,从最初的核科学及医疗研究实验室发展成如今的多科学研究实验室,研究领域主要集中在纳米材料、复杂生物学、先进能源科技、合成材料与纳米技术、物理、计算机科学工程、宇宙、疾病防治等方面。

(6)奥克利奇国家实验室

奥克利奇国家实验室是DOE最大的能源科学实验室,成立于1943年,是当时“曼哈顿计划”的一部分。20世纪50至60年代它成为国际核能、物理及生命科学研究中心,70年代进入发电传输及电储存研究领域,目前主要研究领域为中子科学、能源、高性能计算机、生物系统、材料科学及国家安全。

(7)太平洋西北国家实验室

太平洋西北国家实验室成立于1965年,主要关注于能源安全、国家安全及环境问题。最初,实验室主要设计反应堆、添加反应堆燃料并进行环境保护。之后,太平洋西北国家实验室逐步发展成为一个综合性实验室,进行各种科学发现和创新,主要研究领域包括环境科学、气候物理学、分子科学、测量技术、放射科学、信息分析与数据管理/挖掘。

(8)普林斯顿等离子物理实验室

普林斯顿等离子物理实验室是DOE中唯一一个主要研究等离子及核聚变

的实验室。从事的主要工作包括实验等离子物理学（建造及运行独特的核聚变设施、磁离子物理中的无线电等离子加热与实验研究）、理论等离子物理学（非线性磁液体动力研究、快速离子引发的不稳定性研究）、计算领域（算法开发、大规模并行技术、可移植技术）。

（9）斯坦福线性加速器中心

斯坦福线性加速器中心成立于1962年，由斯坦福大学负责运作，主要任务是设计、建造、操控先进的电子加速器及相关实验设施，以及进行高能物理及同步加速器放射研究。研究重点为开发新型电子加速器、仪器、检测器，提高现有设施质量的同时注重开发下一代相关设备；开发富有创造性的数据分析、建模及模拟技术。

（10）托马斯·杰斐逊国家加速器实验室

托马斯·杰斐逊国家加速器实验室于1995年开始运转，未来主要研究领域包括强子物理、超导加速器技术。

3. 国家航空和宇航局国防科研机构

国家航空和宇航局的前身为国家航空咨询委员会（NACA），这个委员会成立于1915年。1958年，为了加速实现空间技术的优势，美国政府将NACA在航天方面的职能扩大，改组为国家航空和宇航局（NASA）。国家航空和宇航局是美国政府系统中最主要的航空航天科研机构，主要负责向有关单位提供航空航天研究以及发展科研成果，并提供航空航天技术咨询。通过科研课题、合同、计划等形式与国防部、高等院校、工业企业的研究机构保持密切的联系。国家航空和宇航局的研究领域以民用航天技术为主，包括航空航天技术、空间探索与开发、地球科学、宇宙科学和生物与物理研究等。截至2012年4月，国家航空和宇航局的10个主要实验室及研究中心分别是艾姆斯研究中心、马歇尔航天飞行中心、戈达德航天飞行中心、喷气推进实验室、肯尼迪航天中心、兰利研究中心、约翰逊航天中心、斯坦尼斯航天中心、格伦研究中心和德莱顿飞行研究中心。

国家航空和宇航局主要实验室及研究中心的基本情况介绍如下：

（1）艾姆斯研究中心

主要研究领域：航空学，包括基础空气动力学、计算流体动力学、飞行动力学与飞行控制、导航、飞机自动化、人类工程学、直升机与动力升力技术，以及高性能飞机等；生命科学，包括生物医学辅助系统、生物实验、空间运输人员选择标准和宇宙生物研究；理论与实验空间科学，包括红外天文、天体物理学和行星大气等；飞机研究。该中心的研究内容还包括空间人类工程学、进入大气层的飞行器的热防护系统及空气热力学技术、计算物理与计算化学，以及人工智能与自控系统等。

(2)马歇尔航天飞行中心

马歇尔航天飞行中心负责航天运输和推进系统的研究、设计、技术应用和组装。它主要从事载人航天飞行器系统的设计和研制(包括可重复使用和一次性使用航天运载工具、轨道转移飞行器及深空探测器等),参与国际空间站建设、空间科学研究以及进行高能天体物理、太阳磁场和低能空间离子物理的研究等。此外,该中心还是国家航空和宇航局的微重力研究中心。主要研究领域:设计与开发空间运输系统、空间站设备、科学与应用有效载荷,以及其他空间探索用系统;大火箭推进系统、载人航天系统、太空实验室任务管理、大型复杂专用自动化航天器、空间材料加工管理、太阳与磁圈物理学和天体物理学等。

(3)戈达德航天飞行中心

研究领域:该中心的任务是开发和利用近地轨道航天器,以增进人类对地球、地球大气、太阳系和宇宙的了解。具体研究内容包括地球轨道航天器开发、跟踪与数据获得系统、太空实验室有效载重、太空物理学与天文学有效载荷、高层大气研究、应用研究与开发(天气与气候、地球动力学与资源、通信)信息系统技术、探空火箭及有效载荷开发、行星科学、传感器、环境监测与海洋动力实验等,参与研究地球和空间科学,设计、制造实验科学卫星,并对卫星和亚轨道空间飞行器进行跟踪。

(4)喷气推进实验室

该实验室为联邦资助的研究发展中心,由加利福尼亚理工学院在合同框架下进行管理,主要任务是利用自动航天器探索太阳系,研发领域有航空航天、通信、计算机科学与数学、地球与空间科学、电子学和物理学。在国防、能源、生物医学和航空等技术领域也具有很强的研究实力。除此之外,该实验室曾设计开发并负责运行国家航空和宇航局的深空间跟踪网。喷气推进实验室负责实施与管理国家航空和宇航局的深空探测飞行任务,包括旅行者、伽利略和麦哲伦深空探测器任务、火星探测任务及尤利西斯太阳探测器计划等。该实验室还负责建设和管理深空探测网,研制航天飞机天基红外成像雷达,并为哈勃望远镜研制宽视场/行星相机。

(5)肯尼迪航天中心

研究领域:该中心主要负责空间运输系统组件的装配、检测、维修、发射、回收和运行保障等,设计和开发发射、着陆设施与设备。

(6)兰利研究中心

研究领域:航空航天技术、声学与降噪、空气动力学、航天飞机结构与材料、空气热力学、航空电子技术、环境质量监测技术、传感器与数据获取技术、远程飞机、专用飞机、军事支持以及先进航空飞机构造等。该中心在结构与材料方面的

研究尤为突出，负责为国家航空和宇航局研发、测试用于飞机和航天器的新型材料及新型结构。

(7)约翰逊航天中心

该中心的研究任务包括：载人航天器及有关系统的设计、开发和试验；宇航员选择及培训；为航天飞机计划提供系统工程与综合化方面的技术、程序管理以及商业与业务管理；规划和执行载人航天飞行任务；地球资源技术与应用研究；空间生命科学研究。

(8)斯坦尼斯航天中心

斯坦尼斯航天中心是国家航空和宇航局的主要大发动机试验基地，包括航天飞机主发动机的研制试验。其研究领域主要是负责国家航空和宇航局的火箭推进试验（包括航天飞机轨道器及未来运载器的推进部件试验）；作为国家航空和宇航局的遥感成果商业化的主要中心，协助工业界共同发展商业遥感技术，进行环境咨询、陆地使用规划、自然资源管理等。

(9)格伦研究中心

格伦研究中心原名为刘易斯研究中心，成立于 1941 年，是航空航天技术科研中心之一，主要从事航天推进器开发和航天应用研究，并研发飞机推进系统、空间电源和卫星通信技术。此外，该中心还负责设计开发美国空间站能源系统，主要研究领域包括与喷气推进系统与航天推进系统相关的燃烧、输电、摩擦学、内装式发动机计算流体动力学、高温发动机仪表和空间通信学。

(10)德莱顿飞行研究中心

德莱顿飞行研究中心是国家航空和宇航局的航空飞行研究中心，专门研究、开发、校验并转移先进航空航天及相关技术。此外，它还为太空飞船的着陆点提供相应支撑，并为各种轨道开发及运行系统的设计概念提供实验验证。中心的设施与美国空军飞行试验中心和美国空军研究实验室共享，实现基础设施备份和研发成本的最小化。

(二)大学国防科研机构

大学具有许多利于开展研究的优秀条件，如人才齐全、知识广泛、研究方法灵活多样、研究项目一般比较稳定、富有创新精神。美国国防科研自第二次世界大战以来积极涉足大学这块研究阵地。许多大学在军方资助下竞相开展国防科研活动，有的还建立了同国防科研关系密切的应用研究机构，如麻省理工学院的林肯研究院、约翰斯·霍普金斯大学的应用物理研究院等。近年来，大学科研“军事化”色彩更加浓厚，许多院校争先恐后地参加国家国防高技术计划项目。大学是美国国防科研的支柱之一，也是国防部依赖的主要科研力量，美国国防部 35%

以上的国防科学技术项目是由大学完成的。

大学国防科研机构指行政隶属关系属于大学管理，从事国防科研活动的科研机构。它们主要从事国防科技的基础研究工作，所承担的国防科技基础研究在美国国防科技基础研究中所占的比重较大。为了维持对于美国国防工业而言必不可少的、重要的核心工程以及研究和发展能力，国防部研究与工程署在大学内部选定了一批研究机构，由国防部与其签订资助合同，这些研究机构称为国防部大学附属中心（University Affiliated Research Center，UARC）。UARC 是美国国防科研机构重要的组成部分之一，1996 年 5 月正式设立。截至 2012 年 4 月，国防部管理 13 家大学附属研究中心，其中陆军 5 家，海军 5 家，导弹防御局 1 家，国家安全局 2 家，见表 1－1。

表 1－1　美国国防部大学附属中心

序号	名称	管理机构
1	美国加州大学圣巴巴拉分校的协同生物技术研究所（University of California at Santa Barbara：Institute for Collaborative Biotechnologies）	陆军
2	美国南加州大学创新技术研究所（University of Southern California：Institute for Creative Technologies）	陆军
3	佐治亚理工学院：佐治亚技术研究所（Georgia Institute of Technology：Georgia Tech Research Institute）	陆军
4	麻省理工学院士兵纳米技术研究所（Massachusetts Institute of Technology：Institute for Soldier Nanotechnologies）	陆军
5	得克萨斯大学奥斯汀分校先进技术研究院（University of Texas at Austin：Institute for Advanced Technology）	陆军
6	犹他州州立大学：空间动力实验室（Utah State University：Space Dynamics Laboratory）	导弹防御局
7	约翰斯·霍普金斯大学应用物理实验室（Johns Hopkins University：Applied Physics Laboratory）	海军
8	美国宾夕法尼亚州立大学应用研究实验室（Pennsylvania State University：Applied Research Laboratory）	海军
9	得克萨斯大学奥斯汀分校应用技术研究实验室（University of Texas at Austin：Applied Research Laboratories）	海军
10	华盛顿大学应用物理实验室（University of Washington：Applied Physics Laboratories）	海军

表 1－1(续)

序号	名称	管理机构
11	夏威夷大学马诺阿分校应用研究实验室(University of Hawaii at Manoa：Applied Research Laboratory)	海军
12	马里兰大学帕克分校高级语言研究中心(University of Maryland, College Park：Center for Advanced Study of Language)	国家安全局
13	斯蒂文斯理工学院系统工程研究中心(Stevens Institute of Technology：Systems Engineering Research Center)	国家安全局

大学对美国国防科研所起的作用有:①从事基础科学与工程研究,保障军事技术需求;②培养技术人才,充实国防科研队伍;③提供与国防有关的技术建议;④帮助推广新技术,用于工业界军品与民品的生产。国防部还专门针对各大学实际制定了许多国防科研计划,成立了“国防部－大学研讨会”,加强对高等院校军事科研工作的指导。

(三)工业企业国防科研机构

美国有1 000多家企业从事武器系统的研制、实验和生产。大型军工企业既是军品试制和生产的基地,也是开发和研制先进应用技术的基本力量,一般都具有很强的科研开发能力和先进的科研设施。工业企业的国防科研活动主要有两类:一是联邦政府通过研究合同或采购合同委托企业进行的研究,二是工业企业本身投资进行的研究。这些机构除通过科研合同承担国防部的科研项目外,还经常根据需要自己投资开展一些独立的研究与发展工作。

(四)其他非营利性国防科研机构

美国非营利性国防科研机构主要包括联邦资助研究发展中心(FFRDC)、独立的非营利研究所、各种职业科学技术协会、科技信息服务与咨询机构、技术标准与专利服务机构、国家和地方科学院、科学技术中心和私人基金会等。此类研究机构虽然数量不多,但对美国国防科技的发展有很大的影响,而且现在仍然发挥着重要的作用,是其他三类研究机构的有益补充。

其中,联邦资助研究发展中心是一种重要的类型,承担了部分国防科研任务,其经费基本上全部来自联邦政府各有关部门,如国防部、能源部、国家航空和宇航局、国家科学基金会等。联邦资助研究发展中心按照其行政管理机构的不同,分为大学管理、工业界管理和非营利组织管理三种类型。这些研究机构不以

营利为目的，不参与政府研究项目的竞争，不为商业客户服务，不制造产品，而是由有关政府部门下达科研任务，主要从事高风险的、长远的研究和开发项目。

国防领域的其他非营利性国防科研机构既不隶属于政府部门，也不设在大学内，也不像工业企业以营利为目的。此类研究机构虽然数量不多，但对美国国防科技的影响很大，是其他几类科研机构的有益补充，它们被称为“思想库”(think tank)。“思想库”，又称“智库”“脑库”，顾名思义，就是储备和提供思想的“仓库”。该词是美国人的发明，最早出现在第二次世界大战时期，是纯军事术语，用以指战争期间美军讨论战略和作战计划的保密室(类似所谓作战参谋部)。第二次世界大战结束后，“思想库”开始被用于称呼军工企业中的研究与发展部(research and development sections)，其中最有名的当数道格拉斯飞机公司的研究发展部。20 世纪 50 年代，该部成为独立实体，仍以“研究”与“发展”为名，将两个英文单词复合为 RAND，即人所共知的兰德公司。”思想库是为适应美国政府的需要而建立发展起来的，例如，主要研究美国外交事务的对外政策思想库的产生、发展、壮大，使其与美国全球化大国地位的确立相一致，是美国外交事务日益复杂化、多元化的产物。按照其职能性质，思想库可分为学术(教育)型、政府合同型、政策鼓吹型三类。目前在美国国内与防务密切联系的思想库主要有兰德公司，胡佛战争、革命与和平研究所(The Hoover Institutions on War, Revolution and Peace)，新世纪计划(Project for the New American Century, PNAC)以及美国企业公共政策研究所(American Enterprise Institute for Public Policy Research, AEI)等。它们通过接受军工企业、政府国防部门的巨资捐助，以将军工企业重要领导人吸纳入思想库担任重要负责人等方式与防务发生密切联系。从 20 世纪 70 年代，美国各界开始认识到非营利性国防科研机构对于提高技术创新能力的重要作用，美国政府开始对非营利性国防科研机构采取一套行之有效的管理机制，确保其在美国国防科研管理体系中能够发挥出重要的作用。表 1 – 2 所列为各类国防科研机构的主要研究领域。

表 1 – 2　各类国防科研机构的主要研究领域

机构	基础研究	应用研究	技术开发研究	试验鉴定	公益类研究
政府国防科研机构	☆	●		●	☆
大学国防科研机构	●	☆			☆
工业企业国防科研机构	☆	☆	●	☆	
非营利性国防科研机构					●

注：表中符号●表示该类国防科研机构所从事的主要研究领域；表中符号☆表示该类国防科研机构所涉及的研究领域。

三、美国国防科研能力调整及发展的动因分析

20 世纪 90 年代以来，随着“冷战”的结束，国际环境发生巨大变化，面对军事预算不断减少所带来的越来越大的压力，在美国 PDD/NSTC－5 号总统决策指令下，美国国防部、能源部、国家航空和宇航局开始对国防科研机构进行调整，旨在改善科研效率，保持国防科研机构在科学研究领域的领先地位。

从 20 世纪 90 年代开始，在进行了全面的科研设施审查之后，美国国防部、能源部、国家和宇航局相继开始了各自系统内研究试验机构的调整。由于情况有所不同，各部门采取的措施以及调整的力度也都不尽相同，但调整的重点主要集中在以下几个方面：一是进一步明确工作重点和任务方向；二是整合机构；三是撤销和修改不必要的指令及规章；四是改善管理流程，提高效率。目前，美国对国防科研机构的调整仍在不断完善和深化之中，调整所带来的最终变化和结果现在还无法了解，但在许多方面已经取得了阶段性进展。

改革的主要内容，概括起来大体上包括：调整国防科研实力体系结构；修改和撤销一些影响国防科研机构发展的法规、指令、命令和规章制度；明确国防科研机构的业务重点技术领域，减少国防科研机构业务重复；调整国防科研机构之间的资源和设施；改进国防科研机构的业务管理流程。

四、美国国防科研能力发展趋势

从国防科研机构改革发展趋势看，未来在动荡的国际军事形势和世界新军事变革挑战的双重因素推动下，加快国防科技发展，依靠国防科技进步争夺国际军事优势地位将成为世界各国实现新的国家安全和军事战略目标的重要手段。因此，从总体上看，进一步改善国家政府部门对国防科研机构的管理；通过合理划分国防科研机构业务领域，进行国防科研机构的合并和重组，减少政府部门之间国防科研机构和设施的重复设置，进一步优化国防科技资源配置，充分提高国防科技资源利用效率；通过改革国防科研机构内部管理程序和运行机制，进一步改善国防科研机构内部管理，提高国防科研机构的技术能力和研究工作效率，将成为未来国防科研机构改革的重要发展趋势。另外，通过国防科研机构的所有制改革，实现国防科研投资主体的多元化，扩大国防科研的投资来源，对于一些经济实力有限的国家，也将是一种重要选择。研究美国国防科研能力发展趋势，有助于我国科研资产进一步压缩、科研管理效力进一步提高、科研领域进一步明晰。

第二节　美国国防科研能力管理模式和主要特点

一、美国国防科研机构的管理模式

由于美国国防科研机构的类型不同，各个国防研发机构的管理模式也各有差异。政府直接管理的国防科研机构，由政府直接对其进行全面的行政和业务管理，机构领导由政府主管部门任命，基本经费和科研经费按年度预算计划拨款，人员享受政府公务员待遇。政府委托管理的国防科研机构，所有权属于政府，但以合同方式委托给大学、企业或非营利性国防科研机构管理；在人员管理方面，一般采用与委托单位管理方式相似或相同的人事管理办法。

（一）政府科研机构管理模式

美国国防科研中的政府研究机构按照管理体制及运行模式的不同可以分为三种类型，一种是联邦实验室，一种是国防部及其三军所属的军内科研机构，还有一种是联邦资助研究发展中心。

1. 联邦实验室

联邦实验室是美国国家级科研机构，由有关政府部门直接管辖和支持。联邦实验室是美国国防科研系统的一个重要组成部分，拥有良好的科研环境和试验条件，是美国国防科研的一支骨干力量。

美国联邦实验室在管理上实行分类管理，根据管理方式分为三种类型：一是政府拥有、政府管理的实验室，即 GOGO 实验室（Government Owned Government Operated），也就是"国有国营"。二是政府拥有、承包商管理的实验室，即 GOCO 实验室（Government Owned and Contractor Operated），也就是"国有民营"。三是政府提供部分资助的研发中心，这类中心多属于承包商拥有和管理，即 COCO 实验室（Contractor Owned and Contractor Operated）。

联邦实验室在美国国防部科研管理中扮演着重要的角色，它们不仅承担了国防部 20% 的科学技术项目，而且还控制着应用研究项目和先期技术发展项目的管理及部署，其花费的年度科学技术预算占美国国防部总科学技术预算的比例高达 56%，同时联邦实验室还管理着 110 亿～120 亿美元的非科学技术资金。

在美国，政府根据预算法案，按实验室预算给予其拨款，保证了实验室能够得到稳定、有力的财政支持。实验室另有少量经费来自为公司企业进行的合同研究和技术开发，以及向其他联邦机构提供的技术支持。通常的情况是，联邦实

验室80%以上(也有低于这一比例的,但不会少于70%)的经费主要来自联邦政府的拨款,联邦重点实验室更是如此。

根据联邦政府的相关规定,联邦实验室首先要完成自己的工作,不能把"本职"工作放到一边不干,而一味地去寻找"横向"项目。这一点在国会那里是绝对通不过的,因为在美国,联邦实验室所拥有的一切都是联邦政府提供的,所以实验室不能拿着联邦政府的钱而不干政府的事。

关于通过竞争获取项目经费问题,联邦实验室是不允许和社会竞争经费的,这种竞争可视为一种不公平竞争,因为联邦实验室在各方面都占有优势,同时也不利于扶持社会上的非联邦政府的科研力量。再者,联邦政府已在经费上给予了保障,因此联邦实验室不必为经费而过多地"分心",同样,也就不存在要花许多精力去争取"横向"项目了。但这并不意味着联邦实验室就没有"横向"项目。除去联邦政府的拨款之外,剩下的约20%(占实验室的总科研经费的比例)的科研经费可以被认为是"横向"项目经费,这些经费主要来自其他联邦机构、州政府(包括地方政府)、企业等。这里有一条重要的原则,即承担"横向"项目的前提是这些项目的实施要有利于促进本部门职责(也就是本实验室职责)的实现,换言之,从事"横向"研究可以被认为是一种业务上的练兵,有利于提高实验室的研究水平,会使实验室的科学技术更加精益求精,为更好地完成实验室本身的使命以及更好地满足国家的需求奠定基础。

联邦实验室从事的计划项目基本采用行政管理方式,不管是课题立项还是项目实施,都按组织体系逐级审批、评定。在审定过程中,除单位领导和上级业务主管部门直接参与外,还经常组织外界有关方面专家进行同行评议,或征求用户对科研成果的意见。

在联邦实验室中,以学术带头人为基础组建的、研究方向偏重于科学论文和会议文献的专业人员数量较少,而以技术门类组建的科技人员队伍庞大,其主要工作目标是研制样机和演示技术装置。

2. 国防部及其三军所属的军内科研机构

美国自第二次世界大战以来逐渐组织和发展起来的规模庞大、人员精干的军内科研系统,是由国防部直接管辖、专为军事目的服务的专业队伍,是美军科研尤其是预研工作的攻关力量。军内研究所一般是按技术领域或任务范围组建的,每个研究所就是军内系统各自专业技术方面的中心,也是联系地方同行的桥梁。军内研究所是实施国防科研计划、奠定国家安全技术基础不可缺少的力量。它们参与并帮助指导武器采办全过程,即从探索新知识、新概念到设计、试制和采购新武器系统。军内研究所在制订国防科研计划时提出分析意见和提供技术服务。为了正确评价外界的技术建议,它们必须保持高度的科技才能。它们能

提供采办新武器系统所需的雄厚的技术基础来帮助国防部成为一个精明的买主。它们更基本的职责是，维持一支具有高度技术才干的队伍，使国防部及各军种能及时了解同国防需求有关的最新科技动向。

美国三军研究所的主要任务是承担科研（即研究、发展、试验与鉴定），特别是预研（即基础研究、应用研究和先期技术发展），研究经费主要是预研项目经费，由政府逐年按计划下拨。每个研究所的经费数额，由其规模大小和任务多少而定。研究费用按承担的项目编制和申请预算，为此研究所每年都要参与本军种的“规划—计划—预算编制过程”。项目获准后，预算按项目下拨，专款专用，不得在同类项目间随意挪用，更不准跨类使用。科研项目预算逐年申报，逐年审批，但项目经费的使用授权期限为两年，即某一财年的授权款必须在下一财年结束时用完（包括签订合同承担付款义务但尚未实际支付者）。

军内研究所对国防部发展国防科技来讲起着非常重要的作用，从发布的指令规定来讲，就有 20 多项。其中特殊的作用就是“赋予这些研究中心的职能，大部分不能转给私人企业”。军内研究所具有明显的特点：不受商业市场的支配，完全可以根据作战需求和科技发展开展科研活动；监督科研合同执行，评估军工厂商的科研项目和装备；为武器装备采办提供技术咨询，参与计划制订和管理；承担私人企业不愿承担或不能承担的特殊项目，如爆炸品、核生化武器保密科研项目等；承担特殊紧急的科研项目。

美国国防部及其三军所属的军内科研机构还包括一些情报信息分析研究机构，如国防部情报分析中心、国防部信息中心、导弹与空间情报中心、国家海事情报中心、国家地面情报中心、国家航空与空间情报中心、空军信息研究中心等。它们分别隶属于国防部和各种情报局以及国防研究与工程署，职工均为联邦雇员，享受政府公务员待遇，主要从事军事和技术情报的搜集与研究，经费全部由政府划拨。在科学技术飞速发展、情报分析和信息处理需求日趋急迫的今天，公益类的情报和信息分析机构愈来愈受到美国政府的重视，美国政府投入许多人力和资金，采取多种措施以提升它们的快速反应能力。如国防信息中心作为国防部领域重要的业务机构，随着各方面投入的加大将担负着越来越广泛的重要职责。该机构由美国国防研究与工程署领导，目前已成为美国国防部的科技信息中心和网络管理者，对美国国防科技的发展起着重要的作用。

3. 联邦资助研究发展中心

在联邦政府所属的研究机构中，有一种被称为“联邦资助研究发展中心”的机构，这些机构的经费全部来自联邦政府的有关部门，如能源部、国防部、国家航空和宇航局以及国家科学基金会等。这些研究机构的人员均为政府雇员，但机构的行政管理却由政府以合同形式交由高等院校、私人工业企业或非营利机构

来负责。这些研究机构不以营利为目的,不参与政府研究项目的竞争,不为商业客户服务,不制造产品,而是由有关政府部门下达科研任务,经费充足,只从事高风险的、长远的研究和开发项目。

(二)大学科研机构管理模式

美国国防科研的基础研究主要依靠大学进行,这些大学的科研经费来源主要是联邦政府,其中国防部占有较大的比例。对于大学承担的国防科研项目,政府采用合同方式进行管理。合同管理实际上就是利用市场手段进行管理,在项目招标、谈判和合同签订过程中都要引入竞争机制。通过在大学进行基础研究,还可改进大学的科研设施,加强军事科技人才的培养。

(三)工业企业科研机构管理模式

政府部门与工业企业科研机构之间不存在行政隶属关系,主要通过合同对企业承担的国防科研项目进行管理。工业企业的科研活动大致有两类:第一类是联邦政府通过研究合同或采购合同委托企业进行的研究,第二类是工业企业本身投资进行的研究。美国工业部门的研发管理机构与国防部实验室管理机构相比要简明得多,从首席执行官到实验室工人之间没有太多的复杂环节。工业界除了以合同的方式承担科研项目外,还在合同之外选择了一些具有军民两用性质的技术项目,从事所谓的"独立的研究与发展"。这对政府和其本身都有好处,军方无须承担合同义务但有可能利用厂商科研成果,厂商通过自己的科研活动提高竞争能力而又可能通过未来的生产合同收回科研投资。由于企业开展的独立研究与发展工作对加快国防科技和武器装备发展具有重要的促进作用,因而受到美国政府的高度重视。为支持企业的独立研究与发展计划,美国国防部颁布了第3204.1号指令,规定了承包商独立研究与发展计划的管理办法,并对承包商开展的独立研究与发展项目提供一定数量的补偿经费。企业承担的研究项目的组织机构同研究所的科研活动及特征具有一定关系。工业界的研究所如果按学术带头人进行组建,那它同政府的联系就可能非常密切(政府资助的科研费比例比较大,由政府资助的科研设备比较多),科研成果中科学论文、图书和会议文献的比例比较大;如果按技术门类加以组建,同政府的关系就不那么密切,着重依靠其隶属的公司提供科研经费,科研成果中专利成分较多。按技术门类组建的工业界研究所多半是专业人员众多的大型研究所,而依据特定项目组建的工业界研究所一般都是实力较弱的小型研究所,大多没有隶属组织,成果主要是内部技术报告。

(四)非营利性科研机构管理模式

政府与非营利性科研机构一般是合同关系,科研机构的收入主要来自政府部门委托的合同收入。如斯坦福国际咨询研究所的经费来源中,政府委托的国防合同收入大约占其总收入的40%,来自其他政府部门的收入大约占30%;兰德公司的年度预算也主要来自政府委托的合同研究经费。

二、美国国防科研机构的主要特点

美国国防科研机构(其经费情况详见表1-3)所从事的科研项目有如下主要特点:

(1)研发周期长、风险大,短期难以实现经济效益或有战略要求的项目;

(2)跨学科、跨部门的,需要政府牵头组织的基础性、萌芽性或探索性的研究项目;

(3)国家急需研究项目,并且需要高度保密;

(4)需要高成本劳动力,且仪器设备及实验设施的固定投资高;

(5)直接或间接地推广和深化科技知识,保持基础或前沿科学与技术研发优势和国家整体科研技术水平;

(6)需要持续而稳定的经费支持。

国防部所属研究机构的特点有:

(1)不受商业市场的支配,完全可以根据作战需求和科技发展开展科研活动;

(2)监督科研合同执行,评估军工厂商的科研项目和装备;

(3)为武器装备采办提供技术咨询,参与计划制订和管理;

(4)承担私人企业不愿承担或不能承担的特殊项目,如爆炸品、核生化武器保密科研项目等,承担特殊紧急的科研项目。

国防高技术研究计划局项目特点:

(1)一般项目为期4年左右,投资1 000万~4 000万美元;

(2)有少数项目资金在100万元以下,个别项目资金达到数亿美元;

(3)风险大而潜在军用价值高,一旦取得进展其战略意义也大,即使有可能失败也要上马的项目;

(4)具有独创性,可给武器装备的发展带来重大变革,多为跨军种项目和需要优先发展的项目;

(5)着眼于取得技术突破,降低成本和寻求简单有效的技术途径。

表 1-3　美国国防科研机构经费情况

国防科研机构类别	管理模式	经费来源	经费情况
政府国防科研机构	政府直接管理（GOGO）	按年度预算计划拨款	2010 年占国防研发经费的 26.5%
	政府委托管理（GOCO）	合同经费	研发机构研发经费占国防部研发预算的 1%
	政府租赁管理（GOPO）	市场运营	
大学国防科研机构	大学管理	合同经费 + 大学研发经费	2010 年占国防研发经费的 6.3%
	联邦资助研发中心（FFRDC）	合同经费，纳入管理部门年度预算	2010 年占国防研发经费的 5%
	大学附属研究中心（UARC）	非竞争性长期（周期为 5 年）合同经费，纳入管理部门年度预算。国防部 UARC 年度基本经费为 200 万美元	
企业国防科研机构	企业管理	客户合同经费（含政府合同及其他单位合同）+ 企业自身投入	2010 年政府合同研发经费占国防研发经费的 56%
	联邦资助研发中心（FFRDC）	合同经费，纳入管理部门年度预算	2010 年研发经费占国防研发经费的 2.3%
私营独立国防科研机构	机构管理	客户合同经费（含政府合同及其他单位合同）机构研发经费	政府合同经费主要对象为非营利性机构。2010 年政府合同研发经费占国防研发经费的 1%
	联邦资助研发中心（FFRDC）	合同经费，纳入管理部门年度预算	主要设立在非营利性机构。2010 年研发经费占国防研发经费的 2.9%

大学附属研究中心(UARC)的主要特点包括:

(1)UARC 是大学或学院内部的研究机构。

(2)UARC 向国防部提供或维持必不可少的工程、研究和发展能力。

(3)国防部专门制订了 UARC 专项管理计划,国防部以单一合同(非竞争性合同)的方式资助 UARC 的工程与研发活动。此外 UARC 还可以得到不属于专项管理计划的其他来源的资金支持。

(4)一般而言,国防部以单一合同形式资助给每个 UARC 的资金每年都超过 600 万美元。

(5)UARC 与国防部保持着长期战略合作关系。

三、美国国防科研能力经费渠道

由于美国国防科研机构的类型不同,各个国防研发机构的经费渠道也各有差异。美国国防部所属研究机构的经费由政府逐年按计划下拨,经费规模由其规模大小和任务多少确定。政府不干预大学内部国防科研机构管理,仅通过合同进行管理,科研经费按合同拨款。同时,国防部研究与工程署为每个 UARC 指定了一个主要资助机构,这个主要资助机构是国防部内一个部门,负责执行国防部对 UARC 的日常管理、政策和相关程序的执行。政府部门和工业企业科研机构之间不存在行政隶属关系,主要通过合同对企业承担的国防科研项目进行管理,科研经费按合同进行拨款。政府与非营利性科研机构之间也不存在行政隶属关系,一般是合同委托关系,研究机构的收入主要来自政府部门委托的合同收入。

美国的军品研发体系中任务承担者和资金来源众多,主要包括商业界(含商业、工业等各领域)、联邦政府、大学、其他非联邦部门、非营利组织等,商业界是研发经费的主要来源。近些年来,美国研发经费来源的构成相对稳定。研发任务承担组织经常受到外部资金的资助,同时提供研发资金资助的单位也可能是重要的研发任务承担者。根据美国国家科学基金会 2012 年 4 月发布的《2008—2010 财年美国联邦研发基金》报告(NSF 12 - 318),2010 年美国国防研发经费[①]投入情况见表 1 - 4。

① 根据美国国家科学基金会统计口径,研发经费指在统计时间内,签订的订单、授予的合同、相关服务以及其他相关交易的总金额,包括基础研究、应用研究及开发三种类型。

表 1 - 4　2010 年美国国防研发经费投入　　　（单位：百万美元）

		国防部	能源部	国家航空和宇航局
联邦政府及直属部门		16 772. 7	1 010. 4	1 137. 1
联邦政府体系外（美国本土）	工业界	35 046. 6	1 308. 1	3 593. 3
	工业界管理 FFRDC	429. 0	1 241. 5	1. 3
	大学和学院	2 332. 8	960. 5	1 187. 9
	大学管理 FFRDC	318. 6	3 308. 1	3. 6
	其他非营利组织	310. 3	146. 3	221. 4
	非营利组织管理 FFRDC	613. 6	1 427. 3	13. 4
	州政府	16. 1	13. 8	1. 1
国外		189. 4	0. 9	5. 3
总计		56 029. 1	9 416. 9	6 164. 4

根据表 1 - 4 中的数据，可以绘出 2010 年美国国防研发经费构成图，如图1 - 2 所示。

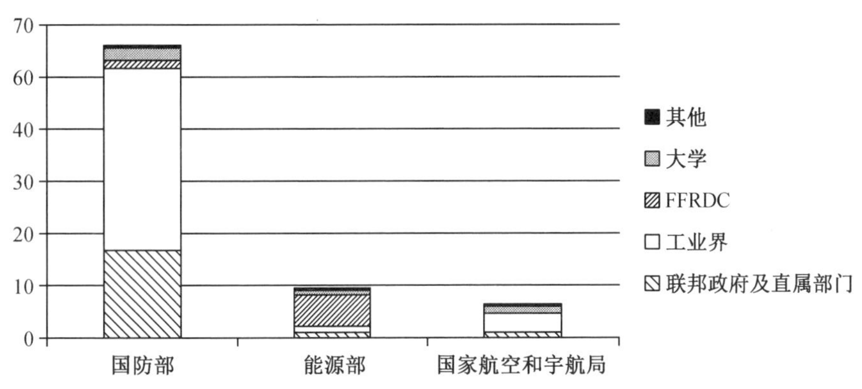

图 1 - 2　2010 年美国国防研发经费构成图

2010 年美国国防部研发投入为 560 亿美元，占总国防研发经费的 78. 2%，其中用于开发的费用占了绝大部分，为 496 亿美元。从国防研发经费投入对象看，国防部和国家航空和宇航局的大部分研发经费投入到了工业界内，而能源部主要投入到 FFRDC。

第三节　美国国防生产能力调整及现状

一、美国国防生产能力调整及发展的主要阶段

追溯“冷战”后将近20年世界国防工业大变动的历史，美国国防工业基础调整明显呈现出两个阶段的图像，第一个阶段重在缩减规模，第二个阶段重在使国防工业与未来作战能力需求匹配。

第一阶段：20世纪90年代，特征是国防工业基础的缩减

这个阶段国防工业调改的总体方向是，消除“冷战”时期大力发展武器装备造成的军工能力膨胀，并为适应技术发展与采办改革的需要，减少分包环节，提高装备的全寿期可承受性。美国制定了以军工产业调整为主要内容的《国防转轨战略》，提出一个战略目标，即建立既满足军事需求，又满足商业需求的军民一体化的“国家技术与工业基础”，核心是将经济承受能力作为军工产业调整的因素，力求优先考虑国防预算。

一方面，由于“冷战”结束，以苏联为首的华沙条约组织（华约）分崩离析，国防工业跟着衰落；另一方面，北大西洋公约组织（北约）—华约长期对抗的突然消失，使得以美国为首的西方军事集团长期建立的军事能力变得过剩了，正在执行或计划中的装备建设项目变得过于庞大，国防工业自然也就变得臃肿。在这种背景下，北约各国政府大量削减国防预算，使得国防研发、采办任务大幅度削减，造成了国防工业机构的“粮荒”，不得不寻求出路。为此，美国政府开始鼓励、引导甚至主持本国国防工业机构纵横向并购或转行从事民用产业，导致一批国防工业企业退出国防市场，国防科研生产能力向少数企业集中，国防工业基础缩小。

第二阶段：大致始于21世纪初，特征是按照未来军事能力体系调整国防工业格局

这个阶段的主导方向是更多地按照未来军事能力体系建设的需要，进行国防工业的结构性调整。这是新军事变革不断深入的自然结果。

“冷战”结束后的一段时间内，新军事变革主要还处于一个起步阶段，如何削减军事规模是美国面临的最现实的问题，伴随这一过程的则是思考如何利用较小规模的军事力量继续干涉全球事务。这个阶段在国防工业调整改革方面，占主导地位的是规模削减，或者说是“甩包袱”。进入21世纪之后，新军事变革思想进入了逐渐成熟的时期，变革思路开始定型。最为典型的是，美国开始有计

划、有步骤、有措施地推进面向信息时代的军事转型，建设网络中心化的联合部队，主宰网络中心化的联合作战，作为军事转型的核心。在这种背景下，系统地规划不同于以往以军种作战需要为考量的作战能力理念，建设不同于以往以平台为中心的装备体系的构想，已经不再落于纸面。以此为背景，美国在政府主导或支持下，主要通过市场机制，开始新一轮国防工业的调整改革。调改的目的是形成一个符合信息时代军事能力建设的健康、稳定的新型国防工业体系，从而保证军事能力建设目标的实现和长远可持续发展。

总的来说，美国的军事转型一方面得益于本国拥有在规模和技术水平上举世无双的国防工业基础；另一方面在军事转型过程中，设计了面向未来的新型军事能力体系，要求国防工业基础进行适应性转型，对国防工业基础产生了变革性的影响。可以说，美国国防工业基础调整改革是其军事转型策略和行为在工业领域的自然延伸。为了推动军事转型，近几年来美国国防部反复强调“作战能力和作战部队是驱动国防需求和军用产品的最基本元素”“国防部一直依靠工业界的想象力，使作战能力由梦想变成现实”“保持一个健康的工业基础来生产和保障武器装备”“形成更富有竞争力和创新性的工业基础”，并提出要建立一个“基于作战能力的国防工业基础”，等等。应该说，这些言论表达的并不仅仅是一些理念，而是美国多年国防建设的经验，是现实中新的军事能力发展对国防工业支撑能力的渴望与要求，也揭示出了新军事变革条件下军事能力建设和国防工业发展的深层次关系。

二、美国国防生产能力现状

自20世纪90年代中期到21世纪初的前20年时间内，美国主要的武器装备供应能力已集聚到少数供应商手中，从原先的10家大型国防公司变成了“五大公司”——洛克希德·马丁公司、波音公司、诺斯罗普·格鲁曼公司、雷神公司、通用动力公司，二、三级供应商的数量也只保留了1～2家。随着经济的发展，美国的国防工业基础发生了变化，大型国防公司通过纵向和横向集成，成为跨行业、跨地区的国防公司，构成了美国的国防工业基础。这些大型公司在企业并购的同时，也剥离了一些企业，对其业务进行了调整，以适应国防需求的变化。

美国国防工业结构的变化，连同政府影响该工业采取的行动，减少了能在任何一种国防产品和服务领域竞争的公司数量，并且幸存下来的公司的规模和活动余地也随着政府与公司之间的关系而发生变化。其结果是国防部对作战飞机、装甲战斗车辆和海上战舰供应商的选择限制在2～3家主承包商中。在许多领域，能开发和生产主要平台及武器系统的国防公司已减少到3家甚至更少。据统计，自1990至2000年，飞机开发商就由8家减少到3家，水面战舰开发商由

8 家减少到 3 家,战术导弹制造商由 13 家减少到 3 家,履带式战斗车辆开发商由 3 家减少到 2 家。这些并购使政府为保持公司竞争力的做法的实施变得日益艰难,尤其是对一个采办系统来说,其承包商选择几乎完全是以单个项目满足需求为基础的,而不考虑维持一个有竞争性和创新性的工业基础。

在 20 世纪 80 年代中期,美国 10 家主要的大型国防公司分别是麦克唐纳·道格拉斯公司、通用动力公司、洛克维尔公司、通用电气公司、波音公司、洛克希德公司、联合技术公司、休斯公司、雷神公司、格鲁曼公司,这 10 家大型公司从国防部获得的主承包合同占国防部所有主承包合同总量的 34%。在 20 世纪 90 年代初期开始的并购浪潮中,许多原有的国防公司退出了国防领域,例如,通用电气的航空航天部、IBM 的联邦系统、福特公司的航空航天、西屋的国防和电子系统部、通用汽车的休斯公司防务、得克萨斯仪器的防御系统与电子设备部、朗讯技术系统的先进技术系统等,这些部门都被其他的国防公司并购。通过这些并购,形成了新的七大国防公司——波音公司、联合技术公司、洛克希德·马丁公司、霍尼韦尔国际公司、通用动力公司、诺斯罗普·格鲁曼公司和雷神公司。

这些国防公司在此次并购过程中,进行了一系列的纵向和横向集成。纵向集成,即兼并相关的配套中小企业,增强自己在该领域内的实力,巩固自己在该国防领域内的地位。例如,洛克希德·马丁公司通过收购通用电气航空公司和通用动力航天事业部,巩固了公司在航天航空领域内的地位;通用动力公司通过收购普利迈克斯技术公司,巩固了其在作战系统领域内的地位。通过横向集成,即并购其他领域内的公司,这些国防公司涉足了新的业务领域,拓展了公司的业务范围,有利于公司的进一步发展。例如,通用动力公司收购了湾流航空航天公司和银河航空航天公司,成功地跨入了航空航天领域;诺斯罗普·格鲁曼公司通过并购韦斯汀豪斯公司,成为机载雷达与电子战系统的主要供应商等。美国的大型国防公司通过并购配套企业、跨行业整合,模糊行业界限,扩展公司的业务范围,形成综合的国防公司。目前,重组的洛克希德·马丁公司、霍尼韦尔国际公司和通用动力公司的综合国防业务的年销售额已在 300 亿美元以上,而诺斯罗普·格鲁曼公司和雷神公司国防业务的年收入也超过了 200 亿美元。

此外,随着全球化的影响,美国的大型国防公司在积极开展国内企业并购的同时,还积极开展国际并购及合作,以此来开拓国际市场,提高公司的竞争力,参与国际市场的竞争。例如,2007 年,美国通用动力公司完成对加拿大 SNC 技术公司和澳大利亚媒体国际公司的收购,进一步扩展了其在加拿大和澳大利亚的业务,同时这两家公司也增强了通用动力公司在弹药和信息系统方面的实力;2014 年 3 月 19 日,洛克希德·马丁公司收购了总部位于德国的 BEONTRA,这是一家为包括迪拜、伦敦和法兰克福在内的大型商业机场提供预测服务的公司;而

美国的诺斯罗普·格鲁曼公司和雷神公司则积极扩展在印度的业务，通过与印度政府、印度海军和空军以及工业界建立良好的工作关系，从而增强公司在印度拓展新业务领域的能力。

在过去的十几年里，由于伊拉克战争和反恐战争的需要，美国国防部开支的年增长率达到了10%，美国的国防工业，特别是大型国防公司极大受益。但是，现在工业界越来越关注未来的不确定性，尽管一致的观点是美国国防开支在未来的2～3年内将继续增长，但也有不少人认为国防开支开始下降的情况可能不久就会发生。国防开支的下降对防务工业营业额的影响有2～3年的滞后期，因此今后几年美国防务工业仍将继续增长，这样就使美国的大型国防企业有一定的时间为可能的国防预算下降做准备。同时，大型国防公司通过最近几年的大规模并购集成，收购了很多的企业，业务范围也出现了扩张，这也要求企业对其内部进行调整，以有利于企业今后的发展。美国的大型国防企业一般通过重组业务、现代化设施、从核心防务市场扩张至新的临近领域、改进工艺、扩大国际市场等方式来进行业务调整，以适应国防市场需求的变化。例如，洛克希德·马丁公司已将美国政府信息技术市场设为目标，雷神公司则紧盯世界范围的收费公路和边境安全项目。业务调整之后，美国大型国防公司的业务范围发生了变化，其2013年的基本情况见表1－5。

表1－5　美国大型国防公司2013年的基本情况

公司名称	收入/百万美元	利润/百万美元	资产/百万美元	员工/人
波音公司	86 623	4 585	92 663	168 400
联合技术公司	62 935	5 721	90 594	212 400
洛克希德·马丁公司	45 358	2 981	36 188	115 000
霍尼韦尔国际公司	37 665	2 926	41 853	131 000
通用动力公司	31 218	2 357	35 448	96 000
诺斯罗普·格鲁曼公司	24 661	1 952	26 381	65 300
雷神公司	23 706	1 996	25 967	63 000

数据来源：各公司年报。

表1－5显示的是，自“冷战”结束以来，美国国防工业的并购产生的一批规模空前的公司，如美国航空航天制造商洛克希德·马丁公司、飞机制造商波音公司、雷达及海军船只制造商诺斯罗普·格鲁曼公司、综合性防务集团通用动力公司、大型国防合约商雷神公司等。通过分析国防公司的经济情况可以发现，美国

七大国防系统公司的年收入均在200亿美元以上,年营业利润也都在19亿美元以上,由此可见这些大型国防系统公司的经济情况良好,能够实现持续稳定的发展。在这七家国防公司中,除波音公司之外,其他六家的国防系统的收入占其总收入的80%以上(波音公司在民用客机方面占据了大量的市场份额),这表明,国防系统方面的业务仍然是这些公司的主要业务范围,民用产品所占的比例比较少(波音除外)。

2014年8月3日,美国防务新闻网站发布新版全球军工百强企业名单,位列前十的企业是美国洛克希德·马丁公司、美国波音公司、英国BAE系统公司、美国雷神公司、美国诺斯罗普·格鲁曼公司、美国通用动力公司、欧洲空中客车集团、美国联合技术公司、法国泰勒斯公司、意大利芬梅卡尼卡公司。其中,美国洛克希德·马丁公司仍排名第一,业务继续多样化,正进入如空中交通管理、飞行训练与模拟、能源和先进制造等民用领域。2013年其军品收入相比2012年减少了43亿美元,但公司总收入仅减少了18亿美元。排名第二的波音公司主要业务是民品,公司2013年的总收入增加近50亿美元,但军品业务的比例从38.4%减少到36.9%。

三、美国国防生产能力调整及发展的动因分析

美国对国防生产能力进行调整,主要基于以下四个方面的原因:一是军事需求规模降低;二是适应信息条件的作战能力的新需求;三是新的技术环境和市场环境的影响;四是国际武器市场竞争因素。

1. 军事需求规模降低是美国国防工业调改的起因,也是迄今调改的重要动因

"冷战"结束以后较长时间内,美国国防需求骤降,国防工业基础出现较大规模缩水。对此国内外已有充分的论述,基本看法是,苏联解体和东欧剧变,使美国面对的来自苏联集团的大规模军事侵犯的威胁骤然降低,军事上进入一种"失去敌人"的状态,国防开支大幅度降低,特别是20世纪90年代中期偏后,成为美国国防支出下降最快的时期。在这种情况下,美国在"冷战"时期建立起来的庞大的国防工业基础变成了一种沉重的负担,不得不甩包袱。

虽然近几年来美国国防开支有了大幅度回升,但"军事需求规模降低"这一导致20世纪90年代开始大规模兼并的动因并没有消失,因为美国武器装备采办的数量规模并没有扩大。其原因有二:一是武器装备的费用上扬速度远远高于研发和采购投入的增长速度,采办的数量规模不可能扩大;二是美国走上向联合一体化要战斗力的发展之路,并不追求武器装备的数量规模。因此,美国国防工业基础并没有因国防经费投入的回升而呈现扩大,与此相反,公司间的并购仍然在持续进行中。

2. 新型作战能力体系的构建，是现阶段美国国防工业持续调整的内在原因

(1)新军事变革促使美国未来作战能力体系发生重大变化

新军事变革的核心部分和最具显性的特征是，21 世纪以来，诸多国家正在瞄准信息时代作战的特点和需要，构想、规划、构建新的作战能力体系。与过去的作战能力体系相比，信息时代的作战能力构成发生了重大变化，因而建设的重点发生了大面积改变，或者说，新的作战能力体系的建设已不囿于对现有能力体系缺失和弱化部分的弥补，而是着眼于对原有能力体系实施或大或小的改造。这种变化来自两个方面的原因：其一是世界力量格局和安全环境的变化，使军事使命和需求发生了改变；其二是信息技术的发展和应用，促成诸多甚至在十几年前都无法想象的军事能力、军事行为、军事装备等的诞生或其潜力的显露。两者之间，后者是决定性的。

美国执世界新军事变革之牛耳，它的军事转型代表了世界新军事变革的方向。美国前国防部长拉姆斯菲尔德在 2003 年 4 月的一次讲话中指出，军事转型就是要建立“从根本上联合、网络化、分布式的部队，它们能够具有快速决策的优势，在整个作战空间具有强大的战斗力”，亦即，建设信息时代的军队，主宰信息时代的战争，是美国军事能力建设的最高目标。表述这一目标有“两点”，即“网络中心化”与“联合作战”，或者说就是“网络中心化的联合作战”。围绕这两点，美国国防部系统持续地开展未来作战能力的研究和规划，从不同层面和不同角度策划作战能力体系。

(2)新型作战能力体系建设左右着美国国防工业基础的结构和规模

目前，美国正在积极研究、筹划或建设与信息时代的军事行动相适应的军事能力。新的作战能力体系的建立，是新军事变革最为显著的表征。作为军事能力物质基础和发展使用之后盾的国防工业基础，必然需要根据新的军事需求，进行适应性调整乃至根本性变革。

这是因为，从根本上说，国防工业和军事能力之间，前者是第一性的，后者则往往对前者产生巨大的反作用。即，一个国家军事能力的优劣从根本上说取决于其国防工业的能力和技术水平，同时军事能力需求的发展变化，也牵动着国防工业基础的发展变化。后一点正是当前美国国防工业持续调整改革的内在原因。纵观美国近几年来关于国防工业的一些新的理念和做法，可以认为，新军事变革对国防工业发展的牵动作用主要表现为要求后者更好地服务和支持新型作战能力体系的发展。

事实上，这也是美国规划未来作战能力的一种有意识的行为。概括而言，之所以要系统规划未来作战能力，除了有序发展信息时代的军事优势外，另一个主要目的就是要使工业界根据未来能力需求，引导工业界面向近、中、远期能力需

求，通过技术研发、内部业务调整和向外业务扩张、企业并购、产业链整合等，积蓄力量，建设新的研制生产能力。新的军事能力需求，为美国国防工业基础调整改革注入新的活力，其效果已经显现出来。具有标志性的动向是，大公司开始按照未来军事能力需求，加强供应链的整合和内部业务的调整或重组。或者说，从总体上看，美国现阶段国防工业基础转型与调改的基本特征，是追求工业能力与未来作战能力的匹配，这与20世纪90年代以缩减规模为主导的调整相比，发生了根本性变化。

未来军事能力需求对美国国防工业的调整产生着全方位的影响，也可以说，在根本上决定着美国国防工业能力结构的布局和走向，最突出的影响表现在以下两个方面：面向联合作战能力建设，要求模糊国防工业的传统行业界线；新的作战能力的提出和发展，要求形成新型装备与核心技术的研发能力。

3. 解决新的技术环境和市场环境带来的新问题，是美国国防工业持续调整的直接原因

（1）市场环境的变化与高新技术的发展应用，给美国武器装备发展带来严重问题

"冷战"结束以来，美国武器装备研发制造领域存在的问题是，与原计划相比，进度拖后、成本上涨、性能降低（即"拖涨降"）的问题成为普遍现象，这类问题最终体现为武器装备发展的可承受性问题。为此，抑制"拖涨降"实现"快省好"成为美国国防装备采办策略的中心议题。造成这种现象的原因，不外在于市场和技术两个方面。

首先是市场方面。由于20世纪90年代展开的大规模兼并，美国国防工业基础持续缩小，寡头化现象日益严重。客观上说，武器系统越来越复杂，技术集成的程度越来越高，要求必须有一批技术实力强、业务范围广的核心工业能力，亦即大型军工集团，来满足复杂系统研制和技术集成的需要。从这个意义上说，寡头化现象契合了武器装备的这种新特点和新需要，但带来的反面效应是，从主承包到零配件供应各个层面上的竞争性供应商数量减少，本国范围内国防市场竞争态势变弱，导致卖方的主导权过大，买方的制约力减弱。供应商也没有太大的积极性，利用创新的技术和方案，实现武器装备发展的"快省好"。美国意识到，这种市场环境是造成装备发展过程中"拖涨降"的顽症，从而引发装备发展的可承受降低的一个重要原因。

再看技术方面。伴随武器装备体系规模削减，为保持和增强信息时代的军事优势，必需依赖高新技术，"发现、创造新的军事能力，或促成新军事能力产生"。因此，推动高新技术快速发展和应用，成为美国新型作战能力体系建设的基本策略，这是问题的一个方面。另一个方面是，高新技术的发展应用同时伴随着技术风险。特别是武器装备技术要求和系统复杂程度越来越高，带来技术向

工程型号转化过程中一系列意想不到的问题，使预定的进度、预算和性能要求难以得到理想的控制。这一点在美国现行的装备研发项目中表现得尤为明显。

(2)促进竞争、激励创新，要求扩展国防工业基础的构成成分

面对上述问题，美国采取的一项战略性措施是，大力提倡突破传统国防工业范围，广泛利用民用领域的技术成果和创新力量，目的是在国家的整个工业基础中，发现、发展、利用创新成果与创新力量。掌握创新性技术的中小企业自然成为美国国防建设新的主要依靠对象。简单而言，美国总结发展经验认为，在工业领域大量产生技术层面创新成果的是中小企业，而不是大型企业。美国国防界普遍承认，中小企业是国防领域创新的主力军，利用众多中小企业，有利于推动国防科技的进步，满足军事能力与装备创新发展的需要。当然从客观上讲，在寡头化严重的今天，大量利用中小企业，也是遏制寡头左右国防市场的唯一现实途径。利用民用现成技术，尤其是信息系统技术、材料与器件等基础产品，不仅可以大量节约武器装备研制费用，而且由于有众多用户购买力的支撑和使用考核，相关产品价格低，技术的成熟度高。

4. 应对全球化带来的挑战和机遇，是美国国防工业基础转型与调改的一个重要促动因素

作为世界先进武器装备的主要研制生产地，美国历来在世界国防产品出口市场上扮演着绝对的主角。全球化对国防工业的影响受到美国政府的高度关注。虽然美国历来从自身国家安全出发，在不同程度上对国防市场和国防工业基础采取保护乃至管制措施，但由于国防工业基础深深地扎根在本国整体经济、科技和工业能力之中，与民用领域有着千丝万缕的联系，因而国防工业基础不能幸免于全球化的影响。美国国防部正在抓紧研究如何应对全球化背景下美国国防工业发展的道路选择问题，开始强调“国防出口是增强美国国防工业的一个重要的经济因素”，并一改限制武器装备出口和谨慎对待军工集团走出国门的一贯立场，开始站在企业的角度上，呼吁放松对军工集团国际合作的限制，明确提出要避免丢掉国际市场，包括中国市场。

四、美国国防生产能力发展趋势

美国国防生产能力发展趋势主要为走向垄断：主要能力向为数不多的大集团手中高度集中；跨行业跨军种经营。绝大多数大型国防工业公司进行多种武器系统的研发制造，服务于多个军种，传统的工业行业界限模糊；核心能力本土整合和跨国整合，向军民一体化建设的方向转变。

1. 工业基础整合将继续发展，跨大西洋并购成为一个亮点

美国国防工业基础的并购势头较强，包括大型国防工业公司并购在内的调

整仍将继续,特别是美国公司与欧洲公司之间的并购已经并将继续成为一个亮点——这是跨大西洋竞争带来的自然结果。

2. 大型公司将侧重于内部结构的优化和供应链整合

为了解决大规模并购之后出现的业务结构优化需求,美国大型国防公司已经开展着手内部业务调整(如业务结构重组和剥离)和对供应链上企业的并购。这方面的活动已经频繁了起来,构成近两年来美国国防工业基础结构调整的一个亮点,并将继续下去。

例如,美国诺斯罗普·格鲁曼公司自1994年到现在已经收购了近30家公司。目前,公司把目光放在了业务的战略剥离和重组上。公司开始重组数百个工厂设施,以减少其数量,还在剥离一些“低盈利”业务。实际上,在过去的4年中诺斯罗普·格鲁曼公司剥离的业务要比收购的多。与此同时,公司开设了一个新的技术服务部门。公司在售后服务业务领域每年的营业额达到数十亿美元。

此外,波音公司于2006年1月公布了其防务业务大幅调整方案,将年销售额超过300亿美元的波音综合防务系统部(IDS)从7个分部整合为精确交战与机动系统分部、网络与空间系统分部和保障系统分部。其中精确交战与机动系统分部的业务范围包括全球打击、机动性、空中反潜战以及情报、监视与侦察和三军用旋翼机的发展;网络与空间系统分部的业务范围是作战系统、空间和一次使用运载火箭、导弹防御系统、安全与情报系统以及空间探测技术的发展;保障系统分部的主要业务范围是维修、改装与升级、材料管理、训练系统、国际业务运作和高级后勤系统。同时,波音公司还决定让IDS负责监督“鬼怪”工作队的一些技术开发项目。

3. 武器装备供应和国防服务并重

20世纪90年代中期起,美国联邦政府实行政府瘦身计划,原由政府或政府附属部门承担的职能大量交给企业承担,国防部也在其中。对国防部而言,委托企业承担的职能构成企业的国防服务业务。服务的范围很广,对于以研发制造为主业的工业部门来说,包括了试验、验证、咨询、鉴定、方案制订、项目管理、战场保障等。据美国国防部称,服务已经成为国防预算的主要支出项目。事实上,近几年来,美国国防部每年签出上千亿美元的服务合同,接近各类合同总额的40%,高出武器装备采购合同额,使得服务成为国防工业企业的一项主要职能和主要国防收入来源。2012年美国六个特大型国防工业公司从国防得到的合同金额比例如图1-3所示。总体上看,这几家工业部门服务合同所占比例相比40%这个平均比例要低一些,但也占到总合同额的20%,达到研发合同额的75%。这些数据表明,包括特大型公司在内,为国防部和军队提供服务,已经成为美国国防工业界的一项主要任务。

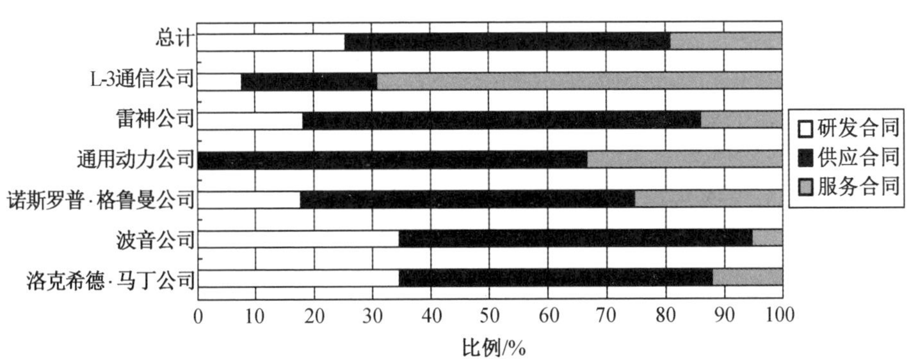

图1-3　美国六大企业获得国防部合同金额比例

第四节　美国国防生产能力的类型、管理模式和主要特点

一、美国国防生产能力的类型和管理模式

从所有制上看,美国国防工业企业包括国有和私有两类企业,并以私有企业为主体——这里的私有企业包括了外国资本控制的私有企业。其中,国有企业主要从事维修和特种产品生产,前者如隶属于国防部的海军四大船厂和空军维修厂,后者如多家弹药生产厂和从事军用核产品生产的工厂。政府还在许多私有国防工业企业中拥有自己的厂区、厂房和设施。

从在供应链中的地位看,美国国防工业企业一般可划分为系统主承包商或集成商、分系统承包商和零部件/原材料供应商三个层次。其中,系统主承包商通常是一些跨领域的大公司,负责研制产品的重要部件和核心系统,并进行全系统集成。

从单位规模和作用的角度看,美国的军品生产单位可以分为三个层次:一是主承包商,负责武器系统的总体设计、综合协调和总装。主承包商一般掌握每个特定武器系统采购费的40%～60%,实际上垄断和支配着整个军品市场。二是分承包商,负责制造武器系统主要分系统和部件,如雷达、计算机、发动机和电子设备等,其规模大小不等,有主承包商的下属公司,也有政府所属的军工厂。它们在转包的项目方面从事广泛的研究,开发出大量的赖以生存的关键的专门技术。三是零部件供应商,负责向武器系统或分系统制造商提供零部件和原材料,包括电

子组件、集成电路、电池、轴承等。它们是数量众多的中小企业。

从所有权和经营权的划分角度看，美国的军品生产单位主要有三种类型：一是私有私营企业。私人所有和经营的国防工业企业在美国的国防工业中占绝大部分，它们同政府保持合同关系，享受国家的种种优惠政策，如政府提供生产设施、预付款、贷款担保、科研资助享有低税率等，同时受到政府采办法规的制约。二是国有国营单位。第二次世界大战以后美国一度出现大量各式各样国有国营国防工业单位，后来逐渐被转卖或关闭，现在的国有国营单位主要是一些军内科研实验单位和军工厂，承担军用技术开发、特殊军品研制生产和武器系统维修等业务。三是国有民营企业。国有科研生产设施除政府经营的以外，还有一部分以合同的方式交给承包商经营管理。这种企业不多，只有 60 多家，主要是弹药厂、武器生产厂和核武器研制生产综合体等。

美国军品生产单位按军火产业占其总产值的比例大致分为三类：第一类是军事工业集团，其军火产值占公司总产值的比例为 50% ~100%，属于这一类的有通用动力公司、洛克希德·马丁公司等 15 家巨大军事工业公司；第二类是半军事工业集团，其军火产值占公司总产值的比例为 25% ~50%，一共有 9 家，其中包括斯佩里兰德公司、通用电气公司等；第三类是特殊的军事工业集团，其军火产值占公司总产值的比例不大，但生产的军火价值很高。军事工业垄断集团的垄断程度相当高，1985 年仅洛克希德·马丁公司、波音公司、麦克唐纳 - 道格拉斯公司（简称麦道公司）三家大型军用飞机制造公司，就控制了美国全部军用飞机生产的 70% ~80%。美国《财富》杂志公布的 2013 年度美国企业 500 强名单涉及 70 多个行业，航天国防是其中一类，其排名信息及重要数据反映了美国主要军工企业的经营状况，见表 1 - 6。

表 1 - 6　2013 年度《财富》杂志世界 500 强中航天国防类美国企业排名

排名	上年排名	公司名称（中英文）	营业收入/百万美元
95	123	波音公司（BOEING）	81 698
154	163	联合技术公司（UNITED TECHNOLOGIES）	59 783
216	211	洛克希德·马丁公司（LOCKHEED MARTIN）	47182
361	339	通用动力公司（GENERAL DYNAMICS）	31 513
465	395	诺斯罗普·格鲁曼公司（NORTHROP GRUMMAN）	25 218
479	442	雷神公司（RAYTHEON）	24 414

数据来源：《财富》杂志。

(一)波音公司

与麦道公司完成合并后的波音公司已成为世界上航空航天领域规模最大的公司。新的波音公司由四个主要的业务集团组成。波音公司组织结构如图 1－4 所示。波音共用服务集团则对这些业务集团提供支持,该集团主要为波音各业务集团提供公共服务和高效的基础性保障支持服务,以支持其集中精力保持利润增长。此外,“鬼怪”工程部提供先进的技术研发,包括空中交通管理的先进理念。“鬼怪”工程部帮助各业务集团发现技术需求,进而提供创新的、成本适中的解决方案。

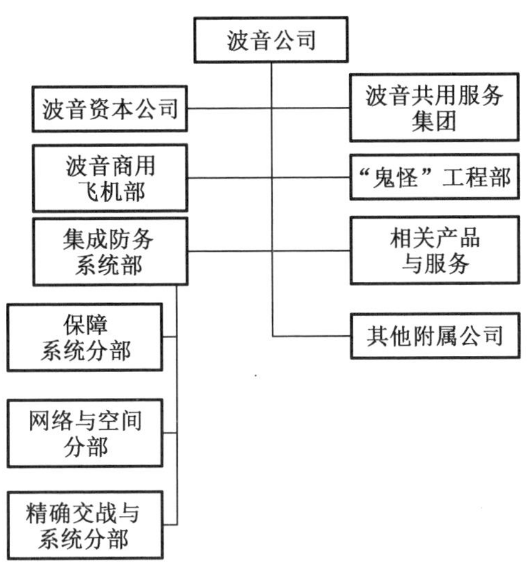

图 1－4　波音公司组织结构图

(二)联合技术公司

联合技术公司的多个子业务部门在各自领域中均占世界领先地位,包括:世界最大的电梯、扶梯及自动人行道制造商和服务商的奥的斯公司;世界领先的飞机发动机设计、制造与服务商的普惠公司;西科斯基飞机公司在直升机的设计、制造和服务方面世界领先,为全球商业、工业以及军事领域提供各类先进直升机;联合技术航空系统整合了原汉胜公司与古德里奇公司的优势互补产品,能够为航空、防务及航天业界的客户提供更为广泛全面的系列产品、系统与服务;联合技术环境、控制与安防是领先的消防安防、暖通空调与冷冻系统以及楼宇自控解决方案供应商,致力于满足不断增加的对整体楼宇解决方案的需求,通过暖通空调领域的开利品牌,消防安防领域的凯德、集宝等知名品牌为客户创造更安全高效的楼宇建筑。

(三)洛克希德·马丁公司

洛克希德·马丁公司业务涉及各种先进技术系统、产品和服务的研究、设计、开发、制造和集成,核心业务领域是研发军、民用飞机及舰船、导弹和空间系统,研制生产军用电子系统,提供信息系统开发及技术服务等。业务调整之后,洛克希德·马丁公司的业务可划分为航空系统、空间系统、电子系统、信息服务及其他四大领域,如图 1-5 所示。

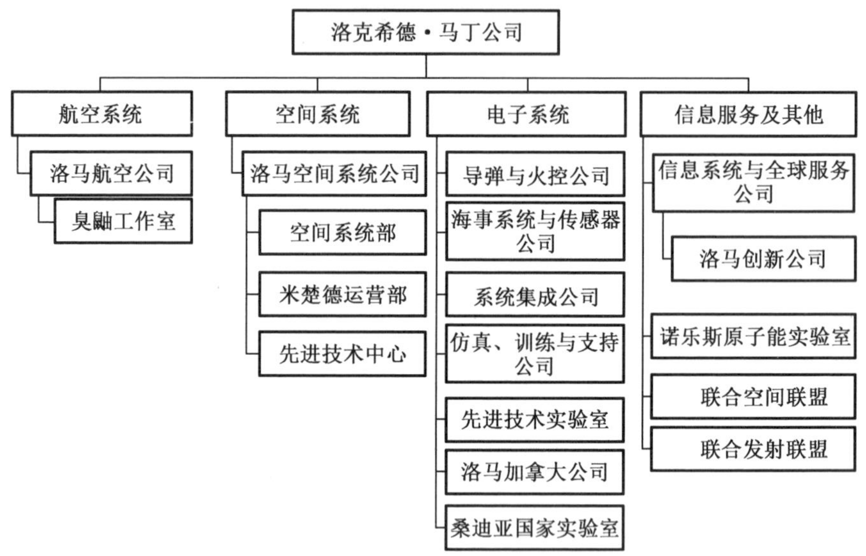

图 1-5　洛克希德·马丁公司组织结构图

(四)通用动力公司

目前,通用动力公司已经形成了四大业务集团,如图 1-6 所示,各个部门的业务范围介绍如下。

1. 信息系统与技术

通用动力信息系统与技术部是通用动力公司最大、发展最快的部门,其核心技术集中在信息获取与数据处理、军用先进电子系统、战场信息网络及管理系统等领域,主要业务包括提供指挥、控制、通信、计算机、情报、侦察与监视解决方案,信息安全解决方案、军用电子系统与先进软件,以及与网络系统相关的设计、制造、安装和网络工程支持等。其下属公司主要包括:

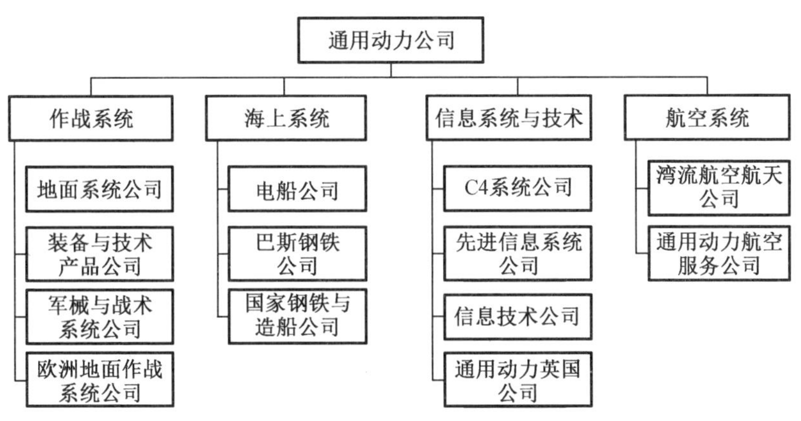

图1-6　通用动力公司组织结构图

(1)指挥/控制/通信/计算机/系统公司　通用动力指挥/控制/通信/计算机/系统公司(C4系统公司)是安全通信和信息系统、指挥控制系统领域的集成商,主要为美国国防部及其他政府部门、其他国家政府部门和部分商业客户提供安全通信和信息系统的解决方案,以及硬件和软件产品,包括指挥控制系统、卫星通信系统、通信网络系统、无线电宽带通信设备、有人/无人机通信设备、信息保障系统以及建模与仿真系统等。公司设有战场管理系统部、信息保障部、空间与国家系统部、通信网络部、软件工程部等业务部门。

(2)先进信息系统公司　通用动力先进信息系统公司主要提供集成空间系统,情报、监视与侦察系统,海上作战系统,信息安全和国土安全5个领域的综合信息解决方案、任务管理系统、关键信息共享与分析系统、先进软件技术、专用计算机和成像技术等。

(3)信息技术公司　通用动力信息技术公司由2006年收购的信息技术服务商安特恩公司和原通用动力网络系统公司合并后形成,拥有雇员约16 000人,主要为军方和商业客户提供国防、情报、国土安全、民用和商业等领域的信息技术、系统工程、网络设计与集成以及其他专业服务。

(4)通用动力英国公司　通用动力英国公司主要在军事通信、作战空间管理、任务系统、信息管理和指挥、控制、通信、计算机、情报、侦察与监视等领域为美国、英国及其盟国的军方提供产品与服务。

2. 海上系统

通用动力舰船系统部在潜艇、水面战舰、军辅舰船及大型民用船舶领域具有先进的研制、生产和集成能力,是美国海军作战舰船首要的供应商,主要为美国海军和商业客户设计、建造和保障潜艇及很多种类的水面舰艇,主要包括“弗吉

尼亚"级攻击型潜艇、"俄亥俄"级弹道导弹潜艇、巡航导弹核潜艇、水面作战舰艇、辅助舰艇和作战补给舰、商业油轮、工程设计保障、检察维修和全寿期保障。其下属公司主要包括:

(1)电船公司　电船公司成立于1899年,1952年并入通用动力公司,是美国主要的核潜艇建造商,曾为美国海军建造"俄亥俄"级弹道导弹核潜艇、"海狼"级攻击型核潜艇、"洛杉矶"级攻击核潜艇,并且是美国海军新型"弗吉尼亚"级攻击型核潜艇的主承包商。除核潜艇建造外,公司还承担海军潜艇的维护和修理业务,并从事各种预研与技术开发、系统与部件鉴定、样机开发和作战部队的后勤支援等工作。

(2)巴斯钢铁公司　巴斯钢铁公司建于1826年,1995年被通用动力公司收购,是美国海军主要的水面舰艇建造厂。20世纪70年代以来,该造船公司先后承建了"佩里"级护卫舰、"提康德罗加"级巡洋舰和"阿利·伯克"级驱逐舰等多种舰艇。

(3)国家钢铁与造船公司　国家钢铁与造船公司创建于1945年,是美国西海岸唯一的重要造船厂与造船公司,截至2006年共建造了110余艘各类船舶,其中海军舰艇和军辅船54艘,包括坦克登陆舰、高速补给船和医院船等;商船58艘,包括油船、渡船、集装箱船、冷藏船、滚装船和海洋考察船等。此外该公司还承担海军舰艇维修业务。

3. 作战系统

通用动力作战系统部的主要任务包括研制、生产并维护地面及两栖作战系统,保障和支持美国及其盟国的陆上和远征作战系统,主要产品有坦克装甲车、轻型轮式侦察车、发动机、发射设备、枪炮及弹药系统、炮塔及炮塔驱动系统、反应装甲及军械等。其下属公司主要包括:

(1)地面系统公司　通用动力地面系统公司成立于1982年,总部位于美国密歇根州的斯特灵海茨市,是美国陆军装甲部队现代化项目的最重要的主承包商,也是全球第一家将指挥、控制和通信系统集成到装甲战车系统的合同商和地面武器系统集成商,主要研制和生产各种地面及两栖作战系统。此外,地面系统公司根据合同为美国国防部代管俄亥俄州的莱马坦克厂,该厂建于1942年,是美国唯一的国有坦克生产厂。

(2)装备与技术产品公司　通用动力公司在2002年收购了研制合成技术与产品的先进技术产品公司,将其并入装备系统公司,并重新命名为"装备与技术产品公司"。该公司研制生产高性能武器系统,包括机载武器、防空系统及小口径武器炮架、先进的火控技术、70 mm火箭弹及其发动机和战斗部,以及各种类型的先进复合火工产品、化工合成产品、生化检测系统和可移动掩护系统等。

(3)军械与战术系统公司　军械与战术系统公司是通用动力公司于2001年

兼并普利迈克斯技术公司后组建的新公司，在生产大、中、小口径直射和间射弹药、炸弹和球状发射药、各种炮弹、精确攻击导弹的战斗部、迫击炮系统等方面拥有世界先进水平。此外，该公司还根据代管合同为美国国防部管理米兰陆军弹药厂和艾奥瓦陆军弹药厂。

（4）欧洲地面作战系统公司　欧洲地面作战系统公司总部位于奥地利维也纳，由通用动力公司在欧洲收购的 3 家防务公司组成，这 3 家公司分别是：西班牙的圣巴巴拉系统公司，主要生产装甲车、武器系统，以及与装甲车配套的各种小口径弹药；瑞士的莫瓦格公司，主要生产军用特种汽车；奥地利的施泰尔特种车辆公司，主要生产轮式战车和履带式步兵战车。

4. 航空系统

航空系统负责设计、研究、制造和维护中型及大型喷气式飞机，代表产品有 G150、G200、G350、G450、G500、G550 喷气式飞机。其下属公司主要包括：

（1）湾流航空航天公司　湾流航空航天公司的前身是通用动力公司 1999 年收购的著名公务机制造商湾流宇航公司，主要设计、开发、生产和销售湾流系列喷气式公务飞机，拥有雇员约 7 800 人。2001 年通用动力公司对以色列银河宇航公司实现控股后将该公司生产的银河系列、阿斯特拉型公务机并入湾流系列公务机系列，形成了湾流 G100～500 型公务机产品。至 2007 年，湾流航空航天公司共生产了 1 500 多架公务机。

（2）通用动力航空服务公司　通用动力航空服务公司主要为各种喷气式公务飞机提供全方位的维修服务，包括机身、航空电子和发动机等方面的维修。

（五）诺斯罗普·格鲁曼公司

截至 2008 年，诺斯罗普·格鲁曼公司将其内部业务共分成四个部门，每一部门都独立运作；其部门单位多为收购而成立的。

1. 资讯服务系统部门

该部门主要负责系统资讯和服务，也处理训练和模拟签约。任务系统部涉及指挥、控制和情报系统，特别是复杂的资讯搜集和档案管理结构，以及提供决策者在复杂环境下支援的特殊系统。技术服务部是 2006 年 1 月 1 日成立的新部门。诺斯罗普·格鲁曼公司表示该部门提供后勤支援、保障和技术服务市场。

2. 电力系统部门

诺斯罗普·格鲁曼公司电力系统是该公司于 1996 年收购西屋电子系统部而成立的。全球有 120 处分部，包括 72 个跨国办公处与将近 24 000 名职员。

3. 航太部门

航太部门中的整合系统部主要提供美国军方航太与国防的情报、监视、侦察和电

子战等相关支援。空间技术部主要涉及卫星、高能激光和战略防御计划系统。

4. 舰船建造部门

诺斯罗普·格鲁曼公司的新港纽斯造船厂是美国最大的私人造船厂，是唯一能建造尼米兹级超级航空母舰的部门，也是美国能建造潜艇的两家公司的其中一家。新港纽斯造船厂位于弗吉尼亚州的新港纽斯，经常与朴次茅斯（弗吉尼亚州）的诺福克海军造船厂合作。诺斯罗普·格鲁曼公司造船系统兼并了前英戈尔斯造船厂和亚芳代尔造船厂，主要负责建造小型、中型船只。

（六）雷神公司

通过不停地并购和业务调整，雷神公司目前有六大业务部门（图1－7），分别是集成防务系统部、情报与信息系统部、导弹系统部、网络中心系统部、空间与机载系统部和技术服务公司。除此之外，雷神公司还拥有从事航空运输业务的雷神飞行选择公司、雷神飞行服务公司和雷神专业选择公司。

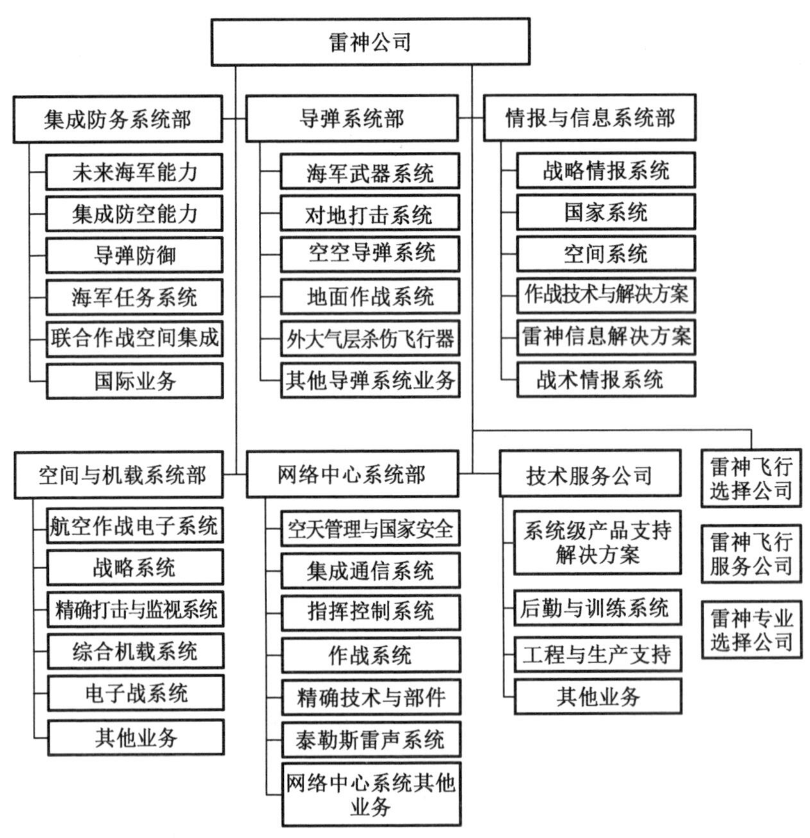

图1－7　雷神公司组织结构图

二、美国国防生产能力的主要特点

20 世纪 90 年代以来，美国军事工业的集团化发展迅速，军工企业的合并兼并一浪高过一浪。其规模之大、频率之快令各国军工界震惊。其中最引人注目的是波音公司兼并麦道公司、洛克希德公司和马丁公司合并以及雷神公司兼并休斯公司。公司的大规模合并兼并表明，美国军事工业的资金和市场今后将越来越多地集中在少数大型军品生产单位手中。军品生产单位目前呈现出如下特点：

1. 合并集中快速发展

美国洛克希德·马丁公司总裁诺曼·奥古斯丁认为，之前美国有 5 家军用机制造商，即洛克希德·马丁公司、波音公司、诺斯罗普·格鲁曼公司、麦道公司和罗克韦尔公司，然而实际上只有容纳两家公司的空间。

此外，美国之前有 4 家直升机制造商，即达信集团下属的贝尔公司、麦道公司、西科斯基公司和波音公司，而最终直升机制造商将降至两家。

美国著名航空航天工业分析家加里·赖克认为，美国军工系统将继续向集中方向发展，公司数量将大大减少，公司实力将大大增强。他认为，对美国来说，有一个战斗机制造商就够了。据透露，美国联邦贸易委员会和司法部不久将颁布新的指导企业合并兼并的政策，使合并兼并和增强效益更好地结合起来。

2. 垄断进一步加深

随着国防工业合并联合的进一步发展，美国军品研制生产的垄断程度越来越高，在某些领域甚至出现独家垄断和市场竞争的完全消失。在美国，经过 5 年的合并兼并，国防工业出现 3 家大型垄断企业集团，即洛克希德·马丁公司、波音公司和雷神公司。

第二章 美国政府支持国防科研生产能力发展的措施及影响

第一节　战略规划引导

美国政府通过制定国家军事战略、国防科学技术战略等，对国防科研生产能力加以引导。

一、美国国家军事战略

美国自第二次世界大战后一直奉行的是“全球战略”，“冷战”结束后至今一直没有摒弃对全球的实际控制，尤其是苏联解体后，美国更是希望维持其“一超独霸”的全球战略格局，将世界各个主要核心利益点，如欧洲、亚太、印度洋、北极等地域作为其“后花园”，大量维持其在这些区域的政治影响力和军事存在力。美军至今依旧维持其“冷战”期间提出的控制“全球十六条战略水道”的安全策略，力图在维持其自身全球利益的基础上，保持对世界其他国家在经济、能源、军事安全上的绝对控制。

为维持其全球战略，美国先后成立并改组了其全球军事力量部署，目前拥有中央司令部、北方司令部、南方司令部、太平洋司令部、欧洲司令部、非洲司令部共六个跨越全球的军事战区，力图对全球政治、军事事务实施“快速抵近式干预”。

随着苏联的解体，俄罗斯军事实力的衰落，以及中国的经济崛起，加之世界热点的东移，美国深刻认识到亚太在 21 世纪作为领导核心的重要性，除了以往实施的亚太政治、军事力量布局之外，从 2012 年开始实施“亚太战略再平衡”，即“重返亚太战略”。此次美国的军事力量东移完全是其全球军事安全战略的重新

调整，将原本就已经很强大的美军亚太军事力量部署进一步加强，旨在应对潜在和现实的亚太战略威胁，如朝鲜半岛核危机、中国崛起危机、俄罗斯重返亚太危机、日本军国主义复辟危机等。加强对亚太的“盯控战略”符合美国对全球战略安全形势的基本判断，并能确保在盯控中削弱潜在和现实对手的实力，长期维持其“一超独霸”的世界安全格局，同时进一步巩固亚太安全战略同盟，加强与日本、韩国、新加坡、澳大利亚、新西兰、菲律宾、泰国以及中国台湾等国家和地区的政治、军事同盟关系，共同遏制包括中国、朝鲜、俄罗斯在内的战略对手。

美国通过积极拉拢包括印度、越南、蒙古、阿富汗、缅甸、印度尼西亚、马来西亚、文莱、老挝等在内的亚太新伙伴，力求扩大其在亚太的政治和军事同盟国数量，增强与潜在和现实对手较量的筹码，并通过向这些国家有偿提供大量先进武器装备，力求将传统的法国、俄罗斯和中国等武器出口国排除在未来的军售名单之外。同时，美国鼓励这些国家以“大量军购”的方式与中国展开事实上的“军备竞赛”，以此来延缓中国崛起进程，达到其“不战而屈人之兵”的亚太战略目标。

同时，美国继续强化反恐战略，因为反恐不仅有助于美国国家安全，更有助于美国插手国际事务，并获取自己需要的海量情报信息。

尽管“9·11 事件”给美国造成了重大的损失，并直接危及了美国本土的国家安全，但也给美军反恐提供了充分借口。既然恐怖分子、恐怖组织和恐怖国家都在海外，何不斩草除根，以免危及美国安全。美国反恐“冠冕堂皇”的理由有很多：一是保护美国人民、国土和美国利益；二是瓦解、削弱、驱散和击败“基地”组织及其成员和追随者；三是阻止恐怖分子发展、采购和使用大规模杀伤武器；四是消除不受监管或监管缺失地区的“基地”组织及其同盟和追随者的庇护天堂；五是建立持久的反恐合作关系与能力；六是削弱“基地”组织及其同盟和追随者之间的联系；七是打击“基地”组织意识形态及其影响，减少“基地”组织可以利用的暴力原动力；八是剥夺恐怖分子的活动支持。

美国国家军事战略的实施，明确了美国对全球政治、军事事务实施“快速抵近式干预”和加强对亚太的“盯控战略”，保证了美国在维持其自身全球的利益的基础上，对世界其他国家的经济、能源、军事安全上的绝对控制。

二、美国国防科学技术战略

制定和实施正确的国防科技发展政策是推动国防科技发展的重要措施，“冷战”结束后，为加快国防科技发展，确保在军事力量的竞争中处于优势地位，美国颁布了一系列的政策性文件，其中主要包括美国国防部制定的 1994 年《国防科

学技术战略》、1997年《国防科学技术战略》、2000年《国防科学技术战略》、2010年联合作战设想、2020年联合作战设想以及其他各种战略性文件。这些政策性文件从不同角度对国防科技的发展产生了重要影响，形成了比较系统的美国国防科技发展政策。

军事技术优势根源在于持续不断、广泛的科学研究或基础研究。美国政府始终将加强基础研究列为科技战略基本原则之一。2000年《国防科学技术战略》进一步指出，基础研究对军队有重大的、长期的益处，为美国历次冲突取得技术优势奠定了基础，国防部必须继续向与国防有关的广泛的基础科学领域投资。

1994年，美国国防部国防研究与工程署发布了《国防科学技术战略》，确立基础研究共包括12个科学与工程学科，即大气与空间学、生物与医学、化学、认知与神经学、计算机学、电子学、材料学、数学、机械学、海洋学、物理学和地球学。内容与1993年发布的战略所列基础研究学科数目及名称一致，反映了基础研究任务的长期性与稳定性。

1995年9月，美国颁布了《国家安全科学技术战略》，目标是建立一个既满足军事需求，又满足商业需求的先进国家技术与工业基础。

美国国防科学技术战略，促进了美国国防科技发展政策体系的形成，确立了美国军事基础研究的重要地位，明确了美国国家技术与工业体系既要满足军事需求又要满足商业需求的构建基础。

第二节　财政投资支持

一、国防采办政策

通过正常的预算、采办制度与做法，引导国防供应商的行为乃至调整国防工业基础，是美国政府管理国防工业的基本做法。2002年开始，针对新的军事需求和采办环境，对5000系列采办政策进行了大幅度的修改，发布了诸如《联合系统集成与研发规定》等文件。

2008年12月8日，美军负责采办技术和后勤的国防部副部长发布了新的国防采办管理系统指令；2009年5月22日，美国总统签署了《2009年武器系统采办改革法案》。采办政策改革调整的主要内容如下：

(1)进一步综合权衡性能费用和进度

强化项目需求管理。法案要求,在项目需求管理部门联合需求监督委员会批准项目需求能力文件之前,国防部相关部门官员应负责对文件中提及的费用估算、预算和采办进行系统性权衡。国防部成本测算与项目评估主任、国防部副部长(主计长)以及负责采办技术和后勤的国防部副部长,对费用、进度与性能间的权衡结果提出意见,并以此作为需求开发过程的重要组成部分。

坚持渐进式采办策略。指令再次强调,应把渐进式采办方式作为在有限资源条件下,平衡需求和可供能力,保证进度,快速采办成熟技术的主要策略继续贯彻下去。新的指令只把“递增式开发”列为渐进式采办方法,“螺旋式开发”不再用作渐进式采办策略术语。但是,螺旋式开发仍可用来描述软件开发方法。

成立配置指导委员会。为避免需求大幅度增长和频繁变更,指令要求国防部各部门的采办执行官成立配置指导委员会,成员包括国防部负责采办、技术与后勤的副部长办公室高级代表,联合参谋部代表,军种采办执行官代表以及计划执行官等,负责审查Ⅰ类和ⅠA类采办项目研制过程中所有可能影响到项目费用和进度的需求变更及重要的技术配置变更。委员会有权否决变更,而只批准至关重要的、有资金保障的、对进度实际影响较小的变更。

(2)加强费用估算工作

提前启动项目预算。新法令将采办项目的首次预算由项目里程碑B提前至里程碑A。在里程碑A中,国防部下属部门应提交一份经过可替代性分析的解决方案的费用估算报告。之所以强调项目的早期成本测算,主要是满足国会提出的里程碑A的鉴定要求。此外,成本测算与项目评估主任在递交鉴定书前,还应对主要国防采办项目和自动化信息系统项目单独进行预算和费用分析。

公布项目基线估算置信度。法案要求,应对主要国防采办项目基线估算的可信程度予以公布。如果置信度低于80%则必须说明理由。置信度为80%的项目是指在规定的费用下完成项目的可能性为80%,费用超支的可能性为20%。虽然把项目估算置信度设定为80%将会增加采办预算额,但这种评估方式可以减低费用超支的可能性,保证开发项目费用更易承受。

(3)以装备开发决策替代方案决策

过去,采办项目只要满足第一阶段准入标准,就可在任一里程碑进入采办进程。现在,首先要对潜在采办项目进行装备开发决策审查。里程碑决策部门在规定的采办进程准入点进行审查,确保项目在批准的需求和严格的备选方案评估情况下进行。根据DoDI5000.02指令条款要求:“项目里程碑决策部门可以授

权在符合阶段准入标准和规定需求的任一点进入采办管理系统。”

(4)以装备解决方案分析阶段替代方案改进阶段

指令规定，装备解决方案分析阶段将替代方案改进阶段，进入该阶段后并不意味着必须要启动一个新的采办项目，而只代表将寻求某种类型的装备方案。指令中还对装备方案分析中的备选方案分析提出了更全面的要求，旨在系统评估潜在的装备方案，确认关键技术要素和评估寿命周期费用，以满足初始能力文件规定的能力需求，同时要求备选方案分析还必须对系统训练和提高效能的替代方式进行评估。此外，对权衡分析中的资源评估环节，要对能力交付所需的全部间接成本进行估算。法案要求，成本测算与项目评估主任负责制定主要国防采办项目开发备选方案分析研究指南。

(5)技术开发阶段应进行竞争性样机研制

新法案和指令中一个显著变化就是：对于主要国防采办项目，除里程碑决策机构不做要求外，要在里程碑 B 批准前，提供系统或关键子系统的竞争性样机。然而，即使里程碑决策机构对竞争性样机研制不做要求，仍需制造单个样机。此外，政府问责署将审查所有放弃竞争性样机研制的项目，并就项目是否符合法规要求向国会提交评估报告。采取提供竞争性样机研制策略，有助于改进性能和设计成熟度，权衡成本与性能，保持项目经费可承受性，使其控制在里程碑决策点 A 部门成本评估范围之内。

新法案还要求国防研究和工程主任应制定知识类标准，用以衡量采办进程中关键阶段的技术成熟度和关键技术集成风险度，并对主要国防采办项目关键技术的技术成熟度和集成风险进行独立评估。

(6)工程和制造开发阶段替代系统开发与演示阶段

工程和制造开发阶段是生产设计阶段之前的准备阶段，即以能力开发文件、采办策略、系统工程计划以及试验与评估主计划作为指导，开发与演示用于系统制造的工具和技术，其主要目的是为所有配置项目建立产品基线。工程和制造开发阶段的采办策略由项目主任办公室提出，并经里程碑决策机构批准。工程和制造开发阶段包括两项工作：

①集成系统设计，其目的是通过为所有配置项目建立产品基线，界定系统和系统体系功能和接口，完成硬件和软件详细设计，降低系统级风险。

②系统能力和制造过程演示，其目的是演示系统操作的能力是否符合已界定的性能指标，演示制造过程能否支持系统生产。后一阶段工作应在里程碑决策机构对前一阶段工作进行的关键设计评审后期的评估基础上展开。

(7)进一步强化不同层次上的合同竞争

法案要求,国防部长确保在项目的全寿命周期过程中,在主承包合同层次和分包合同层次上都要实行竞标或选择性竞标,这是提高承包商绩效的一种手段。这不仅在主承包合同层次上开展了竞争,而且进一步加强了政府参与分包合同竞争方面的指导力度。法案同时要求,政府要确保主承包商能在主要国防采办项目上做出公平和客观的签订合同的决定,能够对承包商来源决策进行政府监督,并对以往绩效评估中的承包商来源公平性和客观性也做出评定。

(8)试验活动要贯穿于采办研制的每个阶段

指令要求把试验活动纳入每个采办研制阶段,以便较早发现和纠正技术和作战运用上的缺陷。新指令还要求负责采办、技术的国防部副部长帮办对所有D类采办项目和特别重大项目的作战试验准备进行独立评估。对列入国防部长办公室试验与评估监督清单的项目,作战试验与评估主任要与项目主任共同决定实弹射击试验与评估,以及初始作战试验与评估所需产品的数量和种类。指令明确指出试验结果将对费用和进度产生重要影响。

美国防务采办系统采取的是一种竞争机制。美国国防部在经费允许的范围内,想尽一切办法维持国防工业的竞争态势,以长期、全面地保持国防工业在武器装备研制、生产、保障方面的全套能力以及多个厂商之间的竞争。美国防务采办政策,增强了美国政府在军品采购方面的话语权,也有效激励了武器研制、生产、保障等方面的厂商,有利于形成一个相对均衡的国防科研生产市场。图2-1为美国国防采办管理框架。

二、军工投资政策

针对特定行业特点,美国政府制定了一系列投资政策,推动行业科技发展。

(1)美国制定了一系列促进航空工业发展的政策,通过加强政府支持、鼓励创新以及增加政府投资等政策,为航空工业科技发展创造良好环境。例如,2004年2月,美国航宇工业协会公布新的五年计划,重点是增加在防务、民用和航天领域的研究与发展投资。新的研究与发展计划要求保持国防部目前600亿美元的投资水平,增加投资的重点包括飞机发动机部件和推进系统、航空电子、固体火箭发动机、旋翼机和GPS系统现代化;增加美国空军协会(FAA)研究和发展工程预算38亿美元。

(2)美国为继续保持航天科技创新优势,引领世界航天科技的发展潮流,制订了一系列航天技术发展计划,如“国家纳米技术倡议”“NASA近期和远期计

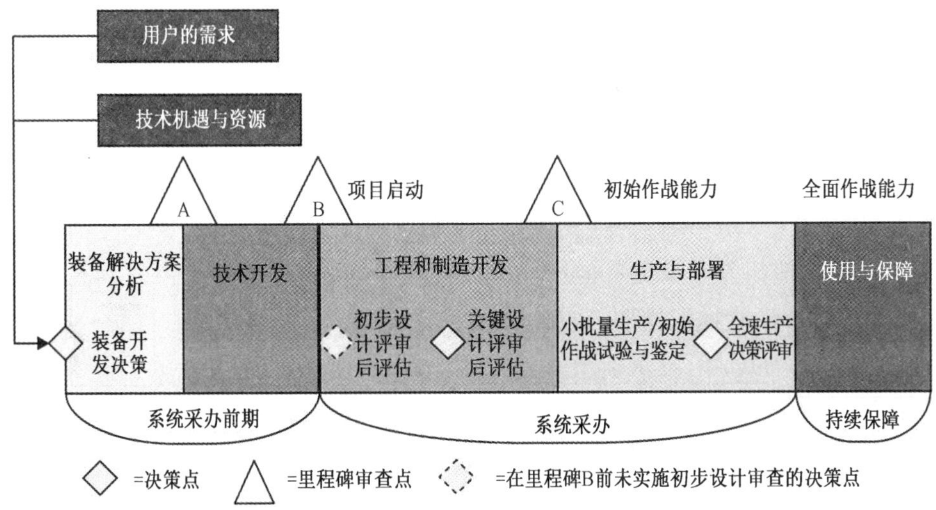

图 2－1　美国国防采办管理框架

划”“NASA 未来十年的航天发展计划”“NASA 第二阶段的小企业创新研究计划”“21 世纪的火星计划”以及“未来 20 年火星探索计划”等。同时，美国政府加大发展航天技术的投入，NASA 预算保持稳步增长。

(3)为确保美国核威慑力量的有效性和可靠性，美国制订和实施了多项科技发展政策和计划，如“美国核技术发展战略规划”“先进加速器应用计划(AAA)”“核能研究倡议计划(NERI)”“太空核计划”等。其中，NERI 主要解决影响核能未来发展的重要问题，促进核技术发展，进行理论创新和工程研究开发，保存美国的核科学核技术基础设施，该计划在 2002 年的经费达到 3 200 亿美元。除此之外，美国政府设立专项基金，对军事核工业患职业病的科研人员进行补偿。2001 年 7 月，《能源部雇员职业病补偿项目法》(公法 106—398)正式生效。

美国军工投资政策，通过政府投资、专项基金及其他相关手段，有针对性地推动专项技术、行业的发展，有利于消除美国军事领域的短板，并保证美国相关武器装备技术的全球领先地位。

三、国防研发经费投入、科研补助政策

(一)国防研发经费投入政策

在对美国的国防研发经费投入政策进行分析以后，根据国防研发经费投入

政策的重大转折点，将其分为如下三个主要时期：第二次世界大战和“冷战”时期（1939—1989 年）、“冷战”后到“9·11 事件”前（1990—2001 年）、“9·11 事件”后（2002 年至今）。

1. 第二次世界大战和“冷战”时期（1939—1989 年）

第二次世界大战期间，美国在战场上的优势很大程度上依赖于科技优势取得的原子能、无线电引爆、雷达、尼龙、计算机等技术。战争期间，整个美国进入战时状态，国家研发经费投入亦以军事为目的，并逐渐形成了政府和民间企业密切合作的研发经费投入体制，也确立了政府投资支持基础研究的制度。其中，“曼哈顿计划”的成功，显示了该体制的巨大威力和研究效率，并导致了新墨西哥州的洛斯阿拉莫斯国家实验室和田纳西州的橡树岭国家实验室的建立。

第二次世界大战结束后，随之而来的“冷战”使美国的国防研发经费投入进入一个空前膨胀的时期。1957 年苏联成功地发射了第一颗卫星和第一颗洲际导弹，这给整个美国带来了极大的震动，举国上下形成了扩大国防科研开支的共识。为了与苏联争夺世界霸权，摆脱科技上的落后状态，美国采取了一系列措施。1958 年 9 月，美国通过了《国家国防教育法》，扩大了对中小学教育等的资助以及改进科学与数学教育，以增强未来国防科学研究的人才基础。同时调整科研及管理机构，重新制定科技政策，明确重点，大规模地增加国防科研经费投入。1947 年，“联邦政府只提供 5 亿美元经费，占全国研究经费的 24%；1954 年，则提供了 17 亿美元，占全国研究经费的 53%；到了 1961 年，则提供了 99 亿美元，占全国研究经费的 66%”，其中联邦政府的科技经费也由农业占 1/3 转变为国防科研占 5/6。

几十年来美国始终保持了巨额的国防研发经费投入。20 世纪 80 年代，美国投入的研发经费大致等同于西方另外 8 个国家（德国、法国、英国、意大利、加拿大、荷兰、瑞典和瑞士）及日本相应的科研经费的总额，其中国防科研经费占据绝大多数。过度的国防科技投入，使美国在与苏联的长期竞争中苦不堪言。到了 20 世纪 70 ~ 80 年代，随着日本、西欧经济的崛起，美国经济受到了巨大挑战。1979 年 12 月，美国科学院向国会提交的一份报告说：“美国科学的状况虽说是出色的，但是在世界上已不再有鹤立鸡群的形象了。”

从 20 世纪 80 年代开始，美国政府开始调整国家国防科技政策，引导、鼓励私人部门积极参与国防研究开发活动，通过税收优惠政策、放宽反托拉斯法的规定以及加强知识产权保护等措施刺激私人部门投资国防科技。同时，加快军用技术向民用部门的转移，使其产生巨大经济效益，1980 年通过了《大学和小企业专

利程序法》，允许多数联邦实验室将军用专利技术以排他性方式授予企业和大学，以鼓励私营企业进一步投入资源，实现联邦科技成果的商业化，促进产业科技创新，随后又通过了《技术创新法》与《联邦技术转移法》。这些立法，一方面促进了联邦技术向民间的转移，有利于吸收民间资源，实现这些技术的商业化和民用化，另一方面也促进了大学、企业和联邦实验室的相互合作，有利于发挥利用政府资源撬动民间资本的杠杆作用。除此之外，政府还加强了对私人部门国防 R&D 活动的资金支持，为私人部门提供良好的投资环境；继续增加联邦对基础研究的国防研发经费投入，同私人部门一起参与竞争前的一般性研究，鼓励国防科技方面的国际合作；充分发挥资金的杠杆作用，加强立法工作。为了使创新过程一体化，政府采取了一系列重大立法举措，例如，1980 年制定了《史蒂文森－威德勒技术创新法》，1984 年发布了《商品澄清法》，1986 年发布了《联邦技术转让法》，1988 年通过了《综合贸易和竞争法案》等。通过一系列对国防研发经费投入政策的调整，美国最终扭转了经济疲软的局面，取得了优良的效果。

2. “冷战”后到“9·11 事件”前(1990—2001 年)

“冷战”结束后，美国军费缩减，而民间科技迅猛发展，政府不失时机地提出了科技“军民两用”。美国国会于 1992 年通过了再投资法，启动了技术再投资计划，其主要目的是促进军民两用技术的开发，鼓励军事与民间技术的相互转化，从而使双方彼此受益。1993 年，美国开始调整国防科技发展战略，放弃了“星球大战”计划，停建超导超级对撞机，压缩空间站规模，削减原子能研究预算，并计划把国防科研费用占总科研经费的比例由 60% 削减到 50%，投资 17 亿美元帮助军事工业转向为民用服务，大力发展“信息高速公路”。1994 年，克林顿政府发布了《科学与国家利益》，这是“冷战”结束后美国政府发布的第一份对国家科学政策的评论，也是 1979 年以来美国第一份有关科技政策的正式总统报告。报告明确指出，“科学既是无尽的前沿，又是无尽的资源”，强调要增大联邦科技投资和加强政府与产业界的合作科研伙伴关系。这种合作关系，不仅鼓励产业界对科研进行投资，而且将会提高企业的知识基础和核心竞争力，从而为产业界创造新的商机。1995 年 8 月，美国政府在一份科技政策的文件中表示，要将民用科技研究的总开支增加到占国内生产总值的 3%，政府还将压缩基础设施研究经费，增加技术研究经费，将经费投入的重点转移到民用高技术开发上来。克林顿政府的技术再投资计划要求“每年从国防研究开发预算中拨出 10% 用于民用研究，逐步把军事研究和民用研究经费比例调整到 1:1。政府责令国家实验室从预算中拿出 10% ~20% 的经费与企业搞合作研究”。1997 年，美国国防部启动了两

用科学和技术计划，规定该计划中的项目必须要开发两用技术，非联邦政府部门至少承担50%的成本，必须为私营公司，必须在竞争的基础上授予合同等。该计划加强了国防部科研机构同工业界的联系，促进了政府与产业界、大学间的合作关系。

总的来说，美国政府在“冷战”后的国防科技投资政策除了继续加强基础研究投入外，已经开始在以下几个方面有所转变：加强政府在科研上对民用工业的直接支持，不再把民用科技当作国防科研的“副产品”；加速军用技术向民用的转移并为此大力投资，鼓励大学、研究机构与产业界进行合作，构建与产业界和学术界的新型合作伙伴关系；在“民转军”时代到来时，国防科研的实施尽量采用民用标准，这有利于国防科研经费的高效利用，同时帮助民用科研水平进一步提升。

3.“9·11 事件”后(2002 年至今)

“9·11 事件”发生后，美国对其国防科技投资政策进行了相应调整，政府主导的科技研发活动开始向军事高科技急速倾斜，即从克林顿政府时期促进和加强美国经济繁荣的科学技术基础转向强化美国安全的科学技术基础，安全和国防重新成为美国联邦政府研究开发支出的重点。例如，2006 年 9 月，美国国会两院通过了《2007 财政年度国防开支拨款法案》，拨款总额为 4 480 亿美元，其中国防研发开支为 760 亿美元，比去年增长 1.71%。特别值得指出的是，受“9·11 事件”影响，美国政府用于反恐方面的研发经费急剧上升，包括美国国会额外批准的 15 亿美元专门用于打击恐怖主义生化武器袭击及本土防卫的预算，其中国防部(最高限额 3.53 亿美元)、能源部(最高限额 1.96 亿美元)和卫生服务部(最高限额 4.51 亿美元)三个部门得到的资助最多。

最值得世界关注的国防科研投资方面的政策变化是，2003 年美国已重新启动其核武器研发项目。2003 年 5 月，美国国会参议院同意废除已经实行了 10 年的低当量核武器研发禁令，从而为美国研发小型核武器打开了方便之门。时任总统小布什又于 2003 年 12 月 1 日正式签署《2004 年能源与水开发拨款法案》，为核武器研发解决了经费问题。该法案批准拨款 600 万美元，用于研发低当量核武器，即小于 5 000 t 当量的小型核武器，相当于美国投放在广岛的原子弹爆炸当量的1/30。据称这种小型核武器有助于摧毁敌方的生化武器和进行高精准度的攻击；批准 750 万美元用于研发“地堡克星”核武器，以提高美国对敌方地下指挥控制中心和秘密军火库的摧毁能力。

总的来说，美国政府在“9·11 事件”后，迅速调整国防研发经费投入政策，大

规模地逐年增加研发投入经费，国防研发费用与非国防研发费用的比例差距开始拉大，尤其是大力加强了反恐技术研究方面的投资，重新启动其核武器研发项目。

综上所述，自从第二次世界大战后美国政府开始主导国防科技发展以来，从投入规模来说，美国首先经历了“冷战”时期的逐年增加国防科技投资经费阶段。在里根总统时期，美国国防科技投入达到历史的顶峰，美国国防科研投入与非国防科研投入的比例达到惊人的7:1。其中，这一时期标志性的国防科技投资计划为“星球大战”计划。此后，随着“冷战”后苏联的解体，美国在世界霸权的确立，加上德国、日本等国家对美国经济发起的强有力挑战，美国不得不开始注重国防研发经费投入的经济性考虑。为此美国开始大规模削减国防科技投入，并出台一系列政策，大力降低国防科研成本，提高国防科研经费的使用效率。而“9·11事件”的发生，大大打击了美国人心中一直引以为豪的国土安全自信心，为此美国又开始大幅度增加国防科技投入，并且重点加强反恐技术研究和国家导弹防御系统的研究。从投资结构来说，美国一直重视国防基础研究，在历年的国防科技投入中，基础研究投入保持一个相对稳定的份额，这是由于美国一直把加强基础研究视为抢占世界军事科技制高点的有力措施。此外，在“冷战”时期，美国一直重视对战略和战术核武器以及配套的投送技术的研究的开发投资。“冷战”结束后，美国用于核武器的投资主要为保养、维护及销毁核武器。但是近年来，美国加强了对小当量战术核武器的投资研发，值得世界各国重视。

（二）国防科研生产中实施扶持中小企业的政策

中小企业是国防生产科技创新的重要力量，需给予特殊关照和支持。美国《国防生产法》第2078条要求，总统应对小企业（包括承包商和供应商）给予优惠，需扩大劳动部部长确定的高失业率地区和经济持续下降地区小企业的利用率；第2151条要求，给予作为合同商或转包商的小企业，在所有项目各个层面上尽可能多的参与机会以便维护和加强国家工业基础及技术基础，在管理计划、实施条例、政策和程序中来自小企业的申请、申请书和请求都应尽最大可能地解决并且迅速处理。《合同竞争法》明确要求，为满足在社会和经济上处于不利地位的小企业的法定要求，执行机构可以采用竞争程序，但应当将招标范围限制在这类小企业之内。

国防科研生产中实施扶持中小企业的政策，确立了中小企业在武器装备研制生产中的重要地位，完善了美国武器装备研制生产体系。

第三节　专项计划扶持

“冷战”结束后，大国军事力量角逐在很大程度上转为科技竞争。为了加强两用技术发展，美国国防部近些年在计划、项目、法规政策等方面采取一系列措施。其中包括技术再投资计划（TRP）、两用科学和技术计划（DUS&T）、国家造船研究计划（NSRP）等。

一、技术再投资计划

1993 年实行的技术再投资计划（TRP），是美国国防领域内第一个以军民一体化建设形式，大规模开发军民两用技术的军转民计划。技术再投资是指用削减的国防费用再次投资于关键国防技术领域，以开发军民两用技术，一方面得到低成本高性能军用新技术，另一方面又可将国防技术转移到民用市场，推动国防企业军转民，最终实现军、民品生产一体化的国家工业基础。美国政府按计划投资 52 亿美元，并制订 9 项分计划，分别为国防两用关键技术合作计划，民用、军用一体化合作计划，国防先进生产技术合作计划，生产工程教育补助金计划，生产技术专家授课计划，生产技术推广计划，国防两用技术援助推广计划，地区技术联盟援助计划，小型企业创新研究计划。技术再投资计划于 1997 年终止执行，它加速了美国军、民品生产一体化国家工业体系建设，为建立既满足军事需求又满足商业需求的先进国家技术与工业基础，提供了有效的支撑手段。

二、两用科学和技术计划

1997 年，国防部启动了两用科学和技术计划。该计划的目的是开发各军种精选出的既有军事用途又可在商业领域应用的两用技术。为更好地执行该计划，美国国防部部长办公室制定两用项目选择最低要求指导手册，包括技术必须满足的两用性、非联邦投资比例要求及投资质量判定标准、技术的军事利益、技术潜在的商业价值等。计划发布后 3 年共批准实施 272 项军民两用技术项目，其中陆军 114 项、海军 69 项、空军 89 项，4 个财年总投资 8.75 亿美元，基本按照《国防授权法》规定执行。

同时，美国政府及国防部通过有关法规、政策和资助等手段，鼓励高技术企业开发两用技术。

(1)放宽对厂商"独立研究与发展"资助的限制。"独立研究与发展"是国防承包商在军品采购合同以外自行经营的科研项目,国防部过去强调以军用潜力为条件,现在有关法规已放宽限制,允许承包商利用军方资助的"独立研究与发展"工作去探索两用科研项目。

(2)在知识产权方面兼顾合作者利益。许多企业由于担心专利与数据权落入竞争者之手,不愿承担政府科研任务。为鼓励更多企业同军方合作,国防部规定,对两用合作项目的知识产权的要求,仅"限于绝对必要范围",一般只要求"为其自身目的的使用权,允许合作者保留知识财产所有权",照顾了合作者权益。

(3)利用《国防生产法》鼓励厂商扩大军民两用科研生产能力。根据该法第三条规定,国防部通过采购承诺鼓励厂商扩大关键生产能力,而其中许多项目可供民用。

两用科学和技术计划,放宽了对厂商"独立研究与发展"资助的限制,强调了军民知识产权方面合作者权益,鼓励厂商扩大军民两用科研生产范围,进一步加速了美国军、民品生产一体化国家工业体系建设。

三、国家造船研究计划

美国海军重点发展的舰船技术领域包括平台与系统的研制与开发、现役舰艇的改装和现代化、信息技术、自动化技术、提高武器系统的精度、商业流行技术在舰艇武器装备中的应用。为促进舰船科学技术发展,美国海军不断增加舰船科技投资力度。2001 年,美国提出《国家造船研究计划:先进造船企业战略投资计划》,该计划通过技术创新,提高造船企业生产效率,促进舰船科技发展。除此之外,美国实施了国家造船研究计划,旨在降低美国海军战舰费用和提高美国造船业国际竞争力。作为计划的一部分,美国造船业正在舰船的设计和建造过程中实施企业集成和电子商务解决方案。该计划通过在造船业中验证最佳的解决方案,来开发和实施先进的信息集成工具和技术。

美国国家造船研究计划,促进了美国舰船科学技术的发展,加强了舰船科技投资力度,明确了通过技术创新提高造船效率的战略手段等。

第四节　税收优惠政策

税收优惠政策，是美国政府支持国防科技发展的重要手段之一。其具体实施方式介绍如下。

1. 享受免税待遇的科研机构

政府下属科研机构(如联邦政府资助的研究开发中心，即 FFDRC)是政府部门的一部分，根据美国《国内税法》，免征所得税；大学是美国从事国防基础研究的重要力量，按《美国法典》第 26 章第 501 款，实行免税政策。

非营利的咨询机构，适用于《美国法典》第 26 章第 501 款，予以免税。该类机构主要指各种私人非营利研究所或公司以及某些学会和私人基金会等，如兰德公司。此类研究机构数量不多，但对美国国防科技发展具有很大影响，其经费来源主要是联邦政府。从事“公共安全检测”的非营利机构，包括开发有关技术标准和检测设备的机构，适用于《美国法典》第 26 章第 501 款，予以免税。

2. 商业性研究开发活动的退税待遇

1986 年制定的《国内税法》第 41 款规定，一切商业性公司和机构，如果其从事的研究开发活动的经费和以前相比有所增加，则该公司或机构可以获得该增加值 20% 的退税。个人或机构从事的研究开发活动，若在研究进行过程中有明确商业化目的，并且研究成果进行了商业化，此前研究过程投入享受 20% 的退税。

3. 对军工企业实行税收优惠政策

美国政府对军工企业实施税收优惠政策，规定与军方签订合同的军工企业，可免征地方营业税和制造、销售税，小型军工企业还可以另外享受减免税。此外，承担军品研制任务的军工企业可在完成承包合同后纳税。

4. 对国防科研生产中中小企业的扶持

如果建立顾问委员会应给予小企业代表尽可能多的参与机会，无论何时总统决定运用权力去分配任何物资，都应对小企业一视同仁。

税收优惠政策，是政府支持国防科技发展的重要手段，有效激励了科研机构、军工企业、中小企业等武器装备技术研制生产主体参与美国国防建设。

第五节　其他支持措施及方式

在军事科研与生产方面,美国同其北约盟国一直存在合作。1985 年,美国国会批准国防部国际科研合作计划,国际合作进入较为成熟、正规的阶段。在随后几年内,该计划吸收了澳大利亚、埃及、以色列、韩国和日本等国参加。由于项目经费等原因,一些国家停止了国际参与,美国也从部分项目中退出来。近年来,面对武器采办经费大幅度下降和研制成本不断增长,美国及其盟国为保持军事技术优势,重新强调借助国际合作手段维持和加强军备研制,以求分担费用,共享成果,提高投资效益。

1996 年,为改善国际合作效率和效果,美国国防部发布《国际武器装备合作手册》,概括了国防部合作中的当前政策、关键过程等。美国国防部已实施的合作计划涉及范围很广,如国防数据/信息交换、联合 R&D 国际协议、技术研究和发展计划项目协议、防务发展共享计划、技术合作计划、工程师和科学家交换计划、国外比较测试计划以及合作生产和支持计划、合作后勤和服务计划等。其中,国防部 5530. 3 指令“国际协议”明确了国际武器装备合作的协议过程,美国法律要求国防部执行部门在签署国防协议前需向外交部咨询,并在国防协议签署后向其提交副本。国防部在开展国际合作时必须考虑美国工业基础的影响,就美国工业的国际竞争力等问题咨询商务部。

第三章 美国国防科研生产能力政府监管机制

第一节 美国国防科研生产能力政府监管架构及职能

当今世界,美国的国防科研生产能力是规模最大、水平最高的。其国防科研生产能力政府监管架构如图 3 - 1 所示。美国政府对国防科研生产能力的监管也是最复杂、最具典型性的。美国政府中涉及国防科研生产能力监管的主要部门是国防部,还有能源部、国家航空和宇航局、商务部、国务院等。美国的国防科研生产力量主要是私营企业,还有少量政府、军队的科研生产力量。国防部组织军兵种提出武器装备需求,经国会批准和总统签署指令后,由国防部组织军兵种实施武器装备科研生产计划。在国防部提供的采办经费(包括武器装备购置费和必要的科研生产条件建设费)支持下,政府、军队、私营的科研院所和企业进行武器装备的论证、设计、研制、生产。对核武器、军用航天系统的研制生产,国防部要和能源部、国家航空和宇航局共同组织实施。美国有一系列法令要求国内在同等条件下优先采购国产军品,进口军品很少。加之美国国防工业的高度发达,国内采购在相当程度上维持了美国的国防工业基础。美国虽然没有专门的国防工业发展战略文本,但美国政府对国防工业发展的各种政策引导、在武器装备发展上的规划,事实上形成了一个国防工业的发展战略。当前和今后一段时间美国国防工业的发展战略总体上是追求全球武器装备优势,不断增加投资,充分利用全国以及全世界的科技工业力量来发展美国的国防工业。

在国防科研生产过程中,国防部和军队设立专门的工作机构进行采办的管理,对国防科研生产的全过程进行监控。国防部每年都要制订关键技术计划,对

那些影响武器装备和国防工业发展的关键技术给予重点支持。国防部、国务院和商务部对军品的进出口、军工技术转让进行许可证管理。美国国防科研生产能力的宏观管理主要是通过国会、总统、国防部和三军来决策和实施的,其职能划分如下:美国国会和总统是国防科研生产的最高决策层,负责制定国防工业的总体发展战略,并通过预算拨款和政策对国防工业实施宏观调控。国会负责通过立法对国防科研生产进行宏观控制审核及批准国防预算。总统负责领导制定国防工业的方针政策及重大采办计划的指示,由总统主持的国家安全委员会负责制定国家安全政策,审议防务目标、军事战略和重要武器计划并提出决策性的建议。国防部是美国国防科研生产管理的核心职能机构,其主要职能是负责国防科研和武器装备研制、生产、采购、试验、鉴定、维修、保障全过程的统一管理和协调。陆海空三军总部作为武器装备采办全过程的执行部门,负责本军种装备研制生产采购维修的具体组织实施。国家航空和宇航局也承担部分军用航空航天计划;能源部主管核武器工业;运输部所属海事管理署负责舰船工业管理和通过有关政策和法令,对造船企业的经营行为进行宏观调控。

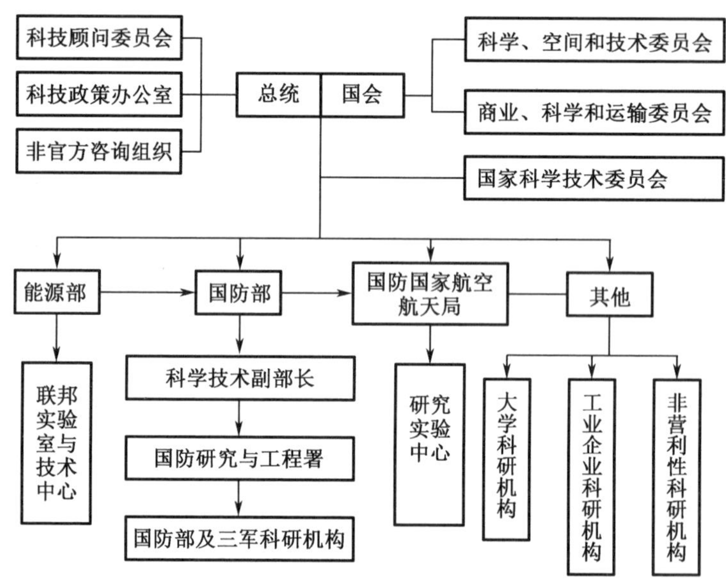

图 3-1　美国国防科研生产能力政府监管架构

美国国防科研生产能力政府监管体制大致呈现出以下几个主要特点:一是统分结合。作为美国国防科研生产能力的最主要的监管部门,美国国防部实行国防部长办公厅统一领导和三军分散实施相结合的管理体制——宏观政策和计划审批、协调由国防部统筹;三军作为武器装备采办全过程的执行部门,在国防

部统一领导下，负责本军种采办的具体实施，包括编制军种的采办计划、预算，并组织、协调和落实。因而，这种“统分结合”的管理体制，使得各部门职责分工明确，既有集中统一，又有业务自主。二是分级管理、层次分明。具体的采办过程又分为两个层次，实行政策、计划和具体实施分开管理——国防部长办公厅及其领导负责采办，技术与后勤的副部长办公室主管装备采办的方针政策、规划计划、经费预算和业务协调；各军种负责在国防部统一领导下，组织本军种采办计划的制订、项目的实施和经费落实。此外，在各军种内部也实行分层次管理，这种“分级管理、层次分明”的管理体制，既有利于领导层摆脱具体事务，集中精力做好战略决策和宏观调控，也便于实施层全力抓好项目的管理实施，避免过多的行政干预。三是建立多方位的沟通渠道。国防部负责采办、技术与后勤的副部长办公室设有工业事务副部长帮办和设施副部长帮办职位，以及弱小企业利用局和国际合作局，通过各种手段加强与国防工业界的联系。国防部还建立了若干协调委员会，如“航空航天协调委员会”，保持与其他有关政府部门的协作。同时，国防部设联合需求监督委员会，保持与作战指挥部门的联系。这种“建立多方位沟通渠道”的管理体制，可以就重大问题实行集体讨论，有利于吸纳各方意见形成统一决策，并避免了各自为政、政出多门现象的发生。

一、美国国会与总统

美国国防科研机构管理是一种由总统集中决策，国会立法和监督，国防部、能源部、国家航空和宇航局分别在其管辖范围内对所属国防科研机构实施管理的体制。

联邦政府在科学技术领域里的最高决策权在总统，政府内阁中设有国家科学技术委员会，委员会主席由总统担任，目标是协调国家科学技术的发展，制定国家科技发展战略，加强国家对科技工作的领导。在总统办公室内设有总统科技顾问委员会和科技政策办公室，为总统处理有关科技事务提供咨询。此外，还有许多非官方的机构在制定和执行科学技术政策的过程中起着重要的咨询作用，其中包括国家科学院、国家工程科学院、国家医学科学院、美国科学促进会、美国大学促进会等。

在联邦宪法确立的三权分立制度中，国会是美国的最高立法机构，居于名义上的核心地位。虽然长期以来由于总统权力的不断扩张，国会在美国政治中的地位和作用呈下降趋势，但是其在立法和监督行政机构方面仍发挥着举足轻重的作用。国会议员尤其是军事委员会和拨款委员会的成员，在国防方案和政府财政预算中有很大的权力。国会拥有立法权和预算审批权，涉及国防工业的政府预算，国防部等行政部门的机构设置与撤销，重要的法规、条例，国外获得国防

关键企业的股份，军品出口管制条例，均需经过国会审查与批准方能生效。国会还对预算使用和武器装备项目研制情况进行评估，以调整预算或项目，这使得国会在国防工业的发展上具有较为重要的监管作用。同时，美国国会在国家科技发展中也具有相当重要的作用。政府的科技立法草案、重要科技机构的设置、重要科技官员的任命以及科技预算等都需要通过国会参、众两院的审议和批准。目前，众议院设有科学、空间和技术委员会，参议院设有商业、科学和运输委员会。

二、美国国防部

美国国防部研究与工程副部长（Under Secretary of Defense for Research and Engineering）办公室在1980年10月发表了题为《必要的国防部内部科研能力》的报告，详细阐述了国防部科研单位在武器采办过程中各个阶段、各种场合的作用与任务。1981年3月，国防部正式发布3201.3号指令，明确规定了国防部军内研究所的具体目标和任务，基本确立国防部研究机构的管理架构。美国国防部在国防部长/副部长的领导下，由国防部长办公厅、军种部、参谋长联席会议、联合作战司令部四大职能机构组成。其中，国防部长办公厅下设的采办、技术和后勤副部长办公室负责采办、研发、高级技术、试验和评估、生产、后勤、设施管理、军事建筑、环境安全、核生化相关事务。美国国防部的科研机构管理工作由负责科学技术的副部长统一领导，科研机构主要设在各军种内，分别由各种军种实施管理。国防部本部也设有一些独立的研究机构，如国防高级研究计划局、国防原子能局、国防后勤局、国防信息系统局所属的研究实验室和实验鉴定中心等。国防部的国防研究与工程署署长兼任国防部科技执行官，署内设有科学技术管理局，具体负责国防科研机构和相关政策的制定及管理工作，如图3－2所示。

根据国防部3201.1号指令《国防部研究与发展实验室管理》，负责研究与工程的国防副部长（现为国防研究与工程署署长）负责制定国防部研究所管理工作的政策指示，各军种部长负责各自军种研究所的管理及计划项目的实施，而三军研究所管理的实际协调机构是该指令确定建立的“国防部研究所管理工作组”，该组由负责研究与高级技术的副部长帮办主持。

采办技术和后勤副部长办公室的组织机构如图3－3所示。

三、美国能源部

美国能源部是美国最重要的联邦政府机构之一，主要负责核武器研制、生产和维护，制定相关能源政策，对能源行业进行管理和指导，组织并负责能源相关技术研发等，如图3－4所示。

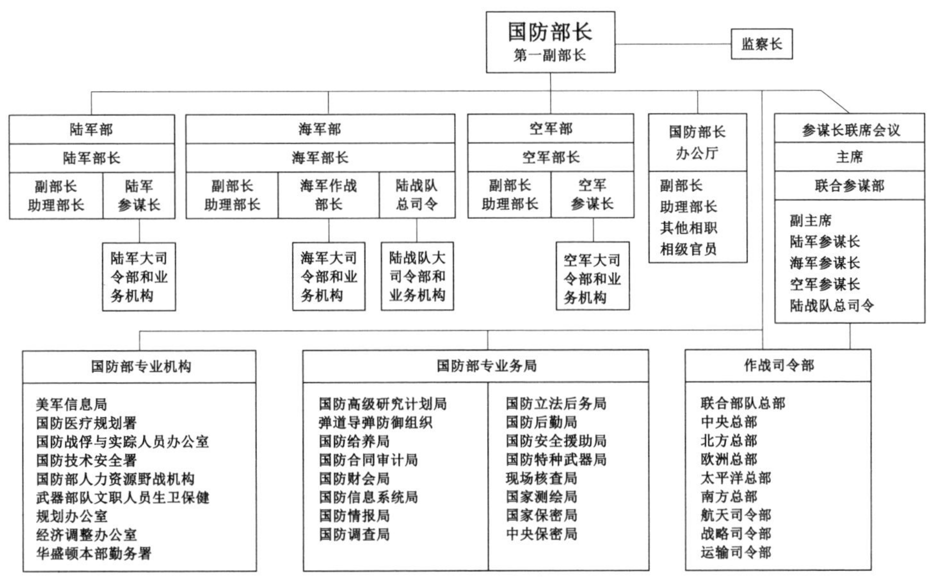

图 3-2 美国国防部组织机构图

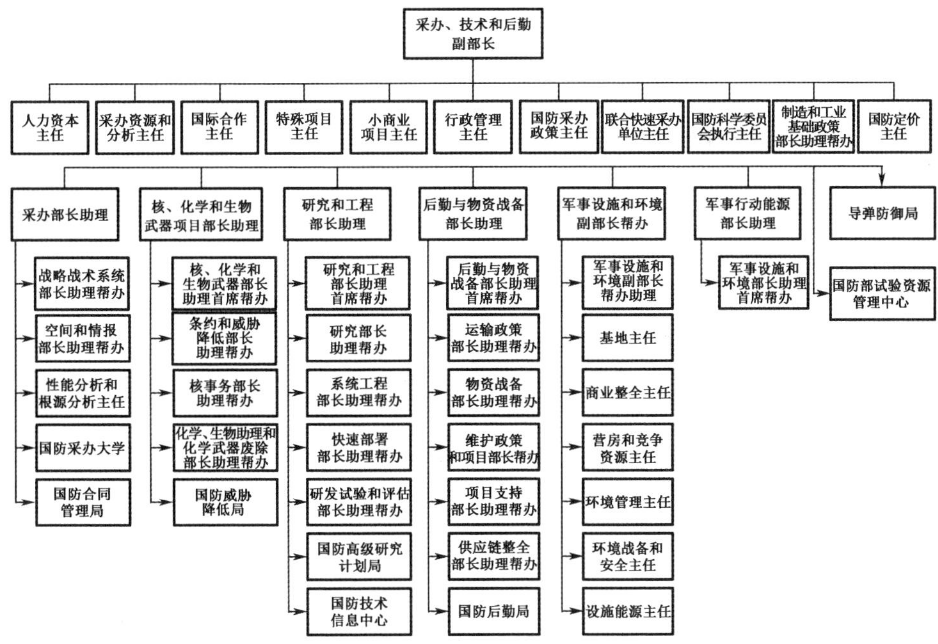

图 3-3 采办、技术和后勤副部长办公室的组织机构

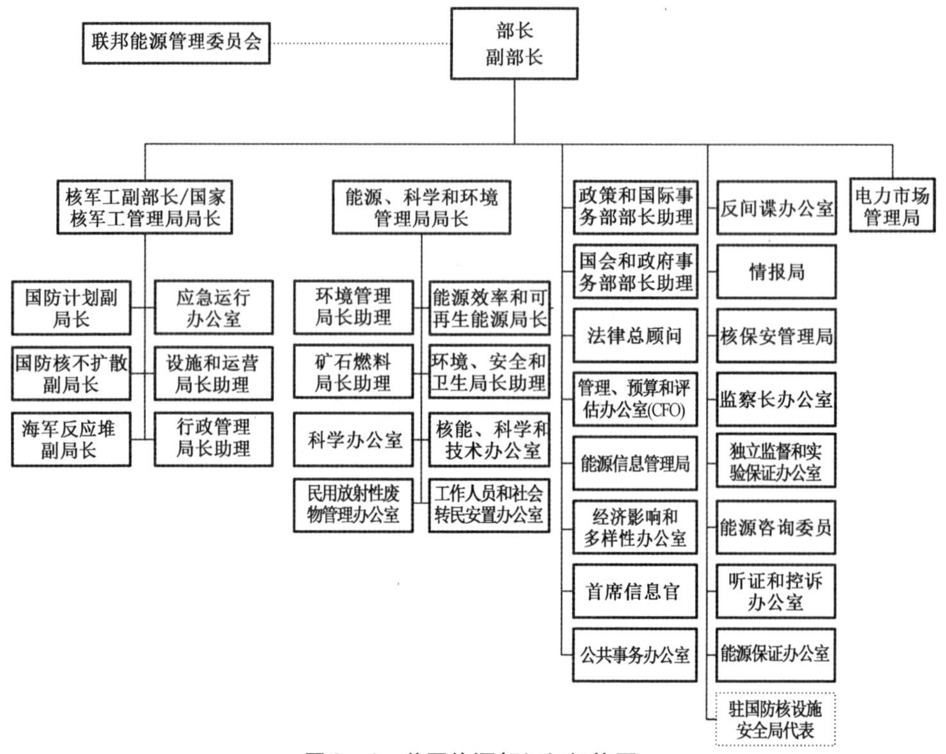

图 3-4　美国能源部组织机构图

四、美国国家航空和宇航局

1957 年,苏联成功发射第一颗人造卫星,为了加速实现在卫星方面赶上苏联的计划,美国政府将国家航空咨询委员会(NACA)在航天方面的职能扩大,改组为国家航空和宇航局。

国家航空和宇航局是美国联邦政府中主要开展航空、空间研究和国家民用空间项目的航空航天科研机构,负责向有关单位提供有价值的航空航天研究和发展科研成果,并提供航空航天技术咨询。通过科研课题、合同、计划等形式与国防部、高等院校、工业企业的研究机构保持密切的关系。国家航空和宇航局总部位于华盛顿,负责对各部门进行全面的指导。在管理层上,分为局长(Administrator)、常务副局长(Deputy Administrator)和副局长(Associate Administrator)。副局长对国家航空和宇航局下属 10 个中心负责,并向局长和常务副局长汇报。各中心相对独立,中心主管对中心的日常工作进行管理,并与总部各部门共同对中心重要事项进行批准。中心是国家航空和宇航局战略管理理事会、运营管理理事会和项目管理理事会成员。

目前，国家航空和宇航局的主要研究范围包括以下 4 点：

(1)航空　开发新的飞行技术，提高探索能力，并且在地球上有应用价值；

(2)探测系统　创造新的能力，适合人类或机器人探险；

(3)科学　探测地球、月球、火星及更远的星球，制定最佳的探测路线，让社会能够从地球及空间的探测中受益；

(4)太空业务　为太空飞船、国际空间站及飞行支持提供关键性技术。

五、其他

(一)国防研究与工程署

国防研究与工程署(DDR&E)由国防部研究和工程部长助理主管，是美国国防科学与技术计划的主管部门，负责制订国防部的技术发展战略，其目标是通过一套科学与工程方法，以及反战略突袭，扩大现有作战系统的能力，发展突破能力，应对不确定的未来。国防研究与工程署负责管理国防部实验室、联邦资助研发中心、大学研发中心、信息分析中心。国防研究与工程署(研究与工程部长助理办公室)的组织机构如图 3 -5 所示。

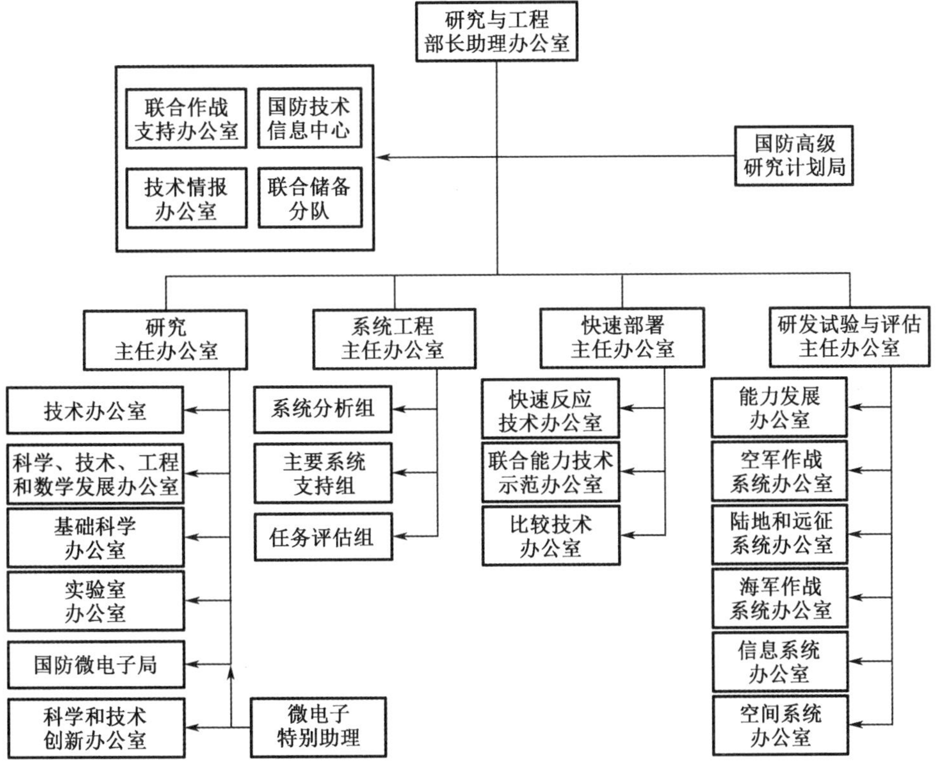

图 3 -5　国防研究与工程署的组织机构图

国防研究与工程署的相关机构分为总部机构、职能部门和国防高级研究计划局三类。国防研究与工程署总部机构包括联合作战支持办公室、技术情报办公室、联合储备分队、国防技术信息中心4个机构。

国防技术信息中心负责国防部技术信息管理工作,是为国防部提供技术信息的部门。该中心是国防部科学和技术文档库,它作为国防部和政府资助的,规模最大的科学、技术、工程以及商务信息知识库,为国防部相关部门提供服务。该中心的文件可以提供给国防部工作人员,不涉密文件可以向公众提供。国防技术信息中心管理着10家信息分析中心,见表3-1。

表3-1　10家信息分析中心

序号	名称	主要合同商
1	先进材料与测试信息分析中心(AMMTIAC)	Alion Science and Technology
2	化学、生物、放射线、核信息分析中心(CBRNIAC)	Battelle Memorial
3	化学推进信息分析中心(CPIAC)	Johns Hopkins University
4	软件数据分析中心(DACS)	ITT
5	信息安全保障信息分析中心(IATAC)	Booz Allen Hamilton
6	建模与仿真信息分析中心(MSIAC)	Alion Science and Technology
7	可靠性信息分析中心(RIAC)	Wyle Labs
8	传感器技术信息分析中心(SENSIAC)	Georgia Tech ResearchInstitute
9	生存能力/脆弱性信息分析中心(SURVIAC)	Booz Allen Hamilton
10	武器系统技术信息分析中心(WSTIAC)	Alion Science and Technology

注:以上机构由国防研究与工程署的国防技术信息中心(DTIC)管理。

国防研究与工程署的职能部门包括:研究主任办公室、系统工程主任办公室、快速部署主任办公室和研究试验与鉴定主任办公室。研究主任办公室负责统一管理和协调全军的基础研究、应用研究、先期技术发展、先期部件与样机发展等工作,制订相关研究计划,并监督和审查这些计划的实施;系统工程主任办公室主要负责系统工程管理,为装备采办部门提供技术支持、系统工程监督;快速部署办公室主要负责管理国防部先期技术发展、技术转化和国外对比试验项目等工作;研发试验和评估办公室负责制定国防部门内管理研制试验与鉴定的相关政策,修正和评审国防部重大采办项目的研制与试验鉴定活动。

国防研究与工程署研究主任办公室下辖技术办公室,科学、技术、工程和数学发展办公室,基础科学办公室,实验室办公室,科学和技术创新办公室,国防微

电子局等机构。其中，实验室办公室的职能有：发展科学、技术和原型相关的战略与支持计划，以响应国防部的需要；确保美国的技术优势，以应对不确定的未来，加快技术能力的投放速度；实施有关分析与研究；研究有关政策；提供技术领导、监督；提出有关建议，发布指南；对国防部实验室相关事务进行监督；管理科学与工程人员；努力促进科学、工程和数学教育；保证与联军及友好国家的交流；在国际采办和出口活动管制方面，向国防科技安全管理局提供相关支持；就快速技术转移相关工作提出建议和支持；向国防采办委员会开展采办项目成本、时间和风险评估等工作提供技术支持；实施技术准备评估，并将相关情况告知采办决策部门。

（二）国防高级研究计划局

国防高级研究计划局是国防部研究与开发事务主管部门，其使命是维持美军的技术优势，防止他国技术上的超越损害美国的国家安全。国防高级研究计划局研究范围很广，既包括实验室的科学调查，也包括构建军事系统原型。国防高级研究计划局还资助生物学、医学、计算机科学、化学、物理、工程、数学、神经科学、社会科学等领域的研究。

国防高级研究计划局是国防部尖端科技攻关项目的组织、协调和管理机构，主要关注高投入、高风险、高回报，对各军种联合作战有巨大促进作用，对推动装备发展有重大影响的技术领域，以及各军种基于某些原因（风险过大、军种需求不明确、对现有系统具有挑战性）不予支持的重点项目。国防高级研究计划局被称为推动国防部转型的“技术引擎”，其研究工作实际上是在基础研究和应用研究之间架起一座桥梁，推动基础研究向应用研究的转化，从而促进国防科学技术的发展。

根据国防高级研究计划局的战略规划，该局局长与国防部长、国防部副部长、参谋长联席会议主席、作战司令部司令、各军种部长、各军种参谋长、各军种与国防业务各级人员对世界范围的技术进步进行评估、交换意见，然后由该局局长确定各部门的研究主题。

该局的主要业务机构分为两类：技术部门和保障部门。

1. 技术部门

技术部门包括国防科学办公室、微系统技术办公室、信息处理技术办公室、战略技术办公室、战术技术办公室、会聚技术转型办公室、适用技术实施办公室。技术部门业务重点是研究可能对国家安全产生重大影响或在国家安全领域内有重大应用价值的基础技术和部件级技术，关注解决特定军事问题的系统级方案，以及最终可形成某种武器装备的技术项目，推动技术项目与军事装备应用的

结合。

2. 保障部门

保障部门包括审计处、合同管理处、运行管理处、人力资源处等。其中,审计处负责该局的财务管理和审计监督业务,每年编制和提交该局综合的年度预算,并管理该局的规划、计划和预算系统的全过程。合同管理处负责为选定的新启动技术项目谈判和授予合同,拨付款项或签订协议。运行管理处负责为国防高级研究计划局局长、各技术部门主管、项目经理及计划局雇员提供行政管理保障。人力资源处负责国防高级研究计划局人才队伍建设和培养等工作。

(三)美国各军种国防科研机构管理

1. 陆军实验室管理

陆军实验室管理部门包括:负责采办、后勤与技术的陆军部长助理,陆军科学委员会,陆军研究实验室。

(1)负责采办、后勤与技术的陆军部长助理

该部长助理是陆军采办执行官,其办公室是陆军武器装备采办政策、计划的统一管理机构,负责执行国防部采办、技术与后勤副部长办公室有关装备采办方面的政策和计划,制定陆军研究、发展和采办政策,编制装备采办的规划、计划和年度预算,协调陆军武器装备采办计划,统一管理有关经费。

(2)陆军科学委员会

陆军科学委员会是陆军高级科学顾问机构,负责对陆军重要武器装备发展计划进行技术审查和提供管理决策支持,帮助陆军各级领导及时掌握工业界最新科技发展动态,向陆军部长、副部长、陆军参谋长、陆军部长助理(采办、后勤、技术)、陆军参谋人员和主要科学技术主管就陆军国防科技事务提出建议。

(3)陆军研究实验室

陆军研究实验室下设陆军研究局,以及传感器与电子设备处、计算与信息科学处、武器与材料研究处、人力研究与工程处、生存能力与致命性分析处、车辆技术处等若干技术部门。

陆军研究实验室的实验设施分布在以下四个机构,分别为阿德斐试验中心、阿伯丁试验场、白沙导弹试验场以及兴旺研究中心。

2. 海军实验室管理

海军实验室管理部门包括负责研究、发展与采办的海军部长助理,海军研究咨询委员会,海军研究实验室。

(1)负责研究、发展与采办的海军部长助理

海军部长助理(研究、发展与采办)是海军采办执行官,其办公室是海军武器

装备采办政策、计划的统一管理机构，负责执行国防部采办、技术与后勤部长办公室有关装备采办方面的政策和计划，制定海军研究、发展和采办的方针政策，编制装备采办规划、计划和年度预算，协调海军武器装备采办计划，统一管理有关经费，管理海洋和海洋工程方面的工作。

（2）海军研究咨询委员会

该委员会的任务是向海军部长、副部长、部长助理（研究、发展与采办）、海军研究局局长等官员提供海军国防科技事务的咨询，监督与海军有关的研究、发展、试验与鉴定工作的进度，分析出现的问题，提出解决问题的建议。委员会由各方面专家组成，下设若干课题组。

（3）海军研究实验室

海军研究实验室是美军重要的研究机构，下设海军研究局和执行部、业务管理部、系统部、材料科学和设备技术部、海洋与大气科学技术部和海军航天技术中心等若干技术部门。

实验室根据海军的需求进行基础研究、应用研究与先期技术发展，并为海军空战中心提供广泛的研究保障，其研究领域涉及海军新型装备、技术、作战系统的基础研究、应用研究、先期技术发展等，涉及的学科包括海洋学、大气学、空间科学以及其他相关学科，其中空间及空间系统技术的研究与开展是该实验室的一大优势研究领域。

3. 空军实验室管理

空军实验室管理部门包括负责采办的空军部长助理、空军科学顾问委员会、空军研究实验室。

（1）负责采办的空军部长助理

负责采办的空军部长助理负责执行国防部采办、技术与后勤部长办公室有关装备采办方面的政策和计划，制定空军研究、发展和采办的方针政策，管理空军装备经费，协调空军武器装备采办计划。

（2）空军科学顾问委员会

该委员会作为空军部长、副部长、空军参谋长、负责采办的空军部长助理的国防科技问题咨询机构，基本任务是研究空军武器装备发展中出现的科技问题，就装备研究、采办事宜向空军部长、副部长、负责采办的空军部长助理等提供咨询建议。

（3）空军研究实验室

该实验室负责空军国防科技计划（含基础研究、应用研究和先期技术发展项目）的管理和实施。其下设空军科学研究局和航空器部、定向能武器部、人力效能部、信息部、材料与制造部、军需品部、推进部、传感器部、航天器部九个技术部门。

交通部下属的联邦航空管理局不仅负责管理和审批航天运载器的发射活

动,对政府和企业的航天运载器发射及发射场运行进行授权和批准,而且主要负责民用航空运输和安全事业的管理。国务院负责审批卫星出口许可证,负责对航天关键技术与产品的出口管制。

第二节 美国国防科研生产能力监管的政策法规体系

一、管控国防科研生产能力出台的政策法规

从20世纪60年代美国国防部长麦克纳马拉创立并开始实行PPBS(规划、计划、预算系统)起,到2005年美军正式实行PPBE(规划、计划、预算与执行系统),美国已经形成了一套非常有效的国防预算监督体系。美国国防预算监督主要通过国防预算的审查、国防预算的听证和国防预算信息的披露等制度,从国防计划的确定到国防预算的编制、审批、执行、调整再到最后的决算,对国防预算的全过程实行严密的监督和审查。

1. 国防预算计划阶段的管控政策法规

各军种和国防部各业务局结合其现有资源提出自己的需求和项目计划建议,制定《计划目标备忘录》(POM)后,联合参谋部和国防部长办公厅开始对上述文件进行评审。联合参谋部主要是评估《计划目标备忘录》是否符合《战略规划指南》(SPG)、《联合计划指南》(JPG)、《国家军事战略》(NMS)等的要求。同时,国防部长办公厅各业务部门从业务角度分别对《计划目标备忘录》提出评价和建议,随后交计划分析与鉴定局进行审核、汇总。计划分析与鉴定局代表国防部长审查、分析和评价各种方案,进行费用估算和效费比分析,并提出问题,发布《计划目标备忘录问题书》,各军种、联合参谋部和国防部长办公厅对其中的具体议题进行讨论和复议。在经过由国防部所有副部长、参联会主席、国防部主计长、计划分析与鉴定局局长、各军种部长等组成的高层领导审查小组讨论、审查并达成共识后,修订各军种的《计划目标备忘录》,由国防部长公布《计划决策备忘录》(PDM),并形成《未来年份国防计划》。

2. 国防预算编制阶段的管控政策法规

主管财务工作的副国防部长(主计长)办公室和总统办公厅的行政与管理预算局对各军种和国防部各业务局提交的《概算书》(BES)进行评审,以对各军种和国防部各业务局所确定的经费额度做出审查,向国防部常务副部长提交《计划预算决策书》,反映主要项目的预算情况。国防部常务副部长审批后签署《计划

预算决定》(PBD)。总统在此基础上,签署《总统预算》(PB)提交国会审议。在预算编制过程中,为便于预算的审查、监督和执行,预算项目列报必须细化到计划单元。如美军规定,1.5万美元以上的设备和小型建设投资,构成一个计划单元,必须在预算中详细列出。

3. 国防预算审批阶段的管控政策法规

国防预算纳入总统的联邦政府预算呈送给国会以后,国防预算便进入了审批阶段。与国防有关的法案,均由参众两院所设的军事委员会和拨款委员会及其下设小组审查决定。军事委员会在规划计划的决策方面有否决权,拨款委员会在计划预算方面有决定权。国会收到预算草案以后,参众两院的军事委员会召开国防授权法案听证会。在听证会上,国会各有关委员会对国防科研和采购计划按军种分别进行审议。听证会结束以后,参众两院分别通过《国防授权法案》,然后两院协商委员会进行协调,由两院负责人签署国防授权法案,呈送总统签署。授权是预算监督的第一关,拨款是预算监督的第二关。国会通过了授权法案只是同意立项,要拿到钱还需要通过拨款法案。拨款法案听证会由参众两院拨款委员会的国防拨款小组委员会主持。按照惯例,拨款法案首先由众议院审议,众议院国防拨款小组委员会和众议院拨款委员会通过后交众议院全体会议审议,通过后交参议院以同样的程序进行审议。最后两院商订一个《国防拨款法案》,送总统签署。

4. 国防预算执行阶段的管控政策法规

财政部根据国会批准的《国防授权法案》和《国防拨款法案》对国防部进行拨款。国防部再把国防经费指标分配给海、陆、空、海军陆战队等各军种和国防部各业务局,但不直接把经费拨付给各单位。国防经费由国防财会局及其下属的5个财会中心统一管理和支付。除了采取这一使用与支付相分离制度以外,在PPBE中,美军十分重视计划执行及其结果。在执行阶段,首先由各军种和国防部各业务局按照事先确定的标准对各自所属的国防预算执行情况进行评估,上报国防部,然后负责财务工作的国防部副部长和计划分析与鉴定局局长每个季度根据计划与预算阶段确定的预算评估标准对国防预算执行情况进行详细评审,以确定国防资源分配是否合理以及军方是否达到经费预算时所确定的计划目标,从而达到对各军种和国防部各业务局执行预算的情况实行跟踪管理和"全程"监督。

5. 国防决算阶段的管控政策法规

国防预算执行机构编制《国防决算报告》以后,经本级内部审计机构审核后按预算系统逐级汇总上报,最后由国防部负责国防预算执行的机构编制《国防总决算》并经内部审计机构审核后,报送总统办公厅的行政管理与预算局。行政管

理与预算局对《国防总决算》进行审核后，编制《联邦政府财政总决算》，经过政府问责办公室（government accountability office，GAO）审计和国会批准后，正式决算才能成立。

总的来说，健全的法律制度对预算监督活动起着根本性的指引、规范、保障作用。美国有关预算监督的法律体系较为完备。美国国会每年都要通过《国防授权法案》和《国防拨款法案》，有时还要通过《国防紧急拨款法案》，对有关国防费用拨付的权限、程序、类别等进行规范，使各项国防费拨付做到有法可依。此外，美国关于预算控制和监督比较重要的法律有：1921 年制定的《预算与审计法案》、1974 年通过的《国会预算法案》和《扣押控制法案》、1985 年通过的《平衡预算和赤字紧急控制法案》、1990 年通过的《预算执行法案》以及 1993 年通过的《政府绩效及结果法案》等。通过这些法律，美国建立了一套体系比较完整、职责比较明确、依据比较充分的预算监督系统。

美国国防科研生产能力管理方面的法规主要包括国会、国防部和各军种制定的法律、法规和规章。目前，美国由国会制定涉及政府竞争方面的法律有 300 多部。影响较大的法律有《签订合同竞争法》《反托拉斯法》《购买美国货法案》《小企业法》等。为了落实法律条款的要求，美国政府还制定了相应的法律规范。最为重要的是根据《武装部队采购法》制定的《国防采办条例》。该条例于 1984 年与联邦政府其他部门的政府采购条例合并为《联邦采办条例》，它全面系统地规范了美国政府武器装备的采办政策、规定和实施程序。为了进一步规范包括竞争在内的美国国防科研生产管理活动，美国国防部就武器装备质量管理制定了一系列规范性文件，其中最重要的是国防部 5000 系列指令和指示。此外，各军种部、国防部各直属业务局根据各自的特点，制定了本部门的规章。

美国国防部颁布的 5000 系列采办文件，对国防采办系统及其运行以及重大采办项目必须遵循的程序做出了具体的规定，对涉及的计划评审与决策审查制度、定期报告制度、作战试验与鉴定、建模与仿真、采办项目基线法等评价制度都提出了具体要求。美国国防部还发布了一系列的指令，明确地规定了承担试验与鉴定、计划分析与评价、费用分析和一体化项目小组等评价工作的各业务局和专业小组的人员组成、职能范围。相应地，各军种也颁布了有关指令和条例，并对项目的需求论证、试验与鉴定等做出了更为详细的规定，对本部门负责相关工作的责任人、工作程序等做出了具体规定。为了使评价工作更加科学有效，美军还不断创新和采用新的评价手段，如研制试验与鉴定、作战试验与鉴定、建模与仿真和成本进度控制法等。

美国《国防生产管理办法》中，“程序”部分第 7 条要求，国防部研究和工程副

部长办公厅应在整个采办过程中对所有重大工程项目的生产管理情况始终有彻底的了解，要求工程项目应该按阶段分界点进行评审；“程序”部分第15条规定，在按国防部指示5000.2确定的重大系统采办过程中的每一个工程项目阶段分界决策点，都应专门对生产管理进行评审；“职责”部分第1条规定，国防部研究和工程副部长负有生产管理责任，包括就生产准备、生产优选和工业战备拟定指令及颁发指示，评估国防部各部门在重大系统和其他工程项目采办工程中的管理活动以保证一贯地实施生产管理政策和原则等；“职责”部分第4条要求，国防部各部门的领导和项目计划应进行规划、计划、预算和实施生产管理，并建立生产联络点，还对各阶段的具体工作做出了详细的规定。

二、针对国防项目管理的特定法案

政府通过审批国防项目进行国防服务采办属于政府行为，对采办项目的审查监督属于行政手段。法治国家中，在政府行为过程中使用行政手段必须要有明确的法规依据。近年来美国不断完善国防项目审查监督管理的法规体系，具体情况见表3－2。

表3－2　美国国防项目管理法规体系

法规执行主体	法规名称	在国防项目审查监督方面的规定
国家层次	《联邦采办条例》	规定所有服务合同必须接受政府监督，政府有权拒绝不达标的服务，并对服务采办项目的合同官提出了以下要求：一是与用户协商制订质量保证监督计划及服务质量标准；二是确保合同文本中包含质量标准；三是及时发现承包商不按照质量标准进行服务的现象
国防部层次	《联邦采办条例国防补充条例》	规定应针对具体服务采办项目为合同官配备技术代表，辅助其进行承包商选择和服务绩效监督；规定对于金额超过简化项目标准的服务采办项目，合同文件中须包含《质量保证监督计划》，计划中应明确绩效风险，说明在合同中增加哪些条款可以降低绩效未达标的风险
	《2002年国防授权法案》	要求国防部建立服务采办的审批程序

表 3-2(续)

法规执行主体	法规名称	在国防项目审查监督方面的规定
国防部层次	负责采办、技术和后勤的国防部副部长政策备忘录:《服务采办》(2002 年发布)	该政策规定 20 亿美元以上的服务采办项目由负责采办、技术和后勤的国防部副部长审批,其他项目由各军种审批,各军种要制定自己的审批程序
	负责采办、技术和后勤的国防部副部长政策备忘录:《服务采办政策》(2006 年发布)	规定 10 亿美元以上或者被指定为“特别关注”的采办项目由负责采办、技术和后勤的国防部副部长审批;规定了审批项目的高级官员职责、采办策略的内容要求、超出本部门审批权限项目的上报程序,以及采办过程中数据收集要求
	DoDI5000.02《国防采办系统的运行》中的附件 9:《服务采办》(2008 年发布)	在总结 2006 年服务采办政策基础上增添同行审查机制
	负责采办、技术和后勤的国防部副部长政策备忘录:《服务采办的审查标准》(2009 年发布)	规定了合同签订前决策层审批和同行审查的标准,以及合同签订后同行审查的标准
军兵种层次	陆军 AR70-13 号规程:《服务采办的管理与监督》;空军《采办与保障的全寿命周期管理》中第 4 章:服务采办海军 2 指令中第 8 章:服务采办	指定军种内部的服务采办审批主体,明确各部门职责,介绍监督管理政策
	陆军《供应与服务合同的同行审查》;海军《同行审查计划》;空军《供应与服务合同的同行审查》	规定军种级别的服务采办同行审查政策

从法规文件体系来看,法规体系由条例、指令、规章以及政策备忘录等构成,较为完整,为后续法规的制定和细化提供了框架。从法规执行主体来看,国家、国防部、各军种等各层次均能有法可依,有规可循。各机构内部依据法规指定审查监督的管理主体,从而形成了国防项目监管的组织体系。从法规具体内容来看,法规体系起到了如下作用:首先是保证高层权力的介入,加强审查力度;其次

是强调审查监督管理的独立性,保证实效;第三是确立了以合同官、合同官代表为主的监督责任体系,并将监督计划归入正式合同文件之列,使得项目管理制度化。

第三节　美国国防科研生产能力调整改革的审查

《美国出口管制法》要求国防部对那些可显著增强任何其他国家或国家集团的军事潜力而有损于美国国家安全的商品和技术的出口;保护本国经济,防止稀有物资过分外流,以及限制为减少因国外需求而引起的恶性通货膨胀所必需的商品出口加以限制。《美国出口管制法》第 2409 条处理出口许可证申请事项的程序中还特别指出了国防部长的特殊程序,规定出于国家安全考虑国防部长有权审查拟向控制出口国家出口的任何商品或技术。

一、军工资产上市审查

美国具有完善的资产证券化的制度保障。美国虽然没有对资产证券化的专门立法,但有多部法律都对资产证券化进行规范,其中包括《证券法》《证券交易法》《破产法》及 1940 年的《投资公司法》等,也包括可能的反垄断审查等法律制度,甚至涉及税务、会计等具体细节方面的详尽规范,从而对资产证券化实现全方位的规范和管理。资产证券化过程中所涉及的会计、税收等问题决定证券资产的合法性、营利性及流动性,关系到每个参与者的利益,影响资产证券化的动机和结果。美国财务会计准则委员会(FASB)对资产证券化的会计处理有较为详尽细致的规定。此外,在资产评估等其他方面也有相应的制度规范。

特别说明,美国的军工资产上市是置于其国家整体的资产上市监管体系之下的,并没有专门针对军工资产上市的专门法律法规与政策。

二、涉军单位兼并重组审查

(一)审查背景与目的

20 世纪 90 年代初,随着苏联解体和两极格局的结束,美国军工企业凭借“冷战”攫取巨额利润的时代宣告终结,严重过剩的军工生产能力和日益萎缩的国防开支不断推动着美国防务承包商们进行着一次又一次的结构调整和战略重组。在五角大楼的主导下,美国军工企业在“冷战”结束初期即掀起一轮新的并购浪

潮,它所造成的影响至今仍然不可低估。因为并购的主体、动因、特征的不同,1998 年是一个分水岭,它把“冷战”后美国防务工业并购分成了两个阶段,即 1992—1997 年以及 1998 年至今。

美国国防工业界的第一次并购活动得到了美国政府强有力的支持,其中国防部表现得最为激进。白宫支持军工企业并购的理由很简单:现有的国防经费已经无法负担“冷战”时期遗留下来的庞大的国防工业基础。通过鼓励并购,国防部希望能够减轻要求维持高水平国防费用的政治压力,更为重要的是,通过并购提高效率和效益,从而降低成本,增强美国军工企业的国际竞争力,推动国防生产能力的出口转移。

美国政府对军工企业并购的支持方式如下:

(1)劝告或“窗口指导”。它主要指由一位或数位美国政府官员邀请企业家们参加宴会或出席有众多企业家参加的宴会,并在席间发表隐喻性的讲话。“窗口指导”本身并无很大作用,但它实际预示了美国今后财政政策的导向,精明的大企业家们能够从中觉察五角大楼的意图,并重新修改、制定自己的企业战略。

(2)财政政策的扶植。它主要是指军事订货的方向倾斜以及补贴的发放。在“冷战”时期,军品采购“预算蛋糕”做得非常大,大大小小的防务承包商都能从比较固定的军事订货合同中获取丰厚的利润。“冷战”结束后,美国的国防预算连年削减,国防部开始有选择地将军品采购合同交给自己青睐的企业。这种方向的倾斜性背后涉及的是资金的流向,它对于许多依赖五角大楼武器采购的大承包商们来说至关重要。如果五角大楼选择了你的竞争对手,就意味着你的前景黯淡,公司股票市值就会下跌,这本身即为竞争对手的低成本收购提供了有利条件。

(3)放松反垄断政策。从 1992 年 11 月国防工业界抗议联邦贸易委员会阻止联合技术公司收购奥林公司军械部的决定开始,克林顿政府便趁此扩大了五角大楼在评述企业购并方面的发言权,反托拉斯部门对国防工业界的并购也采取了更宽容的态度,从此之后,国防工业界的兼并和收购便很少碰到大的阻力。

(二)审查标准与原则

按照美国 1982 年颁布的并购准则,联邦司法部和联邦贸易委员会使用累计市场占有率指数(HHI 指数,又称为赫芬达尔 - 赫希曼指数)作为评估市场集中程度的量化标准。HHI 指数是通过市场占有率最高的若干家公司市场占有率的平方的累加得到的。根据 HHI 指数,美国反垄断机构把市场分为三类:HHI 指数

低于1 000的称为不集中市场;HHI在1 000～1 800之间的称为中度集中市场;HHI指数高于1 800的称为高度集中市场。美国反垄断机构在判断某次垄断是否造成垄断时,其决策过程一般如下所述。

(1)纵向并购的判断标准包括:是否易形成行业进入障碍;是否便于沟通;并购前HHI指数是否大于1 800;反并购的压力是否较小。

(2)横向并购的判断程序和过程较为复杂,如图3－6所示。

(3)混合并购的判断标准主要有三:是否涉及潜在竞争者?是否造成集中性市场?是否只有低于3%的竞争者?

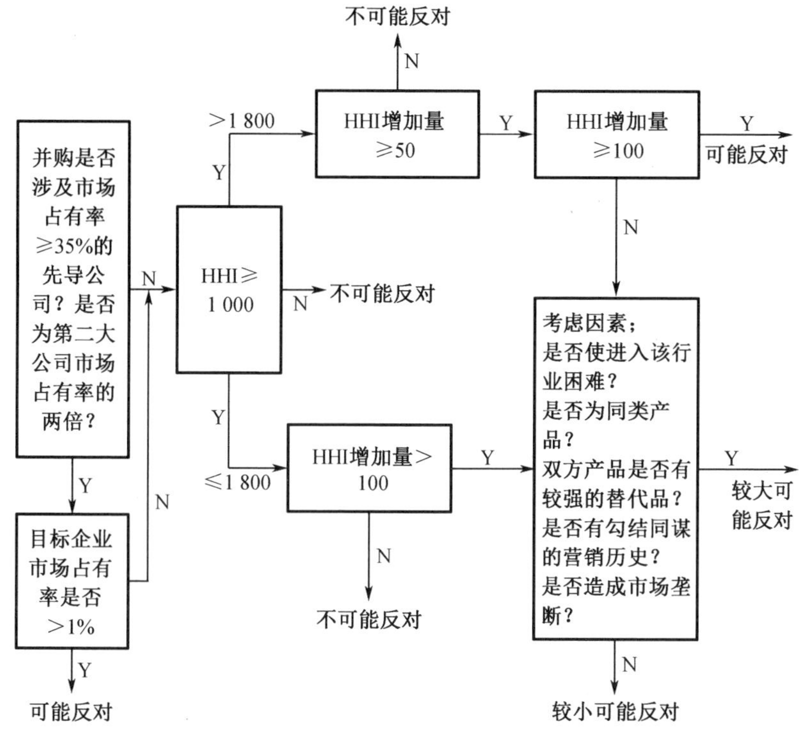

图3－6　美国反垄断机构对于横向并购的判断程序

注:N代表"NO",Y代表"YES"。

如果仅仅从保护自由竞争的目的出发,那么根据司法部对于横向并购的判断标准,美国国防工业1992—1997年的许多并购案件乃至2000年以后的数次"大鱼吃大鱼"都是有较大可能遭到反对的。以波音公司兼并麦道公司为例,波音公司1990—1995年的美国民机市场份额为60%,麦道公司和空中客车同期的市场份额分别是15%和20%。波音公司兼并麦道公司前的HHI指数约为60^2 +

$15^2+5^2+20^2=4\ 250$，兼并后 HHI 指数约为 $(60+15)^2+5^2+20^2=6\ 050$，其值从4 250提高到了6 050，并且图 3－6 中提到的"考虑因素"至少有 4 项成立，即此次并购使进入该行业更加困难；收购前麦道公司提供的商品与波音公司属于同类产品（民用飞机）；双方产品具有较强的替代性，处于竞争地位；兼并发生后在国内市场造成实质上的垄断。一般如果出现这种情况，反垄断机构是极有可能否决收购计划的。但五角大楼的介入使事情变得复杂起来。国防部认为，如果兼并后在同类产品市场上仍然存在强大的外国竞争者，那么即使在国内出现完全垄断或寡头垄断的局面也是可以容忍的。由于五角大楼参与调查和决策过程，波音公司兼并麦道公司的计划最终被批准了。美国"冷战"后许多项数额巨大的国防企业收购方案得以批准和通过在很大程度上都要归功于五角大楼的幕后协助和支持。

（三）审查机构

美国涉军单位兼并重组的审查机构主要为美国联邦贸易委员会（FTC）和美国司法部（Department of Justice）两个部门。

1. 美国联邦贸易委员会

美国联邦贸易委员会是执行多种反托拉斯和保护消费者法律的联邦机构。其目的是确保国家市场行为具有竞争性且繁荣、高效地发展，不受不合理的约束。联邦贸易委员会也通过消除不合理的和具有欺骗性的条例或规章来确保、促进市场运营的顺畅。一般而言，联邦贸易委员会的工作主要是阻止可能给消费者带来危害的行为。当国会、行政机构或其他的独立机构以及州和地方政府商议政策需要时，联邦贸易委员会会提供相关资料。联邦贸易委员会可以通过不同的方式进行调查。来自消费者的信件、商人或国会的要求或者是关于消费者和经济问题的文章都可能使联邦贸易委员会采取行动。这种调查可以是公开的也可以是非公开的。但一般来说，联邦贸易委员会的调查都是非公开的，目的是为了保护公司和调查本身。

如果联邦贸易委员会认为某公司有违反法规的情况发生时，它首先要同公司签署一份协议书，然后获得公司的自愿合作。公司签订此协议书时，不用承认违反了法规，但必须同意停止这种令消费者投诉的有争议的行为。如果双方达不成一致的协议，联邦贸易委员会就会提交或提出一个管理上的投诉。管理上的投诉一旦被提交或提出，就像在法官面前进行开庭审讯一样：要提交证据、听取证词、询问证人和交叉询问证人。一旦发现有违法行为，就会下达一个禁令或

提出其他比较合适的说法。由法官做出的最初决定应能反映整个委员会的意愿。审判的最终结果应该由委员会来做出,同时反映出美国地区法院的意愿。如果委员会处在被支持的立场,联邦贸易委员会可能会在法庭上要求一定的消费者赔偿。相反,如果这个公司曾经违反过法律,联邦贸易委员会同样也会要求民事赔偿或提出禁令。

在一些情况下,联邦贸易委员会直接到法院申请禁令、民事赔偿或消费者赔偿。这种情况通常发生在正在进行的欺骗消费者行为或诈骗案中。通过直接去法院申请禁令或赔偿,联邦贸易委员会能够在更多的消费者上当受骗之前,阻止欺骗行为的发生。联邦贸易委员会除了有执行强制性法律的责任外,还在国会的要求下,通过非强制性措施扩大政策的影响,如消费者教育等。

2. 美国司法部

美国司法部是美国政府的一个部,其部门长官享有阁员地位。其负责的任务是保障法律的施行,维护美国政府的法律利益和保障法律对美国所有公民平等。司法部由美国联邦政府的行政机关组成,而非司法机关组成。

美国于1789年设立了总检察长一职,最初是非全日性的职务,其任务是为美国国会和总统提供法律咨询,但随着美国官僚机构的扩大,这个职务的工作量也不断增大,1819年时已无法继续充当国会和政府的法律顾问。1870年6月22日,美国国会决定建立一个司法部,此部门于1870年7月1日正式履行职务。这个部门的增设对总检察官的任务、薪金和地位都没有改变。在联邦总检察长之下,另外设置联邦总律师(Solicitor General),其任务是在法律纠纷中在美国最高法院代表美国政府。不过在比较重要的法律案当中,仍旧由联邦总检察长出席审判。

(四)审查程序

特此说明,美国的涉军单位兼并重组审查是置于其国家一般的反垄断等企业并购审查体系中的,并没有专门针对涉军单位的兼并重组审查法规和政策,其审查程序与一般企业的兼并重组审查差异不大。

三、外资并购本国军工企业审查

(一)审查背景与目的

美国外资并购本国军工企业安全审查制度最早可以追溯至1917年10月6

日的《与敌贸易法》(TWEA)。但真正确立外资并购安全审查制度的是1988年美国国会通过的《1950年国防产品法》修正案——《埃克森-佛罗里奥修正案》及其实施细则(1991年《外资并购条例》)。美国对外资影响其国家安全的关注开始于20世纪70年代,由于外资大量涌入美国,接管了一些大公司,引起社会舆论的震惊。20世纪80年代,日本经济发展迅速,对美国的贸易顺差连年不断,与美国的摩擦纠纷不断。在1988年,经过历时三年的行政和立法之间的博弈,国会通过了《埃克森-佛罗里奥法案》。自此开始,美国的外资并购本国军工企业安全审查制度开始建立,美国对外国投资政策转变为适度的审查和限制。

(二)审查标准与依据

总的来说,美国外资并购本国军工企业安全审查的相关法律依据包括《埃克森-佛罗里奥法案》《博德修正案》《外国投资与国家安全法》及其实施细则三部分。

1.《埃克森-佛罗里奥法案》

该法案颁布于1988年,因该提案由当年来自内布拉斯加州的民主党参议员埃克森和来自新泽西州的民主党众议员佛罗里奥提出而命名。《埃克森-佛罗里奥法案》是通过对美国原有的《国防生产法》第721节修订的方式颁布的,编撰于《美国法典》第2070条。

该法案授权美国总统可以对那些收购、合并或接管美国公司的交易进行调查,并阻止任何会威胁美国国家安全的并购交易。根据之后的12661号总统令(Executive Order 12661),外资委员会会员有权对外国投资者并购美国企业进行实质审查,并在总统决定暂缓或阻止某些并购行为时,提供建议。《埃克森-佛罗里奥法案》还具体规定了美国外资委员会会员与总统在判断外资并购美国企业是否影响国家安全时应当考虑的五个因素。这五个因素为:国内生产需要满足将来国防需求;国内产业用以满足国防需求的能力,包括人力资源、产品、技术、材料及其他供给和服务;外国公民对国内产业和商业活动的控制及其对满足国防需求能力所带来的影响;向支持恐怖主义或者扩散导弹技术或化学与生物武器的国家销售军用物资、设备或技术的潜在影响;交易对美国技术领导地位及美国国家安全的潜在影响。

2.《博德修正案》

1991年,美国国会根据西弗吉尼亚州参议员罗伯特·博德提议,对《埃克森-佛罗里奥法案》做了修订,即《博德修正案》。根据《博德修正案》,在符合下列两

个标准时，外资委员会会员必须直接进入调查程序：收购方为外国政府所控制或代表外国政府行事；此并购交易会导致对从事洲际商业活动的美国人受到控制，并会影响美国的国家安全。

外资委员会在实施该修正案时，采用了两个条件须同时满足对外国投资从宽的解释。换言之，仅仅收购方为外国政府所控制这一事实本身并不足以要求其直接进入45天的调查程序，还必须初步认定影响国家安全的可能性。如果上述可能性不存在，即使收购方是国有企业也不能阻止其对该并购放行。实质上，如果采取两个条件同时满足的解释，那么《博德修正案》实质上便失去了意义，因为无论收购方是否为外国政府控制，是否会导致对从事洲际商业活动的美国人受到控制，都必须初步认定可能影响国家安全，才能进入第一步的审查程序，这其实还是回到了《埃克森－佛罗里奥法案》的标准。

3.《外国投资与国家安全法》及其实施细则

2007年，国会通过了《外国投资与国家安全法》，对《埃克森－佛罗里奥法案》确立的外国投资审查和限制体系做了一系列的完善及修正工作，进一步强化了对外国投资和并购活动的审查和限制。这些完善及修正工作包括：第一，国会加强了在整个程序中的参与及监督作用，要求委员会无论在审查或调查期间均须向国会提交详细的报告。第二，从根本上极大地扩展了《埃克森－佛罗里奥法案》下"国家安全"的定义和内涵，将"关键基础设施"和"国土安全"也作为"相当类似于国家安全"的概念而包括进去。第三，要求国家情报机构主任对任何会对国家安全造成威胁的外国投资案进行单独审核和考虑。第四，要求总统和委员会在对相关投资案进行评估时，必须考虑对国家关键的基础设施可能造成的影响等额外的因素。最重要的是，法案还要求委员会对所有外国政府拥有或控制的外国企业的投资案必须直接进入45天的调查程序，而不管此类交易的性质如何。这一要求，造成了举证责任的倒置。在调查过程中，只要收购或投资的外国公司为政府所拥有或控制，该收购或投资方须承担举证责任，表明其不会对美国国家安全造成威胁。

2008年4月28日，美国财政部在《联邦纪事》上公布《关于外国法人收购、兼并和接管的条例》。该条例是《外国投资与国家安全法》的实施细则，旨在落实《外国投资与国家安全法》有关规定。在《实施细则》中，对一些重要的概念都做出了明确的定义。《外国投资与国家安全法》及其实施细则一起，构成了美国对外国投资进行安全审查的主要依据。

(三)审查机构

美国外资并购本国军工企业安全的审查机构包括美国的外国投资委员会和总统两部分。

1. 美国的外国投资委员会

美国的外国投资委员会成立于1975年,是隶属于财政部,跨部门运作的政府机构,主要负责评估和监控外国投资对美国国家安全的影响,但其运作详情一向不对外界披露。1988年,为了应对外国企业主要是日本企业的大范围收购,美国国会通过了修正《国防生产法》第721节的《埃克森-佛罗里奥法案》,该法成为美国规制外资并购、保护国家安全的基本法。《埃克森-佛罗里奥法案》规定,只要有足够的证据证明外国并购所获利益会危及美国国家安全,总统就有权力暂停或中止该并购行为。同年,美国总统根据第12661号总统令赋予外国投资委员会会员执行第721节条款的权力。由此,外国投资委员会会员已经成为审核外国公司并购美国企业安全审查的最重要关卡。

外国投资委员会有16个成员(8个行政部门,8个白宫机构),包括财政部长、国土安全部长、商务部长、国防部长、国务卿、司法部长、能源部长、劳工部长、国家情报局局长、经济顾问委员会主任、美国贸易代表、管理和预算办公室主任、科技政策办公室主任、总统安全事务助理、总统国土安全与反恐事务助理、总统经济政策助理以及根据个案需要的其他领导。其秘书处设在财政部国际投资局,财政部长担任委员会主席,劳工部长和国家情报局局长属于职权单位不享有表决权,劳工部长应委员会主席要求就缓解协议是否违反劳工法行使其职能。

委员会的宗旨在于通过审核保护国家安全,同时维护开放的投资政策,维持外国投资者的信心,以及使美国本国投资者在海外不会受到报复性歧视对待。事实上,外国投资委员会是由财政部出面牵头、协调并由各相关部委从各自行政角度共同参与决策的一个松散的机构。

2. 总统

根据《外国投资与国家安全法》,总统的权力主要有三个:第一是决定权。只有总统才有权阻止一个外资并购项目,外国投资委员会只有建议总统阻止某项外资并购的权力。总统有权中止或禁止任何被认为威胁美国国家安全的外国收购、并购或接管从事洲际贸易的美国的行为。但总统在行使该项权力时,应当有令人信服的证据证明外国并购者的控制可能导致其采取威胁美国国家安全的行动,且除《国际紧急经济权力法》以外的其他法律规定无法为国家安全提供充分和适当的保护。总统决定是否批准该并购计划后,应向国会提交书面报告。第

二是宣布权。总统在收到外国投资委员会提交的调查报告后，应在15天内做出最终决定并宣布。第三是执行权。在宣布决定后总统可以直接命令司法部长寻求适当的方式执行总统的决定。

（四）审查流程

根据美国的《外国投资与国家安全法》，安全审查程序共分为两个阶段：启动阶段和调查阶段。审查启动主要通过两种方式：主动申报和通报启动。同时根据实施细则，外国投资委员会鼓励交易各方在提交通知前咨询委员会并在适当情况下提交通知草稿或其他合适的文件，以帮助外国投资委员会理解交易内容并有机会要求通知包含的额外信息，同时可以避免进入正式审查程序后因涉及国家安全耗时过长，而对企业有负面的影响。实际上，在相当多的交易中，当事人往往在程序开始前不但先知会委员会以及某些关键的成员部门，要求对通知及相关文件预审，而且与之进行实质性的沟通，主动征询委员会对并购范围、结构和对原结构和计划进行整合调整的指导及意见，甚至开始谈判“调整协议”，在有一定把握时再正式申报，从而真正使委员会的审查、调查成为纯粹的“走程序”。由此可见，事先知会和协商实际上是行之有效的。投资方应该好好利用这种程序，以使接下来的程序进行得更顺利。这种灵活的沟通方式，使得外国投资委员会有时间在交易进入审查程序前，考量并购交易是否涉及国家安全，要求公司修改协议或达成减损协议，尽早化解风险和减少不必要的麻烦。

四、涉军单位国际合作审查

（一）审查背景与目的

随着经济全球化的快速到来和新军事革命的风起云涌，涉军单位的国际合作开始在世界范围内变得活跃起来，成为当今各国发展国防工业不可或缺的重要推动力量之一。从军品贸易到联合研发再到合作生产，从联盟内的合作到联盟外的合作，美国涉军单位的国际合作随着世界政治、军事、经济形势的变化在不断地向前发展，合作的深度和广度在日益增加。国防工业涉军单位是直接为国防建设服务并为军队提供武器装备的科研和生产部门，它们的运行和发展关系到国家的安危。涉军单位的国际合作是当今各国国防工业向前发展的必经之路，为了保证国防工业的健康发展，各国政府必须对本国的涉军单位国际合作进行宏观管理和调控。尽管美国的国防工业是建立在私有制和市场经济基础上的，但为了确保其国防工业的发展符合国家安全的需要和社会经济发展的需要，

美国政府对本国的涉军单位国际合作进行严格审查。

(二)审查依据与原则

目前美国涉军单位国际合作的审查与管理主要基于四部法案和两套条例,即《共同防御援助法》《对外援助法》《军品出口控制法》《出口管理法案》《国际军品交易条例》和《出口管理条例》。

1.《共同防御援助法》

1949年北大西洋公约组织成立,美国于同年颁布了《共同防御援助法》,正式向西欧盟国提供军事援助。其主要有三种方式:直接转让武器、提供有关技术和培训工作、为盟国武器生产提供设备和原材料。该法是美国开展国防工业国际合作的基本原则。

2.《对外援助法》

《对外援助法》订立于1961年,是规定向外国政府提供经济、军事援助的有关规定的法律。该法案规定了美国的军援政策,明确了总统审批向国外提供军品和劳务、培训外国军人的权限以及某些特别权力和应受的约束等,并赋予国防部长在军援方面有更大的决策权。接受这一援助的国家通常为与美国关系密切的长期军事盟友和打击以美国市场为目标的毒品生产及走私活动的国家。该法于1967年和1974年曾进行过修订。近年来,美国国会曾几次试图修改这一法案,但均因意见不统一而未实现。

3.《军品出口控制法》

1976年制定的《军品出口控制法》,是规定美国军事装备及相关服务的销售和转让程序的主要法律,其颁布后成为武器出口的指导纲领。该法案规定了美国武器出口政策(如采用什么样的交易方式等),总统在审批和控制武器出口方面的权限(只能是国防部提出,国会批准的),确定了武器出口的条件、限制和程序等。该法确认美国总统"控制国防产品及劳务出口的权力",制定武器出口控制的项目清单——《美国军品目录》,并列入《美国联邦法典》"国际武器贸易条例"卷中,由国务院定期修订。该法正式确立了武器出口的两条渠道——军品外销和商业销售。

4.《出口管理法案》

1979年制定的《出口管理法案》对美国军民两用技术和信息产品的出口做出了严格的规定。如《出口管理法案》包括对伊朗、苏丹等国限制武器出口、导弹技术、保密技术、生化武器技术等在内的18项规则,内容极其详细。"冷战"结束后,美国工业界和其在国会中的盟友四处游说,希望对这一法规进行修正,从而

放宽对两用产品的限制和监督。估计美国国会将修正这一法案以适应新的国际形势。

5.《国际军品交易条例》

《国际军品交易条例》是由美国国务院政治军事事务局贸易管制办公室根据《军品出口控制法》制定的，并且由其负责修订。该条例具体指导美国政府部门和军火商的军品贸易行为，主要包括由国务院制定的《军品清单》和《禁止出口国家清单》。其中，《军品清单》具体规定了哪些武器装备可以出口，哪些武器装备不可以出口。如果是先进的武器和核心技术，即使是对最亲近的盟友也要有所保留。如英国向其购买的“支努干”运输直升机与美国装备的并不一样，甚至连一些关键设备都做了调包；而众所周知的美国出售给我国台湾地区的 E－2T 预警机更是被去掉了数据链系统，难以发挥作用。在美国的《禁止出口国家清单》中，则明确列举了不允许出口武器装备的国家。

6.《出口管理条例》

《出口管理条例》由美国商务部出口管理局根据《出口管理法案》制定，具体指导美国商务部各部门和出口商的贸易行为。该条例包括了由商务部制定的美国商业控制清单，其中包括军民两用产品。

按照美国国防工业国际合作的这些政策法规，美国形成了一套“三卖两不卖”的“亲疏”法则。“三卖”之一就是卖给希望依靠美国、受美国保护并极愿意听从美国召唤的国家，如英国、以色列和北约盟国等。对于这样的国家，美国的军火出口几乎是有求必应。“三卖”之二是与美国有直接利害关系的国家和地区。对于那些自然资源丰富，特别是石油资源丰富并且又不会对美国形成威胁的国家，如中东地区国家，美国的政策是“积极销售，以石油换军火”。沙特阿拉伯、科威特、阿联酋及当年的伊拉克都属于此种类型。“三卖”之三是能够对美国全球战略形成有利态势的国家和地区。其中，最为典型的就是将军火出售对象由原来的针对俄罗斯转为今天的针对中国的周边国家和地区。“两不卖”之一是像中国这样的对手国家，美国不仅自己严格限制，而且还要想方设法地鼓动其他国家阻止对其出售武器装备。如推迟欧洲联盟对华武器销售，阻止以色列、乌克兰对华军售等。“两不卖”之二便是被美国指定的所谓的“无赖国家”。

（三）审查机构

美国对涉军单位国际合作进行审查的专门机构包括国务院、商务部和国防部这三个部门。其中国务院负责美国军备清单产品的管制和管理直接商业销售；商务部则负责管理军民两用产品方面的合作；国防部负责评估合作对美国国

家安全的影响,并具体执行对外军事销售、多余军备转让和装备租赁等活动。

1. 国务院

国务院管理涉军单位国际合作的具体执行机构是国务院政治军事事务局国防贸易管制办公室。该办公室的主要职责是:负责对美国所有的国防产品和服务的制造商和出口商进行登记注册;根据《军品出口控制法》和《国际军品贸易条例》的规定,以美国军备清单为依据,通过颁发出口许可证的形式对军品出口进行管理,防止发生未经批准的军品转让并负责调查未经批准的军品转让事件;就军事服务和军事技术的转让、军事装备的合作生产等进行审批、管理,并出具书面意见;就合作政策、程序和具体办法对美国政府其他部门和国防工业界进行指导;负责向国会通告重要的和金额超过 1 400 万美元的军品转让项目的情况;与政府其他部门(主要是国防部)协商,确保对合作项目的授权不会影响美国的国家安全,不与美国签订的双边及多边协议相矛盾;对于有争议的项目提交国家安全委员会讨论,向总统提出意见,由总统最终裁决。

2. 商务部

商务部负责军民两用产品,如可用于制造弹道导弹的技术、用于开发化学武器的化学制品、高性能计算机和警用装备等技术和产品的出口,具体执行机构是商务部出口管理局。其管理形式也是通过颁发出口许可证对军民两用产品和技术的出口进行控制。与国务院军品出口许可证的管理相比,商务部对军民两用产品出口许可证的管理比较松。

3. 国防部

美国涉军单位国际合作是在国防部常务副部长的直接领导下进行的。国防部常务副部长负责协调国防部合作计划的有关政策和国防部的采办程序。美国为加强国防科技的国际交流与合作,国防部成立了“军备合作指导委员会”,统一领导和协调国防科技合作事宜,加强合作计划组织领导,确立合作领域。从 1985 年开始,总统授权国防部在监督美国涉军单位国际合作控制方面发挥更大的作用,并在国防部成立了“技术安全办公室”。

1987 年设立的“防务合作工作组”,负责监督国防部与盟国国防工业合作计划的制订和实施。该小组由国防部的北约军备特别顾问兼国防部常务副部长的北约军备合作特别助理任主席,成员包括国防部副部长(采办)办公室负责国际计划与技术的副部长帮办,负责战术武器计划的副部长帮办,国防部副部长(政策)办公室负责欧洲与北约政策的助理部长帮办,国防安全援助局局长及三军负责研究与发展的助理副参谋长等十几人。防务合作工作组的具体任务是:指导“谅解备忘录”的谈判;监督合同的签订;确定合作的新领域;了解武器装备合作

计划的进展情况;审查合作研制计划;监督三军实施合作项目;研究和解决国防部各部门在经费、技术转让和向第三国销售军火等问题上的分歧;提出执行财政年度国防授权法的具体规定的建议和指导方针。

1993年,美国国防部又成立了"国际武器装备合作领导委员会",具体负责国防部武器装备事宜。国务院和商务部在审查合作许可申请时都必须征求国防部该委员会的意见,且通常据此做出是否同意发放出口许可证的决定。该委员会由国防部负责采办和技术的副部长任主席,成员包括负责政策的国防部副部长、参联会副主席、军种采办执行官以及国防部长办公厅和国防业务局的部分人员。国防部及其武器装备合作领导委员会不是授权合作的审批机构,而是合作政策的制定及合作影响的评估机构。如负责国际和民用计划的国防部副部长助理负责合作政策和计划的制订和实施、评估即将结束的合作和互惠后勤协议;国防研究工程署署长负责评估国防部各军种提出的所有研发合作计划的技术基础,包括管理技术合作计划,充当北约防务研究联合会的美国高级国家代表;测试、系统工程和评估署署长负责管理国外比较测试计划、国际测试操作过程计划、国际测试和评估协议;外国合同署副署长负责国防部互惠采购协议的制定、签署和执行,并评估其他任何有关合同或采购事务的国际协议;负责工业事务和装备的国防部副部长助理负责评估国际协议对国防工业的影响;等等。

(4)其他管理机构

为了更好地协调和管理国防工业国际合作,美国国防部在美国驻北约国家、日本、以色列、韩国和澳大利亚等许多国家和地区的使馆设有专门的国际合作办公室。美国陆军也设立了相应的国际合作领导机构。陆军装备司令部将原来负责国际计划的副参谋长办公室同陆军安全援助中心合并组成美国陆军安全事务局,负责陆军全部的国际军备合作计划,包括同各国的业务往来,采购设备、劳务和培训,签订科研、生产或后勤协议,交流信息、人员,研究技术共享问题等。

(四)审查申请流程

如图3-7所示,美国涉军单位的国际合作审查申请共分为预先计划、提出申请、项目立项、签订合同四个步骤。

1. 预先计划

在正式提出合作要求之前,美国政府的有关部门要根据调查的情况明确有关国家对美国国防工业合作的需求,并事先做出合作的长远规划。国务院负责安全、科学和技术的副国务卿办公室和国防部负责安全事务的部长助理办公室要对世界各地的情况进行综合分析,了解掌握世界行情,必要时还要派出代表团

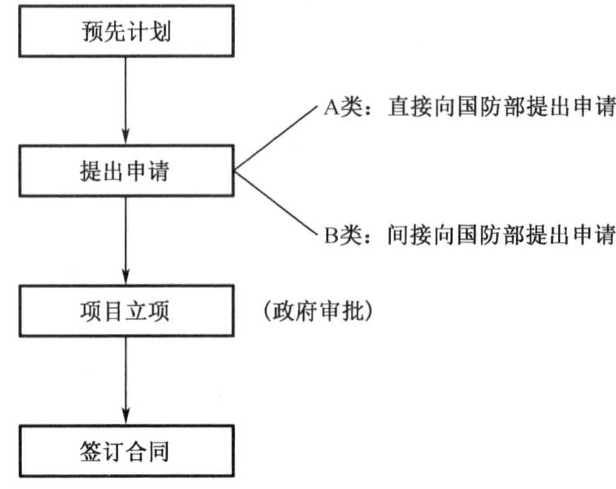

图 3-7　美国涉军单位国际合作审查申请流程

对驻外机构、外国政府和企业进行广泛接触，掌握需求意向。

2. 提出申请

美国将合作国分为 A、B 两类。A 类国家如北约成员国、日本、澳大利亚、新西兰等可以直接向国防部提出合作申请；B 类国家不能直接向国防部提出合作申请，必须事先通过驻美采购团、美国大使馆、美国军援顾问团或其他方式间接向国务院提出申请，获准后再交国防部转有关军种。

3. 项目立项

对于所提出的合作申请，必须经过政府对合作项目所涉及的武器装备类型、重要性及费用等进行严格的审查后方可立项。如对武器外销渠道出口的武器输出申请，要视项目大小、重要性、技术难度及费用多少等分为“一般武器装备”和“重大武器装备”。美国政府规定，“一般武器装备”的出口计划由美国大使馆、军援顾问或安全援助办事处转交国防部三军安全援助机构、国防合同审计局、国防测绘局、国防后勤局及联合参谋部下属各司令部审批，经审批合格后方可立项。“重大武器装备”出口计划则必须报国务院军事事务局和国防部安全援助局审批。

4. 签订合同

合作项目立项后，合作双方通过协商确定合同价格及合作的相关条款并签订合同。对于军火贸易的合作项目，购买国可以从国防部有关部门获取《规划与审查数据》（在接到国务院批准的购买国申请后 45 天内提供，内容包括武器装备数量、主要武器装备、技术服务、辅助设备及费用估计、有效期等）和《价格与交货

期数据》(在接到国务院批准的购买国申请后60天内提供,内容包括合同条款、军事装备价格与交货期、产品验收及交货地点、有关先决条件)等资料以决定是否购买。合作价格与交货日期确定以后,填写武器装备转让的正式文件《报价与接受书》,该文件为美国政府对武器装备购买申请的正式答复文件,列出所有拟购买武器装备和技术服务的价格、交货期、供货来源和有关文件,它是在对购买国充分调查的基础上由各军种安全机构拟定的。正式发出《报价与接受书》之前要交国防部和国务院审批,如果销售额超过《军品出口控制法》的规定限额还应提交国会审批。

第四节　美国国防科研生产能力的评估

一、国防工业基础评估

通过评估监管工业能力是美国政府管理国防工业的基本手段。国防部对国防工业能力的总体性评估、各军种针对具体装备和技术需求的能力评估、采办队伍开展的工业能力评估,以及商务部工业与安全局对国防工业能力的评估,共同组成美国国防工业能力评估体系。通过评估发现国防工业能力的不足,直接为制定国防预算、采购计划和工业政策提供依据。其中,各军种独立的工业能力评估,是针对各自武器装备发展,对相关工业能力进行的个案评估,有关结论在国防部的《国防工业能力报告》中有所体现;采办队伍开展的工业能力评估,重点是分析特定采办项目所需工业能力,特别关注技术的成熟度和工业能力对采办项目的支持水平;商务部工业与安全局对国防工业能力的评估,主要通过与私营部门和其他政府机构的专家进行合作,通过对相关领域进行调查,获取其他渠道难以获取的必要的就业、投资、生产、研发以及其他数据信息,目标是帮助私营部门和政府机构监测工业发展趋势、能力水平,增强制造能力削弱的意识等。

根据法律要求,从1997年开始,国防部每年定期向国会提交国防工业能力报告,系统反映国防工业能力评估有关情况,以及工业能力现状、存在问题和改进措施。2001—2010年,仅国防部和各军种组织开展的评估达415项。从中还可以看出,在过去十几年中,根据国防建设需求的变化,国防工业评估的内容、方法在不断调整和完善。其中重要的调整有三次:

第一次,2002年,根据军事转型的需要,提出基于能力的国防工业结构,按照感知、指控、兵力运用、部队保护、聚焦后勤五大军事能力领域,对国防工业重点

技术能力的满足程度进行系统评估,2005 年结束。

第二次,2006 年开始,根据“可靠性”“经济性”“充分性”的要求,加强了军工行业能力的整体评估,延续至今。

第三次,2011 年,为预防国防预算削减对国防工业能力的重大伤害,开始实施“逐行业逐层级”评估,将评估重点转向国防工业基础自身的健康与稳定。这项评估从大规模调查摸底开始,力图对“从士兵的鞋带到舰船所共同依赖的庞大复杂的工业基础进行分类、确认以及全过程监测”。

二、技术成熟度评估

技术成熟度(technology readiness assessment,TRA)是指某项技术在开发过程中所达到的一般性可用程度(完善程度)。广义的技术成熟度还包括该项技术对空间特定需求的满足程度、技术跨度、技术难度(风险)、技术可获得性以及技术成本等多种因素。技术成熟度是衡量技术能力的一个要素。对于国家层面而言,技术成熟度是其制定战略、进行技术贸易的重要参考指标,也是其确定局部创新和系统创新的投入比例、把握创新时机的重要依据。技术成熟度评估可以帮助认清自身技术的发展水平和发展潜力,审时度势地进行技术创新,降低投资风险,提高投资效益。

技术成熟度的起源最早可以追溯到 1969 年,当时美国国家航空和宇航局明确提出了要开发技术成熟等级评估工具的设想。1974 年,Sadin 首次提出了 7 级“技术成熟度”体系;1989 年,美国国家航空和宇航局将原有 7 级体系扩展到 9 级;1995 年,Mankins 起草并发布了第一份综合性文档:《技术成熟度等级白皮书》。技术成熟度被分为 9 级,用于评估正处于演进过程中的技术(材料、组件、设备等)的成熟状况,以确定是否能够应用在未来的系统或子系统中。

2000 年,美国国防部接受了美国国家问责局的建议,正式采纳美国国家航空和宇航局的技术成熟度体系用于评估技术成熟度等级(technology readiness levels,TRL)并改进技术研发的质量,随后又发布了使用指导文档。

2002 年 4 月,技术成熟度被美国国防部纳入武器采办条例中,正式定为 9 级(表 3 - 3),规定当一项技术经评估达不到要求的技术成熟度等级时,就不能转入下一阶段的研究,以免造成方案反复,进而导致重大的经济和延期损失。目前技术成熟度的概念已在国际上普遍采用,2005—2006 年标准版本的技术成熟度等级体系已在欧洲航天局、英国、法国和日本等国家和机构获得认可。

表 3－3　持熟度等级定义

技术成熟度等级	名称	描述
1	基本原理被发现和报告	技术成熟过程中的最低等级。在这一等级，科学理论开始转向应用研究
2	技术概念和用途被阐明	技术特点被确定。在这一等级，技术用途还是推测性的，没有经过详细分析或实验证明
3	关键功能和特性的概念验证	技术研究开始。在这一等级，开展实验室研究，对各独立技术元素进行分析预测
4	实验室环境下的基础部件和原理样机验证	在实验室进行试验。在这一等级，基础部件在实验室进行试验，与最终系统相比，部件仿真度相当低
5	相关环境下的部件和原理样机验证	在相关环境下进行试验。在这一等级，基础部件在仿真环境下进行试验，原理样机仿真度明显提高
6	相关环境下的系统/子系统模型或原型机验证	模型或原型机在相关环境下进行试验。在这一等级，系统/子系统技术成熟度显著提高
7	模拟使用(运行)环境下的原型机验证	样机验证。在这一等级，原型机在模拟的使用环境下进行验证
8	系统完成试验验证	系统技术验证。在这一等级，系统研制阶段结束，完成试验验证
9	系统完成使用验证	系统使用验证。在这一等级，系统以其最终形式在实际作战任务中得到验证

为了在装备研制中更好地应用技术成熟度工具，美国国防部进一步强调了制造在武器开发中的作用，制定了 10 级的“制造成熟度”(MRL)，与 9 级技术成熟度并用，相互补充。图 3－8 所示为技术成熟度等级与武器装备研制生产的关系。

美国按技术成熟度将装备研制分为四个阶段，其中：

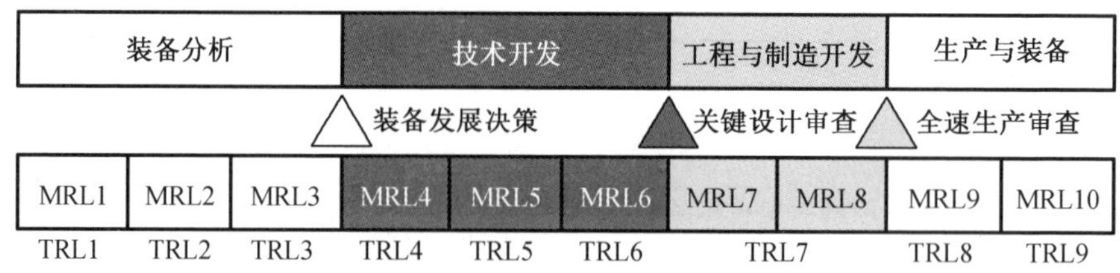

图3-8　技术成熟度与武器装备研制生产的关系

(1)1~3 级成熟度为第一阶段。在该阶段内提出武器解决方案并进行分析。

(2)4~6 级成熟度为第二阶段。在该阶段内与武器装备的技术开发相对应,在实验室内进行组件的验证评估。

(3)7 级成熟度为第三阶段,进入产品的工程及制造开发计划。从7 级开始,预研工作原则上不再进行安排。

(4)8~9 级成熟度为第四阶段,装备完全进入生产及服役。大体上8 级完成装备定型,9 级完成部队使用和稳定批产。

下面对技术成熟度评价的方法与流程做一个简单介绍。美国国防部规定在重大项目采办中强制实施技术成熟度,其技术成熟度评价方法来源于美国国家航空和宇航局在项目评审中采用的方法。技术成熟度的评价流程包括识别关键技术元素(CTE)和评价关键技术元素的成熟度两个阶段。

(一)识别关键技术元素

关键技术元素的识别是技术成熟度的基础,由项目负责人总负责。

判断关键技术元素的原则:一种全新或新颖的技术元素,或者被以全新或新颖的方式使用的技术元素,对实现系统成功开发、系统采办,或对作战实用性所必需的,这种技术元素就是关键技术元素。

关键技术元素的识别分为两个阶段,第一阶段由项目负责人根据项目工作分解结构(WBS)提出候选的关键技术元素清单,第二阶段由一个独立小组确定最终的关键技术元素。确定候选技术是否是关键技术元素,必须回答以下 8 个问题:

(1)该技术是否直接影响作战需求?

(2)该技术是否对改进交付进度有显著影响?

(3)该技术是否对系统的成本有显著影响?

(4)如果是一种螺旋发展,该技术对于满足交付是不是基本技术?

(5)该技术是否是新技术?

(6)该技术是否经过修改?

(7)该技术是否被用于满足新的环境要求?

(8)该技术是否可在一个环境中工作,实现超过其原先设计意图的性能和/或被验证的能力?

某项技术要成为关键技术元素,前4个问题的答案必须是"是",后4个问题必须有至少1个问题的答案是"是"。

(二)评价关键技术元素的成熟度

在确定系统的关键技术元素后,成立一个评价工作小组来负责评价其成熟度。评价关键技术元素可以采用自评价、专家组审查评价、独立第三方评价等方式,如图3-9所示。首先对评价工作小组成员进行培训,培训内容包括对系统的全面介绍、技术成熟度流程、识别关键技术元素的准则及技术成熟度等级评估实例。

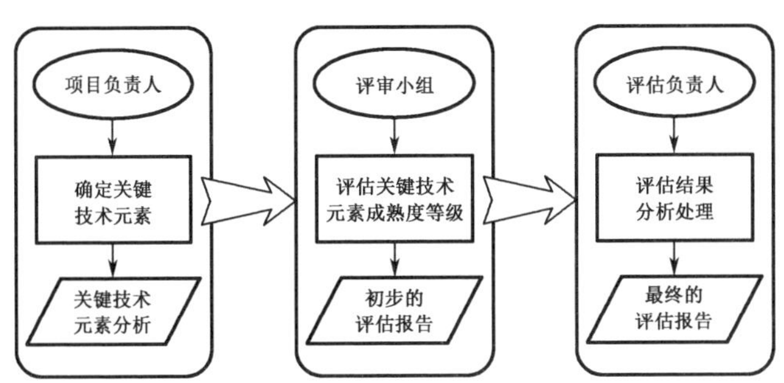

图3-9　技术成熟度评估的阶段流程示意图

对所有关键技术元素做出技术成熟度后,评价工作小组须提交技术成熟度评价报告。技术成熟度报告由项目承担单位技术负责人批准,同时由承担单位负责项目管理者签署。在技术成熟度报告的结论中,必须陈述技术负责人对技术成熟度的意见,说明该系统的成熟度是否满足进入下一阶段研发的要求,如果某些关键技术元素的技术成熟度低于规定的等级,技术负责人可以给出支持其进入下一阶段的意见,但必须说明原因并提交每个不满足要求的关键技术元素的技术发展计划。

总的来说,技术成熟度已经被证明是一种在不同机构间传递有关衡量新技

术状态的有效参数。它涵盖了技术或技术系统的概念提出、原理证明、实验室演示、应用环境证明等阶段,具有长期的应用价值。技术成熟度已经成为美国国防科研管理的常态工具,在其重大武器装备采办和科研管理中发挥了重要作用,其使用方式主要分为两类:一类是美国国防部要求在其管理重大里程碑节点强制实施技术成熟度,为装备采办进入下一阶段提供决策支持;另一类是政府问责办公室对国防部的重大武器装备项目和美国国家航空和宇航局重大项目实施年度技术成熟度,为国会下一财年项目的预算拨款提供参考依据。

第五节　美国典型案例

一、典型案例

(一)美国西屋电气公司被收购案

2006 年 10 月 17 日,日本东芝公司宣布以 41.6 亿美元收购美国核电站建造企业西屋电气公司 77% 的股份,完成对后者的收购。2006 年 2 月 6 日,日本东芝公司宣布从英国核燃料公司手中全额收购美国 BNFL USA Group 和英国西屋电气的股票,从而完全控制了美国的西屋电气公司,收购金额为 54 亿美元。

此次交易在资本市场上属于竞购行为。2005 年 6 月,英国核燃料公司董事局发出股权转让消息后,15 家公司及联合体参与了投标。数轮谈判后,东芝公司、美国通用电气(GE)联合体、日本三菱和华盛顿投资集团联合体、美国 SHAW 集团四家公司进入收购名单。四家公司的收购价格从 25 亿美元一路升到 32 亿美元、35 亿美元。美国 SHAW 集团以及通用电气联合体先后决定退出竞争,通用电气联合体也随之解散。之后,英国核燃料公司在美国政府的施压下,同意通用电气重新报价,于是通用电气和东芝组成了联合体参与投标。重新报价结果是:三菱和华盛顿投资集团联合体报价 32 亿美元,通用电气和东芝联合体报价 35 亿美元,东芝公司单独报价近 50 亿美元。东芝公司由此在竞购中胜出。东芝公司虽然控制了整个西屋电气公司,但也积极寻找合作伙伴出售 46% ~49% 的股权。此举有平衡财务负担、获得稳定盟友、减少政府怀疑态度等多重目的。

东芝公司是日本核电站的主要建造商,占日本核电站建造市场份额的 35% 。收购西屋电气公司将使东芝公司在全球核电站建造市场的份额提高到 28% ,并

给东芝公司带来一项新的技术优势。东芝公司预计，将西屋电气公司纳入旗下后，它的核电站建造业务将从目前的每年 17 亿美元迅速扩张至 2015 年的 59 亿美元，2020 年达到 76 亿美元。从核电技术上讲，东芝公司与通用电气、日立公司采用的反应堆是沸水堆，西屋电气公司则拥有压水堆技术，并占有该堆型市场 70% 左右的份额，东芝公司收购西屋电气公司，可以比作手机世界中的 GSM 巨头诺基亚收购了 CDMA 巨头高通。

西屋电气公司是目前美国生产电机、电子产品的最大公司之一。1886 年，乔治·西屋在匹兹堡建立了西屋电气公司。乔治·西屋是火车上的空气制动闸的发明者。西屋电气公司最初的使命是为正在蓬勃发展的美国电气工业寻找合适的长途电力输送解决方案。该公司最强有力的对手是伟大的发明家爱迪生（爱迪生的公司后来演变成美国东部的一些主要发电公司和通用电气公司）。西屋所看好的交流电最终战胜了爱迪生所看好的直流电，成为西方工业世界的主要电力传输和利用形式。

尽管西屋电气公司在各方面均具有雄厚的实力，并且拥有先进的技术，但在 1991 年销售额达到 127.94 亿美元的同时，却亏损了 10.86 亿美元，公司业绩喜忧参半。在西屋电气公司一百多年的发展中，通过几次成功的兼并使公司的实力得到不断扩大。在 18 世纪末 19 世纪初，20 世纪 20 年代和 60 年代的美国三次大合并高潮中，西屋电气公司兼并了一批公司。第二次世界大战后，由于西屋电气公司垄断了核电站反应堆建造的专利权，生意十分兴隆，利润陡增。在此期间，西屋电气公司在美国最大的工业公司中一直居于第十五位左右。20 世纪 70 年代以来，核电工业发展缓慢，对核电设备需求量增加有限，限制了公司的进一步发展，削弱了其在美国工业公司中的排位。20 世纪 80 年代初，公司销售额不满百亿美元，直到 90 年代初，公司地位才有所回升。

西屋电气公司主要由七大系统组成：广播系统、电子系统、环境保护系统、金融服务系统、工业系统、办公用品系统以及电力系统。由于受客观环境的影响，各部门的业绩也参差不齐。目前，西屋电气公司的广播系统拥有 17 个广播电台和 5 个电视台，并从事广播电视节目制作和合作制作、有线电视节目制作以及发展卫星和商业通信。1991 年，尽管西屋电气公司在美国广播领域内具有强大的竞争力，但由于经济衰退和海湾战争造成广告收入减少，其在电视节目传播方面遭遇严峻考验。

西屋电气公司的电子工业系统在美国的军事工业和民用工业中具有重要的作用。西屋电气公司拥有 22 000 多名技术精湛的雇员，其中包括 5 000 名工程

师和科学家。这些研究人员配备了先进的研究设备以保证他们的研究成果具有世界级水平。在长达50年的时间内，西屋电气公司的电子系统集团不间断地为美国的军事工业提供最先进的电子技术。1991年，从海湾战争的“沙漠盾牌”阶段到“沙漠风暴”阶段，西屋电气公司的电子技术都起着极其重要的作用。因此，在1991年，尽管美国国防部军费预算减少，但西屋电气公司仍在几个重大工程技术项目中中标。在非国防部的生意中，该系统为执法部门研制出了配备有多功能传感监视器的飞机，为安全系统、商业领域研制出室内监视器，并使它的产品打入了供汽车使用的电子控制设备市场中。所有这一切，都贯彻了西屋电气公司“以各种形式将电子技术商品化”的战略。

西屋电气公司的环境保护系统设备占有美国团体废料处理市场份额的15%，其中大多数用于危险固体废料的焚化处理。但各企业迟迟不肯掏出资金进行净化装置建设，使得西屋电气公司在这方面的利润不断下降。在核废料处理方面，西屋电气公司对在保加利亚放置核废料的可行性进行调查，并可以提供核废料盒和储存系统。在美国境外，西屋电气公司取得了重大的商业进展，其环境保护服务收入一度占全球环保服务总收入的30%，使其立志要成为世界上头号环保服务巨头。西屋电气公司的工业系统在1991年面临经济困难，其中只有4家主要公司的经营还不错。西屋电气公司的办公用品系统主要是诺尔集团，该集团下属4家公司，专门生产和销售办公家具和用具，由于经济状况不佳，该集团的利润在1991年大幅度下降。

西屋电气公司的电力生产系统在一百多年的历史中一直是其最重要的企业，该公司在全世界的电力销售额占其全部销售额的20%。该电力系统为世界各国的发电厂提供电厂设计服务和电力生产设备。但由于受整体经济环境的影响，该电力系统在1990年的利润额却呈下降趋势。该系统下属的发电部还制造和销售蒸汽与内燃涡轮发电机，并负责向美国能源部计划建造的超级超导对撞机提供偶因子磁体。该系统下属的能源部主要经营核电方面的产品和服务，提供核燃料和其他燃料以及发电控制系统，而且可以帮助厂家开发“新一代”核反应堆，实现“被动安全”，即不受操作人员差错影响的安全措施，并且所用部件比常规核电厂少，造价也低。

西屋电气公司的上述领先地位，主要来源于该公司对研究与开发的高度重视。西屋电气公司的“科学技术中心”不断推出各种新技术，使公司的新技术专利数量处于领先地位；而它的“生产率和质量中心”的研究成果使公司经营管理部门的工作效率和产品质量得到了提高。但是，大量的收购及与被收购企业换

股,令西屋电气公司的广播电视业务不断增加,从而逐渐改变了西屋电气公司的管理哲学和董事会偏好。例如,在 1997 年以 49 亿美元收购 Infinity Broadcasting 后,Infinity 的董事长一下子成了西屋电气公司最大的股东。西屋电气公司还斥资 15 亿美元收购了 TNN 和 CMT 电视频道,这些都是综合文艺频道。另外,西屋电气公司也是北美最大的西班牙语电视节目供应商。然而,那些本是西屋电气公司根本的电气类事业部门则被牺牲掉了,该公司的热电事业被卖给了英格索兰公司,火力发电事业被卖给了西门子公司。甚至最后,西屋集团的名字也被改掉了,用其广播业务的哥伦比亚广播公司 CBS 作为集团名称。带着西屋公司最后的历史遗产的核电事业部门——西屋电气公司,则被卖给了英国政府所有的英国核燃料公司。东芝正是从该公司手里买到西屋电气公司的。

西屋电气公司在 20 世纪 80 年代后竞争力减弱,失去了全球百强的地位。可以说,墨守成规、无视管理思想变革使得西屋公司的发展大为受挫,使其在与通用电气的竞争中最终败退。

(二)霍尼韦尔公司并购案例

2000 年 10 月 21 日,全球最大和盈利最高的公司之一通用电气收购了霍尼韦尔公司,通用电气以 450 亿美元的股票(即以 1.055 股通用电气股份换取 1 股霍尼韦尔股份)换取霍尼韦尔公司的股份,并承担其债务。此举因受到欧盟的强烈反对并以失败告终。

通用电气并购霍尼韦尔公司令世人瞩目,不但因为其行动迅速,更因为这是一桩内容复杂、公司规模巨大的并购。经通用电气和霍尼韦尔国际双方董事长同意,这项并购的全部交易本定于 2001 年年初完成。具体交易是通用电气将以 1.055 股交换霍尼韦尔公司 1 股,以上一个周五的收市价计算,每股为 55.12 美元。对霍尼韦尔公司的收购还包括该公司的航空、电力、塑胶及工业系统等辅助业务部门。通用电气将支付价值 450 亿美元的股份,并承担 34 亿美元的债务。总部设在新泽西州莫里斯顿市的霍尼韦尔公司办公室将会关闭,预期将有 500 名员工遭解雇。通用电气当时很看好霍尼韦尔公司的飞机引擎业务,合并后,通用电气本已庞大的飞机引擎和服务业务规模将会再扩充 1 倍,其塑料制品、化学用品和工业控制子公司也会得到进一步发展。通用电气预计这场被看作是业务集大成的交易,将在完成后的第一年为通用电气带来两位数的收益增长,为通用电气 1 200 亿美元的年收入再添 240 亿美元。霍尼韦尔公司发言人同样认为这项交易保存和加强了霍尼韦尔公司在全世界的品牌,霍尼韦尔公司在科技创新

方面的全球优良传统将获得实质性的提升。交易完成后该公司的部分产品会被取名为通用电气－霍尼韦尔。

拥有百年历史的霍尼韦尔公司有着不凡的经历和声誉，是世界50强之一、年销售额达260亿美元的超大型跨国公司。该公司实行的是多元化的发展战略，涉足的领域和产品涵盖4大类20多个系列：航天航空、自动化和资产管理、功能材料，以及电力和交通。与通用电气、英特尔、杜邦、西门子、摩托罗拉等跨国公司相比，霍尼韦尔公司形象似乎有些模糊。它虽然几乎无所不在，但最终产品不能与市场直接见面。当时已有115年历史的霍尼韦尔公司起家于一种恒温器。凭借着并不显赫却极具渗透性、独创性的中间产品，以及实现为顾客创造价值的理念，霍尼韦尔公司一个多世纪以来长盛不衰，被美国《福布斯》杂志誉为“最具合理产业结构”的公司。然而，就是这样一家有着悠久历史和良好声誉的公司，在20世纪末却因经营不善，在新的经济时代落伍了。当时，早在10个月前，美国联合信号公司就收购了霍尼韦尔公司，并以它为名。但收购后，由于公司的成本增加，市场对其产品需求放慢，令公司财务一直捉襟见肘，盈利不佳，导致其股价下跌1/3。于是，霍尼韦尔公司再度转手。同时就在通用电气提出并购霍尼韦尔公司的前几天，美国联合科技公司曾以400亿美元的出价要求收购霍尼韦尔公司。然而，通用电气却在最后关头以更高出价获得霍尼韦尔公司的拥入并购许可。联合科技公司也是一家声誉卓著的工业集团，长期以来就是通用电气的竞争对手。

通用电气时任董事长韦尔奇称，这次收购将带给霍尼韦尔公司“通用电气的操作系统、通用电气集团体系、通用电气的全球化理念、通用电气的全球资源、通用电气的电子商务和通用电气对服务的密切关注”。但是，由于收购计划最终失败，韦尔奇于2001年9月7日公司董事大会后黯然退休。

不过，随着当时全球收购政策日趋严格，并购要获得有关当局的首肯并不如预想中那么容易。首先，通用电气对霍尼韦尔公司的收购因为欧盟的阻挠未能如预期一样于2001年初完成。随后，通用电气决定更改对霍尼韦尔公司的收购要约中的大量条款，以争取欧洲监管部门的认可。

通用电气旗下的通用电气航空投资和租赁公司（GE Capital Aviation Services，GECAS）是世界上商用飞机数量最多的公司之一，它向航空公司销售或租赁飞机，其年营收占通用电气年营收（1 300亿美元）的40%。欧盟委员会的反垄断监管机构担心合并后的通用电气－霍尼韦尔在飞机市场上力量过于强大，从而使其有能力与客户签订排他性合同，排挤竞争对手，而其竞争对手也担心

GECAS 会利用其飞机购买能力，要求飞机制造商波音和空中客车在卖给 GECAS 的飞机上只能安装通用电气－霍尼韦尔的设备。对此，通用电气在一项非正式要约中提出了解决方案。据知情人士透露，通用电气修改后的收购要约不要求飞机制造商在 GECAS 订购的飞机上必须使用通用电气－霍尼韦尔的设备。此外，通用电气还扩展了旨在避免捆绑销售的规定，因为有人担心通用电气－霍尼韦尔会捆绑销售引擎和电子设备，并提供相应折扣，从而损害其他没有同类产品公司的利益。通用电气还引入了透明价格机制，使航空公司和其他客户能够对通用电气－霍尼韦尔和其他销售商的产品价格和服务进行比较。

美国司法部 2001 年 5 月 3 日宣布，原则上同意批准通用电气并购霍尼韦尔公司。根据美国司法部的要求，并购后，通用电气将出售霍尼韦尔公司的军用直升机发动机业务，并允许一家新公司维修霍尼韦尔公司的小型商用喷气发动机。随后，加拿大也在附加条件后通过了该合并案。6 月 8 日，通用电气与欧盟就并购霍尔韦尔公司的谈判进入最后阶段，欧洲反垄断官员要求通用电气有限度剥离其飞机租赁和融资业务。为了消除欧盟反垄断委员会的担忧，通用电气提议出售霍尔韦尔公司旗下的地区性喷气发动机、空气涡轮启动器和海上燃气涡轮业务，以及其他航空电子设备和非航空电子设备部门。在经过多次谈判之后，通用电气做出的最后退让是，同意出售年销售额达 15.5 亿美元的多项霍尼韦尔公司业务。但是，欧盟的要价是，让通用电气出售霍尼韦尔公司航空业务一半以上的资产，这意味着，通用电气需要剥离的资产总销售额将增至 46.5 亿至 620 亿美元。然而，霍尼韦尔公司让通用电气最动心的恰恰是该公司的航空业务，欧盟的要求韦尔奇显然无法同意。霍尼韦尔公司曾经在最后一刻提议修改合并协议书，但是遭到了韦尔奇的断然拒绝。6 月 29 日，通用电气与欧盟的谈判破裂。

2001 年 7 月 3 日，欧盟委员会正式否决了通用电气并购霍尼韦尔公司一案。其理由是：通用电气并购霍尼韦尔公司后将导致通用电气在多个市场的垄断地位。通用电气有可能会利用飞机租赁事业部来垄断飞机发动机和航空电子产品市场，严重阻碍航空工业的市场竞争，使消费者支付更高价格。至此，工业史上最大并购案宣告流产。

通用电气并购霍尼韦尔公司被否决创下历史上由欧盟当局单方面否决美国公司的合并交易的先例。这一工业史上最大的并购案被否决具有里程碑式的意义——不是因为欧盟的官员驳回了两家美国公司之间的合作，而在于同样一套反垄断规则却得出了完全相反的结果。这是美欧就反垄断首次出现分歧。

欧盟和美国的反垄断律师都表示，欧盟的反垄断做法其实和美国是一致的。

和他的前任一样,欧盟竞争委员会主席蒙地援引相关经济分析的原则和美国如出一辙。蒙地认为此前美国和欧盟通常都会有同样的决定。事实上,在1990年的近400宗有关美国公司的合并计划当中,就只有电讯公司WorldCom及Sprint的合并被欧盟否决,而在这件案子上,美国方面在欧盟之后也做出了相同的决定。德国政府反垄断问题的常年顾问莫斯卡尔认为双方的立场其实没有实质性的不同,欧盟认为问题的关键是并购将导致或加强企业操纵市场的地位,而美国关心的是并购是否实际上排斥了竞争。

在通用电气收购霍尼韦尔公司一案中,美国方面之所以表决通过,乃是因为看到其中附带的维护竞争程度的补救措施,并发现这两家公司的市场存在重叠,具体而言就是直升机引擎及其维护。而欧盟反对的理由在于一旦收购成功,通用电气会将两家的核心产品——喷气客机引擎与飞机电气设备捆绑销售。欧盟一方面承认这将在中短期内使消费者得到廉价的产品,另一方面则担心通用电气的对手们的利润大幅减少,长此以往势必将降低航空业的竞争程度,而后一种担心占了上风,导致并购案被否决。

(三)美国"逐行业逐层级"国防工业能力评估

评价机制是组织机构的一种制度安排,旨在运用科学评价手段增强人和事物内在的运行动力并调节各方面的制约关系,确保项目的科学决策,保证运行和管理目标的实现。美国把评价作为一项非常重要的工作,形成了责任明确的评价机构、完整的评价制度和丰富而科学的评价手段。

1. 评价对象和评价内容

美国军方的评价机制在评价对象和内容上体现了全寿命、全过程并涉及所有相关人员。从装备的规划、计划、预算、立项到采办管理的各个阶段和里程碑决策点以及中间节点,美军都有相应的评价要求。在采办管理中,美军普遍制定相应的采办程序,对分阶段评价的要求十分明确,尤其突出对重大项目和重大节点的评价,并允许根据各个项目的具体情况进行相应的裁剪。美国对重大项目的采办都划分了明确的阶段,并在各阶段都设置了相应的里程碑决策点和中间节点,保证在项目进行的各个阶段对项目的进度、费用以及技术和性能等方面的情况有全面的评估,以降低可能带来的风险。

除了对采办过程的全面评价外,美国对国防工业能力和承包商的评价也有相应的规定。例如,美国国防部条例5000.2-R要求,在采办策略中应该汇总一份针对设计、研制、生产和保障的工业基础能力的分析。这个分析应该确定国防

部对创建或加强某种工业能力所需的投资，以及不能按计划费用和进度提供项目设计或生产能力的工业风险。当有迹象表明国防部所需的工业能力有丧失的危险时，国防部各部门应该进行一项分析来决定是否需要采取政府措施以保护对国家安全至关重要的工业能力。

美国国防部每年还要向国会提交一份国防工业能力年度评估报告，该报告是有关国防工业能力的指导手册，是国防采办管理人员判断"哪些工业能力对军品是必不可少的"，分析"这些能力是否确实独特或确实处境危险"，以便决定国防部最佳应对措施的行动方针。为保证国防工业基础的健全，美国国防部对军工企业的每一项合并和兼并都进行审查，以便及早发现问题，采取补救措施，保护国防科研和生产能力。在招标或签订合同前，军方要对承包商的技术能力、财力、管理水平、资信度等进行全面考察，以确定承包商是否具备承担军品合同项目的资格。这也就是通常所说的"承包商资格审查"。美国国防承包商的资格审查工作，是在国防部负责采办、技术与后勤的副部长办公室的统一领导下，由项目办公室、合同管理办公室、军代表办事处、合同审计地区办事处等有关部门统一组织实施的。

2. 建立强制性报告制度，发挥信息在评价中的基础作用

在美国国防部的评价工作中，执行层都建立了强制性的报告制度。美国国防部 5000. 2 条例对有关法律和条例要求的报告（如项目计划、采办项目基线报告、防务采办执行总结、采办报告选以及单机成本报告）的内容、提交时间、报告责任人等做出了具体规定。

在进行承包商选择时，承包商要提供关于以往履约情况、合同业绩、资金来源情况以及设备设施、技术实力等情况的报告作为参考。在合同管理方面，承包商或项目经理需要提供承包商成本数据报告、成本执行报告、成本/进度状态报告、合同资金状况报告等有关项目进展情况的报告。这些文件或报告，都从当事人的角度给出了对自身状况的评价，形成大量可供评价的文件和信息。

美军采用了许多方法来保证能够及时获得各种评价所需的信息。美军实施"以往业绩"倡议，对承包商履行合同的以往业绩进行评估，供再次选择承包商时参考。

3. 评价体系结构

（1）分层次分工分级管理

在美军的评价体系中，最高层次的主体是国会和国防部。美国国会在装备建设和国防科研生产方面的职责是制定有关法律法规，审批国防预算，审议和评

估采办项目尤其是重大项目的可行性。国会每年都要通过《国防授权法》就国防预算以及国防政策进行评价。美国国防部作为美国武器装备采办工作的领导机构,设立了不同的部门对装备的立项、资源分配和阶段审定等环节进行评定。国防部发布的《国防规划指南》《四年一度防务评审》以及国防部长每年向国会提交的《国防部长年度报告》等,就国防项目的审定、国防态势以及国防政策的走向做出前瞻性评估。另外,国防部设立了联合需求监督委员会(JROC)、国防规划与资源委员会(DPRB)和国防采办委员会(DAB)三个决策保障机构,分别对装备的立项、资源分配和阶段审定等环节进行评定。

为保证最高层次的决策,国防部和各军种在项目的需求产生、规划计划预算和采办过程中,都设立了专职评价机构,并承担了大量评估工作。一般而言,在国防部设立的各种评估机构,各军种都有对应机构。如与国防部的国防采办委员会的职责相似,各军种也设有相应的军种武器装备采办审查机构;在各军种设立的费用分析小组,与国防部的费用分析改进小组的职责相似;国防部设有主管试验与鉴定的部门,各军种也有相应的试验与鉴定机构。

评价体系基础层次的主体是工作层一体化产品小组,通常按照职能分为试验、成本/性能、合同等专项小组,除承担项目的全寿命管理工作外,还负责项目各个阶段的基础评价工作,是各职能部门协同参与采办项目管理的主要方式。

(2)专职评价机构与专家工作组相结合

在评价过程中,美军多采用专职评价机构评价与专家工作组评价相结合的工作方式。在美国国会,有许多专职的评价机构和专家工作组就装备建设方面的问题进行评估。还有一些立法咨询与辅助机构,如总审计局和国会技术评价局,对计划项目进行审核和鉴定。

在美国国防部内部,也有许多评价和鉴定机构,除前面提到的联合需求监督委员会、国防规划与资源委员会和国防采办委员会外,国防部内部还从采办计划、全寿命费用管理、采办项目的技术成熟度和试验鉴定等四个方面建立了执行层次的评价机构,分别是国防部长、办公厅下属的计划分析与鉴定局、费用分析改进小组、负责科学和技术的副部长帮办办公室以及试验与鉴定机构。

另外,在美军中还有大量的专家工作组,为各专职的评价机构提供评价建议。如美国国防部长办公厅下属的国防科学技术咨询小组,以及向联合需求监督委员会提供对重大项目的备选方案分析的技术评审小组(TRG),都是这类的专家工作组。

在采办项目启动后成立的顶层一体化项目小组(OIPT),负责就遇到的项目

管理问题向国防采办执行官提供咨询意见。其在评价方面的主要职责是向采办决策当局提供独立的评估和为下一阶段审查确定决策信息。同时,为支持国防采办委员会进行的计划决策审查,顶层一体化项目小组一般在预期评审前两周召开会议来评估将要提交给阶段决策当局的信息和建议,并与有关部门采办执行官一起向阶段决策当局建议是否按计划进行预期的评审。

为确保采办决策的科学性,美国的国防部和各军种都设有决策咨询和论证机构,和美国国防科学委员会,组成系统配套的科学决策论证体系,向国防部和各军种提供决策咨询、系统论证、综合评估等综合保障。

(3)吸纳社会评估机构的意见

在美国,有很多由政府资助的机构对国防政策、国家安全及军事需求等方面进行独立评估。这些机构通常属于联邦政府资助的研究与开发中心(FFRDC),如兰德(RAND)公司的一些下属研究单位和国防分析研究所(IDA)都是这种类型的研究机构。它们的主要工作是就国会、国防部或各军种关心的重大问题进行研究,提出客观的意见或建议,并于每年发布一份年度报告。类似的研究所还有海军分析中心(CNA)、麻省理工学院的林肯实验室等。

4. 评价制度

美国对于规划计划预算、项目需求论证、采办各阶段的工作都以法规或文件形式明确了有关部门人员的职责、需要进行的论证、评价和分析工作以及有关的工作程序,对于进行评估所需的各种信息,也努力做到格式化和程序化。在对承包商和有关工业能力的审查上,美国《联邦采办条例》明确地提出了对承包商进行评估的要求和承包商必须具备的条件。

美国国防部颁布的5000系列采办文件,对国防采办系统及其运行,以及重大采办项目必须遵循的程序做出了具体的规定,对涉及的计划评审与决策审查制度、定期报告制度、作战试验与鉴定、建模与仿真、采办项目基线法等评价制度都提出了具体要求。美国国防部还发布了一系列的指令,明确地规定了承担试验与鉴定、计划分析与评价、费用分析和一体化项目小组等评价工作的各业务局和专业小组的人员组成、职能范围、主要职责。另外,美国各军种都颁布了相应的指令和条例,对项目的需求论证、试验与鉴定等做出了更为详细的规定,包括本部门负责相关工作的责任人、工作程序等。

规划计划预算制度是各国军方管理资源分配的法定规程。美国的规划计划预算系统包括三个不同但又相互关联的阶段,即规划阶段、计划阶段和预算阶段。其特点是把远期、中期和近期的发展目标与计划项目有机地结合起来,对军

事战略、兵力结构、武器装备和资源分配进行综合考虑及统一协调，首先制定出防务目标指导方针，接着确定武器采办计划项目，最后形成项目经费的年度预算。

研制试验与鉴定、作战试验与鉴定、建模与仿真、成本进度控制法（收益值管理法）和采办项目基线法，是各国军方特别是美军采用的评价手段。研制试验与鉴定的主要任务是验证技术进展状况，使设计风险减到最小，确认合同技术性能的完成情况和初始作战试验的准备情况。作战试验与鉴定的目的在于确定这些装备由一般使用人员在战斗中使用时的有效性和适应性。随着重大武器装备项目系统复杂性的增加，研制人员更多地考虑采用建模与仿真方法对系统进行试验与鉴定，用来提高试验环境的范围和逼真度以及试验的效率，同时通过设置不同的环境条件进行后置系统分析以降低系统试验的风险，并可不断重复试验。采办项目基线是项目办公室制定的一组用于指导各阶段决策点之后采办活动的性能、进度与费用的目标值和门限值，是度量项目进展情况和确定管理权衡范围的一种手段。在采办项目运行过程中，一旦出现费用、进度和性能指标突破相应参数门限值的情况，就必须进行高层管理部门的审查。根据基线参数被突破的幅度情况，分别由不同的决策当局对其做出审查和评估，以了解“突破”门限值的原因，探索如何才能使项目恢复到正常状态，并决定项目的去向问题。

从美军评价方面的做法看，美军的基础评价工作都由执行层的项目主任或一体化项目小组完成，但所有评价工作都受上一级机构的监督，所有提交的有关报告都必须由有关决策当局进行审议或评估。也就是说，执行层担负着对项目的基础评价工作，而决策当局的最终决策和评估工作都基于执行层提供的相关信息。决策当局对这些信息进行的决策评估，既是对项目进展情况的评价，也是对执行层工作的一个评估，对执行层的工作起着监督作用。

二、主要结论

欧盟否决美国两大公司通用电气和霍尼韦尔公司的合并案使人们重新考虑如何监督全球范围内的垄断行为。目前，在电信、计算机、航空航天等高新科技领域，发达国家基本上处于全球垄断地位。一些发达国家的企业以所谓的企业并购或战略联盟为名行垄断世界市场之实，严重损害着广大发展中国家的利益。比如通用电气并购霍尼韦尔公司不仅会影响到美国，而且也会影响到世界各国。美国政府之所以同意此次并购，是因为该项并购案无论是从长远还是从整体来看对美国都利大于弊，而欧盟对美国大企业的并购案有否决权是因为欧洲强大的经济实力能与美国抗衡。相比之下，广大发展中国家对发达国家大企业兼并

在全球形成的垄断似乎没有发言权，更不用说否决权了。这也是导致世界经济秩序越来越不公平的重要原因之一。因此，那些有可能引起世界性市场垄断的大企业兼并案应该接受世界各国的监督，而不是由少数发达国家或发达国家集团说了算。只有这样，才能真正在世界范围内鼓励公平竞争和建立公平合理的国际经济新秩序。

第四章
英国国防科研生产能力实践

第一节　英国国防科研生产能力体系架构

第二次世界大战以后,作为西方阵营的第二军事强国,英国打造了相当完备的国防科研生产体系。“冷战”后,英国的武装力量规模不断缩小,但仍保持相当规模的军事科研和生产能力。为使有限的军费得到最佳使用效果,并使国防资源实现最佳分配,英国对国防工业的组织机构、运行机制、采购办法、研制生产、武器出口等,进行了一系列调整改革,国防科研生产体系更趋合理。

一、英国国防科研生产能力架构

(一)英国国防科研机构的主要类型

英国国防科研机构按其从属关系划分,总体上可以分为国防部直接运营科研机构、国防部控制科研机构、政府其他部门所有科研机构、企业科研机构和大学科研机构五大类(图 4－1)。其中,国防部直接经营的、国防部控股的以及其他政府部门所属的科研机构是英国国防科研的核心力量,每年承担近三分之二的国防科研任务,企业的和大学的科研机构则分担其余的三分之一。

1. 国防部直接经营的科研机构

2001 年前英国国防科研主要依靠国防评估与研究局(DERA)。为增强国防科研领域活力和竞争力,2001 年英国对国防评估与研究局进行改革,将其拆分为国防科学技术研究院和奎奈蒂克公司。国防科学技术研究院是英国国防部直接经营的科研机构。它是国防科研管理的职能机构,统一管理其下属科研机构(皇家航空航天研究院、飞机和军械评估研究院、卡勒姆实验室、皇家信号与雷达研

究院及皇家军械研究院等）和其他科研机构的国防科研工作。改革后的国防科学技术研究院仍作为国防部业务部门保留，不仅从事化学、生物等关键领域的国防科研活动，还为国防部提供客观、公正和高水平的科学建议，其科研重点是武器系统、防护装备、航空、生化武器、放射性武器、反恐、雷达等关键国防科研领域的研究。

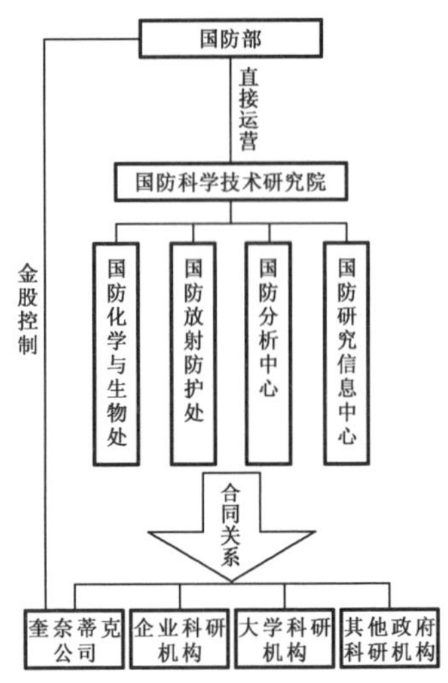

图 4－1　英国国防科研生产能力体系架构

2. 国防部控股的科研机构

奎奈蒂克公司是由英国原国防评估与研究局的较大部分与英国国防部遗留的非核武器研究、技术和实验以及评估建制等部门的大部分合并而成，是国防部控股的科研机构。英国国防评估与研究局分拆后，奎奈蒂克公司逐步走向私有化和市场化道路，于 2006 年在伦敦证券交易所上市。英国国防部在该公司持有“特殊股”（也称金股），对公司重大决策长期保留最后决定权。英国国防部通过这种“特殊股”的保留，使奎奈蒂克公司及其下属子公司都不脱离国防部的控制，从而也确保英国关键国防与安全技术不外流。

目前的奎奈蒂克公司是一家跨国股份有限公司，总部在英国南部汉普郡范堡罗，产品包括防务、安保、航空、能源和环境，2014 年的从业人数为 9 000 人。根据斯德哥尔摩国际和平研究所（SIPRI）2014 年公布的“武器生产和军事服务公司 100 强”（不包括中国、俄罗斯公司）名单，奎奈蒂克公司 2012 年总销售额为 21.04 亿美元，其中防务销售额为 14.10 亿美元，防务销售额在总销售额中占 67%，在 100 强中位居第 60 位，在进入 100 强的 10 家英国公司中位居第六。奎奈蒂克公司为政府和商业客户提供科技产品和服务，具体业务范围十分广泛，涉及航空、网络、海事、空间、小卫星平台、卫星搭载物（高能粒子望远镜和频率监控设备）、美国国家航空和宇航局托管的工作、卫星任务、卫星动力和数据装置、空间设备供应者、空间探索技术、空间飞行器电气推进、空间通信、轻型空间望远镜、可靠的空间机械、伽利略计划、空间技术地面部分服务及操作、太空生活、可生存性、训练、各种武器、C^4ISR 指挥信息系统、机器人、安全与采购服务、分布式声学传感等。奎奈蒂克集团公司与英国国防部签订了 25 年的长期合作协议，提供对三军装备的试验和评估服务以及军用靶场的管理。它是代表英国国防部向企业签发军事研究合同的英国防务技术中心的主要利益相关者。

奎奈蒂克公司分为两部分：奎奈蒂克 EMEA 公司（欧洲、中东和澳大利亚）和

奎奈蒂克北美公司。奎奈蒂克北美公司是在收购美国一家研制、生产机器人的福斯特－米勒公司之后成立的，是奎奈蒂克公司的全资子公司，但是其保持了与母公司之间的独立性。该公司通过一项符合美国法律的代理协议，防止敏感技术被收购美国企业的合资公司所控制。已有2 000多个该公司生产的“魔爪”机器人被送到伊拉克和阿富汗，主要用于执行爆炸物（路边炸弹）的定位和处理任务。奎奈蒂克公司所属机构中还包括著名的帝国试飞员学校（ETPS），该学校拥有高速喷气机、多发动机飞机和直升机中有代表性的机种，用来丰富客户的航空经验，让客户经历可能遇到的各种技术问题，确保学员毕业时能掌握飞行测试专业所必需的能力，应对在试验和评估现代飞机及其系统中所遇到的各种挑战。

过去几年，奎奈蒂克公司在航空领域对发展无人机给予极大关注，下面是见报的一些工作实例：①初步验证有人机控制无人机群的技术，为能在2020年左右获得一种所谓的“无人战斗航空系统”（UCAS）提供技术储备；②翼展22.5 m、重50 kg、由碳纤维材料制成的“西风”（Zephyr）无人驾驶太阳能飞机，成功完成昼夜不间断飞行7天（168小时），一旦试验成功，其未来能承担各种军事和民用任务；③参与研制“雷神”隐身无人战机，是英国研制的最大的无人机，旨在用来探索第一代无人战机可能采用的部分技术，将演示证明自主控制、隐身和可能用于作战飞机的其他技术。

3.政府部门所属的国防科研机构

政府部门所属的国防科研机构经过改革调整后，主要有英国国家航天中心、原子能权威技术机构、国家物理实验室等。

下面以原子能权威技术机构为例介绍该类机构。原子能权威技术机构（Atomic Energy Authority Technology Agency）是英国原子能管理局下属的一家科学和工程服务机构，主要解决技术、安全和环境方面的问题。1995年英国国会通过了原子能权威技术机构私有化法，该机构成为英国原子能管理局下属的一个独立商业组织。该机构现属于英国国防工业的领导机构，其设在哈威尔的研究所是面向世界工业和政府部门的国际性科学和工程服务公司，专门负责英国与核有关的技术的发展，其工作重点是核潜艇的核反应堆技术和“三叉戟”导弹的核弹头技术。哈威尔研究所的业务范围包括：提供既安全又不惧环境挑战的工厂、工艺和新产品，提供评估、设计装置和检查经验，提供咨询、技术服务、硬件和软件系统以及研究、开发和技术转让等服务；其主要出版物为*Atom*杂志。

该机构航天领域的活动主要集中在位于卡尔汉姆（Culham）和里斯利（Risley）试验场的空间和防务系统部，有些空间领域的工作也在哈威尔（Harwell）完成。该机构空间方面的主要研究内容包括：射频技术、电磁学/动力学、雷达仿真、天线、大功率微波技术和管控技术，以及空间摩擦和机械性能领域

的问题。另外,该机构还擅长发展新型电化学系统和研制空间结构用的复合材料等。目前,英国原子能权威技术机构正着力培养一种能够在具有挑战性的环境中可持续发展的远程应用工业能力(RACE)。

4. 企业的国防科研机构

英国拥有一批从事武器装备研制和生产的世界著名企业,包括许多大型跨国公司,主要有 BAE 系统公司、罗尔斯·罗伊斯公司、GKN 公司、阿尔维斯公司、亨廷公司、施密斯航空航天公司、MBDA 公司(英国)、斯旺·亨特有限公司、马克尼公司、英国核燃料有限公司等。

下面以 GKN 公司为例介绍该类机构。GKN 公司成立于 1902 年,到 1994 年已经发展成为一家集汽车、冶金机械、航空航天及工业设备系统保养等业务于一体的世界级大公司。目前 GKN 公司已成为多国合作的集团公司,其活动范围涉及 29 个国家。该公司的业务划分为制造和服务两大范畴:在制造方面,主要生产装甲车、直升机和其他机动车辆;在服务方面,主要设计、开发和制造商业技术的零备件,为国际航空航天和国防工业服务。

经过长期发展,GKN 公司已经成为世界领先的研制生产轻型装甲车辆的公司,并且在直升机开发和生产方面得到长足发展。现在公司从业人员为 31 100 人,分公司遍布世界各地。

GKN 公司下设 3 个部:机动车与农业技术产品部、航空航天与特种车辆部以及工业服务部。其中航空航天与特种车辆部又下设 3 个分部:防务分部、西方航空航天分部、西方技术分部。

5. 大学科研机构

英国高等院校承担着英国国防基础研究工作。英国政府国防科研体制的独特一面在于,政府即国防部系统本身不从事国防基础研究工作,这部分工作主要由英国的高等教育机构承担。英国国防部主要通过各种渠道掌握国内外基础研究的最新发展动向,通过参加涉及科学、研究、技术、装备和工业界许多部门之间的工作委员会、工作小组和有关政府部门的首席科学顾问委员会等机构与高等教育机构进行交流和合作,进而对国防科研业务进行指导。

(二)英国国防科研机构的管理模式

英国国防科研机构的管理采用多种方式,其中主要的方式是进行分类管理和实施竞争机制。英国对上述 5 种不同类型的科研机构实行分类管理,管理方式各不相同。英国三军不设科研机构,也不从事具体的国防科研管理工作。国防部直接经营的国防科研机构由国防部任命负责人,经费主要来自国防预算。这类科研机构有权将一些研究项目转包给其他国防科研机构。国防科学技术研

究院就是国防部直接经营的科研机构。它是英国国防科研管理的职能机构，统一管理其下属科研机构及其他科研机构的国防科研工作。国防部控股的科研机构是指奎奈蒂克公司。私有化的公司仍将承担国防科研任务，但科研任务和经费来源与国防部直接经营的国防科研机构不同，完全采用竞争方式获取国防科研项目，并根据合同获得科研经费。其他政府部门、企业和大学的科研机构承担的国防科研项目，一律实施竞争机制，签订正式合同，军方根据合同的具体规定提供经费。目前，很大一部分国防科研合同是由国防部下属的国防科学技术研究院与有关单位签订的。

英国国防科研机构的管理模式主要可以分为四种：政府管理模式，即由政府直接管理，主要针对的是国防部直接经营的国防科研机构和政府其他部门经营的国防科研机构；市场模式，主要针对的是企业的国防科研机构；政府与市场混合管理模式，主要针对的是国防部控股的国防科研机构，也就是奎奈克公司；政府所有私人承包管理模式，主要针对的是政府部门所属的公益类科研机构，比如贸工部所属的国家物理实验室。

实施政府管理模式的科研机构主要有两种：国防部直接经营的和政府其他部门经营的国防科研机构。政府其他部门经营的国防科研机构由其所属部门领导，并任命负责人，经费来自该部门预算，其所承担的国防项目通过竞争来获得，并根据合同获得研究经费。近年来，随着英国私有化改革进程的深化，这种科研机构的数量已大大减少，有的已变成了独立的商业性组织，完全按照市场模式运作，如原子能管理局下属的原子能权威技术机构。

国防部直接经营着国防科学技术研究院。该研究院具有特殊的地位，是英国国防部下属的国防科研管理的职能部门，统一管理其下属科研机构及其他科研机构的国防科研工作，并从事部分武器装备的科研工作。其经费来源于国防预算。该研究院设有国防科学技术研究院首席执行官一名，主持该院工作，由国防部直接任命；下设董事会，由首席执行官直接领导；董事会下设三个部门，即运营部、技术部和保障部。其管理结构如图 4 – 2 所示。

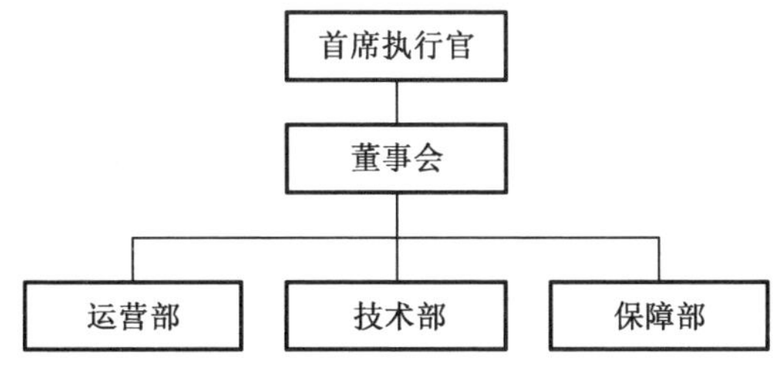

图 4 – 2　国防科学技术研究院管理结构

政府与市场混合管理模式主要针对的是奎奈蒂克公司。该公司在性质上属于公私合营的国防科技发展公司，是以国防评估与研究局的出售部分为基础，在股权分别出售给英切克普公司、阿斯特恩卡公司和CMG公司等私营部门之后组成的。奎奈蒂克公司原本计划按照市场规律和通行的商业模式运作，通过多种渠道筹集资金，自主开发新技术，直接参与竞争。但目前该公司只有40%的股份属于私有，其余60%的股份属于国防部。公司90%的业务仍然来自国防部，经费来源也主要来源于国防部。根据英国政府计划，英国国防部将进一步出售该公司的股份，使其完全成为私有企业，完全按照市场规律运作。

政府所属私人承包的管理模式主要针对的是英国政府所属的公益类科研机构。公益类科研机构是国家的重要财富，虽由私营公司承包，但仍属政府所有，政府组织专门小组负责该类科研机构的科研工作，一旦出现科研水平和质量下降的情况，立即报告。承包人有责任在承包过程中保持研究所的科研质量和水平。为鼓励承包人，进而保证承包制的顺利实施，政府必须承诺，在一段时间内以项目方式提供足够的科研经费。同时，为稳定人心、消除科研人员的后顾之忧，合同中须对雇员待遇做出明确规定，严格执行国家有关法律，保证他们的经济收入不低于转制前的水平。在出现承包方管理不善的情况下，政府可以更换承包人，甚至撤销承包方式，仍由国家直接管理。公益类科研机构中实行这种管理模式的典型是英国国家物理实验室。自1995年改制实行私人承包以来，从政府来看，由于采用了新的管理方式，研究所二线富余人员被裁减下来，并且科研人员的工作以小时为单位进行安排和计算，这使研究所在政府经费投入不增加的情况下，大大提高了效率。研究所用节余下来的钱开展更多的前沿科研项目，高薪聘请高水平科研人员，使研究所的科研水平和国际知名度大为提高；从科研人员来看，由于转制后收入提高，在科研项目上有了更大的发言权，大多数人已不愿再回到过去的模式。

从事国防科研的企业完全按照市场模式运行。这类企业承担的国防科研项目一律通过竞争来获得，国防部根据合同为其提供研究经费。为提高军工企业的竞争力，英国于20世纪80年代末期开始逐步将国有军工企业全部转为私营企业。英国政府将全部军工企业分成三类进行管理，以利于集中使用采购费，有重点地对军工企业进行投资，同时维护军工企业的基本能力。具体划分的三类企业如下：①战略国防公司，这是英国国防部认为最重要的国防公司，国防部对其给予优先考虑。目前，BAE系统公司、罗尔斯·罗伊斯公司等都被列为这类公司。②主要国防公司，近几年，英国主要国防公司经过合并、兼并和重大重组，数量不断减少。现在主要国防公司有GKN公司、阿尔维斯公司、亨廷工程公司、维克斯公司等。③一般国防公司，主要是中小企业，数量较多。近几年，英国政府采取

各种政策措施,积极支持这类企业参与国防研制和生产工作。

大学的国防科研机构管理模式取决于英国的教育体制,由于大学承担着政府大多数战略性和基础性科研任务,因此这类机构进行的也主要是基础性和战略性的科研,并得到研究理事会的资助,其国防科研项目经费主要来自通过竞争与国防部签订的合同。表4-1列出了英国国防科研机构的一些基本情况。

表4-1　英国国防科研机构基本情况

<table>
<tr><th>国防科研机构类别</th><th>管理模式</th><th>主要管理部门</th><th>经费来源</th><th>人员管理</th></tr>
<tr><td rowspan="3">政府国防科研机构</td><td rowspan="2">政府直接管理(GOGO)</td><td>国防部</td><td>国防预算</td><td>首席执行官由政府(国防部等)直接任命,下设董事会</td></tr>
<tr><td>其他政府部门</td><td>主管部门预算,所承担国防项目通过竞争获得,并根据合同获得研究经费</td><td>由政府部门领导并任命责任人</td></tr>
<tr><td>政府所有私人承包</td><td>贸工部(下属航天中心、原子能管理局)等政府部门</td><td>政府承诺在一段时间内以项目方式提供足够的科研经费</td><td>管理不善情况下政府可更换承包人</td></tr>
<tr><td rowspan="2">企业国防科研机构</td><td>企业管理,政府金股控制</td><td>国防部</td><td>客户合同经费(含政府合同及其他单位合同)+企业自身投入</td><td>单位人事管理办法</td></tr>
<tr><td>企业自行管理</td><td>企业</td><td>承担的国防科研项目等通过合同获得</td><td>单位人事管理办法</td></tr>
<tr><td>大学国防科研机构</td><td>大学自行管理</td><td>大学</td><td>合同经费+大学研发经费</td><td>单位人事管理办法</td></tr>
</table>

二、英国国防生产能力架构

(一)英国国防生产能力行业分布

英国国防工业由航空航天、电子、兵器、舰船和核武器等行业组成。除核武器工业外,它们分别融合在航空航天工业、电子工业、机器制造业和造船工业中,加上其他有关行业(能源、电机和仪表等),构成一个完整的军民一体化建设型国防工业产业结构体系。近几年来,为贯彻落实国防工业战略,英国在造船工业、航空航天工业、地面武器工业等关键工业领域进行了调整改革,实行了专业化重组。

1. 造船工业

"国防工业战略"中这样描述:"造船工业是工业基础的重要元素,它设计、建造、支持和配置所有的海军平台和系统。"国防工业战略希望造船工业能够显著地提高自身的能力,以便担负起为海军提供未来装备的责任。"未来十年,随着英国国防部一些大型项目(45 型驱逐舰、机敏级潜艇、军事海上抵达和保障(MARS))的相继开展,用于海军的经费将会大幅增长,这给英国造船业带来了非常巨大的发展空间"。

2007 年 5 月,英国 BAE 系统公司和 VT 集团开始协商关于在海军水面舰艇建造业务方面进行合并的计划,最终成立了一个资产为 13.8 亿美元的联合企业,其中 BAE 系统公司在联合企业中占 55% 的股份,VT 集团则占 45%。联合企业包括 VT 集团位于普茨茅斯的造船和海军支持业务,以及 BAE 系统公司位于克莱德的两家海军船厂。舰队支持企业也将成为联合企业的一部分。由 BAE 系统公司拥有的旗舰海军训练业务的 50% 将转移到 VT 集团。这项合并意味着英国承担水面舰艇建造和支援业务的企业缩减为两家:一家为 BAE - VT 联合企业,另一家为巴布科克公司的舰艇支援业务。

关于潜艇领域的工业协作情况,英国在战略核威慑的未来"制造和技术基础"中有所陈述。英国国防部认为,制造实体之间的合作和合理化改革有许多好处,两家支援实体(Devonport 管理公司和 Babcock 海军服务部)和核蒸气提升设备供应商(Rolls - Royce)与国防部一起作为客户/运作者。2007 年 10 月,欧洲委员会在欧盟的合并条款下批准了英国 BAE 系统公司和 VT 集团在海军水面舰艇建造和相关支持服务业务方面进行合并、成立联合企业的方案。BAE - VT 集团联合企业将成为一家世界级的造船企业。在政府的支持下,英国的造船工业在

未来的几年内还将进行大规模的合并。

2. 航空航天工业

目前,英国航空航天工业部门的规模过大而且布局不合理,削减基础设施和雇员的数量是不可避免的。在国防部提供的文件中,在航天防御方面,国防部将与 BAE 系统公司和其他公司一起协作,以便形成符合要求的适当规模和工业结构,以维持一定的技术水平去生产、维护和升级战斗机。目前,英国皇家空军正处于重要的再装备规划的中间阶段,推出的 Typhoon 飞机和联合攻击战斗机有望在今后 10 年内投入服役。这些飞机中的其中两种型号将至少保持 30 年的服役期。除此以外,国防部目前没有新一代有人驾驶的高速喷气式飞机的设计与制造计划。

在无人驾驶飞行器方面,国防部将与工业部门分享无人机(UAV)和无人战机(UCAV)等无人驾驶飞行器项目的利益,并已全面实施了无人机和无人战机的技术演示计划。2006 年 12 月 11 日,国防部宣布首架无人战机已取得了重要进展,制定了一项 4 年发展规划——Taranis。该规划将为皇家空军(RAF)提供一架表演机,为其建造首架无人驾驶前线战斗轰炸机的计划奠定基础。BAE 系统公司已被授予一项价值为 1.24 亿英镑的主合同,用来开发世界级的无人机表演机项目,而国防部将向无人机技术演示项目提供为期 4 年的经费支持。

3. 复杂武器工业

“国防工业战略”将复杂武器定义为依靠制导系统获得精确打击效果的战略和战术武器。战术复杂武器大致分为五大类:空对空、防空、空对地、反舰/反潜(包括鱼雷)和地对地,这些武器为英国武装力量提供精确打击能力。英国在升级和开发复杂武器方面进行了大量投资,仅 2006 年的投资就超过 10 亿英镑,但是之后的几年里有递减的趋势。这给工业部门带来了艰巨的挑战,为此国防部与工业部门一起评价上述投资能否达到英国要求的支撑工业的能力。2006 年 7 月,为保持英国国内导弹研制的关键技术的需要,国防部宣布成立一家新的工业合作公司——Teamcw 公司。该公司由 MBDA 导弹系统公司牵头,将有助于支持英国国内的关键技术和军事实力。

4. 地面武器工业

英国的地面武器工业因为合并和收购发生了很大变化。之前英国在装甲战车和火炮系统的设计、开发和生产方面有 5 家主要的厂商,分别是阿尔维斯公司、GKN 防务公司、诺丁汉皇家兵工厂、维克斯防务系统公司和维克斯造船与工程公司。而目前,在这一领域起主导作用的仅有 BAE 地面系统公司。推动英国

地面武器工业合并的因素主要是传统出口市场的丧失和英国军队规模的不断缩小造成的生产能力过剩。多年来,英国允许外国公司单独或与英国公司组队参与主要地面武器合同的竞争,这与其他的许多欧洲国家限制竞争的政策形成鲜明的对比。

通过“国防工业战略”的实施,英国力图保留足够的工业技术来维护和支持目前的装甲车辆,并在短时间内实现升级。同时,英国政府认为,没有绝对的必要在英国制造新型装甲车辆的所有部件,但是需要保留装甲车辆的维修能力。目前,英国已经丧失了在装甲车辆领域的绝对优势,转而成为间接火力支援的主要供应商。BAE 地面系统公司已经制造了超过 1 100 门的 105 mm 轻型火炮,美国陆军和海军陆战队已选购了 BAE 地面系统公司生产的 155 mm 39 倍口径 M777 火炮替代原来老旧笨重的 155 mm M198 火炮,加拿大也从英国购买火炮应用在阿富汗战场上。

在卡车方面,罗孚公司 4 ×4 轮式车辆仍然出口到许多国家,但最近英国所有军用卡车竞争订单都被国外公司获得,而且没有竞争性预选过程。例如,德国曼公司赢得了价值 10 亿英镑大约 7 000 辆卡车的未来支撑车辆竞争合同。这些车辆的底盘和驾驶室产于奥地利,而车身制造和整车装配将在英国完成。此外,“弓箭手”是英国陆军正在使用的新型数字通信系统,该系统的主承包商是通用动力地面系统英国公司。同时,该系统将出口到荷兰,这也是该系统的第一次出口。泰勒斯地面和联合系统公司是英国陆军光电产品的主要供应商,提供热成像系统等产品,同时也是英国陆军未来步兵技术项目和无人机项目的总承包商。Selex 传感器和机载系统公司(芬梅卡尼卡公司持有 75% 股份,BAE 系统公司持有 25% 股份)以前以机载系统而著称,目前则转向了地面系统的生产,该公司的激光惯性自动瞄准系统已经被英国陆军在实战中所采用,加拿大和马来西亚也已订购了该瞄准系统。

5. 弹药工业

英国弹药行业正在面临较大的调整,原因是有些弹药的需求量很小,不值得去维持生产能力。因而,英国有选择性地生产一些弹药,关闭一些不必要的弹药生产线。最为典型的例子是,BAE 系统公司计划关闭两家前皇家兵工厂(Bridgwater 和 Chorley)。在这样的情况下,国防部将只能依靠海外来供应弹药,但国防部确认,在选择的弹药供给源未确定之前绝不会关闭前述的两家弹药厂。目前,国防部正在做出新的决策,确保能为关键领域的弹药供应提供安全保障,至少能保证达到 Bridgwater 和 Chorley 提供的供应量。可选的方案是将引爆药生

产的大部分转移到位于苏格兰的核能材料生产厂，炸药生产的高价值和高技术部分转移到威尔士的 BAES LSML BAE 系统公司的陆地系统弹药部生产厂，而炸药制造的原材料将从美国和法国进口。并且，国防部保证供应安排是经过仔细考评后才提出的。如果某一供应源中断，BAE 系统公司将有能力转移到备选生产厂或是动用储备库房。国防部相信这些调整能为关键领域提供安全的供应。

（二）英国国防生产能力发展特点

1. 核力量和太空科技坚持独立自主

英国政府坚定不移地发展独立的核力量，认为这既是大国政治上的需要，也是保持一个中等强国核威慑力量的有效途径。英国主要靠自己的力量完成了原子弹、氢弹的设计工作和试验工作，并从 20 世纪 60 年代末以来一直奉行“最低限度核威慑”战略，其核心思想是以威慑求安全。英国认为核武器是赢得未来战争胜利的“决定性”武器，核威慑是防止战争的最好办法。该国建立并保持着一支小规模但有效的核攻击力量。英国在太空战略上，一方面积极支持、参加美国的“战略防御”计划和法国提出的“尤里卡”计划，另一方面又发展自己的“星球大战”体系。

2. 国防科研与军事需求紧密结合

为了更有效地使用有限的国防科研经费，把以“技术推动”为主要动力的传统国防科研方法转轨到以“需求牵引”的轨道上来，国防部于 1989—1990 年，把已有研究计划重新编制成了包结构，并从 1993—1994 年开始，以新的包管理制运行。所谓包管理制，即首先从武装部队的作战机能分析和需求分析开始，然后确定完成某种作战机能所需要的武器系统，最后找出研制这一武器系统所需要的技术，作战机能/武器系统/所需技术三者结合起来，就形成一个研究包。

3. 创建两用技术中心，开发军民两用技术

近几年来，英国政府和国防部为了保护英国的国防科研能力，维护国防工业基础，同时也为了创造社会财富，提高人民的生活质量，一再强调要大力开发军民两用技术。为此，英国政府发表《军用与民用科学技术两者之间的关系》《运用我们的潜力：科学、工程和技术战略》《科技白皮书》等，强调要优先对军转民潜力大的军用项目加大投资力度。同时，英国政府积极贯彻欧盟决策机构——欧盟委员会制定的军工发展战略，大力研究开发军民两用的关键技术以及能实现军民一体化建设的制造技术和工艺。为发展军民两用技术，英国采取一系列重大措施，如国防研究局制订“开拓者”计划；国防研究局和英国航空航天公司建立

“两用中心”网络——“战略联合计划”等。按照这些计划,国防研究局以经费分摊、风险共担、成果共享的原则已经或正在组建其他一系列“两用中心”。

4. 重视基础研究和技术储备

英国在新形势下改变了传统的武器装备“快研制、快生产”的做法,不再将所有新技术都用于型号研制和生产,而是下大力气开展基础研究与技术演示验证。为此,英国国防部制订了技术演示器计划,增加了技术演示的投资。为了加强企业的技术储备,英国国防部鼓励企业承担先进技术研究项目,包括那些国防部还难以界定其明确需求、财政上要承担较大风险的项目。对这样的项目,英国国防部一般采用成本加成合同制,尽量减少承担企业的风险。总的来说,除核武器技术项目外,英国尽量采用公开招标竞争的方式落实国防科研项目,按合同制实施科研计划。

5. 靠市场和竞争重组军工企业

英国在撒切尔夫人执政期间开始国有企业的私有化运动,军工企业也在其中。20 世纪 90 年代初期以来,英国国防部已几乎将全部国有军工企业卖给了私有企业,仅留下国防科研单位由国防部直接经营管理,从而把军工企业进一步推向了市场。2000 年,英国政府决定将最主要的国防科研单位国防鉴定与研究局的大部分研究部门推向市场,出售给私有企业。同时,英国防务公司也已经在进行着不同形式的兼并重组。为解决国防工业生产能力过剩的问题,英国国防部采取通过竞争保持国防工业基础的办法,有计划地保持一定水平的武器装备研制和采购数量,促进武器装备的出口,使“冷战”后生存下来的军工企业能有利可图,自愿提高竞争能力。

6. 顺应欧洲防务一体化潮流,积极推进欧洲国家间国防科技合作

英国“冷战”时期军事战略的主要支柱是“核－北约”,走集体防卫道路。为此,英国积极参加法国在 1985 年提出的“尤里卡”计划。此外,在军事领域,英国与国外联合研制新式武器装备的项目不乏其例。“冷战”后,军费减少和武器装备需求量下降,大大促进了英国国防企业的跨国联合,形成了欧洲国防工业不同形式的国际化,其主要标志是为共同研制某种复杂的武器系统而形成的跨国集团公司。通过跨国联合,欧洲正在形成由少数主承包商和一些小的专业承包商构成的新的国防工业布局。在此期间,英国除了同传统盟友美国加强国防合作外,也进一步强调同欧洲国家间的国际合作研制的重要性,尤其强调同德国、意大利和法国的合作。2003 年,英国布莱尔政府宣布,将顺应欧洲一体化潮流,不再反对德、法提出的“欧洲独立防务”计划,并将联合成立欧洲军备局。

7. 推进国防科研的公私合作

英国国防部于2002年2月提出筹建国防技术中心(DTC)。该部门通过向英国科技界择优招标的方式,与民用部门的科研公司合作,共同投资组建了从事国防基础研究的国防技术中心。这是自2001年7月对国防评估与研究局实行私有化改革后,国防部在国防科研领域进行的又一次重大改革。国防评估与研究局的解体与国防技术中心的筹建表明,英国国防科研改革正向公私合作和社会化方向逐步深入。英国国防部成立国防技术中心的目的,是要通过公私合作的形式,进一步促进投资主体的多元化,加强基础科研机构的创新能力,并通过对尖端技术领域的早期介入,确保英军面对潜在机遇时保持决定性优势。国防技术中心的管理结构,具有经济性、高效性和有效性等特点。

(三)大型军工企业介绍

经过20世纪90年代后期的不断调整和改革,英国国防工业已逐步形成了由几家世界著名的大型防务公司构成的国防工业体系构架,如BAE系统公司、罗尔斯·罗伊斯公司、GKN公司以及奎奈蒂克公司等大型的跨国公司。并且,英国国防工业是以私有企业为主,企业内部实行股份制,同军方是合同订货关系;企业之间则是以主承包商牵头而形成的分工协作关系。

BAE系统公司的业务涉及航空航天、舰船、兵器、军事电子、信息技术和制导武器系统等领域。BAE系统公司的总公司设在英国,还有一批分公司或子公司分布在美国、澳大利亚、瑞典、南非和沙特阿拉伯,产品行销100多个国家。目前该公司的从业人员超过10万名,每年营业额为123亿英镑,订货额为375亿英镑。2011年在世界100家最大军品公司中居第一位,在世界500强企业中居238位;2012年财富世界500强排行榜排名第386位。

罗尔斯·罗伊斯公司是欧洲最大的航空发动机公司之一,也是船用动力、核潜艇动力堆、航天推进系统、装甲车辆发动机的著名制造企业,为陆地、海上和空中装备提供各种动力装置。目前,罗尔斯·罗伊斯公司有5大业务部门:民用航空航天部、防务部、海事系统部、能源部和产品保障部。公司已累计向世界范围的用户交付了54 000台燃气轮机,这些用户包括500多家航空公司、4 000多家公务飞机、通用飞机和直升机用户、160家武装部队和2 000多家船舶用户(包括70家海军用户)。罗尔斯·罗伊斯公司还拥有近120个国家的能源用户。

奎奈蒂克公司是2001年7月基于从英国国防部原评估与研究局分出来的一部分组成的,是欧洲最大的科学与研究企业和世界领先的国防技术与安全公司

之一,也是世界国有国防科研机构向私有企业转型的首例。该公司主要从事航空、航天、电子、金融、舰船等领域的技术开发,其大部分业务仍来自英国国防部。近年来,奎奈蒂克公司的北美业务快速增长,在整个公司中所占比例越来越大,但英国依然是奎奈蒂克公司的一个大市场。

第二节 英国国防科研生产能力发展历程

一、英国国防科研生产能力调整及发展的主要阶段

英国国防科研生产能力为了适应国家军事和经济发展的需要,近 50 年来进行了几次调整和改革。20 世纪 70 年代,英国国防部共拥有 24 个主要科研机构,后来为了集中领导,统一组成 7 个研究院。"冷战"后,国际环境发生了巨大的变化,其间英国国防科研生产能力调整及发展经历了从 20 世纪 90 年代初华约解体导致英国国防经费投入下降、国防工业任务不足、设备闲置、经营不善的窘况,到 90 年代末追随美国加强对第三世界国家的干预力度,大幅增加军事开支,而感到能力不足的尴尬。21 世纪以来英国国家国防研发机构调整改革走的是一条"市场化"的道路,寄希望于通过市场机制,促进国防科技的发展和成果转化。

(一)英国国防科研能力调整及发展的主要阶段

英国的国防科研机构自 1990 年以来始终处于不断调整和改革的变动之中。1991 年,英国将国家燃气轮机研究中心、一些靶场、防护试验中心、飞机武器试验中心进行整合,成立了试验鉴定总局;将皇家航空航天研究中心、皇家武器研究发展中心、海军部研究中心、皇家信号和雷达研究中心等四家科研机构合并,成立了国防研究局;将化学防御研究中心和微生物研究中心(MRE)分解为航空医学协会(IAM)、皇家药物协会(RPS)、防生化研究中心、防御作战分析中心、作战指挥分析中心(Cmd OA)和陆军人员研究中心六个独立的研究机构。1995 年,英国又将试验鉴定总局、国防研究局、航空医学协会、皇家药物协会、防生化研究中心、防御作战分析中心、作战指挥分析中心和陆军人员研究中心等科研机构进一步合并成立了国防鉴定与研究局。

2000 年 7 月,英国公布了 21 世纪国防科技战略,将改革国防科研机构、提高国防科研能力列为重要内容之一。根据这项战略计划,英国在 2001 年 7 月正式

颁布命令,撤销了国防部直属的国防鉴定与研究局,将其分为两个部分,分别成立了国防科学技术研究院和奎奈蒂克公司。国防科学技术研究院成立时下设国防化学生物研究部、国防放射防护研究部、国防分析中心和国防信息研究中心等研究部门,承担国防部的国防科研工作,并在有关国防科学问题的决策方面承担为国防部提供咨询的职能。2002 年,英国国防科学技术研究院进行了内部重组,重组后的业务部门包括:政策和能力研究部、海军系统部、陆军系统部、空军系统部、信息管理部、环境科学部、能源技术部、导弹和导弹防御技术部、电子技术部、传感器技术部、探测技术部、生物科学技术部和物理科学技术部。国防科学技术研究院虽然仍由国防部完全控制,但也逐步采用了市场化管理方式,并设立了董事会,强调满足客户的需求以及价值的创造。该研究院是英国国防部唯一开发应用国防知识产权的机构。为此,2005 年该研究院专门成立了商业化运作的"Ploughtshare 创新公司",进行知识产权的商业化活动。根据《国防科学研究院2007—2012 年发展计划》的规划,该公司的目标是在 3 年时间内实现盈利。而英国成立奎奈蒂克公司的目的主要是希望通过改革,引入私营经济成分和商业化模式,提高国防科研的竞争力和经济效益。

继 2001 年对国防鉴定与研究局的改革后,英国国防科技领域的另一项重大改革是建立国防技术中心(Defence Technology Centre,DTC),推动公私合作力度。2002 年 2 月,英国国防部提出计划,要在 6 年内分两个阶段建立 6 个国防技术中心。所谓 DTC,是一种任务型、阶段性联盟——由英国国防部通过招标方式,与学术界和工业界合作,共同投资组建并从事基础研究的国防技术中心。这项计划的主要内容是,组建国防技术中心,通过公私合营的形式,促进国防科技投资主体的多元化,加强国防基础研究的创新能力,确保英国军队在面临威胁时能够保持绝对优势。英国国防技术中心的工作目标是:①通过相关领域的研究,获得满足英国未来防务所需要的知识;②对获得的知识进行早期研究探索;③为英国国防部提供可以利用的技术成果。除此以外,英国国防部还希望国防技术中心能够在应用和开发民用技术方面发挥重要作用,并通过国防技术中心培养具有熟练技能的专业人员。同时,为加强对国防科技中心的管理,英国国防部成立了专门的审查委员会对国防技术中心进行管理。

截至目前,英国国防部共成立了 4 个国防技术中心,即航空系统国际公司(Aero Systems International)领导的人机工程集成中心、BAE 系统公司领导的电磁遥感中心、通用动力公司领导的数据与信息融合技术中心以及自主系统工程中心。其中,人机工程集成中心负责研究和验证支持发展一系列国防能力所需的

技术。该中心由航空系统国际公司牵头建设，其他参与设立的机构包括伯明翰大学、布鲁内尔大学、克兰菲尔德大学、洛克希德·马丁公司、MDBA 公司、系统工程与评估公司和 VP 防务公司。电磁遥感中心旨在开展提高传感设备性能和改善费效比的研究项目。这家中心由英国 BAE 系统公司牵头建设，其他参与建设的机构包括泰莱斯防务英国公司、RokeManor 研究公司、Filtronic 公司等。此外，一些大学和中小企业也参与了该中心建设的转包工作。自主系统工程中心是由英国国防部、工业界和学术界联合发起成立的，旨在加强诸如无人机和遥控水下装备等技术的研发。这些国防技术中心通过伙伴关系由国防部与工业界特别是中小企业联合投资开发国防关键技术，采取了灵活的管理方式，允许对不同的情况与新需求做出快速反应。国防部与工业界计划在 5 年内联合投资约9 000万英镑，来支持 4 个国防技术中心的研发。此外英国国防部还先后成立了一批所谓“卓越塔”的虚拟技术中心，这些技术中心由国防部牵头，吸收主要国防供应商、大学的研究力量，围绕制导武器、光电传感器、合成环境、雷达、水下传感器、电子战六大领域分别组建合作性研究团队，共同开展研究工作。

（二）英国国防生产能力调整及发展的主要阶段

20 世纪 90 年代中期，英国开始对国防公司进行私有化，一些重要的国防企业及工业基础都已被分散卖给了私营部门，绝大部分工业基础都是以私人产权的形式存在。如何对完全私有化的军工企业进行更有效的管理，成为英国政府的一大问题。为此，20 世纪 90 年代后期，英国政府决定将全部军工企业分成三类进行管理：战略国防公司，主要是 BAE 系统公司、罗尔斯·罗伊斯公司；主要国防公司，主要是 GKN 公司等；一般的国防公司，主要是中小型企业，数量较多。由于产权的私有化，国防工业基础相对较分散、能力较弱。

自 20 世纪 90 年代起，英国鉴于国际安全形势发生重大变化，认为来自苏联的安全威胁已不存在，无须保持原有的部队规模。但是，东西方军事对峙局面的结束也诱发一系列的地区战乱，欧洲的安全形势变得十分严峻；中东和北非等地区的民族、宗教矛盾突出，形势复杂多变；一些国家仍在积极扩充军备。这些不安定因素都有可能对英国及其盟友的安全构成威胁，英国认为它面临的风险和承担的义务正在不断增加。因此，英军根据“少而精”的原则，在保留军队基本编制和必要作战实力的前提下，调整指挥机构，建设数字化部队，更新主战武器装备。

1. 确立“走出北大西洋”军事战略

作为岛国，英国特别重视国防与军队建设。1990 年 7 月、1991 年 7 月，面对世界新军事变革大潮，英国国防部分别在《应变选择方案》和《防务预测报告》中提出“应变选择”军事战略。这一战略的基本内容是：以集体防务为主要支柱，以战略核力量为后盾，以常规力量建设为重点，加强质量建军，调整组织结构，把英军建设成少而精、机动灵活、训练有素、装备精良、适应性强、具有快速反应能力、能够应付各种危机和突发事件的强大军队。

海湾战争爆发后，英军一直忙于干涉地区事务，承担所谓的“和平与安全义务”，频繁地跟随美军空袭伊拉克、派兵进驻非洲塞拉利昂等。但是，英国并不满足于这些跑堂的差事，而是希望不论在巴尔干半岛、中东地区，还是其他可能出现麻烦的地区，都应该有它的军事力量出现。因此，1998 年 7 月，英国国防部公布《国防战略评估报告》，提出“三军联合，走出北大西洋”军事战略。该军事战略提出，针对“冷战”结束后的世界多极化，英军要加强联合作战能力，不仅要在北大西洋充当重要角色，而且还要跨出“冷战”期间活动区域，走出北大西洋。这种新军事战略的提出，充分反映了英国想把胳膊伸出本土的欲望之火重新燃起。“9·11 事件”后，英国政府认为“军队必须更加警醒”。2002 年 9 月，英国国防部在《2002 年度战略评估报告》中提出，要把“反恐”确定为新军事战略，调整英国的总体战略和防务政策，使英国军队的能力和军队结构能够适应新变化。“反恐”军事战略的主要内容是：增加防务开支，加强打击和防卫恐怖主义袭击的能力；通过裁军建设精兵队伍，提高战斗力；发展高新武器。

2. 完善国防管理体制

20 世纪 90 年代初，英国对国防领导体制进行了改革：①改组国防与海外政策委员会。国防大臣升为第一成员，其他成员只有外交大臣、内务大臣、财政大臣。②以国防委员会取代原国防会议。国防大臣任主席，成员包括国防国务大臣、国防参谋长、各军种参谋长、第一国防副参谋长、装备采购总监、科学总顾问、常务次官、第二常务次官、议会事务次官。③调整国防部下属机关。设国防参谋部、管理与预算办公厅、海军参谋部、陆军参谋部、空军参谋部、装备采购部等主要部门，以及国防情报总局、国防科学局（亦称科学参谋部）、公共关系署等直属机构。④调整国防委员会下属机构。设参谋长委员会、海军委员会、海军执行委员会、陆军委员会、陆军执行委员会、空军委员会、空军执行委员会、作战执行委员会 8 个委员会。

1994 年以后，英国国防领导体制再次进行改革，扩大国防参谋长的权限。将

原来由国防部、国防会议直接指挥军队的权限,交给参谋长委员会和国防参谋部。国防参谋长作为国防大臣的军事助手,既是参谋长委员会主席,又是国防参谋部首长,有权领导所有军事工作,而不仅仅做协调工作。参谋长委员会平时负责协调三军建设,战时负责拟定作战计划、部队部署和协调作战指挥。

为适应信息化军队建设和信息化作战指挥,英军指挥体制也进行了调整:①成立常设联合司令部,统一指挥陆海空军部队。1998 年,增设少将衔战备与训练主任及其下辖的联合部队司令部、训练与演习局;2004 年,撤销参谋长职位及战备与训练局主任编制,增设 2 名分管作战和作战支援的少将衔副司令,成立联合部队后勤司令部。②调整海军领导机关。1994 年后,海军总部机关撤销人事和支援两个部门,将其合并到基地,以便对部队实施更为直接的领导和控制。③调整陆军领导机关。1994 年后,英军驻本土的陆军地面部队,由 10 个军区缩编为 6 个军区。1999 年 4 月 1 日,英军陆航旅划归新成立的联合直升机司令部指挥;成立陆军支援司令部和北约欧洲盟军快反部队司令部;成立新的地面部队司令部,统一负责地面部队的使用与作战事宜,使海内外所有作战部队、作战支援部队和作战勤务支援部队首次归属于单一作战司令部的领导。④调整空军领导机关。1994 年,空军委员会下属的补给与编制部与空军参谋部下属的支援司令部合并,成立空军后勤司令部。⑤调整装备与保障领导机关。2006 年 7 月,国防采办局与国防后勤局合并。2007 年 4 月 1 日,两局合并完成,正式成立国防装备与保障总署。

3. 建设数字化部队,发展信息化武器装备

面对信息化社会的来临,信息化部队建设成为英军的重要目标。1995 年 10 月,英军成立地面指挥信息系统作战需求办公室,统一规划战场探测器材、通信设备和各种指挥信息系统的研究与发展,确保系统的标准化和通用性。同时,该办公室对将被“嵌入”武器系统的信息装置的研制工作实施监督,并协调“非机动式指挥信息系统”发展计划。另外,英军还成立两个数字化机构:一个是数字化军事工作组,代表用户对要发展的系统进行审查和评定;另一个是系统综合委员会,主要职责是为发展各种信息系统提供保障和检验论证勤务。

为提高武器装备的信息化,英军确保重点部队武器装备优先发展,发展信息化武器装备。1993 年,“挑战者” -2 坦克服役,成为英陆军主战坦克。1998 年,排水量为 2.05 万吨的“海洋”号新型两栖攻击舰开始服役,可运送 800 人的部队及其车辆装备并搭载一个直升机中队。从 1998 年起,英国陆续发射Ⅱ系列“空中网” -4 军用通信卫星,取代原来的Ⅰ系列;选用“弓箭手”小型陆空通信系统,

作为超高频无线电收发机;用长距离高频手提式超高频无线电通信系统,代替战场前沿通信设备。在信息传输方面,增强通信设备的传输效能,保证快速、准确、不间断地传递各种情报、指挥和控制信息。在指挥控制方面,逐步更新设在地面和空中指挥所内的设备,以达到对防空武器系统实施高效指挥和控制的目的。2001 年,"渡鸦"(RAVEN)无人作战飞机(UCAV)样机问世并于 2003 年 12 月试飞成功。该型机是英国宇航系统公司研发的新一代无人作战飞机,具有高灵敏性、低可探测性和对地攻击能力。2006 年底,机载远程雷达系统(ASOR)正式服役。全套机载远程雷达系统由 5 架"哨兵" - R. MK1 型雷达侦察机和 8 个地面机动接收站组成,是陆空军共用的、最先进的战场侦察监视系统。

经过新军事变革,英国的武装力量成为由正规军和准军事部队组成,具有多种作战能力,在欧洲属于中等强大的军队。英国军队的实力居于法国和德国之下,战斗力比不上美、俄军队,但仍不失为世界上比较重要的军队,在军队建设方面有很多独到之处。

二、英国国防科研生产能力调整及发展的动因分析

英国国防工业具有为其军队研制各种武器装备的成功历史,但近年来,其国防工业已发生巨大变化。英国政府为适应新的军事战略环境,对国防科研生产能力进行了重大调整,以整合国防工业基础,发展国防部所需要的工业技术和能力,保持一个可持续发展的国防工业能力。综合分析文献,可以把英国国防科研生产能力调整及发展的动因归纳为一句话:整合英国国防工业基础,保持关键国防工业能力。

20 世纪 90 年代中期,英国开始对国防公司进行私有化,一些重要的国防企业及工业基础都已被分散卖给了私营部门,绝大部分工业基础都是以私人产权的形式存在的。如何对完全私有化的军工企业进行更有效的管理,成为英国政府的一大问题。为此,20 世纪 90 年代后期,英国政府决定将全部军工企业分成三类进行管理,分别是战略国防公司、主要国防公司以及一般的国防公司。由于产权的私有化,国防工业基础相对较分散、能力较弱。为了适应新军事变革,满足网络中心化联合作战能力建设的需要,保持英国本土的国防工业能力和基础,国防部努力将零散的工业基础进行重组,将这样一个支离破碎的工业基础整合成一个新的工业格局。因此,英国政府分别于 2002 年、2005 年和 2006 年发表了《国防工业政策》《国防工业战略》《国防技术战略》,主旨在于让工业界明晰现在和未来武器装备建设与使用保障的需求,引导国防工业基础为适应未来需求而

主动调整能力结构，发展国防部所需要的工业技术和能力，以求保持一个可持续发展的国防工业能力基础。因为可持续、富有竞争力的国防工业是英国军队提供军事实力的基础保障，同时也对国家经济以及国家科技基础具有重要影响。

三、英国国防科研生产能力发展趋势

英国在国防科研生产能力调整及发展过程中，虽然对国防科研机构的所有制进行了调整，建立了公私合营的国防科研机构，但从国家和私营企业股份所占的比重看，国家在公私合营的国防科研机构中仍占有大部分股份，对国防科研机构仍享有绝对控制权，改革只是实现了国防科研投资主体的多元化，扩大了国防科研投资的来源。从英国国防科研能力调整及发展趋势看，未来在动荡的国际军事形势和世界新军事变革挑战的双重因素推动下，加快国防科技发展，依靠国防科技进步争夺国际军事优势地位将成为英国实现新的国家安全和军事战略目标的重要手段。因此，进一步改善国家政府部门对国防科研机构的管理；通过合理划分国防科研机构业务领域，进行国防科研机构的合并和重组，减少政府部门之间国防科研机构和设施的重复设置，进一步优化国防科技资源配置，充分提高国防科技资源利用效率；通过改革国防科研机构内部管理程序和运行机制，进一步改善国防科研机构内部管理，提高国防科研机构的技术能力和研究工作效率将成为未来国防科研机构改革的重要发展趋势。

第三节　英国政府支持国防科研生产能力发展的措施及影响

一、英国政府支持国防科研生产能力发展的主要措施

从国家安全需要、保持体系完备性角度考虑，为了对重点国防科研生产能力进行维持维护，促进国防科研能力持续发展，英国政府采取了多种措施。如首先加大国防基础科研的投入，加强对关键国防工业的控制，对国防工业基本原理能力进行了系统的评估，确定英国本土应保持的关键工业能力和关键国防技术，并促进政府和工业界对其进行投资，同时也特别强调了中小企业在国防工业中的重要作用。

(一)重视基础科研

近年来英国不断提升对基础科研的重视。早在2012年的《国防工业白皮书》中英国政府就提出在国防预算紧缩的情况下,基础科研费至少要占国防费用的2%。英国议会下院国防特别委员会在2013年2月5日提交的《国防采办报告》中再次强调这一点,并指出"国防科学与技术"投入不足,加上过分强调现货采购与开放竞争,已严重威胁到英国的技术基础和国防知识体系。

2013年1月,英国大学与科学事务大臣戴维·威利茨发表"加大'研究、发展与创新'投入"的讲话,透露英国政府将投资6亿英镑(约9.5亿美元)支持八大技术领域的发展,其中大数据获得1.89亿英镑、先进材料获得0.73亿英镑,其余分配为航天技术0.25亿、机器人与自主系统0.35亿、合成生物0.88亿、再生医学0.2亿、农业科学0.3亿、能源0.3亿、研究园区建设0.35亿、先进计量实验室建设0.25亿、新设备与基础设施0.5亿。威利茨同时指出,要促进基础科研成果向市场转化。

在加强基础科研投资过程中,英国政府特别重视加强与大学、工业界的合作,以政府和民间共同投资的方式推动科研活动。2012年,英国政府启动了"英国研究伙伴关系投资基金"计划,由政府促进工业部门等与高校研究中心合作,开展尖端技术研究。2013年6月,该计划启动新一轮工作,由公共部门投资7 200万英镑,开展物理科学、医学、先进材料、医药制造和先进制造5个领域的研究,其中先进材料研究获得1.117亿英镑,柔性制造"AMRC工厂2050"研究获得0.43亿英镑。到2015年这一计划结束时,总投资额达到10亿英镑。

(二)对国防工业基础能力进行了系统评估

为了适应新军事变革,满足网络中心化联合作战能力建设的需要,保持英国本土的国防工业能力和基础,英国国防部努力将零散的工业基础进行重组,将一个支离破碎的工业基础整合成一个新的工业格局。英国政府支持国防科研生产能力发展的战略性文件《国防工业战略》和《国防技术战略》都体现了对本国国防工业关键能力实施重点保留和加强的思路,强调必须保持英国的关键工业能力和关键国防技术。为确定哪些工业能力对保持英国部队能力至关重要、英国应该保留哪些国防工业能力、英国本土具备了(或应该发展)哪些工业能力、而哪些需要依靠国外供给等问题,英国政府在《国防工业战略》发布时,从定义、战略综述、装备项目、规划设想、应该保留的工业能力、市场综述、维持战略以及未来方向等方面,对系统工程、海军装备、装甲战车、固定翼飞机、直升机、常规弹药、

复杂武器、C^4ISTAR、核生化防护、反恐、防御技术、测试与评估等十二大领域进行了系统的评估。评估的目的是确定英国国防如何保持综合系统能力，以及长期改进和维护军用装备的能力。《国防技术战略》也确定了 11 个重要的科学技术领域，以及 200 多种重要科学技术，并明确提出了哪些是英国国防部必须投资的关键技术领域，哪些是可以通过合作投资开发的技术领域，哪些是可以由商业市场获得的技术领域。

《国防工业战略》明确了英国国防工业的战略目标是促进一个可持续发展的国防工业基础，这将有利于确保英国主权的工业能力（基础设施、技术、知识产权及能力），以及与盟国的合作，并能从广泛的国际防务市场上获利。因此，《国防工业战略》提出了为确保国防工业持续发展的具体措施，如保持关键工业领域的投资；创造一个富有吸引力的投资环境，吸引各方投资，从而获取利润；研发项目公开招标，提供公平竞争的环境；通过财政手段鼓励创新，推动国防先进技术的研究与发展；调整采购和生产决策原则及程序，使新技术应用于武器系统的时间达到最短；积极支持国防工业产品的出口等。这些措施都能在政府保持充分控制的情形下，推动英国的国防工业具备高效快捷的武器装备交付能力、技术创新和开发的能力、强大的国际竞争能力，并且能持续稳健地发展。

《国防技术战略》首次较为系统地公布了英国国防部当前研发的项目和面向作战能力的未来重点技术领域，包括当前武器装备研发计划所需的关键技术以及英国国防领域必须掌握的前沿技术和重点基础产品技术三大类，更是重点阐述了英国国防部须重点投资和优先发展的科学技术领域以及重点技术，明确了英国本土国防科技能力发展的关键技术领域，以及促进与工业界、大学、外国战略伙伴的技术合作、激励国防研究创新措施等推进国防技术战略的主要措施，并特别强调了工业界将在国防应用研究与开发试验投资方面发挥的重要作用。

2012 年 2 月 1 日，英国国防部发布了题为《通过技术确保国家安全》的国防工业政策白皮书（简称“白皮书”），这是继 2005 年《国防工业战略》和 2006 年《国防技术战略》后英国发布的有关国防工业发展的新战略指南，也是 2015 年进行下一轮国防工业战略审查之前，英国国防工业发展的顶层政策文件。白皮书重点从投资国防关键领域的技术能力、改革采办程序、促进中小企业发展、鼓励出口和吸引外资等方面阐述了保持军工核心能力、维持国防工业发展的思路和政策。

（1）保持国防科技投资，确保关键领域的自主能力。为确保英国军队获得先进的技术、装备与保障，白皮书提出即使国防预算削减，也将优先考虑对国防基础科研的投资。英国每年投入的国防基础科研经费至少应维持国防预算约

1.2%的比例，约4亿英镑（6.3亿美元）。为确保国防关键技术领域的自主能力，应加强网络安全、核威慑、复杂武器系统、生化防御、反恐技术等方面的投资，并加强对国防研发基础设施与设备的投资及建设。

（2）支持中小企业发展，优化供应链基础。白皮书明确将继续为中小企业提供更多的支持，充分挖掘中小企业在满足防务和安全需求方面的潜力。国防部将简化采办程序，增加中小企业获取采办合同的机会，计划将国防部非竞争性合同价值的25%优先分配给中小企业。在项目管理中，主承包商承担的政府合同必须提出中小企业参与的方案，要求主合同价值超过100万英镑的投标者必须明确转包给中小企业的工作任务。

（3）促进武器出口和吸引外资、维持军工能力。白皮书认为，支持负责任的武器出口对促进国防经济增长，维持军工企业生存能力起到非常关键的作用。为此，国防部组建了由国防大臣领导的国防出口支持小组，以积极推动武器出口。另外，英国也积极利用国外资金发展本土国防工业，允许外资在英国境内军工企业中所占的资产份额达到100%，为全球企业投资英国国防工业创造良好环境。例如，英国国防部推出与国外供应商之间的新“工业接触政策”，鼓励国外军工企业投资英国国防工业，在英国开展技术研发和转让，将英国企业纳入其供应链，并加强与英国中小企业的联系。

（三）明确中小企业在技术创新和国防供应链中的重要作用

中小企业常常是创新理念和产品的源泉。英国紧跟美国的脚步，认识到技术创新是军事能力持续发展的保证，调整当前和未来的军事能力，很大程度上要依靠技术创新来实现，因此需要把创新主要力量的中小企业作为国防部直接供货商的重要核心。

英国《国防工业战略》强调，国防工业战略的目的是使供应链现代化，鼓励改革，建立良好的关系和良好的全寿命管理能力，其是否能成功实施关键在于能否得到整个供应链的信任，这对完成国防部的目标有重要作用。在主要国防承包商的主导业务以外存在能力差距和作战需求的领域，以及在采购数量有限的领域，中小企业处于非常领先的地位，特别是在生物、化学、辐射和核技术及反恐技术领域。同时中小企业也是特殊材料、产品和服务的合适供应商。而大学的任务则是从事新兴技术的研究，为增强未来的军事能力做准备。因此，《国防工业战略》指出国防部必须成为中小企业的亲密用户，希望国防部改进对中小企业创新的认识，并非常担忧这类中小型公司离开供应链所造成的影响。因而，《国防技术战略》中包括的几项倡议，目的在于鼓励个体、学术界和中小企业的改革者

提出解决国防部面临的技术难题的切实方案，并对其研究技术进行投资。如"巨大的挑战"则是提出在复杂环境中能探测、识别、监视和感知的自主或半自主系统的首创方案，为创新提供的一种平台。

另一方面，作为中小企业，只有通过创新才能进入供应链，并与大型国防公司做生意。因此，中小企业的创新无论是对国防工业或企业自身的发展都是十分必要的。

《国防技术战略》强调了供应链业务流程和运行的创新。在支持供应链创新方面，国防工业委员会与主要的工业合作伙伴编制了军事装备技术路线图（总计36个）。技术路线图是按照等级将装备分解为各个组成部分，从系统级开始，然后从子系统向技术逐步分解，确定每个路线图的每一级供应商。这为更好地了解供应链提供了最有用的工具，同时也为大学、中小企业、技术研究机构和其他下游供应商参与国防研究提供了机会。

英国国防部已经采取了若干措施来保证子合同商和中小企业能够有机会参加竞争，包括成立为未来国防供应商提供指导的国际供应商服务处；鼓励主合同承包商在国防合同公告中告知子合同承包商机会；为中小企业开设许多窗口，中小企业可以利用国防部目前提供的许多机会参与竞争。英国国防部还把对国防工业能力的关注重点从主要供应商转向关键供应链，着手拓宽主要供应商之外的供应链，强调无论是现在还是未来所有供应商都有提供军事能力的机会，以寻求关键能力和技术资源，进一步鼓励中小企业参与更广泛的国防合同竞争。同时还通过举办供货商日等活动，吸引来自中小企业及学术界的代表。作为激励科学技术创新的一个主要措施，国防部将增加通过竞争方式实施的研究计划的比例。为建立一个充满活力和竞争力强的国防工业，英国国防部采取长期向工业界通报国防采购计划，提供出口手续、税收优惠、安全保障及研究资助等措施，鼓励工业界最大限度地参与军品合同投标和承担国防研制生产项目。英国国防部还建立了一个关于未来装备需求、技术发展趋势和市场评估的数据库，以帮助军工企业和民品公司了解技术发展趋势和市场需求。

（四）鼓励工业企业开拓国际业务

鼓励并支持国防工业企业继续开拓国际业务是英国政府的既定战略方针，也是保持其国防工业持续发展的一项重大举措。英国国防工业开拓国际业务主要通过三种途径来实现：一是装备采办政策与推行竞争；二是实行军事技术的跨国合作；三是鼓励武器出口。

1. 装备采办政策与推行竞争

针对武器装备采办中的可靠性差、超预算、延期交付等问题，为提高装备采办效益，近些年英国国防部一改以往装备采办缺乏竞争性，多是与工业部门签订基于成本的合同的做法，也进行了以建立装备市场竞争机制为导向的一系列采办政策的改革。具体措施包括：绝大部分合同的签订采用竞争形式，并允许国外承包商参与竞争；要在采办项目各阶段引入竞争性合同；在非竞争性合同方面，要在分承包合同层次引入竞争机制；取消成本加成合同，更多地使用固定价格合同以及目标成本激励合同；采取主承包商制度，转移采办风险；扩大合同承包商的数目，以提高竞争范围和程度等。

2002 年 10 月，英国国防部的第 5 号政策文件关于国防工业政策部门专门列出“竞争政策”。该文件指出，竞争能保证充分按时为部队提供具有世界水平的武器装备，而且可以使英国军工企业赢得国外项目。开展竞争是英国进行国防科研和生产管理的重要方式，英国国防工业的竞争机制已经实施多年。英国政府规定，主承包商和分承包商都应通过竞争获得国防科研和武器装备的研制合同。英国的国防工业在长期发展过程中形成了比较系统的机制体系，除竞争机制之外，还包括利益机制、政策机制、计划机制、合同机制和法律机制等。

近些年来，英国又吸取了美国的经验，对大型武器的招标项目，在拟订标书之前，先组织现场演示，通过演示选择几家公司进行竞争，从中选出中标者。英国为了在国防科研和生产中推行竞争机制，将国有军工企业全部私有化，国防科研机构也进行了大改组，并将一大部分国防科研机构推向了市场。目前，英国国防部所签订的竞争性合同在整个采购合同中的比例正逐年上升，不仅节约了大量装备采办费用，而且也使英国国防工业的竞争能力得到了明显提升。

2. 加强国际科技合作

加强国际科技合作是英国政府降低投资风险、促进国防技术发展的重要手段。正如《国防工业战略》所指出的国防部现阶段约有 12% 的研究计划，需要通过国际合作来共同完成，同时也透露合作研究能够创造出五倍于英国所进行投资的回报，并把能为英国提供就业机会、技术和知识产权的国外公司作为国防工业能力的一部分，而且将采用新的竞争机制，进一步加强国防技术的国际合作。《国防技术战略》也明确了对于依靠本国力量无法实现的关键技术，要通过国际合作、建立战略伙伴关系等方式来获取，对于那些与作战能力密切相关的技术领域，国防部要与其他国家和地区（特别是美国和欧洲）建立和维护良好的合作关系，共同承担风险、共同分享技术成果、共同促进国防技术发展。为进一步提高国防科技水平和国际竞争力，英国在 2001 年 9 月公布了其面向 21 世纪的国防科

技战略。该战略把扩大国防科研的合作范围作为英国未来国防科技战略的一个重要组成部分。英国国防部认为，开展国际合作可以实现技术上的优势互补，有利于盟国之间武器装备的标准化和通用化。目前英国已经与法国、德国、意大利等国签订了国防科研的政府合作框架协议，还与美国共同制定了国防科研的长期合作方案。

近几年，英国国防采办业务迅速扩展，已从装备采办扩展到签订服务和支持合同（由国防企业提供培训、信息技术支持、主战平台维护等）。国防工业涉及对作战的直接支持已使国防工业供应商多样化，除制造商外，还包括专门的服务提供商，并参与重大武器系统的国际合作。如重要的西方高技术国防计划都有英国承包商一定程度的参与。它们可能是主承包商，或者参与分系统或部件的设计、集成、制造或计划管理等，通过武器装备技术研制和生产的国际合作，使英国国防工业更强、更具竞争力，并给国家带来更大的经济与技术利益。英国国防部白皮书称："针对现有的工业链和工业的未来发展，重新评估国防工业政策。我们必须有针对性地制定新的战略，把重点转移到国际武器装备市场上去。""联合攻击战斗机计划"证明了英国国防工业在国际市场上的竞争力。英国政府在合作开发该飞机方面的投资达 14 亿英镑，英国国防企业也参与了此飞机的研制工作。

3. 鼓励武器出口

英国是继美国之后第二大防务出口国，占有全球市场20%的份额，大约20%的英国国防领域雇员从事出口工作。在过去十年中，英国国防工业所获得的出口订单价值每年平均为50亿英镑，给国防工业和国防部带来了巨大的收益。英国希望能继续巩固和保持这种出口国地位。因此，政府鼓励国防工业开发高新技术并迅速地用于现役武器的改造和升级，提高在防务市场上的竞争力，因为出口是国防经济的一个重要部分，它可以创造比国内采购更多的利润。这种利润诱惑反过来又将刺激工业企业开展技术创新，提高武器装备性能、降低成本，提高利润，通过这些具有世界先进水平和竞争力的产品出口反过来支撑工业供应的基础，维系国防工业良性循环、健康发展。

英国国防工业是美国国防的主要海外供应商，每年从美国政府获得 10 亿英镑的订单，大约占整个美国海外装备采购额的一半。因此，英国国防部白皮书称："尽管英国国防工业在全球的地位给人的印象深刻，但它需要继续适应世界装备市场环境，从美国市场上建立立足点，向创建欧洲国防公司发展。"

二、主要措施的效果评价

以英国政府加强对关键国防工业的控制为例进行评价。

在国家关键的军工公司持股或控股，是政府控制和管理国防工业的有效途径，同时也是保证国防工业为满足国家安全需求而进行能力建设的有效保障。为了促进国防工业基础转型和调整更好更快地向前推进，英国在大力推进私有化的同时，也意识到政府对国防工业的主导控制对国家安全的重要作用，特别是在国防工业日趋全球化的今天，这种控制措施显得尤为重要。

过去，为了维护国家安全，英国政府实行海外投资商占有英国防务市场总份额不得超过 49.5% 的政策。这一限制性政策妨碍了公司的发展和成长，并且与提倡公正开放的市场和英国公司开发海外新市场的要求不一致。英国政府在 2002 年 5 月同意取消这一限制性政策，但仍维持外国单股控股极限为 15% 的政策，以防止国外个人或组织控制英国的防务市场。英国对欧盟成员国合作参与关键技术研发活动持保留态度，其国防工业战略合作首选伙伴是美国，且美国为 BAE 系统收购美国国防工业公司给予特别关照，但即便如此，英国并没有对美国资本进入国防工业领域完全打开大门。2006 年 9 月，英国政府拒绝了美国工程和建筑公司 Fluor 集团出资 7.5 亿美元收购英国核集团（BNG）的请求。英国核集团控制着英国的核退役工业，从有利于英国核退役工业的竞争出发，英国财政部和贸易工业部决定，英国核燃料公司（BNFL，英国核集团的控股公司）不能将英国核集团作为一个整体出售。

另外，英国政府对关键国防企业拥有“黄金股”也是一种有效的控制途径。英国奎奈蒂克集团公司在 2001 年 7 月从英国国防部评估与研究局分出来后，国防部仍控制着该集团公司大部分股份。到 2005 年 5 月，国防部在该集团公司的股份为 57%（其余 30% 为私营公司股份，13% 为职工个人股份）。按照英国政府制订的计划，国防部将继续出售该公司的股份，使其逐渐成为一家私有研究企业。由于奎奈蒂克公司的业务大量涉及国防和安全技术领域，英国国防部明确宣布了新的政策，决定通过在该集团公司持“特殊股（也称黄金股或金股）”的方式对公司重大决策长期保留最后决定权。“特殊股”的保留使奎奈蒂克集团公司及其下属子公司都不脱离国防部的控制。另外，国防部规定国外投资商对奎奈蒂克公司的持股不能超过 3%，从而确保英国关键国防与安全技术不外流。按照欧盟法律的相关规定，英国国防部完全可以保留这种特殊股份。英国政府在 BAE 系统公司中也拥有“金股”，这保证了未经政府同意，任何人不得对公司条款进行修改（公司条款规定外资在单个公司的股份不能超过 15%，在整个总公司的

股份不能超过49.5%)。在BAE系统公司中,英国政府所占有的"黄金股"使其有效地防止了国外公司持股(单股)占有BAE公司系统15%以上的股份。

同时,英国国防工业企业在立足欧洲本土市场的同时,积极进行对外扩张,主要国防公司通过购买当地公司,开拓新的武器出口市场,以实现对国外市场渗透的目的,并积极争取在国际竞争中占据优势地位。英国国防企业对美国装备生产合同十分重视,这些合同往往要求装备生产在美国进行。为此,某些英国国防公司兼并了一些中小型美国公司,这些英国公司包括BAE系统公司、史密斯(Smiths)工业公司、GKN集团、奎奈蒂克公司、罗尔斯·罗伊斯公司、VT集团(以前的沃斯帕-桑尼克罗夫特公司)和科巴姆(Cobham)公司等。

例如,奎奈蒂克公司为开拓美国国防市场采取了如下措施:①吸收美国军工企业入股。从此,奎奈蒂克公司在美国国防市场上扩大了自己的势力,加强了在美国国防市场上的竞争力。②收购美国军品公司。奎奈蒂克公司通过积极收购美国的军品公司很快扩大了在美国国防技术市场的业务范围,提高了经济效益。

第四节　英国国防科研生产能力的监管机制

英国政府始终把科技创新放在国防工业发展的突出位置,制定明确的创新战略和计划,在政策和体制机制上加大管理力度。2010年12月20日,英国国防部公布《英国国防与安全装备、保障和技术绿皮书》,明确通过全球市场公开竞争采购,尽可能购买民品现货或技术,保护具有战略重要性中小企业的技术路线。

一、英国国防科研生产能力的政府监管架构

英国国防科研生产能力的政府监管是在首相和内阁直接领导下,由国防部牵头,有关政府部门(贸工部、教育科学部、财政部等)从不同角度协助和参与,形成以国防部为主导、以民间科研机构和企业为基础的集中统一的管理体制,如图4-3所示。

英国国防科研生产能力的政府监管架构从决策、管理与实施、具体承担三个层次对国防科研与生产进行分类管理。英国国会、首相及首相领导下的国防与海外政策委员会是国防科研生产管理的最高决策机构。英国的国防科研生产能力由国防部和贸工部等政府部门分别从不同角度进行管理,但两者在国防科研监管方面有着明确分工。国防部侧重于国防建设和确保武器装备研制生产供应;贸工部是英国负责工业和商业事务的主要政府部门,下设英国航天中心、原

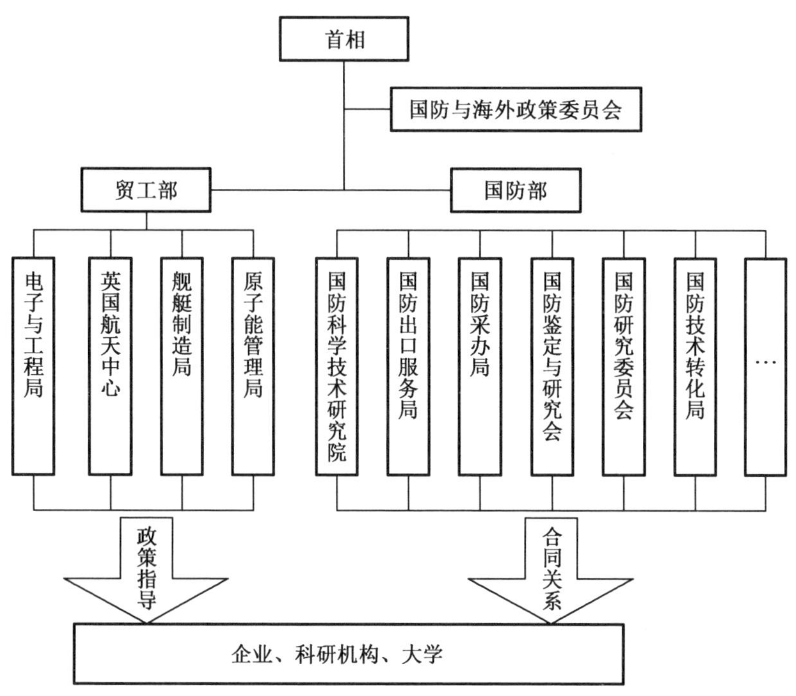

图4－3　英国国防科研生产能力的政府监管架构

子能管理局、电子与工程局和舰船制造局，侧重于促进国防科研活动对国民经济发展的带动作用。另外，还有国防采办局等采办部门负责与军工企业、研究机构及大学等的合同订货。

英国国防科研生产能力管理与实施机构由国防科学技术研究院、国防鉴定与研究委员会、国防科学顾问委员会、国防科学顾问局研究与技术处和国防技术转化局等组成。其中，国防科学技术研究院（Defence Science Technology Laboratory，DSTL）为国防部主管科研的业务局，是国防科研、试验与鉴定工作及实施机构的统管部门，主要机构包括国防化学与生物处、化学与电子处、国防分析中心和国防研究信息中心等。该研究院既是英国国防部的职能局，又是科研机构，其主要任务是承担必须由政府部门从事的国防科研工作，向英国国防部提供客观、公正的国防科学和技术建议、专门研究成果、国防科学和技术分析综合研究报告，同时开展国际研究合作事宜等。国防鉴定与研究委员会是国防科研和武器装备鉴定工作的计划机构；国防研究委员会是国防部预研的决策、规划和审批机构；国防科学顾问委员会是国防部科学技术咨询机构；国防科学顾问局研究与技术处负责国防预研和国防长期规划发展等重大问题的研究咨询机构；国

防技术转化局负责民用技术向国防技术的转化工作。国防科研任务由国防科学技术研究院所属的四个业务部门、其他政府科研机构、企业科研机构和大学科研机构来具体承担,如图 4 -4 所示。

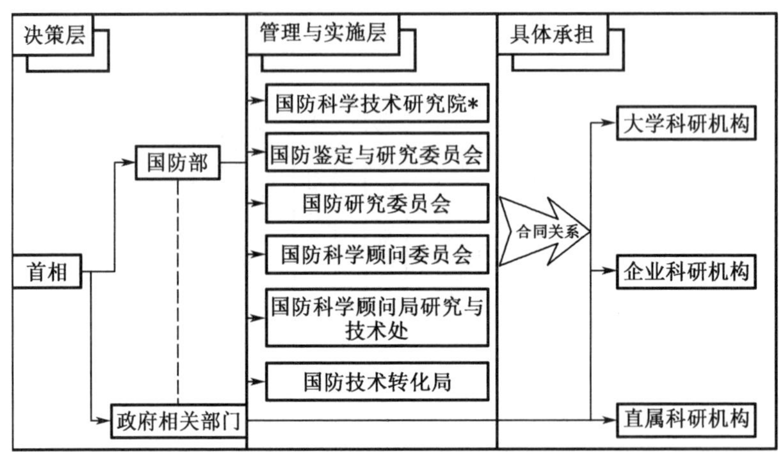

图 4 -4　英国国防科研生产能力的政府监管层次

注: * 兼有管理、实施职能; --- 表示协作关系。

二、英国国防科研生产能力的政府监管政策体系

(一)管控国防科研生产能力的政策法规

英国采用国防部高度集中统一管理的管理体制。英国国防预研工作由国防大臣统一领导,由国防部中央参谋部的国防科技局承担具体的管理职能。国防科技局是国防部主管科学与技术的业务局,下设科学能力处、国防化学生物与人体系统处、综合环境与模拟仿真处、作战环境处、国防弹道导弹处、核系统处、研究采办处 7 个业务部门,主要负责制定国防预研发展战略、方针政策、重大计划,实施相关科学领域管理工作。

英国国防预研计划由国防科技局负责制订,具体由国防科技局的国防科学和技术委员会组织实施。其主要程序如下:

(1)各军种、工业部门、高等院校向中央参谋部装备能力局提出研究需求。

(2)中央参谋部装备能力局根据未来武器装备发展所需的各种能力,确定需要优先发展的研究领域,形成《能力领域计划》。然后根据该计划对各部门提出的研究需求进行筛选,汇总后向国防科技局提出研究计划建议。

(3)国防科技局组织国防科学与技术委员根据《国防战略指南》所确定的未来30年科学与技术发展的政策和重点领域,对装备能力局提出的研究计划建议进行审查。国防科学与技术委员会重点审查研究计划建议是否与研究战略一致,通过综合权衡确保研究计划的有效性和平衡性。国防科学与技术委员会通过对研究计划的优先发展顺序进行调整,形成研究计划。

(4)研究计划制订完成后,提交国防部的国防投资审查委员会审查批准。国防科学与技术委员会根据国防投资审查委员会在审查过程中提出的意见,对计划进行修订。研究计划经国防投资审查委员会确认后交由研究采办处具体实施。

2007年12月13日,英国国防装备与保障局公布《国防创新战略》,提出英国政府、工业界和学术界加强合作、鼓励创新的目标和重点。国防装备与保障局局长表示,“英国国防部鼓励奇思妙想、创新思维,来为军队提供能够克敌制胜的最新技术和装备优势”“希望与工业界共同构建激励创新、迅速开发并形成作战能力的良好环境”。2009年2月26日,英国国防部公布《国防技术计划》,首次提出国防部满足未来军事需求的长期研究计划和目标,分为系统、新兴技术、能力愿景三部分,系统部分包括舰船、地面装备、航空航天、武器、ISTAR与核生化、交叉学科、联合供应链七大系统,新兴技术包括13个技术领域,能力愿景包括5个项目领域。

为强化国防创新管理,英国国防部自2010年4月1日起,明确由“国防科学技术研究院”负责国防科研和创新的集中统一管理。该院将成为英国国防科技发展和创新的统领机构和核心力量,与工业界、学术界和其他研究机构一起设计、规划和组织国防创新项目。该院首席执行官桑迪斯称,该院将领导和支持国防科研机构的创新活动,增强国防部科技用户和工业与学术界供应商的关系,节约100个国防部科技管理岗位。根据该方案,国防技术和创新中心将停止运行,其职责由该院履行。科学、创新和技术组织将精简,并由国防部一个小型工作组替代。该院将继续从事风险高、敏感性强、作战关键等应由政府从事的研究项目。

(二)针对国防项目管理的特定法案

英国的国防工业在长期发展过程中形成了比较系统的机制体系。这个机制体系包括利益机制、政策机制、计划机制、合同机制和法律机制。国防部通过向英国科技界择优招标的方式,与民用部门的科研公司合作,共同投资组建了从事

国防基础研究的国防技术中心,目的是要通过公私合作的形式,进一步促进投资主体的多元化,加强基础科研机构的创新能力。英国国防部以项目联合小组为核心,实行项目全过程管理控制,并建立了以项目主任为首的武器装备项目管理体系,全面负责武器计划项目的实施。英国国防部于 1999 年 4 月在原装备采购部基础上简化机构组建以一体化项目小组为核心的国防采办局,撤销各武器系统局,成立结构松散的一体化项目小组群,打破原装备部以武器系统为基础的管理模式,建立了以一体化项目管理为核心的新体制。

英国国防预研项目的管理由国防科技局的研究采办处负责。长期以来,英国国防预研由国防部直属的国防鉴定研究局承担,国防部直接向科研机构下达科学与技术研究任务,所有的经费也都由国防部的预算直接支出。2003 年国防鉴定与研究局完全私有化后,国防科技局成立研究采办处,开始对国防预研项目采用合同的方式进行管理。研究采办处既负责合同的签订,也负责合同的履行监督。在合同签订时,研究采办处对于竞争性合同和非竞争性研究项目分别采用公开招标和谈判方式签订合同。

1. 非竞争性预研合同的签订

目前,英国国防预研主要由国防科学与技术研究院及奎奈蒂克公司承担,其他工业界科研机构、大学科研机构等承担得很少,预研项目的垄断性较强。为此,英国国防部主要通过谈判的方式签订预研合同。其步骤是:首先根据研究采办的需求确定能够承担预研任务的研究机构,选定相适应的合同类型后,合同双方进行谈判,达成一致的技术、价格和协议时签订合同。非竞争性合同的签订在定价方面遵循着一个十分重要的原则,即“没有双方一致同意的价格,不签订合同”。这项原则也是双方谈判的重点内容。

2. 竞争性合同的签订

目前,英国国防部正扩大研究项目的竞争,研究采办处通过公开招标的形式签订合同。其程序主要包括邀标、评标和定标三个阶段。研究采办处在确立了采办需求和相应的采办战略后,向有能力的研究单位发出邀请,邀请书明确合同的要求和上交标书的时间。研究单位上交标书后,研究采办处组织评标。在听取各投标单位的阐述后,综合各项因素最终选择最优的预研项目承担单位。

研究项目的合同签订后,研究采办处根据合同和相关政策对研究项目进行过程管理。当承包商不能在预定的时间内完成合同条款内容时,研究采办处根据《履约失败条例》终止合同。合同终止后,研究采办处及时终止项目费用的支付,但承包商将根据所做的工作获得相应的补偿。对于能够顺利完成的合同,研

究采办处根据合同条款对其进行验收，承包商根据合同条款的规定获得相应的利润和成本补偿。

三、英国国防科研生产能力调整重大活动的审查

（一）军工资产上市审查

1. 审查目的

20世纪90年代，英国推行私有化改革，将敏感军工资产剥离后，推动军工资产上市。以英国国防部国防评估与研究局（DERA，以下简称“研究局”）私有化并最终上市为例，说明英国国有军工资产上市相关情况。

20世纪90年代，在英国私有化改革大背景下，研究局开始私有化改革。国防部、财政部等成立了“部长级指导小组”，负责该机构的私有化改革。上市前，国防部对研究局进行资产剥离，保留四分之一的力量（主要是放射性武器、生化武器等敏感资产和人员），组建国防科学与技术实验室，作为国防部主管科研的业务局。其他研究部门推向市场，改组为奎奈蒂克公司，并向私营部门出售股份，成为股份制的科技发展公司。

2. 审查机构

作为主要监管部门，国防部对国有军工资产剥离、股份制改造全过程实施监管。

3. 审查原则

特别说明，英国军工资产的上市资产是置于其国家一般的资产上市审查体系之中的，没有专门针对军工资产上市审查的相关法律法规和规则，其审查规则与一般资产的上市审查规则差异不大。

4. 审查程序

股份制改造完成后，企业向金融服务局（FSA）提交申请，金融服务局对发行申请进行审批，审批通过后由交易所安排企业挂牌交易。

国有军工资产上市后，英国仅以“金股”形式保留对上市公司的控制力。例如，在奎奈蒂克公司上市后，国防部大幅减持国有股，最终由100%减持为仅保留金股(1股)，对公司进行控制。通过金股，英国国防部保留了对该公司恶意接管、重大决策、重大股权变动等事项的最终发言权，同时还对董事会和管理层人员构成等拥有监督权，如图4-5所示。

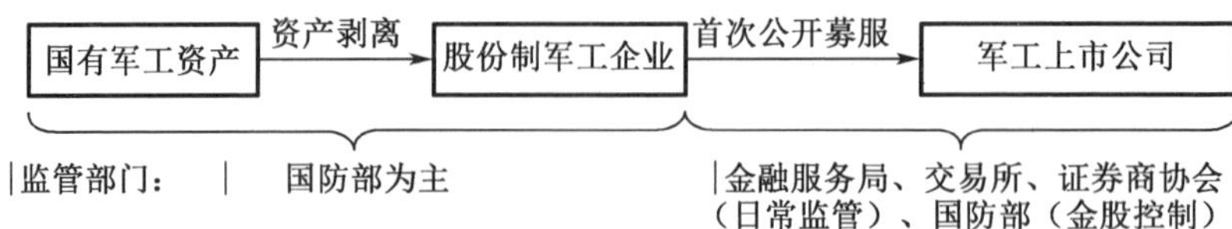

图 4－5　英国国有军工资产上市流程及监管部门

(二)英国分散立法模式下针对外资并购的审查制度

1. 审查目的

英国没有专门针对外资并购的国家安全审查制度,而是在相关法律中分别进行了规定。

2. 审查机构

英国的外资并购审查机构主要有两个:公平交易局(OFT)和竞争委员会(CC)。公平交易局是根据 2002 年《企业法》成立的监管跨国并购的政府职能部门,它有权批准跨国并购,或将其交给竞争委员会做进一步调查;竞争委员会接受公平交易局的指令,对跨国并购进行调查,并实施“竞争测试”,来决定并购案的成败,这个委员会是由各界专家组成的独立决策机构。

3. 审查原则

依据英国 1975 年《工业法》规定,英国的重要制造业企业的控制权转让给非英国居民,从而与“英国的利益”相抵触时,英国政府有权禁止该转让。其中“英国的利益”是指“与公共政策、公共安全或者公共健康有关的利益”。

另外,英国 1973 年《公平贸易法》规定,政府授权公平交易局总局长审查所有并购交易当事人提交的并购申请,初审过后,向负责贸易和工业的大臣提出处理意见,由国务大臣决定其合法性。如果被交易的企业的资金超过 1 500 万英镑,或被交易的股权达到该公司总股权的 25% 以上,还必须在进行交易之前向英国的垄断和合并委员会提交报告,该委员会对其是否违反公共利益进行审查,经营者集中“违反公共利益”时,不得实施。而判断是否“违反公共利益”的考虑因素包括:对英国市场竞争的影响、消费者权益、新产品研发、成本削减、对工业和就业的平衡配置的影响、对英国企业在海外的竞争行为的影响等,实际上已包含国家安全的内容。

4. 审查程序

英国的审查程序包括接受指令、进行调查并实施“竞争测试”、做出决定、采

取措施等阶段。英国的并购安全审查制度中并没有像美国那样的先期提出申请的程序性规定，但申报与不申报的法律后果不同，当审查机构决定对未申报的并购案进行调查时，调查程序则不受法定期限的约束。一般程序是，公平交易委员会若发现某并购案可能会影响国家安全，会指示竞争委员会对该案进行竞争测试，然后做出是否批准的决定。公平交易委员会并不要求并购案先期提出申请，在兼并前、兼并中或兼并后 4 个月，它可以指令竞争委员会对可疑的案件进行审查，审查时间可能旷日持久。英国外资并购安全审查的特点是宏观宽松、微观严格，它对并购案实施多层次、宽领域的管理，以政府资助的半官方机构来行使政府职能，试图使监管机构与政府保持相对独立。但是，如果涉及国家的利益，英国政府会采取一切必要措施来进行干预。

（三）涉军单位兼并重组审查

英国政府对关键国防企业拥有“金股”也是一种有效的控制途径。英国奎奈蒂克公司在 2001 年 7 月从英国国防部原评估与研究局分出来后，国防部仍控制着该集团公司大部分股份。到 2005 年 5 月，国防部在该公司的股份为 57%。按照英国政府制定的计划，国防部将继续出售该公司的股份，使其逐渐成为一家私有研究企业，由于奎奈蒂克公司的业务大部分涉及国防和安全技术领域，英国国防部明确宣布了新的政策，决定通过在该集团公司持“特殊股（也称黄金股）”的方式对公司重大决策长期保留最后决定权，“特殊股”的保留使奎奈蒂克公司及其下属子公司都不脱离国防部的控制，另外国防部规定国外投资商对奎奈蒂克公司的持股不能超过 3%，从而确保英国关键国防与安全技术不外流，按照欧盟法律的相关规定，英国国防部完全可以保留这种特殊股份。英国政府在 BAE 系统公司中也拥有“金股”，这保证了未经政府同意，任何人不得对公司条款进行修改（公司条款规定外资在单个公司的股份不能超过 15%，在整个总公司的股份不能超过 49.5%）。在 BAE 系统公司中，英国政府所占有的“黄金股”使其有效地防止了国外公司持股（单股）占有 BAE 系统公司 15% 以上的股份。

第五节 英国典型案例

一、国防评估与研究局的私有化改革

英国国防评估与研究局是英国国防科研机构改革的排头兵和试验田，在国

防经费投入不足,但又要在军事科研上有所作为的情况下,其通过不间断的改革,既完成了英国国防的科研任务,又逐步走向市场,强化了自身的竞争能力。

英国工党政府1998年出版的《战略防御评估》对国防评估和研究局的未来发展提出五种方式:一是维持其现状;二是将其业务分解到由主要学术机构管理的多个实验室中;三是剥离其非国防业务和国防工业可完成的业务;四是扩大非国防业务范围;五是通过改革分离出股份制公司,并由机构持续增加持股,即公私合作模式(public - private partnerships,PPP)。国防部最后选择第五种方式。

为推进国防评估与研究局私有化改革,国防部专门成立"部长级指导小组(ministerial steering group)"对私有化改革中的重大事项做决策。指导小组组长由国防军需国务大臣担任,组员包括国防部和财政部的高级官员、首席科学顾问①、国防评估与研究局的首席执行官以及来自私营部门的专家等。此外,国防部成立了"国防评估与研究局的合作小组"的执行机构,负责管理国防评估与研究局私有化改革。

当时,英国对国防评估与研究局的状况进行了深入研究,并委托咨询公司对其改革进行可行性研究,在所选择的PPP方式的基础上,提出了四种模式供选择,如表4-2所示。

表4-2　四种私有化改革模式

备选模式	具体描述
依赖模式	国防评估与研究局的绝大部分部门被私有化,但某些业务在私有化后受到限制
核心能力模式	国防评估与研究局保留其关键核心能力,其余部分私有化
国有民营模式	国防评估与研究局的非主营业务私有化,主营业务保留在公共部门内
信托模式	国防评估与研究局的大部分设施和人员同时保留在公共部门和私有化后新成立的国防评估与研究局内

国防部和国防评估与研究局的管理层最初支持采取"依赖模式"。但是,美国国防部对该局某些敏感领域业务(如放射性武器、生化武器、反恐等)私有化问

① 英国政府首席科学顾问是政府从事科学政策制定办公室的负责人,主要参加国家科学和技术有关的活动,并向首相和政府汇报工作。

题表示担忧。“核心能力模式”能在公共部门保留该局约四分之一的员工及最敏感业务,可以解决美国担心的问题,因此英国最终选择了“核心能力模式”,决定将其大部分研究部门推向市场,组成私营企业,剩下的部分组成新的公共部门。最终,该局被拆分为国防科学与技术实验室(Defense Science and Technology Laboratory)和奎奈蒂克公司两部分,原国防评估与研究局四分之一的力量组建国防科学与技术实验室,作为国防部主管科研的业务部门,其他部分改组为奎奈蒂克公司,向私营部门出售股份,成为股份制的科技发展公司。

作为英国国防科研机构改革的一个缩影,国防评估与研究局的改革思路主要有两个方面:一是强化国防潜力,提高英国科技研发支撑能力,奠定坚实的国防科技基础;另一方面是提高国防科研水平,加强与盟国的合作,占据世界国防科技制高点。改革措施与特点包括以下几个方面。

1. 推进市场化,提高国防科研的长期竞争力

提高市场化程度是英国国防评估与研究局改革中一个最重要的目标。它的历次改革都是紧紧围绕这一目标进行的。从建立伊始该局即开始考虑市场化改革步骤。如 1993 年 4 月开始对该局实行自负盈亏的管理方式,同时放宽政策,扩大业务范围,在完成指令性任务的前提下,尽可能多地开发其他业务。1995 年 4 月,为促使军事技术尽快走入民用市场,英国又将除核武器以外的全部国防科研、试验与评估机构划归该局统一管理,并更名为国防评估与研究局。1997 年英国国防部开始研究该局的私营化问题,经过几年的酝酿,终于在 2001 年完成了改革。

在国防评估与研究局的市场化进程中,采取了以下几方面的措施:一是政府减少了对该局的干预力度,实行较为宽松的政策;二是实行自负盈亏的管理方式;三是通过出售股权使之成为纯粹市场化的私营机构;四是根据市场规律和通行的商业法则进行运作。如可以自主开发新技术,直接参与市场竞争;可以通过多渠道筹集资金,实现投资主体多元化。经过新的改革后,国防评估与研究局的主体也就是现在的奎奈蒂克公司已经全面转向市场化经营。

2. 加强军民两用技术的开发力度

英国军民两用技术的开发主要由国防评估与研究局负责管理,它的主要职能是制订计划和设立机构进行军民两用技术的研究与开发。

英国军民两用技术发展计划包括“开拓者”计划和“战略联盟”计划。这两个计划通过加强政府与工业界的联合与交流,以达到更好地利用国防研究经费的目的。例如,“开拓者”计划通过国防评估与研究局邀请英国企业参与一些会

议，并向其通报开发计划，英国各企业据此再向国防评估与研究局提出其参加研究的项目。至于开发经费，有些项目的资金完全来自工业界，但要使用国防评估与研究局的设备；有的是双方共同出资；有的则由工业界出资而在国防评估与研究局内成立一个机构以从事有关合作。由于这些合作可以令工业界较早地参与国防部的应用研究计划，有利于军民技术的项目转化，所以工业界对此种合作方式很有兴趣。"战略联盟"计划的主要目的是加强国防评估与研究局同几个关键性公司的沟通，从而使双方的研究项目能够互利。如罗尔斯·罗伊斯公司就与国防评估与研究局及国防部的官员交流了各自的项目计划，并共同制订了五年计划。

军民两用技术的实施机构包括以国防评估与研究局为基础成立的一系列两用技术中心，这些中心以研究院、公司及大学为合作伙伴，并由该局提供相应的设备。首家中心成立于 1995 年 1 月，是该局与英国 BAE、GEC 及 Cray Research 等公司联合建立的"结构材料两用技术中心"，到 1998 年已建有包括海运技术、软件工程、信息技术及机器人等在内的六个两用技术中心。这些两用技术中心的成立一般依靠在某一领域占领先地位的公司。另外，国防评估与研究局还在 1998 年 3 月设立了多种经营机构以从事技术转让工作，并通过该局下属的研究所进行知识产权的转让，为民品生产提供信息，同时积极寻觅联合开发计划的合作伙伴。该机构将把未来装备的需求、技术发展趋势和市场评估资料建成一个数据库，并通过国防评估与研究局下属的单位促进军、民技术成果转换，从而使企业在国内外军、民品市场上赢得更大的市场份额。

3. 加强对核心技术的控制，满足军事的特殊要求

以英国市场化的发展趋势来看，国防评估与研究局的一分为二似乎有些出乎意料。其分拆出的奎奈蒂克公司的业务范围除少数敏感技术外，可以说几乎覆盖了英国三军所有的装备领域，再增加一个国防科学技术研究院似乎多此一举。但是，如果把英国国防改革放在英美特殊关系的角度上看，这种划分又是顺理成章的。由于英美在秘密技术及弹道导弹头设计等诸多领域共享机密资料，两国负责国防科研的许多官员都曾坚决反对英国将国防评估与研究局完全推向市场的做法，认为这会危害两国在机密军事技术合作的途径，最终国防评估与研究局在全面迈向市场化的同时，也建立一个具有管理职能和"核心能力"的国防科学技术研究院，从而使英国国防评估与研究局在进行市场化以及广泛应用并推广两用技术的同时，也形成了英国国防科研"小核心，大协作"模式。

二、BAE 系统公司

BAE 系统公司是跨国大型军工企业，是欧洲最大的防务公司、世界第三大防务公司。1999 年 1 月，英国航空航天公司收购马可尼电子系统公司，新的公司更名为 BAE 系统公司。作为海、陆、空武器系统的主要承包商和系统集成商，按照国防收入统计，BAE 系统公司已发展成为横跨欧美多个国家、欧洲最大的国防承包商，总收入超过 150 亿英镑。目前，BAE 系统公司主要面向美国、英国、澳大利亚、沙特阿拉伯、南非和瑞士六大市场，并在这些国家和地区设立了十二个分部与公司(图 4－6)。其中，用户方案运营集团、系统产品集团、电子与集成方案部和陆地与装备公司的业务运营(约为 BAE 系统公司年销售额的 46%)由下属 BAE 系统有限公司(原 BAE 系统公司北美部)集中管理。

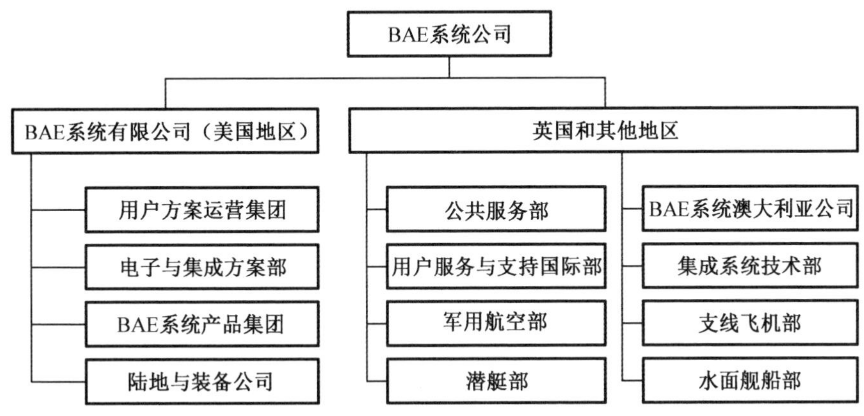

图 4－6　BAE 系统公司的组织结构

1. 用户方案运营集团(美国)

用户方案运营集团是 BAE 系统公司北美子公司——BAE 系统有限公司的四个业务部门之一，是美国海军最大的技术服务承包商之一。该集团总部位于美国弗吉尼亚州的阿灵顿，拥有雇员 14 000 余人，在美国国内有 60 多个研制生产基地，下设 3 个业务部：BAE 系统信息技术分部、技术方案与服务分部和 BAE 系统船舶维修分部。该集团主要面向美国、英国等市场，为美国联邦政府、国家安全机构、民用市场等提供集成信息技术、专业技术方案等，并提供系统集成、系统工程、技术协助、操作与维护以及后勤等服务。主要产品包括海军 C^4ISR 无线电通信系统，特殊用途的通信、指挥和控制系统，精确跟踪雷达等。

2. 电子与集成方案部(美国)

电子与集成方案部是 BAE 系统公司北美子公司——BAE 系统有限公司的四个业务部门之一。该部拥有 17 000 余名雇员,在美国的 16 个州、英国和以色列等国家和地区均有研制生产基地,下设 4 个业务部:电子战分部、传感器系统分部、网络系统分部和平台解决方案分部。该部主要面向美国、英国等市场,从事各种军用、商用电子系统与子系统的设计、开发和制造,其业务领域包括电子战和防护系统,监视和情报系统,C^4ISR 系统原型,通信、导航、识别和侦察系统,传感器和精确瞄准系统,引擎电控技术,信息管理系统与先进信息技术,电子系统平台以及企业信息化解决方案。其主要产品包括:F-22A、F-35 联合攻击机的机载电子战系统,AH-1W、V-22、C-130、MH-53J 等飞机的集成导弹与激光预警系统,商用飞机的肩扛导弹预警系统 JETEYE™,E-2C 机载电子设备,热兵器瞄准系统,美国陆军未来战斗系统战车的混合电力驱动系统等。

3. 陆地与装备公司(美国)

陆地与装备公司是 BAE 系统公司北美子公司——BAE 系统有限公司的四个业务部门之一,是世界最先进的地面系统和陆战武器装备承包商之一。2004 和 2005 年,BAE 系统公司先后收购英国阿尔维斯公司和美国联合防务工业公司,并组建了陆地与装备公司。

陆地与装备公司下设 5 个分部:武器系统分部、地面系统分部、陆地系统分部、机动与防护系统分部和 BAE 系统 AB 分部。公司主要面向美国、英国、瑞典和南非等市场,从事设计、开发和生产装甲车、坦克、舰船火炮、导弹发射车及火炮系统、炮弹等,并提供全寿命周期维护和升级服务。其主要产品包括:“挑战者”2 主战坦克,M2/M3 布雷德利战车,CV9030 步兵战车,CV9040 步兵战车,CV9040 FOV 侦察步兵战车,CV9040 AAV 防空步兵战车,CV90 FV 指挥控制战车,FV430 步兵战车,TROJAN 扫雷车和 TITAN 工程装甲车,M777 轻型火炮,“狐猴”火控系统以及海军 DDG51 驱逐舰装备的 Mk38、Mk45、MK110 舰炮系统等,DDG1000 驱逐舰装备的先进火炮系统,以及亚瑟王神剑 155 mm 弹道制导炮弹,此外,还为美国陆军未来战斗系统提供部分关键技术。

陆地与装备公司总部位于美国弗吉尼亚州的阿灵顿,拥有雇员 19 000 余名,在美国、英国、南非和瑞士等 24 个国家设有研制生产基地,其中原英国阿尔维斯公司在英国的特尔福德和纽卡尔斯承担了“挑战者”2 主战坦克的研制生产任务。

4. BAE 系统产品集团(美国)

BAE 系统产品集团是 BAE 系统公司北美子公司——BAE 系统有限公司的四个业务部门之一，主要为政府部门、执法机构及个人等提供安防器材和防暴装备。该集团拥有 1 600 余名雇员，在全球拥有 11 个研制生产基地。

5. 集成系统技术部（英国）

集成系统技术部拥有 3 700 余名雇员，该部从事军用电子系统、集成指挥和控制系统、雷达系统、仿真系统、气象系统、数据链接和 C^4ISR 战斗管理系统等的研制与生产，主要面向英国国内市场。该部为英国皇家海军 45 型驱逐舰研发了新一代“大力士”侦察和跟踪多功能雷达系统。

6. 军用航空部（英国）

军用航空部成立于 2007 年，拥有 14 000 名员工和 9 个生产研制基地，主要为各种军用飞机提供从初始概念设计、系统集成、制造、保养、维修和升级及人员训练等全寿命周期服务。其主要产品包括：MR2 反潜机，MR4 侦察/攻击机，鹞式垂直/短距起降战斗机，霍克喷气式教练机，F－35 联合攻击机，台风战斗机，GR4、F3 战斗机，鹰狮战斗机和欧洲战斗机等，这些机型多数是与其他公司或国家合作研制的。

7. 支线飞机部（英国）

支线飞机部拥有 680 余名雇员和 4 个生产研制基地，是目前世界上支线客机的主要生产商，主要从事支线飞机的总体设计和制造，以及区域航线的支持服务。支线飞机部制造的各种支线飞机已有 800 余架，拥有 80 个国家的 160 多个商业客户。支线飞机部生产的飞机主要包括 Avro RJX（146）、748、ATP 机型和喷气机系列。

8. 水面舰船部（英国）

水面舰船部是由 BAE 系统公司的海军舰船部、用户服务与支持国际部有关海军的业务重组而成。该部于 2007 年成立，拥有 4 000 多名员工和 4 个生产研制基地，主要从事海军舰船的概念设计、制造、维护等全寿命服务与支持，目前主要承担英国国防部的 45 型驱逐舰、“海湾”级登陆舰船坞、未来航空母舰等项目。水面舰船部下设的加文造船厂承担了水面舰船部的大多数建造项目，也是英国国防部未来航空母舰的主要承建单位之一。

9. 潜艇部（英国）

潜艇部是 BAE 系统公司海军舰船业务的核心部门，也是英国唯一的核潜艇建造商，主要为英国国防部设计、建造核潜艇，并承担潜艇和水面舰船的设计、制造和服役后的支持服务。潜艇部拥有 4 100 多名员工和 9 个生产研制基地。其

下设的巴罗造船厂已建造850余艘舰船，其中包括330多艘潜艇（出口26艘），150多艘其他军舰和370多艘商船。该船厂承担了“海洋号”直升机母舰、“特拉法尔加”级攻击型核潜艇、新一代“机敏”级攻击型核潜艇、“前卫”级战略导弹核潜艇的研制生产任务。

10. 公共服务部（英国）

公共服务部拥有800余名雇员，主要负责为BAE系统公司的业务运营、市场开拓提供人力资源、信息支持、航空旅行、设施支持以及资产管理等专业服务与支持。

11. 用户服务与支持国际部（沙特）

用户服务与支持国际部拥有5 000余名雇员，在英国本土、沙特阿拉伯、巴林、哈萨克斯坦设立有分部。其主要面向英国、中东和澳大利亚等市场，开拓中东市场，与沙特开展国防合作项目，为巴林提供战斗机飞行员训练设施，此外还为英国本土提供国防基础设施服务。

12. BAE系统澳大利亚公司（澳大利亚）

BAE系统澳大利亚公司是BAE系统公司在澳大利亚的子公司，拥有雇员2 700余人，是澳大利亚第一大的防务承包商。公司主要下设4个分部：空基预警和控制分部、军事力量感知和防护分部、军事空中支持分部和业务运营分部。该公司主要从事通信系统、电子战系统、军用航空支持系统、防空系统以及情报、监视和侦察系统等的研制与生产；研发未来网络中心战系统，为海陆空联合作战提供武器系统、子系统的集成与解决方案。

BAE系统公司于2007年初进行了最新一次的业务调整，调整的重点集中在将项目、客户解决方案与支持、综合系统与伙伴关系三大业务整合为项目与支持以及国际业务两大板块，具体的调整方案为：将上述三大业务中的大量业务纳入项目与支持板块，其他的包括BAE澳大利亚公司以及BAE持股的萨伯及欧洲导弹公司业务统一划归国际业务板块，调整的结果最终形成五大业务板块的格局，分别是电子和情报与支持、地面与装备、项目与支持、国际业务、总部及其他业务。其中项目与支持项目经过整合后，成为五大业务领域中销售份额最高的一项业务。

经过不断的并购活动（图4－7），BAE系统公司从事的业务涵盖了除核以外的几乎所有国防工业部门。其中，BAE系统公司将发展地面武器系统业务作为公司的主要战略，在这一思想的指导下，在欧洲地区进行了规模空前的兼并收购活动。BAE系统公司地面武器业务范围涵盖了瑞典博福斯公司、英国皇家防务

军械公司、英国阿尔维斯公司、瑞典赫格隆茨公司等多家大企业的地面系统业务。其次，BAE 系统公司通过与其他企业成立合资公司，使相同或相似业务联合集中和力量重组，充分发挥各自技术、产品和市场方面的优势，弥补各自的不足，从而形成更大的整体优势。BAE 系统公司与其他两家军品公司的导弹业务合并为 MBDA 公司就是最典型的优势互补例子。BAE 系统公司与 EADS 公司、芬梅卡尼卡公司在 2001 年 12 月 19 日将它们的导弹业务合并为一家新的公司——MBDA 公司。新组建的 MBDA 公司是一家合资组成的泛欧军品公司，采取联合经营管理的方式。该公司总裁认为，新公司是欧洲国防工业实行统一的重要步骤，目的是把 MBDA 公司作为全欧洲想参与全世界军火市场竞争的一个新的组织模式。根据新的资产结构，BAE 系统公司和 EADS 公司分别占 MBDA 公司股份的 37.5%，芬梅卡尼卡公司占 MBDA 公司股份的 25%。由于多国公司业务互相结合，因此新组建的 MBDA 公司出口经验丰富，高技术实力雄厚，并且拥有世界领先的开发武器系统的能力。

2005 年 6 月 24 日，BAE 系统公司用 41.92 亿美元完成了对美国生产陆战系统的联合防务工业公司的兼并，从而使 BAE 公司在美国市场和其他市场的占有份额大大增加。2006 年，BAE 系统公司成功收购了美国传感器系统公司。2007 年，BAE 系统公司又完成了多次具有重大意义的收购活动。其一，与英国 VT 集团协议在造船业务方面进行合并：2007 年 5 月，英国 BAE 系统公司和 VT 集团开始协商关于在海军水面舰艇建造业务方面进行合并的原则，最终成立一个资产为 13.8 亿美元的联合企业。其二，2007 年 7 月 31 日，BAE 系统公司完成了对美国装甲控股公司的收购，进一步增强了 BAE 系统公司的地面武器系统业务，也使 BAE 系统公司的装甲车业务规模翻番。收购美国装甲控股公司的行为对于 BAE 系统公司的发展战略而言向前迈出了十分重要的一步。为了能够更好地开展业务，BAE 将地面武器运营集团的总部设立在美国弗吉尼亚州的阿林顿，在英国、南非、瑞典设有 30 个办事处，与全球 20 多个国家发生贸易往来。

BAE 系统公司战略目标还包括拓展其作为武器系统开发商和集成商的能力，而不再重视其组件/部件供应能力。2007 年 4 月底，英国 BAE 系统公司与 J. F. Lehman & Co. 公司签订协议，向其出售惯性产品子公司。BAE 系统公司此次与 J. F. Lehman & Co 公司签订的协议（交易额预计为 1.4 亿美元）中，除了出售惯性产品公司外，还包括出售其在硅传感器系统公司（BAE 系统公司与 Sumitomo 精确产品公司的合资企业）的股份。此次出售其下属的惯性产品子公司正是与该战略目标相符的市场行为。

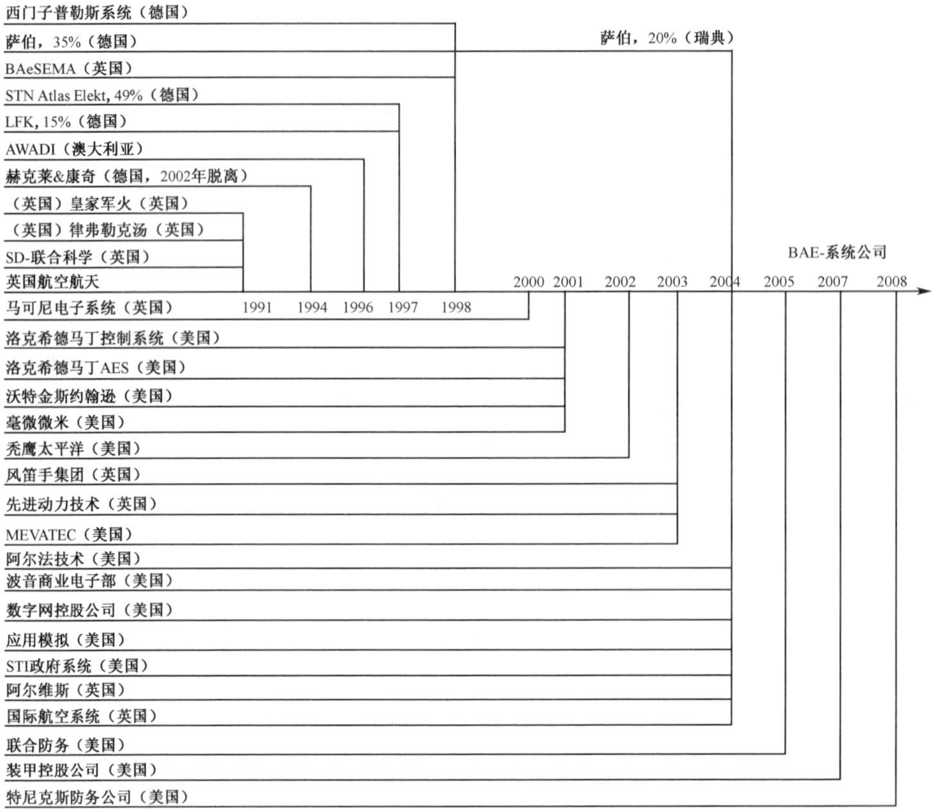

图 4-7 BAE 系统公司的并购情况

而对于业务量很少而又无关紧要的领域，BAE 系统公司计划采取关闭的措施。2004 年，BAE 系统公司关闭了其位于英国的两个兵工厂——布利奇瓦特生产厂和乔尔利 生产厂。

三、案例总结

作为英国国防科研机构改革的一个缩影，国防评估与研究局的改革思路主要有两个方面：一方面是强化国防潜力，提高英国科技研发支撑能力、奠定坚实的国防科技基础；另一方面是提高国防科研水平，加强与盟国的合作，占据世界国防科技制高点。其中，推进市场化、加强军民两用技术的开发力度、加强对核心技术的控制这三个特点值得借鉴。

经过不断的并购活动，BAE 系统公司从事的业务涵盖了除核以外的几乎所

有国防工业部门。首先，BAE 系统公司将发展地面武器系统业务作为公司的主要战略，在这一思想的指导下，在欧洲地区进行了规模空前的兼并收购活动。其次，BAE 系统公司通过与其他企业成立合资公司，使相同或相似业务联合集中和力量重组，充分发挥各自技术、产品和市场方面的优势，弥补各自的不足，从而形成更大的整体优势。此外，BAE 系统公司战略目标还包括拓展其作为武器系统开发商和集成商的能力，而不再重视其组件/部件供应能力。而对于业务量很少而又无关紧要的领域，BAE 系统公司则采取关闭的措施。

英国政府对关键国防企业拥有“黄金股”是一种有效的控制途径。这种制度设计，既保障了政府对国防企业行使的特殊管理权和控制权，又建立了清晰、明确的产权制度和民主、科学的法人治理结构。

第五章 法国国防科研生产能力实践

第一节 法国国防科研生产能力体系架构

法国建立了门类齐全的国防科研生产能力体系,能够独立研制生产包括核武器在内的各种武器装备。20 世纪 90 年代中期以来,法国政府提出了按照四个“极”,即航空航天、军工电子、核、机械制造进行重组作为国防工业结构调整的目标。

一、法国国防科研能力架构

法国对从事国防科研活动的科研机构的管理是综合性的,从广义上说,法国管理国防科研机构的系统包括国家立法系统、行政系统和司法系统。与武器采办、国防工业政策、军贸等国防科研业务管理的高度集中不同,法国对参与国防科研活动的机构的管理体制与模式主要是由他们所从事的科研活动的性质决定的,是相对分散的。完全从事国防科研业务活动的机构由国防部直接投资和管理;科研活动投资巨大、不能直接通过市场交易获得回报的,军用与民用科研结合的,并且具有工业和商业性质的科研机构,由国家或政府部门实施监护。

总的看来,法国国防科研机构按照其从属关系、管理方式划分,主要分为国家公共机构、国防部下属国防科研机构、工业企业国防科研机构和高等院校国防科研机构四大类。

(一)国家公共机构

法国的国家公共机构是独立于政府部门和企业以外的一种机构,具有财政自主权,享受国家财政补贴或其他辅助,但均受不同的政府部门监管(从事国防

科研的国家公共机构大部分受法国国防部监管)。国家公共机构领导的任免、机构的设置和任务的分配等重大事项都要得到政府的批准。按照从事研究领域的不同,法国国家公共机构主要分为科学与技术性公共机构(EPST)、工业和商业性公共机构两种类型,其人员性质、管理方式不尽相同。

1. 科学与技术性公共机构(EPST)

科学与技术性公共机构属于行政性的公共机构,机构在公法下运营,其主要人员是国家公务员,主要经费来自政府拨款。此类公共机构是发展军民一体化建设技术的重要力量,主要机构如下。

(1)国家科学研究中心(CNRS)

该中心是法国从事基础研究的公共科研机构,由政府负责科研管理的部门(国民教育、高等教育和研究部)监护,责任是生产知识并使所产生的知识服务于社会。该中心有26 000人,其中研究人员为11 600人,工程师、技术员和行政管理人员合计14 400人,研究和服务单位有1 260个,2004 年预算为22.14 亿欧元。

(2)国家信息与自动化研究所(INRIA)

该研究所由负责研究和工业方面的政府部门监护,其使命是从事信息和通信科学与技术领域的基础和应用研究,同时通过研究培训、科学与技术信息传播、增值、鉴定和参加国际项目等活动保证有关技术的转移。它通过与工业界的合作,在法国信息和通信科学与技术发展方面扮演着重要角色。该研究所工作人员有3 500 人,其中从事科研活动的有2 700人。

2. 工业和商业性公共机构

工业和商业性公共机构是具有工业和商业性质的国家公共机构,机构在私法下运营,其主要人员是合同雇员。从事国防科研活动的工业和商业性公共机构主要有以下机构。

(1)法国原子能委员会(CEA)

法国原子能委员会是以原子科学为主导的能源、工业、科研、卫生和国防方面的公共研究机构,成立于 1945 年,负责统一管理法国军民用核工业的研发。原子能委员会负责制定重大方针政策、审查发展计划和批准预算。其内设科学委员会、顾问委员会等咨询机构,国防部与原子能委员会设立了军队原子能委员会联合委员会,协调与核武器相关的工作。

在军事核领域方面,法国原子能委员会在政府的直接领导和国防部武器装备总署的统一规划下,负责组织和实施核武器的研究、设计、制造和维护,直接领导和管理其下属的多个军用核研究机构和核设施,这些机构为政府所有,承担核武器模拟及核试验计划的实施,核弹头、舰船核反应堆的研究、设计和制造,核试验场地去污,监督各种条约的实施等任务。

在民用核领域方面,原子能委员会与相关机构、企业和大学共同从事与核能可持续发展相关的核技术研究和开发工作。法国从事核能等民用核产品生产的企业均为股份公司,原子能委员会不直接干涉企业的运行。该委员会拥有9个核研究中心,主要开展燃料循环、核反应堆、受控核聚变、离子辐射对生命科学及环境科学方面的应用、新技术—信息技术、新材料、新能源的基础与应用研究,雇员有16 000多人,其中约50%的人员是干部、工程师和科研人员。法国原子能委员会70%的基础科学研究工作集中在SACLAY中心,该中心约有6 500名科研人员从事基础研究。

(2)国家航天研究中心(CNES)

国家航天研究中心即法国国家航天局,统一管理法国军事与民用航天活动,主要职责包括制定和执行法国空间政策,领导并实施国家军用和民用航天计划,在欧洲航天局及其他国际组织中代表法国利益并与国际伙伴特别是欧洲伙伴共同实施欧洲空间计划,管理使用国家航天经费,在重大航天计划(包括欧洲航天局计划)中承担主承包商,并代表国家授予企业航天合同,通过其下属的各个空间中心和发射基地开展重大航天研发、试验和发射活动。

国家航天研究中心的业务与国防部武器装备总署、法国高等教育与研究部、欧洲航天局等机构有密切的联系。其中,国防部武器装备总署派出的人员常驻国家航天研究中心,国家航天研究中心实施的重大航天计划事先与武器装备总署协调,军方在国家航天研究中心的所有航天活动中拥有更多的发言权。国家航天研究中心拥有并管理多家政府航天研究中心,拥有多家航天企业的股份。它代表国家授予企业航天合同,监督合同执行情况,但对承担卫星、运载火箭研制生产的企业的运行活动不进行行政干涉(主承包商一般是大型跨国公司,如EADS、泰雷兹-阿莱尼亚公司、阿里安航天公司等)。

国家航天研究中心下设三个航天科研中心:

①图卢兹航天中心(CST),国家航天研究中心的主要工程、技术研究和实用系统开发中心,并负责管理气球发射场。

②圭亚那航天中心(CSG),又称库鲁(Kourou)航天中心,国家航天研究中心设在法属圭亚那库鲁的发射场和试验设施。

③埃夫里航天中心(CSE),国家航天研究中心的运载火箭发展中心,负责ESA"阿里安"系列运载火箭的研制。

(3)国家航空航天研究院(ONERA)

法国国家航空航天研究院(以下简称"研究院")是国家航空航天科学与技术研究机构,成立于1946年,兼有工业和商业性质,拥有财务自主权,由国防部武器装备总署监管,采取董事长负责制的管理方式。

研究院的主要任务包括:开展并指导航空航天领域的科学研究;设计、制造并运转本院研究活动所必要的研究设施和制造商必要的试验手段;保证研究成果的传播并促进这些成果为航空航天工业所用;促进航空航天科研成果在航空航天领域的应用;协助航空航天教育事业的发展。

研究院拥有8个研究试验基地,按四大分部组织科学研究活动,即流体力学与能力学分部、材料与结构分部、物理分部和信息处理与系统分部。

研究院在法国航空航天科学研究与试验发展市场的占有率超过25%。它拥有独特的多领域综合性的科学技术以及先进的航空航天科技专门技术。研究院60%的资金来自国家、欧洲机构和工业公司合同,其余40%来自国家,包括国防预算。研究院科研活动的大致比例为:新产品开发约20%,基础研究约25%,应用研究约55%。

(二)国防部下属国防科研机构

法国政府部门直接拥有和管理的与武器装备研制生产关系密切的国防科研机构主要集中在国防部。在国防部内,这些机构集中于武器装备总署下属的鉴定与试验中心局(DCE,现技术局),该局下设5个技术中心处和20个技术与试验中心(2005年情况),主要包括:

(1)飞行试验中心处(ETC1),包括试飞中心(CEV)和图卢兹空降中心(CAP)。

(2)发动机和航空试验中心处(ETC2),包括发动机试验中心(CEPr)、发动机与火箭完善和试验中心(CAEPE)和图卢兹航空试验中心(CEAT)。

(3)导弹试验中心处(ETC3),包括朗德试验中心(CEL)和地中海试验中心处(CEM)。

(4)地面系统、高温技术与防护中心处(ETC4),包括Bouchet研究中心(CEB),Gramat研究中心(CEG),Arcueil探索与研究中心(CREA)的一部分,昂热技术站(ATAS),布尔日技术站(ETBS)和弹道,武器与火药研究与探索组。

(5)海上系统与通用技术中心处(ETC5),包括流体动力实验室(BEC)、武器装备电子中心(CELAR)、试验手段技术中心(CTME)、海上系统技术中心(CTSN)、大西洋潜艇研究组(GESMA)以及弹道与空气动力探索实验室(LRBA)。

近些年来,鉴定与试验中心局下的中心逐步改革。在2009年10月,武器装备总署机构职能调整方案中提出,至2014年,所属技术中心将减少至9个,地点从22处减少到15处。2010年1月,武器装备总署已经把从事武器系统遭受核和常规武器攻击脆弱性鉴定的Gramat研究中心移交给了国家原子能委员会。

武器装备总署现有14个技术中心，人员为8 000多人，年度收入7.46亿欧元，技术投入1.65亿欧元。

(三)工业企业国防科研机构

法国承担武器装备科研生产任务的总承包商一般为国家政府参股的大型军工企业，或政府所有投资公司参股的大型军工企业，政府拥有大型国防企业大宗股份，如泰雷兹集团公司、达索飞机公司、法国舰艇建造局、奈斯克特集团、欧洲航空防务与航天公司等，政府通过大型军工企业股权和代表影响军工企业。在大型军工企业内，一般各自拥有很强的产品研究与开发力量。

1. 欧洲航空防务和航天公司

2002年欧洲航空防务和航天公司研究与发展投资占公司营业额的17%，2003年用于研究与发展的自有资金达23亿欧元。该公司的组织管理是总部下设分部的模式，除各分部拥有自己的科研机构外，欧洲航空防务和航天公司还有一个从事工业领域研究与技术集成的机构——公共研究中心(CRC)，其主要任务是在各分部、业务单位和子公司层次积蓄世界级的研究能力；通过能产生协同作用的欧洲航空防务和航天公司内的共同研究和与各研究机构的合作创造附加价值；保持和发展创新潜力集成在欧洲航空防务和航天公司现有和未来产品中显露的技术；支持欧洲航空防务和航天公司的技术政策。

2. 泰勒斯公司

2003年该公司自有资金研究与发展开支占集团营业额的4%，研究与发展总开支占17.5%。泰勒斯公司参与研究与发展活动的人员有19 000人(70%为工程师)，分布于10个主要国家的50多个单位。泰勒斯公司研究与发展活动的效率来自分权制，权力下放到经营层。泰勒斯公司在总部一级还有一个研发机构，叫“泰勒斯大学”，其研发经费占整个集团研发经费的4%。

(四)高等院校国防科研机构

法国由国防部监管的从事国防科研的大学有国立高等航空制造工程师学校、国立高等武器装备研究和技术工程师学校、航空工程专业学校、高等航空技术和汽车制造学校、国立高等航空航天学校、海军学校、空军学校共7所高校，它们是国防科研活动和国防科研人才培养的重要力量之一。

参与国防科研较多的其他高等院校有国立造船工程学院、(巴黎)综合工科学校和国立先进技术高等学校等。

综上，法国国防科研的核心力量主要是由工业和商业性公共机构、国防部直接经营和管理的机构、工业企业研究机构以及高等院校构成，各类机构参与国防

科研与试验活动各有侧重但又互相交错,普遍通过合同互相承包科研任务和开展协作。

二、法国国防生产能力架构

法国长期以来坚持独立自主的国防发展战略,到 20 世纪 70 年代中后期,形成了包括兵器、航空、导弹与航天、舰船、核、电子等部门,产品较全、行业配套的国防生产体系,具有独立研制和生产除反导弹系统外各种核武器和常规武器的能力,军队装备国产率达 95%。法国国防生产已走上了有计划、有重点、全面发展的阶段。"冷战"后,根据新的国防工业发展战略,法国已不再维持一个完全独立的、生产各种武器系统的国防生产体系,而是调整国防工业结构,缩小规模,保留军工核心能力。其指导思想是,从整个欧洲的生产规模着眼,不断使其国防生产合理化,同时把国家财力集中用于法国有竞争力的武器生产上。

法国生产武器装备的军工企业近 5 000 家,分为国有国营企业、国有私营企业和私有私营企业三种。国有国营企业系国防部武器装备总署的直属军工企业,以军品生产为主。国有私营企业是国家直接或间接持有大部分股份、企业受国家控制但由私人经营的企业。这些企业主要分布在航空航天、动力推进、火炸药及军用车辆等领域,军品生产占较大比重。私有私营企业主要从事军用电子设备和部分兵器制造业务,也承担少量军用航空航天设备和军用舰船研制与生产任务,兼顾军、民品生产。法国政府通过兵工厂商业化和国有企业部分私有化扩大企业自主权。

在法国军工制造业中汤姆孙公司和马特拉公司是两大巨头。汤姆孙公司是欧洲最大的电子工业集团,主要经营飞机导航设备和电子系统。马特拉公司是欧洲有实力的航空和国防工业集团,该公司在火箭制造方面拥有世界领先技术。

总体来说,法国国防生产能力体系发展特点如下:

1. 坚持独立自主地发展本国国防高科技的方针

早在戴高乐政府时期,法国即提出要坚持走独立自主的国防发展道路,不受制于超级大国的支配,特别是美国的支配。20 世纪 80 年代,法国在美国提出"星球大战"计划之后,即有针对性地于 1985 年制订了"太空政策大纲"和与西欧国家联合共同发展的"尤里卡"计划,并提出了法国的"太空战略",准备建立法国的"天军",研制反卫星、反弹道导弹式的系统,力图在 21 世纪初建成以太空为基地的星战系统。

法国实行独立自主的"以弱制强"的核战略,独立自主发展核武器研制,保持核威慑可靠性所必需的足够数量和足够质量的核力量,将核武备建设成具有威慑力、进行"大规模报复"和第二次打击的能力,使法军拥有"在地球的最远点进

行有效作战”的能力和进行“星球大战”的能力，从而建立“核－太空”的战略威慑。

2. 积极推进欧洲国防工业一体化

法国既强调独立自主地发展本国国防高科技，同时也看到，在新形势下法国既无能力也无必要维持完全独立的、庞大完整的国防工业体系，不必坚持所有武器装备的自给自足，1994 年发表的《国防白皮书》明确提出，要放弃“自给自足”式的国防工业发展战略，走独立研制、合作生产和直接引进的三结合道路。

为推进欧洲国防工业一体化，法国政府提出，要把建立协调的欧洲国防工业放在优先地位，同欧洲各国政府协调制定共同的国防工业发展战略，加强与欧洲各国工业界的合作，对技术和生产能力进行优势互补，放宽或修改技术保护、出口、科研投资、税收优惠等方面的政策，争取在战术导弹、地面武器装备、飞机、舰船、卫星、模拟和试验设备方面建立综合实力较强的企业集团。为此，法德两国国防部决定建立联合装备局。法国政府还支持多国大型军工企业联合，成立欧洲跨国工业集团。2003 年 3 月法国与英国号召在目前军备合作联合组织的基础上，成立新的欧洲联合防务采办机构，协调防务采办和研究开发工作。伊拉克战争后，出于增强反美阵营考虑，法国还加强对俄国的国防科技合作，重点是航空航天领域。现在，法国的上游研究有 20% 是通过国际合作进行的。

3. 协调发展军民两用技术

法国政府和国防工业界十分强调发展军民两用技术，重视军民两用技术的相互转化和利用。二者认为，随着现代科学技术的发展，军用和民用技术之间的界限越来越模糊，除了核武器领域，纯军事性的技术已经很少，这就为发展军民两用技术和军、民用技术的相互转化提供了可能和良机。在日益增多的与国防有关的卫星、电子元器件、计算机、电信、显示领域中，民用市场已成了发展的主要动力，因此也就越来越有可能将民用技术应用到军事系统中去。

从 20 世纪 80 年代中期起，法国政府逐渐采取军民一体化建设发展国防高技术的策略，力图把军事和经济的重点任务相互协调起来，企图利用国防科研作为提供商业竞争力的基础，用发展两用技术产品来解决军事力量与经济繁荣之间的关系。“冷战”后，在国防预算削减的形势下，法国军方提出没有必要全部使用高性能、高造价的军用装备，只要能满足军事上的需求，利用商用规范也是可行的。从 20 世纪 90 年代开始，法国政府实施国家大型技术计划发展军民两用高技术，以确保法国高技术产业在国际上的领先地位；在实施大型技术计划如“航天计划”“航空计划”“核能计划”和“电子、信息和通信计划”时，也大量采用军民两用技术。

4. 完善质量监督机制,确保武器装备质量

法国武器装备的质量保证系统有三大特点:装备部制定质量保证条例,对军工产品的技术标准、设计、制造工艺、材料及技师责任等问题做出了全面而严格的规定;建立庞大的技术测试检验机构,分别对各类武器装备及各种零部件进行测试检验,保证其设计的科学性和可靠性;建立统一的监督检查机构,装备部下设军工事务总局及其军工监督处,负责对军工实施监督与管理,对企业的科研、生产实施全程监督,军工监督处按地区设立管理局;地区管理局负责本地区的军品质量控制,评价企业控制产品质量的能力,监督研制生产进程,确保符合技术战术标准。

法国政府对军品项目实施严格的合同管理,不断采取措施,强化经费监督。例如,法国武器装备总署通过各专业局直接与军品承包商签订合同的方式,经过严格的资格审查,在竞争择优基础上确定军品承包商,要求任何军工企业必须接受武器装备总署在质量、成本等方面的监督。

5. 优化国防工业结构,增强国际竞争力

根据新的国防工业发展战略,法国正在对国防工业结构进行调整,其目标是推进欧洲国防工业的一体化。其主要做法是缩小规模,保留核心能力;合并企业,增强竞争力,不断使其国防生产合理化。国防部武器装备部希望通过结构调整保持国防工业的核心能力和技术潜力,以便开发新一代的先进武器。鉴于"冷战"后国内订货减少,许多企业规模有限,任务不足,为增强与美日等外国大型军工企业竞争的实力,同时也便于发挥政府支持经费的效益,法国政府主张同专业类型的公司进行合并,组成国家"冠军队"。另外,法国主要武器承包商还通过购买外国公司和在海外建立分公司的方式增强其技术和经济实力,扩大市场。

6. 积极扩大军品出口

法国国内市场较小,要想保持较大的国防工业能力,在很大程度上将依赖出口。如果没有出口效益的话,法国国防工业的规模和能力将缩小 1/5 至 1/3。坚持扩大军品出口是法国发展国防工业的重要政策,法国政府在制定新的武器装备发展计划时都把出口潜力考虑在内,采取更加有效的措施。一是要求政府在必要时给予政治上的支持,直接参与推销活动,为其出口创造有利条件,甚至以政府间协议的方式促成出口合同的签订;二是要求军队积极配合军品出口工作,在推销、签约和执行合同的各个阶段更多地参与诸如装备性能演示人员培训、售后服务等项活动;三是要求金融财政部门为军品出口提供更加有效的信贷保证。此外,还要求加强出口企业间的信息交流,大宗合同项目由政府机构进行管理并统筹安排贸易补偿。

三、国防科研生产管理模式

从总体上看,法国的国防工业运行机制的运行程序是:国家安全环境评估→国防决策→军事装备前景研究→确定武器装备项目的预期需求→提出采办计划、制定预算→进入采办过程。法国的国防工业管理体制所实行的是集中统一的决策管理体制,由隶属国防部的武器装备总署全面负责军队的国防科研和武器装备采购工作,统一归口管理国防科研、武器装备采购和国防工业。因此,武器装备总署的管理模式基本上就可以概括法国国防科研生产的管理模式,以时间序列和运行程序分为军事需求论证、计划编制和计划执行三个阶段。

1. 军事需求论证阶段

法国的军事需求最重要的目的,一是能够在必要的情况下独立捍卫国家的切身利益,抵御来自任何方面的任何威胁;二是确保欧洲和国际的稳定,以体现其作为欧盟中最重要国家之一的特殊地位;三是执行全面防务政策,即防务政策不仅仅限于军事和战略方面,而且要涵盖国家活动的各个方面。因此,法国的武器装备生产除了要满足国内的军事需求以外,还要满足国家经济发展和向国外出口的需求,其目的在于一方面通过稳定的武器装备生产,促进经济增长和扩大就业,另一方面通过军火出口扩大国际影响,使之成为一个外交手段。同时,通过军火出口,还可以扩大国防科研经费的来源。因此,法国的国防工业被政府确定为十个受保护的行业之一。

法国军事需求论证的基础是1996年制定的《军事规划法》,在这一法规中对于到2015年的防务政策做出了重大决议,包括国防预算开支、基本建设开支等。另外,军事装备的“前景规划研究”也是论证军事需求的重要依据之一。

“前景规划研究”主要是对武器装备发展应对未来军事需求的展望性研究,是未来军事需求技术规划的核心,也是指导中期规划和近期计划的前提。因此,各军种参谋部要首先提出各自的军事需求,然后由联合武装部队参谋长、各军种参谋部和武器装备总署进行协调工作。其中,联合武装部队参谋部主要从未来军事需求角度协调、规划武器装备系统发展,武器装备总署主要从研究和生产角度规划武器装备系统的发展。最后,由联合武装参谋部提出作战与技术——作战研究的平衡表,详细说明军事需求,并初步列出所需作战特性优先顺序表;由武器装备总署对军事需求所需的武器装备,从技术和工艺角度进行综合分析,评估研发中可能出现的关键性风险及解决办法,预估开发费用、时间以及武器装备的使用成本,测算财政开支额度与支付的可能性。在这一阶段还要提出可以备选的不同方案,对未来项目所需资源、成本目标、采办原则都要提出比较具体的建议,并提出可能的一个或多个投标竞争的供应商。同时,还要考虑进行国际合

作与出口的可能性。

2. 计划编制阶段

军事需求论证阶段形成的文件提交给常设执行委员会,这一委员会由武器装备总署署长、军种参谋长以及由联合武装部参谋长和行政秘书长推荐的人选组成,由他们负责审查所有军事需求的论证文件,然后由委员会向国防部长提出建议,经国防部长批准后项目即可立项。然后,主要是由武器装备总署与联合参谋人员组成的一体化的跨学科项目小组(必要时也聘请专家和企业界人士参加),进行计划编制工作。此外,武器装备总署从事计划工作的人员,也在费用、计划、项目管理方法、质量、采购、风险管理等方面协助工作。

这里有必要指出的是,一体化管理模式与传统的顺序管理模式有着相当大的区别,传统模式是:参谋部确定需求,武器装备总署确定具体的武器装备系统,军工企业提出技术方案并生产武器装备系统。而新的模式则是对作战需求、武器装备的产品规格和技术方案进行整体优化。一体化项目小组由项目主任领导,其成员的任职时间则根据项目进展与完成时间确定。同时,以项目的重要程度,小组成员或专职或兼职,并不脱离原有所属部门。为保证小组成员的工作绩效,项目主任会对其工作表现提出评价意见,而这一评价意见将直接影响他们未来的发展。

在计划编制阶段,要分别进行可行性研究和定义研究。可行性研究的目的在于探讨可供解决的具体军事需求的方案,并进一步评价方案对军事需求的满足程度,最终形成定向文件。定向文件由支持总结论的两个相辅相成的部分组成:

(1)由联合武装部队参谋长负责,对军事需求做足够详细的阐述,虽然这仍然是临时性的。它相当于临时军事特性文件的内容。

(2)由武器装备总署负责,阐明对军事需求可能的各种反应及其含意——满足军事需求的程度、性能、时间表、费用、为实现阶段提供资金的日期、工业和国际方面的问题等。特别是要提供有关从国外采购可以满足一部分或全部需求的所有有用信息。同时还包括每种解决方案存在的困难和风险,以及控制它们的方法。

由武器装备总署和联合武装部队参谋部起草的结论,对所有这些反应进行比较,并形成选择某种(或者几种)方案在定义阶段进一步详细研究的建议,其中包括对国外产品可能的评估。同时它还提出在后一阶段应采取什么程序的建议。

定向文件总结了这个阶段反复寻求军事特性与费用之间的最佳折中关系的结果,尤其是通过价值分析和功能分析给出的结果。它提出武器装备总署和联

合武装部队参谋部对这些结果的意见。

由一体化项目小组汇总的定向文件，经有关的“兵力系统”作战协调官认可，并由项目的牵头部门提交领导机关签署后，由主管当局批准开始启动定义阶段。

定义研究是对军事需求所需的武器装备系统从总体上加以进一步确认，并在此基础上对具体的军事需求、供应保障、技术规范、研发和生产进度、研发和生产预算、进行工业化生产的条件等方面进行细化分析研究，使武装部队能在现有的技术资源条件下及时获得最好的武器装备系统。在这一阶段，各种一体化项目小组主要进行成本评估研究和设计质量研究。成本评估研究包括费用与效率分析、一体化研究、功能分析、价值分析和后勤保障分析。设计质量研究包括预测可靠性研究、项目分析、风险分析、故障模式分析和功能安全分析。总之，在计划启动文件起草之前，要完成的工作是：可行性研究→撰写定向文件→撰写定义研究文件，当这些工作完成后，则要进行计划启动文件的起草工作。

一般计划启动分为两类：一是研制/工业化启动计划，主要内容包括武器装备的设计、研制、鉴定、认证与试制和批量生产；二是生产启动计划。

武器装备总署负责对定义研究所形成的各种方案进行比较、筛选，以在武器装备的性能特性与费用之间寻求一个次优方案。然后，由武器装备总署和联合武装部队参谋部共同起草结论性报告，并提出方案选择建议，这里尤其重要的是须说明所选择方案满足军事需求的理由。

计划启动文件主要是由一体化项目小组负责制定，研制/工业化启动计划文件，经牵头的参谋部签署和由常设执行委员会审查后开始计划的正式执行阶段；生产启动计划是由项目牵头部门报主管参谋长签署和常设执行委员会签署后，开始执行生产计划。

3. 计划执行阶段

计划执行阶段的工作主要是由武器装备总署前几年新设定的采办执行官负责。从业务范围看，法国的国防采办包括研究和开发、武器装备设计、建立模型、测试、生产、现役保证和其他项目；从职能范围看，采办执行官全面负责采购和谈判政策、相关法律法规的执行、争端处理、采购价格和成本估算以及质量保证等事宜。

法国的武器装备采购标准包括以下内容：军事利益、技术创新、经费额度、工业效率和国际评价。武器装备采购清单经武装部队参谋长（航空维修局）同意后，由武器装备总署报请国防部长批准。至于具体的武器装备项目，则由武器装备总署指定相关军种负责，而涉及两个或两个以上军种的武器装备，则由联合武装部队参谋长指定一个或几个参谋长（其中包括负责军种的参谋长）进行指导。因此，根据情况的不同国防采办项目分为重大项目、武器项目和综合项目。

法国武器装备费用包括科研费、采购费、基础设施费和大部分维修费，其中80%以上都是由武器装备总署统一管理。其预算流程是：由武器装备总署制定统一的全军武器装备发展规划、计划和年度预算，报国防部长批准后提请议会审议，然后由财政部将相关款项拨至武器装备总署。

实际上，在军事需求论证尤其是在计划编制阶段，已经就供应商选择问题做了初步以及较为详尽的定向性分析，但还要经过竞标来选择供应商，首先是选择主承包商，倘若在主承包商层次无法采取竞标形式时，在分包商层次进行竞标。整个竞争过程必须保证足够的透明度。

第二节　法国国防科研生产能力发展历程

近几年，法国国防工业经历了一场自20世纪60年代以来最广泛、最深刻的调整和改革。1998年法国政府确立了法国国防武器装备发展的战略方针，即保持独立性，继续加强核威慑、情报、指挥和作战能力；必须拥有远离本土作战能力，以适应多国军事行动的需要；建立欧洲防务，发展欧洲的军事合作。由此，法国国防科研生产能力体系随之发生了深刻的变化。

一、法国国防科研生产能力调整及发展的主要阶段

法国作为欧洲大陆的老牌军事强国，在欧洲乃至世界历史舞台上曾经几度辉煌。

20世纪60年代以来，在戴高乐总统确立的独立自主国防战略思想指导下，法国国防工业得到全面发展，建立了集中统一的国防科研生产管理体制，制订了优先发展战略核武器的军备计划，形成了包括兵器、航空、导弹与航天、舰船、核以及电子等门类齐全、行业配套的国防工业体系，独立研制和生产了除反导弹以外的各种核武器和常规武器，其中装甲车、火炮、战斗机、战术导弹、机载雷达和通信设备等达到了世界先进水平。法国国防工业不仅保证了国内武器装备的自给自足，还大量向国外出口，军品出口额占国家出口总额的5%，多年保持世界第三军品出口大国地位。

“冷战”时期，重新崛起的法国奉行“独立自主”的外交方针，在军事战略和国防建设上也体现出个性。“冷战”结束后，为适应国际安全环境的重大变化，法国着手对国家防务战略、军队建设以及国防工业进行调整。1991年8月30日，国防部正式成立了由国防部长为主席的“调整委员会”，下设执行机构，负责同政府其他部门、地方部门以及贸易联合会、工业界团体的协调。国防部有关机构还

多次组织由政府和工业界代表参加的国防工业形势和对策研讨会，对国防工业调整的决策及其实施发挥了重要的作用。

1. 进行符合自身特点的革新规划和设计

"冷战"结束后，国际战略格局特别是欧洲安全形势发生了深刻变化，两大军事集团的对峙局面和法苏战略核武器互为目标的敌对状态已告结束，法国安全环境得到明显改善，其边境已不再面临直接的军事威胁。1993 年 3 月，法国政府组织各方面的高级专家全面评估安全形势，将军事战略调整为"全方位防御"。同时，重新确定法军未来的主要任务，检讨前几年陆续出台的各项军事调整改革方案。1994 年 2 月，法国发表《国防白皮书》，提出法国国防政策的目标：能独立捍卫国家切身利益，抵御来自任何方面的任何威胁；确保欧洲和国际形势的稳定；实现全面防务。当年，国防部根据新《国防白皮书》制订长期规划，确定了未来 15 年的武装力量模式，包括各武装部队的主要任务、优先考虑的战事和达到目的所必需的主要手段。2000 年 8 月，国防部发布了 30 年远景规划。

法军每 5 年制订一个中期计划，称作《军事计划》或《军事纲领》。它提交议会审查、投票，通过后形成法律，称作"军事计划法"或"军事纲领法"。军事纲领法按作战需求逻辑、财源逻辑、工业与技术逻辑制定，不仅确定纲领法有效期内法国防务政策的方向，而且确定落实防务政策的各种相应手段，是法军进行军事改革的具体方案。

2. 进行军队职业化改革

"冷战"结束之时，法军规模庞大、装备质量差，是一支现代化水平不高的机械化部队。法军认为，"冷战"结束标志着与华约集团大规模军事对峙的结束，军队任务也应该由进行大规模战争转变为维护国内稳定，并可以进行对外干涉。因此，法军决定精简员额，压缩三军规模。为了使军队员额精简后战斗力不受影响，法国政府决定逐步废除义务兵役制，实行军队职业化。1997 年 8 月，法国颁布新的《国民役法》，取消义务兵役制，实行志愿兵役制，实现军队职业化。在过渡期内，义务兵役制和志愿兵役制并存，服兵役者可采取两者相结合的做法。义务兵服役期为 10 个月，可根据志愿延长一年或两年。现役役龄通常为 19 ~ 35 岁。

3. 发展信息武器装备和空间侦察系统

法军实现装备信息化，主要采用了两种做法：第一种，"贴花"方式。为原有的坦克、装甲战斗车、武装直升机、作战飞机和舰艇等主战装备，加装数字化通信设备、先进雷达、敌我识别装置、全球定位系统接收器。以"勒克莱尔"主战坦克为例，从这一坦克出现的那一刻起，法军就一直在注意其机械性能方面的提升，以使其跑得更快、射得更远、火力更强大。进入信息时代后，经过电子技术、信息

技术改造后，该坦克的火力、机动力、防护力、通信力得到极大加强，尤其是计算机自动控制技术的发展使其操作更加简便。第二种，制造全新的信息化装备。

法国是一个大陆国家，同时又拥有宽阔的海岸线。因此，法国的国防和军队建设，既注重防御能力，又注重进攻能力；既重视海军、空军建设，更重视陆军建设。法国通过对国内外政治、军事、经济等方面的深入研究，认为在新形势下法国既无能力也无必要维持完全独立的、庞大完整的国防工业体系，不必坚持所有武器装备的自给自足，提出要对传统的国防工业发展战略进行调整。1994 年发表的《国防白皮书》明确提出要放弃“自给自足”式国防工业发展战略，坚持走独立研制、合作生产和直接引进三结合的道路。法国政府提出了调整国防工业结构的设想，缩小规模，保留核心能力，其目标是推进欧洲国防工业的一体化。法国从 20 世纪 90 年代开始进入结构大调整时期，把分散的国防工业企业集中起来，从而形成实力雄厚的国防工业集团，并为参与欧洲国防工业的联合打下基础。经过新军事变革，法国军事实力得到较大提高，再次跻身于世界军事强国之列。

二、法国国防科研生产能力调整及发展的动因分析

(一)国际因素

从影响法国国防工业调整的国际因素来看，主要是欧洲一体化进程明显加快，国防工业的资源配置必须放在欧洲一体化背景下考虑。随着美国及欧洲范围内国防工业企业的重组，美、英等国都形成了较大的国防工业生产企业，法国的国防工业在国际市场上面临着新的竞争。白皮书指出，“为了生存，建设一体化防务的欧洲(防务欧洲)是能够发展自主工业能力的”。这意味着法国除保留核心能力外，必须更多地在欧洲范围内实现开放。

(二)国内因素

从影响法国国防工业调整的国内因素来看，“冷战”期间，法国国防科研生产活动覆盖了全部武器装备领域。“冷战”后，法国政府认为，其面临的国内环境发生了如下变化：①技术的复杂性日益扩大；②设计机构和试验设施的成本不断上升；③项目周期延长；④国内市场需求不足。国内环境的改变主要反映在法国的《军事计划法》当中。

1. 1995—2000 年《军事计划法》

该计划法确定了两个发展重点：①在有关国家独立的关键领域保持本国的能力；②准备未来，尤其是在研究领域。

提高四种军事关键能力：指挥－通信能力、侦察能力、机动能力和控制危机的能力。这四种能力的建设是保证未来法国战略自主性的关键因素。

关于科研和技术政策，在该计划期间，将继续加强科研，对不同企业的研究和开发活动，项目的选择将体现出分配平衡。该计划保护法国工业的全部技能，特别是在关键领域的技能。

2. 2003—2008年《军事计划法》

这是“9·11事件”后发布的法规，该计划法确定2015年军事力量由以下八大力量系统构成：威慑系统、C^3R（指挥、通信、控制和侦察）系统、远征和机动系统、纵深打击系统、夺取空－地优势系统、夺取空－海优势系统、夺取空－天优势系统以及准备与保持作战能力系统。

该计划法时期的研究与开发有三个优先：①在准备未来和研究与技术开发（R&T）方面扩大欧洲合作优先；②军民两用优先；③技术和作战验证机构优先。

三、法国国防科研生产能力发展趋势

法国的国防工业长期以来一直是由国家高度控制的，其武器装备的研制生产绝大部分也是由国防部所属的军工厂和国有企业承担的。“冷战”后，为适应国际战略环境的变化以及建立欧洲统一国防公务的需要，法国将原属于国防部的兵工厂和造船厂逐步推向了市场，并通过转让、降低国家在国有军工企业中的股权等措施，促进军工企业的私有化和部分私有化，以提高军工企业对市场的适应能力和竞争能力。

（一）武器装备研制生产水平

1. 战略威慑能力

法国为五个核大国之一，拥有战略威慑能力，主要采取潜基和空基核威慑。1960年法国成功进行原子弹试验，是第四个掌握原子弹技术的国家，并于1968年进行了氢弹试验。在全面禁止核试验之前，法国共进行了210次核试验。1971年法国第一艘核潜艇装备部队。近年来，法国核战略威慑能力得到进一步提升。其新一代战略导弹核潜艇——“凯旋”级核潜艇已经装备部队，2006年法国新型潜射弹道导弹M51成功进行了首次验证试飞。

2. 高技术常规武器

法国具备较强的导弹武器、军事电子和先进战斗机、作战舰艇、坦克装甲车辆、火炮等研制生产能力。能够独立研制生产的导弹武器产品有：S5中程地地导弹、“飞鱼”反舰导弹、“西北风”与“响尾蛇”防空导弹、巡航导弹、“米卡”空空导弹以及反辐射导弹等；空军装备有第三代战斗机“幻影”2000战机、“阵风”战机

等;海军装备包括“戴高乐”号核动力航空母舰、“地平线”级驱逐舰、具备隐身性能的“拉斐特”导弹护卫舰等;陆军装备有“勒克莱尔”型主战坦克、恺撒155自行榴弹炮等产品,正在开发未来士兵系统等新装备。法国常规动力航空母舰早在1961年就已经研制成功,2001年戴高乐号核动力航空母舰交付部队服役。

(二)军民一体化建设高科技产业发展

军民一体化建设是国防工业持续快速发展的内在要求。法国在军民一体化建设高科技和产业发展上取得了突出成就。

在航天领域,法国在卫星产业化上走在前列。法国“阿里安”5号运载火箭、“斯波特”对地观测卫星、“太阳神”照相侦察卫星、“锡拉库斯”通信卫星等都是国际知名产品。“阿里安”5号大型运载火箭地球轨道运载能力18吨,太阳同步轨道运载能力10吨,在国际卫星发射服务市场上具备较强的竞争力。“锡拉库斯”通信卫星设计寿命10年,可装26台转发器;民用对地观测卫星“斯波特”设计寿命5年。法国积极参与的伽利略卫星定位导航系统将成为美国GPS系统的有力竞争者。

在民用船舶工业领域,法国在豪华游轮等高技术船舶领域仍处在领先地位。随着世界船舶工业中心向东亚转移,法国船舶工业在国际市场的份额逐步降低,目前只在豪华游轮等少数高技术船舶领域有一定地位。

在民用核能领域,法国在核电、天然铀、浓缩铀、核燃料后处理等领域已全面掌握技术并形成较大产业规模。法国拥有58座核电反应堆,总装机容量位居世界第二,2019核电发电量4 278亿千瓦小时,占全国总发电量的71.7%,位居世界第一。新一代压水堆核电站EPR即将开工建设。法国AREVA公司年生产天然铀7 000吨,浓缩铀生产能力为10 800吨,正在建设先进的离心机浓缩铀工厂,拥有两座商业后处理厂。

在民用航空工业领域,法国是大型干线飞机、发动机、民用直升机等市场上的巨头之一。法国与德国、西班牙等国家一道,几十年锲而不舍地支持和推动民用飞机工业发展,取得了重大突破。空中客车飞机2006年交付434架,手持订单2 533架,成为世界干线飞机市场的两大巨无霸之一。提供CFM56涡扇发动机的斯奈克玛公司是世界三大发动机厂商之一。法国参股的欧洲直升机公司去年交付直升机381架,实现销售收入38亿欧元。

(三)军工产业基础能力与自主创新能力

近年来,法国启动了一批重大科技工程,如法国积极推动伽利略卫星导航定位系统、国际热核聚变反应堆工程等,这将进一步带动科技创新能力的提升。值

得指出的是，在军工产业发展所必需的关键原材料、元器件、动力技术等领域，法国的自主化程度比较高，主要依靠其国内企业供应或研制，在一些领域法国公司还是国际市场的主要竞争者之一。在军工涉及的各科学技术领域，法国有着比较完备的科研体系和比较系统扎实的科研工作基础，在各大公司的研发机构之外，法国原子能委员会的9个研究中心、国家航空航天研究院、国家空间研究中心等一批科研机构为法国国防科技和产业发展奠定了坚实的基础。法国航空航天业2005年科研开发经费投入为47亿欧元，占总销售收入的16.6%，其中企业自筹20亿欧元。法国重视国防科研前期预先研究，2006年投入前期研究经费达到7.2亿欧元。

（四）军工产业的国际化程度

法国军工产业有着较强的国际竞争力，产业国际化程度比较高。其主要有四个标志：一是有一批市场占有率比较高的名牌产品，如空中客车飞机、幻影飞机、马特拉空空导弹、拉斐特导弹护卫舰、飞鱼导弹等；二是军工产业主要销售收入来自国际市场，以航空航天和军事电子行业为例，2006年出口收入占73%；三是主要军工企业已经形成跨国公司，如EADS公司、达索公司、AREVA公司等；四是法国最近启动的大多数国防科技项目，都是与其他国家合作开发的项目。

（五）军工结构调整与企业重组

近年来，法国军工产业结构调整重组力度非常大，涉及军工各大行业，形成了几个特大型企业集团，均已改组为上市公司。1998年，法国航空航天公司和马特拉高科技公司合并，合并后的公司成为欧洲第一、世界第四大航空军工企业。斯奈克玛公司通过兼并透博梅卡公司，也基本上垄断了法国的航空发动机制造业务。英国GEC马可尼公司和法国汤姆孙声呐公司成立了世界上最大的声呐系统制造商汤姆孙－马可尼声呐公司。2000年，法国宇航马特拉公司与德国、西班牙相关公司合并，组建了欧洲航空航天和防务公司EADS；2001年法马通公司、核燃料总公司等重组为AREVA公司，成为集核电设计、设备制造与整个核燃料工业于一体的特大型核工业集团；2003年法国军用舰艇主要生产单位舰船建造局改组为股份公司，并与著名电子企业泰勒斯公司的船舶业务进行重组；2004年法国国有航空发动机研究制造公司SNECMA改组为股份公司，并随后与SAGEM公司重组；2006年9月，地面武器集团公司GIAT改组为NEXTER公司。法国军工专业化生产、社会化协作程度比较高，几个大企业与一批专而精的公司形成了比较合理的产业组织结构。在法国国有军工企业调整改制过程中，曾遇到企业亏损、人员安置困难等难题，有人称之为“黑色岁月”，但总体上看，调整的最困难阶

段已经度过。

法国今后的趋势将会把军工企业进一步推向市场,减少国家控股的份额,提高私有化程度,并将加快欧洲国防工业一体化的进程。法国根据建立欧洲统一的国防工业的需要,根据航空航天、电子、核、机械制造四个“极”进行重组,进一步缩小法国国防工业规模,保留其核心能力。

第三节　法国政府支持国防科研生产能力发展的措施及影响

一、法国政府支持国防科研生产能力发展主要措施

(一)优化国防工业结构,增强国际竞争力

法国政府对国防工业发展制定了一系列政策:一是明确国防工业实行独立研制、合作生产和直接引进三结合的发展战略;二是把建立协调的欧洲国防工业和国际合作放在突出位置,推进欧盟军工产业一体化;三是按照核、航空航天、电子、机械制造四个“极”,推进国防工业结构调整,强化核心能力与基础能力,培育新优势;四是将军工企业进一步推向市场,减少国家控股份额,主要军工企业陆续实现股票上市;五是在武器装备研制生产上引入竞争机制,建立军方与企业新型合作关系。2004 年,法国提出国防工业实行“有竞争力的自主化”政策。为加强国防部与工业界的联系,成立了国防部长主持的防务 - 工业委员会,并于 2004 年召开了第一次会议。法国制定政策进一步扩大军贸出口,并对外资进入军工领域实施管制。法国政府还专门制定了支持中小企业参与国防科研创新的专项计划。这些政策措施正在取得积极成效。

根据新的国防工业发展战略,法国正在对国防工业结构进行调整,其目标是推进欧洲国防工业的一体化。其主要做法是缩小规模,保留核心能力;合并企业,增强竞争力,不断使其国防生产合理化。国防部武器装备部希望通过结构调整保持国防工业的核心能力和技术潜力,以便开发新一代的先进武器。鉴于“冷战”后国内订货减少,许多企业规模有限,任务不足,为增强与美日等外国大型军工企业竞争的实力,同时也便于发挥政府支持经费的效益,法国政府主张同专业类型的公司进行合并,组成国家级企业集团。另外,法国主要武器承包商还通过购买外国公司和在海外建立分公司的方式增强其技术和经济实力,扩大市场。

（二）积极推进欧洲国防工业一体化

法国既强调独立自主地发展本国国防高科技，同时也看到，在新形势下法国既无能力也无必要维持完全独立的、庞大完整的国防工业体系，不必坚持所有武器装备的自给自足。1994 年发表的《国防白皮书》明确提出，要放弃“自给自足”式的国防工业发展战略，走独立研制、合作生产和直接引进的三结合道路。近些年，法国在坚持独立自主研制武器装备的同时，积极推进建立欧洲联合军工企业集团，加快实现欧洲国防工业一体化的进程，特别是在机械制造领域集中欧洲各国专业技术优势和财力，合理组建新的跨国集团公司，在技术和市场上增强与美国企业抗衡的能力。

为推进欧洲国防工业一体化，法国政府提出，要把建立协调的欧洲国防工业放在优先地位，同欧洲各国政府协调制定共同的国防工业发展战略，加强与欧洲各国工业界的合作，对技术和生产能力进行优势互补，放宽或修改技术保护、出口、科研投资等方面的政策，争取在战术导弹、地面武器装备、飞机、舰船、卫星、模拟和试验设备方面建立综合实力较强的企业集团。为此，法、德两国国防部决定建立联合装备局。法国还支持多国大型军工企业联合，成立欧洲跨国工业集团。2003 年 3 月法国与英国号召在目前军备合作联合组织（OCCAR）的基础上，成立新的欧洲联合防务采办机构，协调防务采办和研究开发工作。

（三）国防装备采办政策与加入竞争

近年来，法国通过对国防工业企业的管理体制、运行机制和工作模式进行重大改革，在国防工业企业中建立竞争机制，其主要包括私有化、实现投资主体多元化、实行公开招标制度、通过平等竞争选择主承包商及建立以成本－价值分析为基础的竞争机制等。法国国防部明确提出了鼓励竞争的采办政策。法国国防部规定，武器装备总署对三军所需武器装备的研制生产实行公开招标的制度。若主承包商只有一家而不能开展竞争时，则竞争范围可以扩大到整个欧洲；而当主承包商在欧洲仅有一家时，价格的谈判和控制以及生产能力的合同目标就必须十分透明。当主承包商被确定后，在选择分系统承包商和供应商时则应最大限度地实行公开竞争。同时，为了确保合同竞争的公平性，法国国防部武器装备总署还与企业共同拟定了公平竞争的规则。对每一项重要的合同，都要求制定采办计划，而且要确保合同签订的透明度。武器装备总署对三军所需的武器装备的研制和生产实行公开招标制度，通过平等竞争选择主承包商。

（四）鼓励中小型非传统国防企业参与国防市场

法国国防政策的特点就是在大企业发展的同时带动中小企业的发展，在发展国防工业的同时编织一个工业网，提供各种层次的产品与服务。法国国防部武器装备总署明确提出，鼓励中小企业参加武器装备采办的竞争，特别是在分系统和设备一级。为确保中小企业能够获得国防科研项目，武器装备总署专门留出采办计划的10%作为中小企业的竞争项目。法国国防部为保护中小企业的利益，建立了与中小企业的联系机制。法国武器装备总署组织了旨在将中小企业与用户联系起来的特别联合会，及时向它们通报法国国防发展计划，定期公布国防发展项目清单，提供参与机会。

法国政府新近还推出对航空业中小企业的支持政策。法国政府于2007年制定了一项支持航空业发展的计划，政府将在未来5年内动用15亿欧元以支持航空业的发展。政府的支持计划包括对航空业企业的融资、设立航空业中小企业投资基金、对航空业企业科研投资的支持以及税收方面的支持措施。

（五）军民兼容发展与军转民战略

（1）制定有关政策，指导军民一体化建设、寓军于民的发展

（2）通过实施国家大型计划，发展军民两用国防高技术，确保高新技术产业的国际领先地位

（3）建立协调和沟通机制，鼓励国防科研机构与工业界进行合作。其主要措施有：一是加强政府部门间的军民用科技合作。2001年1月，法国国防部和研究部签署了一项科技合作协议。协议的中心内容是加强两部科技交流的组织工作，并要求设立一个常设机构，加强未来三年两个部的科技计划合作。协议还要求在科技合作中协调制定两个部的科技政策并进行科技项目的合作，合作的领域包括：共有基础技术（材料技术、纳米和微米技术、生物技术、光电子技术等）、军用装备中使用的民用技术（信息和通信技术、集成电路等）以及扩散到民用领域的军用技术（航空、航天、火箭推进等）。二是鼓励科研机构与企业建立合作伙伴关系，坚持相互间的"战略对话"。法国政府一直积极鼓励工业界的投资与参与，有关政策还专门规定，国家研究与技术的基金拨款在资金投放上要向与工业界有"合作伙伴关系"的研发项目倾斜，以促进高技术的发展与应用。三是强化军民双方的科研协同。此方面，政府力图以航空航天领域军民科研协同为典范，优化科研经费的使用，集中科学研究、技术开发和工业的全部能力，促进军用与民用科研的协同作用。

(4)建立军民双向转移的机制。

(六)通过军事计划确定国防工业发展方向和重点

20 世纪 90 年代,法国实施了 3 个军事计划(1990—1993 年,1995—1996 年,1997—2002 年),21 世纪,法国制订了 2003—2008 年、2009—2014 年军事计划。这些军事计划不仅明确了法国军队的发展方向,也明确了法国国防工业的发展方向和重点。表 5 - 1 为法国 2015 年以后的设想。

表 5 - 1　法国 2015 年以后的设想

能力目标	关键技术
保持国家威慑能力,保护国家领土安全,防止核力量不受将来威胁的打击,在反弹道导弹防御系统和防空系统发生可预见的变化时确保其可靠性	远距离运输,携载平台的推进和体系结构以及投放系统,核武器工程,探测能力、隐身、导航与制导
开发易于部署的资源,考虑将要投送的部队在部署方面的限制,空地一体化作战中的海上支撑,重新审视提前部署的概念(自主的可能性)	系统的体系结构;航空技术:推进系统(油耗控制、推进器、螺旋桨等),材料(机身、结构),飞行控制系统;海军技术:投送平台的相关技术(体系结构、材料和推进系统)
在整个敌对环境中,可广泛地选择攻击重要的目标;降低地方的潜力(抑制或摧毁其部队);从预测到解决冲突过程中,控制纵深打击的影响;控制纵深打击时间进度	精确打击武器制导、导航系统的坚固性;末制导:电磁、红外、激光、GPS;战斗部:小型化与多样化;高速实时传输;自动跟踪识别;武器推进装置:从亚音速到极超音速;攻击干扰:间歇式干扰,挂于飞机上或投放时;电子监视,包括三维定位;雷达成像(SAR);红外光学传感器,大型矩阵变换电路;协同打击;隐身;遥控与资助无人机系统

资料来源:法国国防部文件《法国:30 年远景规划》。

二、主要措施的效果研究

以法国军民兼容发展与军转民战略为例,法国推行军民一体化建设、寓军于民的主要特点和效果分析如下。

(一)制定有关政策,指导军民一体化建设、寓军于民的发展

法国政府非常重视利用政策来引领本国国防工业军民一体化建设的发展方向,虽然在其国防工业建设的宏观指导政策上,政府并没有专门制定出集中阐述有关军民一体化建设政策的文件,但在其官方公开的《国防白皮书》、远景规划、长期规划和中期计划中,其相关政策均有所体现。如法国在其1994年发布的《国防白皮书》中明确指出,法国的部分国防工业要加强军用活动和民用活动的结合与合作,要考虑向军民两用的方向发展,并突出强调在军用航空航天和防务电子这两个对民用领域最具影响的领域必须全力贯彻执行军民一体化建设的方针,同时指出民用领域的研究也要充分考虑军事需求。

随后,法国在其制定的几部军事计划法里,进一步明确提出了要将军民两用技术作为其国防高科技的研发重点。例如,在2003—2008年《军事计划法(草案)》里,法国政府详细阐述了通过优先发展军民两用技术来加强研究和技术开发的方针。此外,法国政府的一些政府政令、指令以及政府部门间或政府间协议也涉及了部分较为具体的军民一体化建设政策。比如"政府鼓励科研机构与企业建立伙伴关系"及实行"税收研究经费制"这两项政策,前者意在号召法国国内包括国防系统在内的科研机构与企业间建立合作伙伴关系,坚持相互间的"战略对话"后者旨在鼓励中小企业加大科研投入和参与技术创新。这些重要法案和政策的出台与实施,有力地保障了法国国防工业军民一体化建设进程的顺利展开。

(二)通过实施国家大型计划,发展军民两用国防高技术,确保高新技术产业的国际领先地位

科技水平的高低已成为国家间竞争力和国际产业分工地位的一个基础条件,并成为衡量一国综合国力的主要指标。而大型科研项目不仅是提升一国综合国力的重要动力,也是推动国防工业基础与国家科技工业基础走向一体化的关键枢纽。法国认为,一个国家技术实现能力的下降可能导致其经济竞争力的下降,因此法国非常重视军民一体化建设高技术的研发,其大型科研项目十分注重"民为军用",提倡在新技术革命下充分利用民用高科技推动军事技术的发展。为此,从1991年开始,法国政府实施了多项国家大型技术计划,其宗旨就是确保法国高技术产业在国际上的领先地位。这些大型技术计划主要有:"航天计划""航空计划""核能计划"和"电子、信息和通信计划",其中大量的技术是军民两用技术。这些由政府科研机构和企业共同承担的计划极大地促进了国防高科技的飞速发展。

与此同时，法国国防部也非常重视利用民用技术成果为国防建设服务。如法国“太阳神”军事侦察卫星在其研制过程中就充分利用了玛特拉公司为“斯波特”商用遥感卫星开发的技术。如今法国的许多国防高技术都是通过发展军民两用技术来实现的，典型的有“斯波特-4”卫星、“电信星”和“斯滕托尔”通信技术试验卫星等军民两用卫星，“阿里安-5”运载火箭技术，核反应堆技术等。

可以看到，这些大型技术计划有力地推动了军民两用技术的发展，高效地发挥了军地资源的配置作用，而依靠民用基础还降低了国防成本，缩短了武器装备采办周期，提高了法国的国防动员能力。

（三）建立协调和沟通机制，鼓励国防科研机构与工业界进行合作

随着国防工业发展战略的调整，法国开始走上独立研制、合作生产和直接引进三结合的军工发展道路，从而重新确定了国家同工业界的关系，将推动国防科研机构与工业界进行深入合作确立为本国国防工业发展的重要方向。

（四）建立军民双向转移的机制

“冷战”结束后，法国国内和国外两个市场发生了显著的变化，在日益增多的与国防有关的卫星、电子元器件、计算机、电信及显示等技术领域中，民用市场已成为发展的主要动力。因此，法国政府和国防工业界十分强调发展军民两用技术，重视军民两用技术的双向转化和利用。

一方面，在利用军用技术开发民品上为工业部门提供诸多方便。如对于同一工厂同时开展军品和民品生产，除国家安全方面的限制和军用规范外，法国政府没有设置法律条例和会计制度上的障碍，这样就为一些国防合同商利用研制军用产品的核心技术开发民品创造了条件。例如，法国家航空发动机研制公司就利用装在“狂风”战斗机上的M88发动机核心技术，开发出一种新的民用航空发动机。此外，为了更好地开发两用技术或使军用和民用技术相互转化利用，一些国防承包公司建立了军民用统一的设计小组，采用了同样的计算机辅助设计软件，以利于所设计的工程能够从军用项目转向民用项目，或从民用项目转向军用项目。

另一方面，重视将民用技术应用到军事系统中。为保证军民技术的双向转移，法国国防部在采办过程中，积极推行军民两用原则，尽量采用民用标准和产品，该原则不仅体现在零部件和技术发展上，还成为合同商业务工作的根据。同时，采取完全一致的军用（民用）项目管理方法和手段，减少装备采办计划的专用管理标准。

法国通过推行军民一体化建设、寓军于民的战略，使其军民两用技术有了很

大的发展，取得了较为明显的成效：一是提高了综合国力，促进了国民经济的发展；二是利用民用技术，缩短了武器装备的研制周期，提高了军事经济效益；三是使其民间企业不仅具有很强的经济竞争力，同时具有了很大的军事潜力。

第四节　法国国防科研生产能力政府监管体制

一、法国国防科研生产能力的政府监管架构

法国采取了高度集中统一的国防科研生产能力政府监管架构。总统、总理以及国防部、经济与财政部和审计法院下属的各个部分分别承担各自的任务。对于国防科研来说，议会、总统和内阁会议是法国的最高决策层，负责制定国防科技重大政策和重大问题决策。在业务管理层面，法国与武器装备有关的国防科研规划与计划的制定、国防科研活动的组织实施、国防科研经费的分配与支出均由国防部武器装备总署（DGA）负责。国防部设武器装备总署，该署集国防科研、武器装备采购和国防工业管理的职能于一身，主要任务是根据三军提出的军事需求，综合评估技术、经济的可行性，统一制定全武器装备发展的规划、计划和年度预算，对武器装备发展的全过程，即从预先研究、研制、采购、装备使用到大型装备（主要是飞机和舰船）的工业维修以及武器出口实行统一管理。武器装备总署、三军总监督处和三军参谋部并列，直接向国防部长负责，如图 5 –1 所示。

（一）总统和内阁会议

法国总统是武装力量的最高统帅，在其领导下的内阁会议、国防委员会和限制性国防委员会是三个军事决策机构，其中内阁会议是最高决策机构。法国战略核武器、重大常规武器的发展规划、计划和预算也都必须经总统主持下的国防委员会讨论通过，然后报内阁会议审批，最终由议会以法律形式批准实施。总理在总统的领导下全面负责国防事务，国防部长则保证由内阁会议批准的国防政策和五年（或六年）军备计划法的实施。

（二）总理和政府

法国政府由总理和各部部长组成，政府确定和管理国家政策、监督行政机构和武装部队。法国政府较之议会具有更大的优势，这是因为根据宪法它可以制定议会日程，要求对被搁置的议案进行重新投票。内阁部长，如国防部长不仅要在自己职权范围内签署文件，还要在议会中维护自己部门的政策，以及监督政府

决议是否得到有效执行。

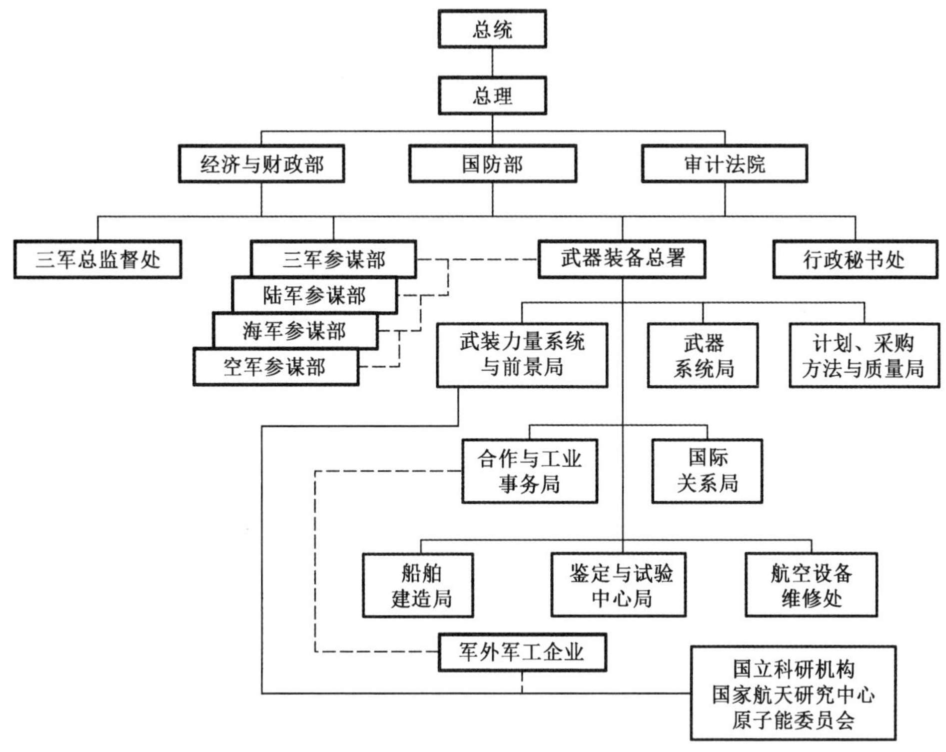

图 5－1　法国国防科研生产能力的政府监管架构

除了国防部以外，在政府部一级参与国防科研和生产管理工作的还有财政部、国家审计法院和国家公共交易委员会。财政部主要负责审查预算、支付资金，监督度经费开支等工作；国家审计法院参加对一些武器装备合同的抽查监督；国家公共交易委员会参加对一些重大武器装备合同的审查工作。

（三）议会

议会的权力在于拥有监督政府和立法的双重职权，如在国防方面的防务组织、兵员募集、军事规划等方面法律的制定；定期审议年度武器装备建议报告、军事进展年度报告；国防部年度计划授权、年度预算等。其中，国民议会内设有与国防事务有关的委员会，如外交委员会，国防和武装部队委员会，财政、宏观经济和规划委员会；参议院设有外交事务、国防和武装部队、财政和法律事务等委员会。

(四)国防部

国防部长负责军事防务政策的执行与管理,如武装部队的组织和训练、人员招募和管理、武器装备和基础设施采办等。与多数西欧国家一样,法国实行国防部高度集中统一管理与军种不同程度参与的管理模式。国防部分为三部分:武装部队参谋部、行政总秘书处和武器装备总署。各个部门有着各自不同的分工和职责,武装部队参谋部主要负责为未来做好准备,关注国际军事关系;行政总秘书处主管财务处、人事处和司法事务处;武器装备总署具体负责研究和生产。三大部分各司其职的同时又要相互协调配合。由于武器项目管理本身是一个非常复杂的过程,而且总是处于不断变化的环境之中,因此负责组织和管理项目的任务由三军参谋长和武器装备总署分担,而且因形势的发展不断地进行改组。

(五)武器装备总署

武器装备总署是国防工业管理体制的核心,负责对国防科研和装备采购实行统一管理。武器装备总署与三军参谋部并列,直接向国防部长负责。总署的主要职能一是制订武器装备发展的长远规划;二是研究和制定与武器装备发展相协调的国防工业与技术发展战略并组织实施;三是负责武器装备和国防工业的国际合作。

具体地说,武器装备总署集国防科研、武器装备采购和国防工业管理的职能于一身,根据三军提出的军事需求,综合评估技术、经济的可行性,统一制定全军武器装备发展的规划、计划和年度预算,对武器装备发展的全过程,即从预先研究、研制、采购、装备使用到大型装备(主要是飞机和舰船)的工业维修以及武器出口实行统一管理。陆海空三军基本上不设科研生产机构,但与武器装备总署保持密切联系,参加武器装备的规划计划和研制、生产、试验、鉴定全过程的管理。国防科研生产任务除一部分由武器装备总署下属的企业(舰船制造局所属船厂)和试验鉴定机构完成外,大部分由军外军工企业承担。法国军用航天器和核武器战斗部、核动力装置的研制工作,在国防部武器装备总署的统一规划下,分别由作为国立机构的国家航天研究中心(CNES)和原子能委员会负责实施,武器装备总署参与领导和管理工作。在国防部内,行政秘书处和三军总监处参与国防科研和生产的管理,主要是负责预算协调、工作监督和行政管理工作。

武器装备总署于 1997 年开始实行新的组织结构,即以反映工作领域(项目管理、工业活动、试验与鉴定等)和具体的管理技术(技术知识、采办、质量控制等)的新的组织结构,取代了过去以作战环境(陆、空、海和航天)为主的组织结构,以期达到以尽可能低的费用研制出高性能的武器装备的目标。改革后的武

器装备总署主要由以下部门组成。

1. 武装力量系统与前景局

该局主要负责武器装备系统计划项目的制定及研发。其关注未来系统的先期技术和战略研究，负责制定和发布30年远景规划，确立探索研究政策，制定全军的武器装备计划项目，开发通用技术，以确保武装力量各种系统间的技术一致性，同时需对各种研究活动负起监督职责。

2. 武器系统局

该局主要负责武器装备系统的计划项目管理工作。其下设有航空项目处、舰船项目处、地面武器装备项目处以及战术导弹处。每个项目处均设有项目主任，项目主任在处长的直接领导下，与来自其他各个领域的技术和管理专家共同建立起一体化的跨学科的项目一体化小组，对武器装备计划项目进行全面管理。

3. 计划、采购方法与质量局

该局主要负责武器装备计划项目的资金管理，日常主持武器装备计划常设执行委员会的工作，并负责组织武器装备总署在计划项目实施、采购、保证作战状态和质量方面的理论研究工作。

4. 合作与工业事务局、国际关系局

合作与工业事务局的主要职能是促进欧洲合作，负责国际合作项目的管理，制定武器装备总署的工业政策，承担对军工企业的战略控制，支持中小企业的发展。国际关系局主要负责制定、监督武器出口政策，其主要任务是促进法国武器装备向国际市场出口，以及控制武器出口协调军控、不扩散工作，控制技术和工业情报等。

5. 鉴定与试验中心局

该局的主要任务是：从事和加强武器装备总署内部全部业务所需要的技术鉴定工作，培养各技术领域的专家；提供计划项目实施必需的试验、评估和鉴定，鼓励和促进欧洲其他国家的武器装备部门使用该中心的设施；确保各个中心工作的协调和相互支持，提高鉴定和试验设备的整体效能；为武器装备总署外部或国防部外部用户、军事或民用部门用户提供服务，努力提高各个领域投资的效益。

6. 舰船建造局、航空设备维修处

舰船建造局主要负责舰船和装备的设计、建造及维修；航空设备维修处则负责飞机和航空工业设备的维修。

二、法国国防科研生产能力的政府监管政策体系

(一)管控国防科研生产能力的政策法规

军备总局通过严格的合同管理机制、有效的控制成本机制、法律法规机制、许可证机制、人才培训机制等对军工企业进行战略管理和日常管理。除了监控国防市场的投资水平、投资稳定性、承包商的财务及经济状况、竞争性及所存在的问题外,还要监控关键承包商成功完成项目所必需的劳动力能力,目的是促进承包商不断提高劳动力的素质。主要监控对象是主承包商、对国防项目起关键作用的其他公司、专为发现问题而监视的公司等三大类。为强化合同管理和经费监督机制,法国防部对军工企业通过与各军工企业签订合同,并对合同进行各方面的审核、监督,建立了严格的合同管理机制;并且不断采取措施,强化经费监督。法国通过严格的资格审查,在竞争择优的基础上确定军品承包商,对每项武器装备发展计划的承包商进行资格审查,任何军工企业均受到武器装备总署在质量、成本等方面的监督。为保证和提高军工管理水平和决策水平,法国还设立了军备高级管理学院和军备高等研究学院(中心),对军备总局及其所属机构人员进行培训。

法国国防预研工作在国防部长任主席的国防研究高级委员会集中领导下由武器装备总署统一管理。武器装备总署设兵力系统与前景局,兵力系统与前景局下设 5 个处,即兵力系统规划处,探索与先期研究处,共用技术处,核项目处,侦察、通信和情报项目处以及防务分析中心。探索与先期研究处有 50 多人,设有财务、科学、探索研究政策和先期研究计划 4 个部门,其主要职能是制定探索和先期研究的总体计划并确定年度预算,在将预算经费分配给各个实施部门后,负责项目的跟踪和控制。武器系统局下设的地面武器装备项目处,航空项目处,舰船项目处,战术导弹项目处以及兵力系统与前景局下设的共用技术处,核项目处和侦察、通信和情报项目处,负责预研项目的组织实施。

法国国防预研计划是在国防发展规划、计划制定过程中一并完成,并以法令形式发布保证其实施。从 20 世纪 70 年代起,法国开始引入美国国防部的“规划—计划—预算编制法”流程制定国防发展规划计划。其制定程序如下:

(1)由国防部长任主席的国防研究高级委员会负责制定国防发展的总政策和指导思想。

(2)根据国防发展的总政策和指导思想,兵力系统与前景局的兵力规划处在国防前景研究委员会的指导下,分析未来潜在威胁和军事技术的发展趋势,制定国防发展 30 年远景规划,同时确定国防预研的方向、重点。

(3)根据国防发展规划和国防预研的方向、重点,兵力系统与前景局的探索与先期研究处在指导和评估委员会的指导下,制定出国防预研工作指南,再与兵力系统与前景局及武器系统局的有关业务处共同协商,制定国防预研中期计划和年度预算草案。

(4)中期计划和年度预算草案经指导和评估委员会审定和评估后,形成国防预研正式计划,报国防部长批准后下发执行。

(二)针对国防项目管理的特定法案

1. 国防预研项目管理

法国国防预研计划的实施,同武器装备型号研制项目一样,通过招标确定项目承担单位,并实行合同管理。对于基础研究项目,由兵力系统与前景局的探索与先期研究处在有资格的政府研究机构及高等院校中的研究机构进行公开招标,择优选择研究单位,并与之签订合同;对于应用研究和探索性发展项目,则由兵力系统、前景局的探索与先期研究处与政府所属的研究机构,如国家航空航天研究院、国家航天研究中心、国家电信研究中心、原子能委员会军事应用局下属研究机构及其他研究单位签订合同;对于先期技术开发项目,即具有型号背景的项目,则由武器装备总署兵力系统与前景局和武器系统局的有关业务处,通过招标选择承制单位,并与承制单位签订合同。

2. 国防采办项目管理

一体化项目小组是法国装备采办管理体制中全系统、全寿命管理的基层组织。法军的装备采办项目分为准备、设计、实现以及使用四个阶段,其中设计阶段又可以分为可行性和定义两个小阶段。在一体化项目小组开展工作之前,兵力系统设计师、作战协调官以及相关军种协调官要进行需求确定并具体负责采办项目的准备阶段工作,监督可行性阶段的工作。在装备采办项目最初的准备阶段,兵力系统设计师和联合武装部队参谋部的作战协调官以及相关军种参谋部的协调官密切配合,共同完成这一阶段采办项目的管理工作。常设执行委员会将审查包含准备阶段工作成果在内的可行性文件。如果武器装备总署和联合武装部队参谋部共同做出项目继续进行的决定,那么就正式任命项目主任和项目军官,进而组建项目领导班子和跨学科的一体化项目小组。当项目进入到可行性阶段后,一体化项目小组就开始负责对采办项目进行管理,但兵力系统设计师、作战协调官以及相关军种协调官要对一体化项目小组的工作进行监督。只有当项目进入到定义阶段后,项目管理的关键职责才转移到一体化项目小组身上。一体化项目小组采取的是典型的矩阵式管理方式,项目主任是小组负责人,由武器装备总署任命,项目军官由联合武装部队参谋部或军种参谋部任命,与项

目主任密切合作，共同完成对采办项目的管理工作。小组的其他成员由项目主任和项目军官挑选，一般都是某方面的技术或管理专家，必要时，工业界的项目主任也可以加入。小组成员除少数核心人员为专职外，其他大多数成员都是兼职成员，同原机构（职能部门）还保持着密切联系。

三、法国国防科研生产能力调整重大活动的审查

（一）法国外资并购审查

1. 审查目的

近年来，法国军工产业结构调整重组力度非常大，涉及军工各大行业，形成了几个特大型企业集团。法国军工专业化生产、社会化协作程度比较高，几个大企业与一批专而精的公司形成了比较合理的产业组织结构。法国通过外资并购审查控制着军工产业的结构调整重组。

2. 审查机构

进行外资并购审查的机构为法国经济财政部。

3. 审查原则

法国对外资并购国内企业的审查由经济财政部依据1986年的《公平交易法》和2004年的《外国投资法》的规定进行。

按照法国《外国投资法》的规定，当外资并购涉及以下11类“战略性产业”时，应当接受国家安全审查。这11类行业包括：①博彩业；②政府管制的保安护卫业；③研发对恐怖分子可能使用生化攻击手段的防护方法并制造相关物质的产业；④窃听、窃照及监听器材产业；⑤与信息系统或者产品安全有关的审核服务业；⑥为关键的国有或私营公司提供信息系统或服务的产业；⑦可军民两用的技术或项目的相关产业；⑧提供密码产品或服务的产业；⑨有关私人保密信息的产业；⑩生产、研发、销售武器弹药、可用于军队或战争爆炸物质或其他禁限材料的行业；⑪与国防部有任何形式的合同或承包关系的企业所进行的可军民两用的技术、项目或上述武器弹药的研发生产销售有关的行业。而当法国财政部认为上述行业的外资并购有如贩毒、恐怖活动、贿赂等特定的犯罪嫌疑时，并购会被拒绝。

经济和财政部拒绝外资并购的考虑因素还包括：①保证国家利益不受损害；②能够在将来保护业务经营的连续性及生产、研发能力和相关技术；③供应链受损害；④涉及军工、国防产业政府采购合同的法国公司的业绩不受威胁等。

4. 审查程序

在法国，并购申请并不是强制性的，但如果并购当事者不进行并购申请，一

旦经济财政部决定将该并购交易案件进入审查程序,其审查时间将无具体限制。对于并购当事者申请的案件,经济和财政部长在收到完整的申请材料后,授权竞争委员会进一步审查,经济和财政部长会根据竞争委员会提交的报告做出同意、并购者提供保证后同意或禁止并购的决定。

(二)法国军工资产上市审查

1. 对于上市军工企业,限制国有军工股份自由交易

法国国有企业中的国家股份不能在股票交易所买卖。其变化必须通过一定的法律程序。根据有关国有化的法律,法国国有企业中的国家股份不能在股票交易所买卖,其变化必须通过一定的法律程序。但是,国有企业中的私人股份,可以在巴黎股票交易所自由买卖。国有企业如果经营亏损严重,经主管部门批准,可以兼并或出售,但生产正常,只是改变了隶属关系。实际上,兼并和出售也是一种处理企业破产的方式。

2. 根据国有股份比例的不同对军工资产进行分类监管

法国从 20 世纪 90 年代开始对国有军工企业进行改组,使国有化程度有所降低。法国政府设有专门的国有企业和国有资产管理机构对国有军工企业进行分类管理。对国家占 51 % 以上控股地位的国有企业,国家从价格、投资、分配等方面实行严格的控制。对国家参股的企业,则按私法对其进行规范管理,这类国有企业大多数是竞争性的国有工业企业。

第五节　法国典型案例

一、改组法国宇航公司

20 世纪 90 年代,法国国防工业结构内部调整计划的核心是对法国航空工业的支柱——法国宇航公司的改组。法国宇航公司是 20 世纪 70 年代由几个规模较小的企业合并而成的国有大型企业,其产品种类繁多,包括民用客机、直升机、导弹、运载火箭、卫星等五大系列,著名的空中客车飞机、阿丽亚娜火箭、飞鱼导弹等均是这家公司直接参与或独立研制生产的拳头产品。法国宇航公司改组的第一步是公司内部结构调整,按照当时的产品类别划分为航空部门和空间及防务两大部门,下属 9 个分公司。法国宇航公司进行结构调整的第二个重大步骤是与其他公司的整合,加速私有化进程,以解决国有企业法国宇航公司与其余欧洲国家的私营企业的联合,推进欧洲一体化进程。国有的法国宇航公司于 1998

年7月底与私有马特拉高科技公司合并为宇航·马特拉公司，至此法国航空工业朝私有化方向迈出了重要一步，为创造一个私营的欧洲航天、航空及国防工业的公司奠定了基础。1998年12月，法国政府把在达索飞机公司所掌握的46%的股份（军用飞机业务）划归法国宇航公司，使法国的民用飞机和军用飞机制造业形成一个整体，成为法国航空工业的轴心。

二、DCNS舰船业务发展与调整

DCNS公司和泰勒斯集团法国海军的资产自20世纪90年代起开始结合：20世纪90年代，投资Horizon SAS、Eurosysna v、UDSI、SFCS项目；2002年，双方成立Armaris合资企业（泰勒斯集团占50%股份），负责军用产品在出口市场或合作方案主要的承包和销售；2005年，双方成立的MOPA2合资企业（泰勒斯集团占35%股份）生产法国的第二艘航空母舰。泰勒斯集团还在Eurotorp合资企业占24%的股份。在海军业务方面，美国的4家主要企业的年收入为116亿欧元，而欧洲11家主要企业的年收入为91亿欧元，其中法国的DCNS公司和泰勒斯集团两家企业及其合资公司加起来为50.6亿欧元（DCNS公司为26亿欧元、泰勒斯集团为20亿欧元、Armaris为4.6亿欧元），占欧洲的55.6%，是美国的43.6%。2005年12月，泰勒斯集团和DCNS公司的海军业务的整合计划启动，计划经过3~6个月合作协议后于2006年中期合并，并继续与欧洲伙伴探讨合并，最终成立一个欧洲公司。

法国泰勒斯集团是世界著名、欧洲最大的防务电子公司。经过多年的发展壮大，该公司在地面与联合系统、航空电子系统、通信系统、空中交通管理系统、防空系统、潜艇电子系统和信息系统等领域确立了全球领先的地位。泰勒斯集团目前的核心业务集中在航空航天、防务、安全与服务三大领域，下设6个业务分部，各分部的主要业务组织结构如图5-2所示。2012年，泰勒斯集团总收入达到182.56亿美元，军品收入达到92.13亿美元，位居世界百强军工企业中第11位，欧洲第4位。

在“多国本土化战略”的指导下，泰勒斯集团已经发展成为以法国本土为主，在欧洲、美洲、亚洲、大洋洲等拥有200多家子公司的跨国防务公司，并购已成为该公司实现快速发展的重要手段。

在泛欧层面，为了参与欧洲国防工业的竞争，法国政府一直积极推动泰勒斯集团与国内大型防务公司的合同事项。2005年，泰勒斯集团100%控股迫击炮主要生产企业TDA装备公司。2006年12月，泰勒斯集团以6.7亿欧元价格将阿尔卡特-朗讯集团下属卫星制造企业阿尔卡特-阿莱尼亚空间公司并入自己旗下，进一步巩固了其在欧洲卫星制造市场的优势地位。同时，法国最大地面武

器公司耐克斯特公司为了争取在欧洲地面武器市场获得一席之地，也把与泰勒斯集团的合并作为选项之一。

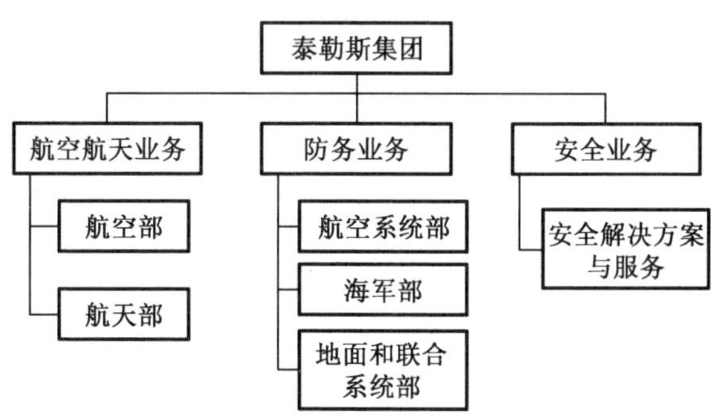

图 5 – 2　泰勒斯集团的组织架构图

最值得一提的是，2007 年 1 月 30 日，泰勒斯集团的海军业务并入 DCNS 公司，从而取得在 DCNS 公司的 25% 的股权。追本溯源，法国政府为了巩固与加强法国海军业务，一手促成了泰勒斯集团与 DCNS 公司的整合。DCNS 公司几乎生产法国海军所有的新产品并贯穿产品周期保障方案，泰勒斯集团拥有强大的海军市场，侧重于设备和系统的供给和综合。法国提出 DCNS 公司必须参加欧洲海军业的合并，而泰勒斯集团在 DCNS 公司的资本结构的作用将有助于为欧洲国防部门的未来的工业和技术能力做准备，因此促进泰勒斯集团和 DCNS 公司的联合以建立欧洲海军系统的龙头企业，由此推进欧洲联盟进程，提高了法国在海军国际市场的竞争力。

泰勒斯集团和 DCNS 公司实际于 2007 年 3 月正式联合建立欧洲海军系统的龙头企业，泰勒斯集团持有 25% 的股份。泰勒斯集团与 DCNS 公司的联合是一个连贯而平衡的工业项目，进一步优化了产品，提高了海军项目的竞争力。此项合并的益处是：在国内市场，公司提高了海军的系统供应商位置，加强了法国作战系统的合并，使得投资优化，强化了服务，互惠互利；在出口市场，公司得以进入泰勒斯集团的广大的国际营销和销售网络；在欧洲，使得以后的合并行动更加可信和合理。

在欧洲其他国家，该公司积极收购目标国家的中小型防务公司，以加强对该国市场的开拓力度。2000 年，该公司收购英国拉克尔电子公司，成立了泰勒斯英国公司。之后该公司还陆续并购了英国的短程导弹系统公司、马可尼声呐公司，德国的迪尔航空电子公司，涉及导弹、船舶、军用电子、航空航天等多个领域。泰勒斯英国公司和泰勒斯荷兰公司已经成为泰勒斯集团在法国本土之外的最大的两大生产基地。

为了增强安全领域的技术能力，2008 年 7 月，泰勒斯集团收购专业密码技术开发商 nCipher 公司，扩充其在英国的安全业务。此次收购体现了泰勒斯集团持续发展安全业务领域的经营战略，进一步增强了信息与通信系统安全业务的能力，扩展公司的加密产品目录。

三、变更地面武器工业集团经营权

法国地面武器工业集团（Nexter Industries，过去称为 GIAT）是法国最主要的兵器研制和生产企业，也是欧洲领先的地面武器制造商，它不仅垄断了法国陆军装备的供应，更在国际市场赢得了相当份额。法国地面武器工业集团是法国唯一一家在载车（坦克、装甲车）、武器（大口径火炮与坦克炮，中、小口径枪炮）和弹药三个领域进行全面经营的公司。其主要任务是确保法国陆军对各种地面武器装备的需求，也向法国宪兵队、空军和海军提供武器装备；同时负责对较重要的计划项目进行指导，管理武器的研究、发展、生产和维修。此外，法国地面武器工业集团还向全世界出口军工产品，并经常作为陆军大型系统的主承包商参加法国或国际间的军工合作。

1990 年以前的法国地面武器工业集团是政府所有、政府经营的行政机构，由国防部地面武器装备局直接经营，不具备法人资格，只能在政府的直接管理下开展经营活动。从 1990 年 7 月 1 日起，法国地面武器工业集团变成享有充分经营自主权的国有民营集团公司，并使用了“GIAT”作为公司名称。GIAT 公司全部股份属于政府，但自主经营，具有法人资格，可以参与国际军火市场的竞争。2007 年，公司名称从 GIAT 变更为 Nexter（奈克斯特），意图谋求更好的发展。

四、其他公司的业务调整

法国国防部提出，无论从政治、军事，还是从经济财政上分析，法国都不再有必要和可能维持一个像原来那样的独立、完整的国防工业体系，而必须对原有规模进行压缩，从整个欧洲规模着眼，使国防生产结构合理化，要把国家财力集中用在法国有竞争力的武器装备生产上。国防部武器装备部希望通过结构调整保持国防工业的核心能力。

法国将政府在达索公司 46% 的股份划归航空航天公司，促成达索公司的军用飞机业务与航空航天公司业务合并，从而形成航空航天工业的核心；1998 年 7 月，法国政府同意航空航天公司与拉戈戴尔公司所属的马特拉公司合并，成立新的“航空航天 - 马特拉公司”，组成了当年销售额约 148.5 亿美元的法国最大、世界第五大军工企业集团。

2000 年 5 月，法国斯奈克玛公司收购拉比纳尔（Labinal）集团，从而获得对涡

轴发动机制造商透博梅卡的控制，实现了法国航空发动机大、中、小制造公司的一体化集中。

2007 年，空中客车公司落实“POWER 8”计划，将引入一种全面整合的跨国公司组织架构。新的生产架构将通过建立四个真正的跨国“专业化生产中心”来实现流水线生产。这四个跨国“专业化生产中心”将由公司负责机身和客舱、机翼和外挂、机尾和飞机结构的几大运营负责人担任领导，其中负责飞机结构的运营官还将负责机身段的组装和客舱内饰工作。这四个跨国“专业化生产中心”将取代空中客车现有的八个位于不同国家的“专业化生产中心”。其他的组织架构调整还包括对公司支持部门，如财务和人力资源部门的整合，增强公司核心职能部门如研发、采购和项目部门的权力。新的组织架构将通过更明确的分工、更快的决策、更简化的工作流程来节省成本、强化公司管理。

五、案例总结

法国宇航公司的改组使得法国航空工业朝私有化方向迈出了重要一步，为创造一个私营的欧洲航天、航空及国防工业的公司奠定了基础，也促使了法国的民用飞机和军用飞机制造业形成一个整体，成为法国航空工业的轴心。

在“多国本土化战略”的指导下，泰勒斯集团已经发展成为以法国本土为主，在欧洲、美洲、亚洲、大洋洲等拥有 200 多家子公司的跨国防务公司，并购是该公司实现快速发展的重要手段。

法国地面武器工业集团原本是法国最主要的兵器研制和生产企业，也是欧洲领先的地面武器制造商，但从 1990 年起，法国地面武器工业集团变成享有充分经营自主权的国有民营集团公司，可以参与国际军火市场的竞争。公司名称也做了改变，意图谋求更好的发展。

法国国防部从政治、军事、经济财政分析，认为法国不再必要和可能维持一个像原来那样的独立、完整的国防工业体系，因此对原有规模进行压缩，使国防生产结构合理化，把国家财力集中用在法国有竞争力的武器装备生产上。

第六章 德国国防科研生产能力实践

第一节 德国国防科研生产能力体系架构

德国国防科研生产能力原本不弱，“冷战”结束时，西德的国防工业生产能力居世界前五位。德国统一后，虽然国防产业总体规模有所缩小，军工从业人员减少，但总体能力却没有下降，继续保持较高的军事技术和生产潜力，在个别项目上继续维持世界一流水平。为适应“冷战”后新的国际国内形势和军事需求的变化以及国防经费的削减，德国决定有重点地发展国防科技与武器装备。经过一系列改革，其国防工业体系更趋合理、经济、高效，呈现出诸多新特点。

一、德国国防科研能力架构

(一)德国国防科研机构主要类型

德国的国家国防科研机构分为三大类：国防部国防技术与采办总署下辖的11家国防技术中心与研究所(7家国防技术中心、3家研究所、1家军械厂)；政府资助协会管理的国防科研机构；非营利国防科研机构。7家国防技术中心主要负责与装备开发相关的试验、技术支持工作，分别为武器与弹药技术中心、车辆与装甲车辆技术中心、工程与一般战场装备技术中心、防护与特种技术中心、飞机技术中心、舰船与舰载武器技术中心、信息技术与电子技术中心，国防军防护技术与核生化保护研究所等3家研究所则从事相关领域的应用研究工作。政府资助协会管理的国防科研机构主要从事与国防R&T相关的应用研究活动，由应用科学研究院、弗朗霍夫国防安全联盟等公共机构组成，国防军国防R&T工作集中在雷达、激光、红外与光电传感器系统、机器人系统与无人系统、武器效果与保

护、核生化保护与防护、通信、指挥与控制（C3）系统、武器系统的网络使用能力、精确制导武器方面。非营利国防科研机构最典型的是德国航空航天中心。

1. 国防技术中心与研究所

德国政府直接经营的科研机构比较少，这些国防科研机构主要从事国防基础研究和应用研究，科研人员比例比较高，能力较强，研究的项目多属于先进的高技术领域，成果比较显著，国防部对这类研究机构非常重视，下面对 11 家科研机构进行一一介绍。

水下声学和海洋地球物理学研究所成立于 1964 年，人员 108 人，每年预算 860 万欧元，主要研究范围包括声呐信号处理、水下声学、声模型、地球物理学、测量和分析。

保护技术和核生化防护研究所成立于 1958 年，人员 239 人，每年预算 680 万欧元，主要研究范围包括探测和核生化防护装备、水处理和净化、稳定的核保护和消防。

材料、爆炸物、燃油和润滑剂研究所成立于 1959 年，人员 275 人，每年预算 685 万欧元，主要研究范围包括材料、建造方法和结构，爆炸物，燃油和润滑油机摩擦学，化学、分析学、产品安全和环境保护，表面技术和材料保护，军人装备。

工程和普通装备技术中心成立于 1958 年，人员 240 人，除了负责水力学、移动电源系统、压缩气体技术和气候工程之外，还负责测试装甲车辆投放桥梁、干式间断桥梁、浮桥、两栖桥梁系统、渡船、攻击艇和两栖陆上装置。

汽车和装甲车辆技术中心成立于 1957 年，人员 420 人，主要研究范围包括对陆上车辆系统进行测试、研究和评估，对车辆组装进行测试和研究，对车辆组件的各个部分进行技术研究，对车辆的特殊应用进行研究，为项目管理提供技术保障，并与大学和国际技术国防机构合作。

防护和特种技术中心成立于 1957 年，人员 150 人，主要研究范围包括研究保护措施，应对恐怖分子攻击的基础设施保护，研究非致命武器，在伪装、隐藏和欺骗领域进行间接保护，对武器作用和保护措施进行数值模拟，对移动天线杆进行测试，对高风险电池进行测试等。

飞机技术和试航性研究所成立于 1957 年，人员 700 人，主要任务包括负责德国所有的飞行测试，为德国飞行武器系统和相关的装备和武器提供技术保障，负责管理国防部确认的研究项目，代表德国参加国际工作，机场运转，负责大约 20 架测试飞机的管理，其中包括相关测量设备。

船舶和海军武器技术中心成立于 1957 年，人员 830 人，为海军、工业界提供从开始计划到服役使用全阶段专业技术，为海军特殊装备（包括武器系统）提供研究和技术，为海军武器系统提供技术保障。

信息技术和电子技术中心成立于20世纪70年代初，人员285人，主要研究任务包括武器系统的测量装备、寻址和制导技术、电子战、指控信息系统和武器控制系统、测量和测试设备、电磁适应性和电磁作用、建模和仿真、信息安全技术、通信技术、导航、传感器技术、火控技术、机器人技术。

武器和弹药中心成立于1957年，拥有西欧最大的试验场，主要工作包括管理和研究技术项目，为武器项目提供技术保障，在装备服役期间提供技术保障。该中心进行武器与武器系统、各类弹药、火箭弹、导弹和无人机、光电与测试装备、装甲防护相关的防护材料的试验与评价，是德国国防军唯一的弹道学、声学、光学和气象学的试验与评价中心。

海军军械库有人员2 620人，负责海军所有舰艇和岸上海军设计的维护，其主要工作内容包括执行海军舰艇的计划和非计划维护，对海军的舰艇完成快速维修，海军国防装备的改装，负责海军相关的工业合同的签订、维护工作的基础研究，完成工程和后勤保障。

2. 政府资助协会管理的国防科研机构

德国政府资助协会管理的国防科研机构多数以法律上独立的注册协会的组织形式出现，例如弗朗霍夫国防安全联盟、应用自然科学研究协会。这类科研机构是德国国防科研的骨干力量，从事基础研究和应用研究，并且按照要求承担保密任务。这类机构有利于技术交流和军民技术的相互转换，有利于各应用研究领域的衔接和注重产研结合。

弗朗霍夫国防安全联盟成立于2002年，目前有58个机构，其中5个专注于国防领域的研究工作：高速动力学研究所、应用固体物理学研究所、化学技术研究所、信息和数据处理研究所、技术趋势分析研究所，2006年集成电路研究所加入，联盟办公室设在弗朗霍夫高速动力学研究所。

高速动力学研究所成立于1959年，人员233人，每年预算1 740万欧元，主要业务范围包括终端保护，弹道影响，安全技术和保护，结构，武器技术，武器作用，弹道导弹防御，运输安全，太空船安全。

应用固体物理学研究所成立于1957年，人员200人，每年预算2 200万欧元，主要研究范围包括微波和毫米波单片式集成电路，复合信号集成电路，红外探测仪，半导体激光和LED，菱形磁盘。

化学技术研究所成立于1959年，人员330人，每年预算2 400万欧元，主要研究范围包括传感器，喷气推进，枪炮发射，烈性炸药，安全和保护系统，电气化能量存储。

信息和数据处理研究所成立于1956年，人员170人，每年预算1 800万欧元，主要研究范围包括协同和辅助系统，交互式分析和诊断，自动控制系统和设

备，信息管理，资源管理，网络。

技术趋势分析研究所成立于1974年，人员70人，每年预算550万欧元，主要研究范围包括技术分析和预测，数据分析和计划编制，核和电磁作用。

集成电路研究所成立于1985年，人员450人，每年预算5 000万欧元，主要研究范围包括成像系统、集成电路设计、医学技术、X射线技术、光学观测技术、通信、声学与多媒体。

应用自然科学研究协会成立于1957年，目前包括3个研究所，研究课题总的来说是军事应用，性质多数属于实验性质，课题主要来源于国防部，也有少数课题来自联邦研究与技术部。

高频物理和雷达技术研究所成立于1957年，人员160人，每年预算1 400万欧元，主要研究范围包括成像和相控阵雷达，收发装置和多元静态雷达，雷达电子对抗和干扰技术，毫米波段雷达和太赫传感器，天线和散射，航天探测雷达。

通信、信息处理和人机学研究所成立于1963年，人员160人，每年预算1 400万欧元，主要研究范围包括通信信号无线电监控，不同网络之间的通信，多传感器数据和信息融合，分布式信息系统，无人遥控系统，人机系统。

光电和模式识别研究所成立于1999年，人员120人，每年预算1 100万欧元，主要研究范围包括信号，光电，情景分析，目标识别，模式识别，光电系统和技术的科学评估。

3. 非营利国防科研机构

德国最典型的非营利国防科研机构是德国航空航天中心，该中心成立于1969年，人员5 100人，每年预算约12亿欧元，主要研究范围包括飞机、直升机、无人机、导弹、卫星探测和雷达技术。

（二）德国国防科研机构管理与资助模式

国防部的装备部负责三军各种武器装备的研究，其主要职责是：制定研究发展和采购的规划与计划；参与制订具体项目计划，在武器装备发展过程中做出重要决定；主管国防科技预感和预测工作；处理经济和技术方面的一些原则问题。预研工作由装备部的国防技术专员（下设5个业务处）统一管理，预研工作均以合同方式委托给高等院校、地方研究所和工业界进行。型号研制工作由国防技术与采办总署全面管理，具体研制工作由工业界承担。德国的国防科研力量除少数几个政府科研机构外，主要是由私营国防科研机构、高等院校和大型军工企业三部分组成，长期承担国防科研任务的大型科研机构约20家。政府只设少量的国防科研机构，包括隶属于国防部的联邦水声与海洋地球物理研究所、三防技术研究所、德国与法国合办的圣路易研究所等研究机构，以及主要承担武器装备

试验鉴定和各专业领域技术工作的七个专业技术中心。私营国防科研机构一般是注册的民间科研机构，主要从事基础应用研究，是国防科研的骨干力量。国防部对这类科研机构的管理主要包括提供基本资助、确定科研机构的总目标和任务、在科研院所的监督机构中派驻代表及对研究成果进行检查和鉴定。高等院校和军工企业的科研机构，国防部一般不提供资助，只是通过合同对所承担项目的研究机构进行合同管理。德国政府将国防工业纳入市场经济体系，不建立单独的军工体系，不设国营军工企业。武器装备的研制与生产任务全部由民间军工企业承担(既生产军品又生产民品)。同样，国防部下面基本上不设科研机构(仅少数几个例外情况)，国防科研工作主要由地方上的科研院所、高等院校和工业界的研究机构承担。

20 世纪 90 年代以来，德国在国防预算不断削减的情况下，仍将国防科研工作放到优先地位，使国防科研费保持一定规模和相对稳定，不致遭到大量削减。现在德国国防产业的研究和发展的重点已放在系统技术和尖端技术上，特别是指挥系统和武器使用系统方面的应用传感技术和电子技术。

二、德国国防生产能力架构

(一)德国国防生产能力现状

德国是欧洲除英法之外的第三军事强国。德国的国防产业结构体系完整，能力与水平均已达世界一流。由于受到国际限制，德国不得发展核武器与军用航天技术，但海陆空常规武器十分先进，是世界上最大的军火生产和出口国之一。从 20 世纪 80 年代末起，德国已成为世界上先进的武器装备研制生产大国，并建立起了具有本国特点的军工科研生产体系。目前，德国的国防产业已经完全实现了现代化，在国际市场上富有极强的竞争力，具有自行研制和生产各种常规武器的能力，其生产能力在欧洲乃至世界都是比较强的。军工门类包括军用航空、电子、导弹、兵器、舰船五大门类。因为历史的原因，德国没有军用核工业和军用航天工业。

德国没有政府所属的国有军工企业，国防科研和生产基本由民间企业、地方科研机构和一些高等院校承担。因此私有私营军工企业在德国武器装备研制生产方面占有重要地位。德国军工企业数量虽多，但规模较小，目前能生产军工产品的企业多达 2 万家，其中规模较大的军工企业只有 30 多家，承担国防部订货额的 50% 以上。国防技术与采办总署负责与一家总承包商签订合同，分系统和部件的生产由总承包商另行组织管理。国内国防工业企业界从军方获得的订货额约占军方订货总额的 85%，其余 15% 流入国外企业。德国军工企业大致分为

以下几类:超大型军工康采恩,如戴姆勒·奔驰公司;大型军工康采恩,如西门子、莱茵金属公司等;外国军工康采恩的子公司,如塞尔公司等;对某个军工领域有丰富生产经验的、规模不大的公司,如韦克曼公司等。

(二)德国国防生产能力行业分布

在飞机制造方面,德国与英国、意大利合作研制的"旋风"战斗机是世界上最先进的歼击轰炸机之一,主要企业有道尼尔有限公司、戴姆勒·奔驰公司、胡贝尔飞机制造公司等。道尼尔有限公司是 DO-228 小型多用途飞机、DO-34"海田凫"球形无人飞行平台的生产企业。戴姆勒·奔驰公司是生产"欧洲 2000"战斗机、"旋风"式战斗机、"风扇教练"系列教练机、BO-105、BO-108 直升机以及各种无人驾驶飞机的大型集团,该公司还生产多种不同类型导弹。

在舰船制造方面,德国制造的驱逐舰、护卫舰、潜艇、快艇和水雷战舰艇设备先进、安全可靠,具有世界先进水平。主要企业有霍瓦兹造船厂、施图尔肯公司、布莱梅富坎造船公司、布洛姆与福斯造船公司、罗兰造船厂、吕尔森造船厂、阿贝拉斯穆森公司等。霍瓦兹造船厂是德国海军潜艇的主要生产基地,德海军现役的 206 型和 205 型潜艇都是由该厂生产的;施图尔肯公司是生产驱逐舰的主要企业,它生产了战后德国首批"汉堡"级驱逐舰;布莱梅富坎造船公司是德国护卫舰的生产企业,如"布莱梅"级护卫舰就是由该厂生产的;布洛姆与福斯造船公司是"勃兰登堡"级护卫舰的生产厂家;罗兰造船厂是"西提斯"级小型护卫舰的生产厂家;阿贝拉斯穆森公司主要生产各型扫雷舰艇。

在陆军装备方面,德国是世界上少数几个能独立研制主战坦克的国家之一,发动机闻名世界,"豹式"Ⅱ坦克是世界上最先进的坦克之一,装配的发动机单位体积功率远高于英国"挑战者"和美国 M1 坦克上的发动机。德国与法国合作研制的"米兰""霍特"反坦克导弹和"罗兰"防空导弹世界闻名。生产陆军装备的主要企业有克劳斯玛菲公司、系统技术有限公司、蒂森亨舍尔公司、贝格机械制造厂等。陆军现装备的"豹式"系列坦克、"狐狸"装甲运输车、"美洲豹"装甲战斗车、"猎豹"式自行高炮、"黑豹"轻型侦察车,以及其他各种作战车辆主要是由这些公司生产的。此外,陆军武器、作战及运输车辆制造方面,还有戴姆勒·奔驰公司、汉莎车辆制造公司等。

德国的电子工业水平和美日相比还有一定的差距,军用电子产品的产值也远不及美、英、法,但在某些方面,如雷达、通信设备、夜视仪器及射击指挥系统等已达到了世界先进水平。

(三)德国国防生产能力地域分布

从地域分布来看,德国的国防工业主要分布在南部和北部。德国南部侧重于生产陆、空军装备,位于这个区域的巴伐利亚州和巴登·符腾堡州,军品订购量占全德军品订购量的2/3,前者能够制造80%军用航空设备,后者能制造60%的军事运输设备。北部侧重于生产海军设备,该区域的布来梅州和石勒苏益格荷尔斯泰因州集中了军用舰船制造业,前者的订购量占海军总订购的55%以上,后者占40%。

第二节　德国国防科研生产能力发展历程

一、德国国防科研生产能力调整及发展的主要阶段及动因分析

德国的新军事变革在20世纪90年代的大部分时间里始终是一个没有意义的问题。1999年德国派兵参加北约在科索沃的作战行动,这是德军在第二次世界大战后首次遂行作战行动。近年来,德军加大军事变革力度,首先是削减军队员额,逐步推行职业化。其次是为实现"本土防御型"向"对外干预型"的转变,扩充危机反应部队规模。陆军危机反应部队占其作战旅总数的45%,空军占32%,海军占40%,同时对危机反应部队武器装备现代化优先安排。再次是信息化武器装备的研制与购买,经过10多年的研制与购买,德国已经拥有了一批信息化武器装备,其研制的重点是发展先进的情报、监视和侦察系统,特别是无人机。德国和法国一直合作研制"布雷维尔"24小时无人侦察机,还参加北约为支援水面战、电子战、反舰导弹战、两栖战和反潜战而研发的海军无人机计划,与法国和瑞典联合研制隐形战斗机等。

(一)德国国防科研能力的调整及发展

21世纪以来,德国国家科研机构的调改不大,其主要在科研活动的研究方向上有较大调整。其作用是加大了欧洲范围内的合作力度,具体表现在以下几点:

一是对国防科研机构进行了联合重组。1999年,应用科学研究院对原有五个研究所进行了合并重组,现下辖三个研究所:高频物理学与雷达技术研究所,通信、信息处理与生物工程学研究所、光电子学与图像识别研究所。2002年11月,弗朗霍夫协会的五家国防研究所联合成立了弗朗霍夫国防安全联盟,由该机构负责协调各研究所在国防安全研究领域的研究活动,加强国防相关研究工作。

二是成立了一批新的国防科研机构。1999 年成立光电子学与图像识别研究所，并归应用科学研究院管理；2003 年 7 月，在柏林成立了联邦国防军医疗职业性和环境性安全国防医学研究所，作为国防军医疗服务的中央机构；同年还成立了联邦国防军地球信息办公室。

三是研究方向上更加重视军民两用以及“反恐”因素。德国联邦国防部总装备署署长认为，德国军事与民用研究分离的传统已经被一种现代的国防研究方法所取代，这些措施将充分利用其他研究领域的发现、进展以及创新型的（军民）两用成果。国防研究机构的任务之一就是要充分利用国际与民用研究成果用于国防技术。法德圣路易斯研究所加强了对国内外危机管理时所遇到的民用安全及反恐等问题的研究。

四是加强与外部的合作。其中包括加强欧洲范围的合作，德国政府鼓励国防科研机构参与欧盟委员会的研究项目，这些研究机构还与欧洲防务局建立了研究团队，在计算机科学、物理学、电磁与声波学、电子学、材料学等领域开展研究；此外，还加强了与工业界的合作。随着联邦国防军的转型，国防工业日益在早期阶段介入到国防研究与技术活动当中，国防科研机构与之的联系日益密切。

（二）德国国防生产能力的调整及发展

德国军工企业同美、俄、日相比，规模小，经济实力有限，难以同这些大国的军工企业相抗衡。为此，从 20 世纪 80 年代末期起，德国政府通过长期武器装备发展规划指导军工企业发展，通过制定法律法规，保护中小军工企业和建立竞争机制，引导和推动大型军工企业重组，以增强与外国大公司的竞争能力。

与许多国家处境一样，由于受国际大环境的影响，德国的国防工业目前也面临着诸多困难与挑战。国防预算的减少是德国国防工业面临的最大挑战。“冷战”结束后德国的国防预算连年下滑，虽然这一趋势近些年有所稳定，但德国的国防预算还不到国内生产总值的 1.5%，远低于北约国家约 2.2% 的平均水平。由于国防预算疲软，德国国防工业的发展前景很不明朗。

面对这种状况，德国政府也一直在寻找出路，强调要通过相应的财政拨款来维持德国国防工业的“最小核心能力”。德国采取的主要措施是：对国内国防工业实行合并，确保德国“核心能力”企业的生产能力及国际竞争力，企业的改革要朝着“技术核心能力”方向演变，要特别维持德国在潜艇、护卫舰和装甲车市场的领先地位，同时也要努力维护国防工业系统的完整性；改革和完善组织管理结构，使其能够更好地为德国发展“核心能力”服务；开展国际合作，扩展产品出口范围，为德国工业开辟新的资金来源。

自美国“9·11 事件”后，北约重新调整了安全政策，德国作为北约的成员国，

对本国的国防政策也进行了调整。2003 年 5 月,德国国防公布了国防政策指南,要求进行军事转型,使军队具备网络化作战能力。在联邦国防军转型的推动之下,德国国防工业也开始了新一轮的调整。具体调整措施有如下几条:

(1)在国防系统保持相对稳定的基础上,继续缩减国防工业的规模。欧洲国防承包商数量较多,军工企业过剩将影响德国。由于国防预算的缩减和这些承包商的合并,德国国防工业也从 21 世纪初的 10 万人缩减到目前的 8 万人左右。

(2)企业的兼并与重组。从 20 世纪 90 年代初开始,德国的国防工业的调整和改革促使一些大型军工企业进行兼并与重组。在新的国际环境和欧洲国防工业趋向一体化的形势下,为增强德国军工企业承担大型军工研制生产项目的实力,保持国防工业在欧洲以及世界的竞争力,德国在国内进行了军工企业的兼并和重组。随着欧洲国防工业一体化进程的推进,军工企业的重组将不仅仅限于德国企业之间,而将在北约国家范围内进行。在航空航天企业进行了大规模的重组后,兵器、舰船企业的重组将成为新一轮的热点。目前,德国大量的军品合同商正在以兼并的方式,与本国及国际公司开展联合,以满足开发新系统而不断递增的经费需求。如莱茵工业集团在政府的支持下积极收购海外公司,近几年先后收购了瑞士的厄利空 - 康特拉夫斯公司、意大利的导弹系统公司和加拿大厄利空航空航天公司,不仅盘活了资金,而且也增强了国际竞争力,扩大了武器出口。

(3)军品出口贸易将进一步扩大。由于历史和外交政策等方面的原因,德国对国防武器装备贸易历来持比较审慎的态度。但是近年来,由于本国需求减少,德国军工企业要求扩大军品出口的呼声越来越高。例如德国的舰船工业,如果不扩大出口贸易,众多船厂就难以维持其生存,也就谈不上保持必要的舰船建造能力。据估计,德国海军的需求与舰船的出口应保持在 1∶3 的比例才能长久维持其舰船工业的生存。预计今后各类军工产品的贸易将会进一步扩大。

二、德国国防科研生产能力发展趋势

(一)进一步扩大军品出口贸易

德国的军火贸易历来是国防工业的支柱。长期以来,德国政府要求军工部门在满足国内武器装备需求的前提下,积极扩大军火出口,并把军火出口作为保持国防产业规模和能力,补偿国防科研经费不足,扩大德国的国际影响力的战略措施。

德国军火出口形式多样,可以直接出口武器装备,也可以出口军火生产技术,甚至出口生产武器装备的生产设备(即“母机”),当然这类出口很有限,设备

也不是一流的。有时德国也以民品的名义出口军品，有些军品可以作为民用，为了避免政治因素的干扰，赚取更多的外汇，出口商往往想点子，打掩护，以民品的名义出口军品。

近年来，国际军火市场竞争日趋激烈，德国政府明确表示，继续支持武器出口，并采取更加有效的措施，鼓励和促进这项工作。一是要求政府必要时对军火出口给予政治上的支持，直接参与推销活动，为其成功创造条件，甚至以政府间协议的方式促成；二是要求军队积极配合军品出口工作，在推销、签约和执行合同的各个阶段更多地参与诸如装备性能演示、人员培训、售后服务等项活动；三是要求金融财政部门为军品出口提供更加有效的信贷担保。此外，还要求加强军工企业之间的信息交流，大宗合同项目由政府机构进行管理并统筹安排贸易补偿。

（二）高度重视国际合作，积极推进欧洲国防工业一体化

过去几年，由于德国军队人数和国防开支紧缩，为了用经济、有效的方式使国防工业满足军队的要求，同时保持德国和欧洲军事工业的基础，推进国际军备合作和促进军备工业部门的全球化，遂成为德国国防工业的战略选择。德国国际合作的目标：第一，保持国内国防工业生产的核心能力。第二，实现更紧密的德法合作，促进欧洲统一。第三，创立欧洲军备工业基础。第四，加强泛大西洋的合作。为加强跨国合作，德国还与欧洲其他国家组建专门机构，如“欧洲航空研究机构联合会”等。

（三）军品生产企业军民兼容

德国政府明确规定：不追求军备独立，无意建立独立的、完全为军备订货服务的企业，而是把国防的科研与生产完全纳入市场体系之中。德国很少有单纯生产军品的企业，较大的公司都是既生产军品又生产民品。德国政府和军工企业强调发展军民两用技术，重视军民两用技术的相互转换和利用，并给予资金支持。其目的是使武器装备的发展植根于整个国民经济和科研基础之中，充分调动各行各业的积极性、主动性、创造性，充分发挥全社会的科技和生产优势，促进国防产业蓬勃发展。为此，第一，扩大原有的民品生产，以改变军品与民品的比例。第二，实现产品多样化，特别是转向一些新的有发展前景的民用技术领域，如环保技术、交通技术、能源技术。例如，生产装甲车辆的蒂森·亨舍尔公司开发了一种新型交通工具——磁悬浮列车。第三，通过兼并一些民品企业，使整个公司的民品生产比例增加。第四，开辟一项新的业务领域——从事武器弹药的销毁和回炉处理。

(四)重视军工企业的战略地位,保持对国防科研生产的扶持力度

历届德国政府,从西德政府到统一后的德国政府,都十分重视国防产业的发展,把它作为一个国家国力强盛的重要标志。政府对军工企业实行合同管理,提供优惠政策、补贴和低息贷款。具体管理形式是:国防部同各军种协商确定发展项目,制定武器生产计划,国防部下属的国防开发局负责研究和发展工作,并根据样机试验结果和生产质量选定承包商,国防部下属的国防采购局则负责具体采购事宜,其职能包括批准合同、监督合同的执行等。在军工企业里,研制经费都由国家支付,国家提供担保。

(五)改革与重组国防工业,增强国际竞争力

从20世纪80年代末期起,德国政府开始促进和推动军工企业的合并与集中,以增强与外国大公司的竞争能力,并加强军工科研与生产的国际合作。一方面,对军工企业内部结构进行优化调整,高度集中与分权制相结合,采用事业部领导下的产品部(或子公司)制度,使大型企业更具灵活反应能力;另一方面,更加强调企业的规模化,甚至与伙伴国建立跨越欧洲国境及其他洲际的联盟。例如,莱茵金属集团积极收购海外公司,该公司于2000年收购了瑞士的厄利空-康特拉夫斯公司、加拿大的厄利空航空航天公司。

(六)不断改革国防科技与武器采办管理体制,提高效率、降低经费

德国对国防科技与武器采办工作历来采取统一集中的管理体制,即由国防部装备部(现改称为总装备部)统一管理有关国防科技与武器采办的一切事宜,由装备部的直属机构——国防技术与采办总署负责具体实施。“冷战”结束后,装备部对组织结构和管理方法进行多次调整改革,其目的是提高采办工作效率,缩短采办工作过程,降低费用,改善其经济性。

德国注重发展经济可行的武器,降低武器装备研制费用。新的武器研制工作指导思想的核心是把降低费用(不仅是研制费和生产费,也包括全寿命费用)放在首要地位来考虑,而不再过多强调武器装备的先进性,追求某些先进的技术指标等。

(七)面向新军事革命,加速推进国防信息化建设

为全面推进和深化军事改革,加快军队现代化建设步伐,在伊拉克战争推动下,德国于2003年5月公布了新的国防政策指导方针,要求侧重提高六种能力。与此相适应,国防工业在制定具体的采办与装备计划时,要优先考虑“战略投送

能力”“全球侦察能力”以及“高效率和互通性的指挥系统与手段”。新成立的联邦国防军信息技术局集中审查、修改全军信息技术项目；确定优先改善危机反应部队的指挥通信能力；加快单兵信息化系统装备的研发，第一代“未来步兵系统”力争于2004年开始装备部队。同时，加强与民间及盟国有关部门合作，以便充分利用地方和盟国的技术力量，加快自身信息化建设步伐。

第三节　德国政府支持国防科研生产能力发展的措施及影响

一、德国政府支持国防科研生产能力发展主要措施

在新的国际环境下，为促进国防工业的发展，德国采用了以下方针政策。

1. 制定专门战略规划，重点发展关键技术领域

由于军事需求的变化和国防经费的削减，德国采取了有重点地发展国防技术和军工生产的战略规划。所谓重点，是指关键技术领域和急需的武器装备。从武器装备技术领域来说，重点是侦察、指挥、通信、防空、反导、航天、空中运输等领域。在具体的武器型号项目上也确定了重点，并定出了优先次序。

2. 保存国防工业的核心力量

近年来，德国国防工业规模逐步缩小，但鉴于国家安全利益的需要，德国在进行结构调整的过程中，保留了国家国防工业的核心力量，保持了国防工业不可放弃的最低限度规模。近年来德国政府强调要通过相应的财政拨款，来维持德国国防工业核心能力。其中包括对国内国防工业实行合并，确保德国核心能力企业的生产能力及国际竞争力，企业的改革要朝着“技术核心能力”方向演变，要特别维持德国在潜艇、护卫舰和装甲车市场的领先地位，也要努力维护国防工业系统的完整性；同时，改革和完善组织管理结构，使其能够更好地为德国发展核心能力服务。

3. 加大科研投入力度

尽管德国的国防预算在近几年内呈下降趋势，但政府仍然加大了对国防科研投入的力度。德国计划在今后几年内提高科研费用在国防预算中的比例，支持武器装备的研究与开发，重点支持A400M军用运输机、125型护卫舰、K130级护卫舰等产品的研制和生产。

4. 加强国际合作

在发展国防科技和武器装备方面开展国际合作是德国长期以来坚持不懈的

方针。德国政府认为，各国的国情不同，在经济、技术、资源等方面互有优势与劣势，跨国合作能扬长避短，实现优势互补，互通有无，取得良好的经济效益和社会效益。国际合作不仅能提高武器装备的质量和技术含量、增强国防工业在国际军火市场的竞争力，而且还能把国家之间的利益紧密联系在一起，有利于提高国家的安全度。国防工业独自提供军备系统或者完整产品研发与生产的时代已经过去，现在的目标应该是建立一个参与国际项目的可靠基础。只有这样，德国国防工业才有希望走出低谷、再造辉煌。西欧国家是其主要的合作对象，重大的合作项目包括 NH90 直升机、虎式直升机，以及 124 级护卫舰等。西欧国家在国防工业领域的合作能促使欧洲国防工业的联合与振兴，同样也会增强德国自身的研制生产能力和技术水平。

5. 保护军工企业

为了维持一个稳定和技术实力雄厚的国防工业基础，德国始终对军工企业采取保护的政策。另外，为保护一些军工企业，使其不致因为缺少订货而关闭生产线，政府有时超越竞争原则采取行政干预方式，统一分配任务。例如，在建造 122 级护卫舰时，国防部一方面选择了一家船厂作为总承包商，另一方面以行政干预手段采用平均分配任务的办法指定将 5 艘护卫舰的船体分别由 5 家船厂建造，以保证各家船厂都能维持军工生产线的开工运行。另外，为保护本国的国防工业企业，德国还出台政策控制本国军品公司向国外公司出售股份。2004 年 2 月，德国国会通过一项关于“德国军品公司向外国购买者出售股份须获得德国政府批准”的法律提案。按照该提案，对于外国公司购买德国公司股份，如果所购股份大于或等于 1/4，就必须得到政府的批准。这是因为虽然德国的国防工业企业均为私营企业，但长期以来却得到德国政府的津贴、税收优惠等各种形式的支持，如果德国政府在国防工业企业股份转让方面没有约束，国防资产的安全将成为值得考虑的问题。

6. 对中小企业的保护

大量中小型国防工业企业是德国国防工业的重要基础，而且具有创新精神和竞争活力。通过中小型企业的竞争可以降低成本，提高产品质量，因此保护中小型企业对国防工业的发展具有十分重要的意义。德国始终采取对中小型军工企业保护的政策。国防部指定的《联邦国防订货任务分配原则》明确规定：总承包商必须用竞争手段向分包商分配订货任务，而且必须让中小企业参与竞争；申请担任总承包商的企业必须明确该项任务中哪些部分转包给中小企业，并说明转包给中小企业的任务占总任务的百分比，而且国防部将此条件作为选择、确定总承包商的一项重要依据。

二、主要措施的效果评价

随着国际形势的变化,为了在国际上寻求更大的发言权,维护和拓展德国的国家利益,德国在近几年加快了武器装备建设步伐,不断加强国防科研投入,采取多种措施大力支持本国国防科研生产能力发展,取得了一系列良好的效果。

1. 国防工业通过国防科研投入的不断加强已提高到战略地位

第二次世界大战后,历届德国政府,从西德政府到统一后的德国政府,都十分重视国防产业的发展,把它作为一个国家国力强盛的重要标志。政府对军工企业实行合同管理,提供优惠政策、补贴和低息贷款等。其具体管理形式是:国防部同各军种协商确定发展项目,制订武器生产计划,国防部下属的国防开发局负责研究和发展工作,并根据样机试验结果和生产质量选定承包商。国防部下属的国防采购局则负责具体采购事宜,其职能包括批准合同、监督合同的执行等。在军工企业里,研制经费都由国家支付,国家提供担保。例如,20 世纪 80 年代以来,英、法、德、西四国为研制欧洲的民航客机"空中客车"以抗衡美国的波音而花费了巨额资金。其中,在德国,MBB 公司为其子公司"德国空中客车"生产飞机组件,公司的大部分亏损均由国家承担。MBB 公司被奔驰公司兼并后,国家仍为其提供巨额资金资助。德国这个军火王国的崛起,很大程度上是得到了历届政府的大力支持和产业政策倾斜。例如,德国空军原想购买美国飞机,因为这类飞机随时供货,质量可靠,价格合理。但军工企业的意见占了上风,它们认为德国应该保持自己的竞争力,要跟上技术的发展而不能依赖美国,必须研制自己的飞机。而政治家们按军工企业经理的愿望做出了决策,继续研制 90 式歼击机,并取得了成功。

2. 军民两用技术通过雄厚的资金支持得到快速发展

在德国,很少有单纯生产军品的企业,较大的公司都是既生产军品又生产民品,并且把国防的科研与生产完全纳入市场体系之中。这样做的优点有很多,如:政府部门和军队领导机关,可以摆脱管理科研单位和生产厂家的繁重任务,减轻工作负担,利于抓好重大的规划和确定发展方向;可以减轻科研单位和生产厂家对军品订货的依赖,利于企业把自己融入市场经济的大潮中;企业既生产军品又生产民品,利于技术在军、民之间的相互转换。这并不是不重视军工生产能力,而是注重发展军工生产的潜力。正如德国的防卫白皮书所述:出于军事、后勤、技术、经济等原因,不能放弃本国土地上的军工生产能力。德国的国防产业界没有像美国、法国等那样的军工联合会之类的组织,只有一个"军工经济工作组",作为咨询机构和交流信息的场所。德国政府和军工企业强调发展军民两用技术,重视军民两用技术的相互转换和利用,并给予资金支持。德国政府认为大

力发展军民两用技术，是大量节省研制生产费用、弥补国防科研经费日益短缺的重要途径。其目的是使武器装备的发展植根于整个国民经济和科研基础之中，充分调动各行各业的积极性、主动性、创造性，充分发挥全社会的科技和生产优势，加快新技术在军品开发和生产中的运用，缩短武器装备的研制周期，促进国防产业的蓬勃发展。

3. 军火出口的积极扩大给国防产业注入了强大的动力

德国的军火贸易历来是国防工业的支柱。长期以来，德国政府要求军工部门在满足国内武器装备需求的前提下，积极扩大军火出口，并把军火出口作为保持国防产业规模和能力、补偿国防科研经费不足、扩大德国的国际影响和作用的战略措施。虽然德国也曾有一些军火出口的限制，有时迫于国内外的舆论压力，政府表示要对军火出口进行严格的管理，对违法人员要严惩，但都是口惠而实不至，并未有多少实际行动。两德统一后，德国大量廉价出售原东德的武器装备，加快本国军队的武器装备更新步伐，这给军工企业带来了大量机会。例如，BO105 直升机，常以民品的名义卖出，但买主买进后，实际是用于军事目的。近年来，国际军火市场竞争日趋激烈，德国领导人都明确表示，继续支持武器出口，并采取更加有效的措施，鼓励和促进这项工作。一是要求政府必要时对军火出口给予政治上的支持，直接参与推销活动，为其成功创造条件，甚至以政府间协议的方式促成；二是要求军队积极配合军品出口工作，在推销、签约和执行合同的各个阶段更多地参与诸如装备性能演示、人员培训、售后服务等项活动；三是要求金融财政部门为军品出口提供更加有效的信贷担保。此外，还要求加强军工企业之间的信息交流，大宗合同项目由政府机构进行管理并统筹安排贸易补偿。军火出口给德国带来的好处是巨大的，一方面可以周转资金，赢得外汇和购买必要的军事战略物资，以便进一步研制新型的武器系统，满足军队的需求和再扩大军火贸易。另一方面，可以扩大军火生产，降低生产成本，促成足够的开工率，维持国防产业的发展。

第四节　德国国防科研生产能力政府监管体制

一、德国国防科研生产能力的政府监管架构

德国议会、联邦总理及总理领导下的内阁委员会是国防工业的最高决策机构。内阁委员会由联邦总理主持，成员包括外交部、财政部、经济部、国防部、运输和交通部、研究和技术部以及邮电部各部部长，其主要职责是制定国防工业发

展战略和重大方针政策。国防部总装备部具体负责国防工业管理,如图 6-1 所示。

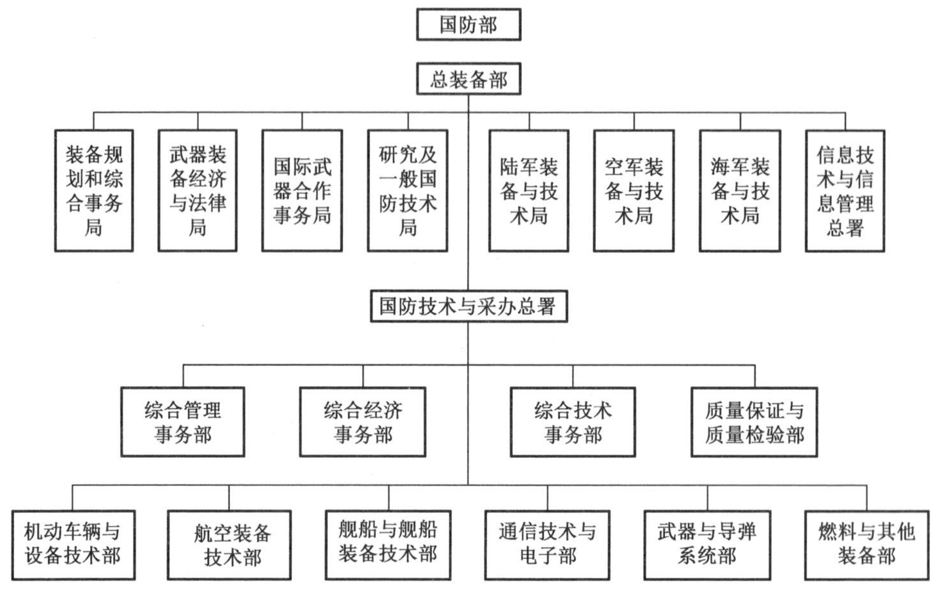

图 6-1　德国国防科研生产能力的政府监管架构

国防部总装备部是德国国防工业的领导和管理机构。但是由于德国军工企业全部是民营企业,不受国防部直接控制,因此国防部对国防工业的管理只是宏观上的政策调控。其主要职责是对国防工业的发展进行统一指导、监督和控制,具体内容包括制定武器装备的研究、发展规划和计划;参与研究和制定各军种的武器装备需求方案;拟订武器装备发展的重大决策;指导计划实施部门的工作,监督检查计划的实施情况;管理武器装备方面的国际合作事务;并就国防科技领域的有关问题向最高决策机构提供咨询。

总装备部部长是联邦国防部的高级文职官员,负责新技术的研究与发展,监管国防军采购项目的计划编制、监察和管理。部长下还设有军事技术副部长分管科研工作。总装备部机关为管理的领导机构。总装备部下设 7 个业务局,每个局设有若干处。7 个业务局主要包括装备规划和综合事务局、武器装备经济与法律局、国际武器合作事务局、研究及一般国防技术局、陆军装备与技术局、空军装备与技术局和海军装备与技术局。

总装备部下设两个机构包括国防技术与采办总署和新成立的信息技术与信息管理总署。其中,国防技术与采办总署在总装备部领导下负责德国国防科研生产计划的具体实施,主要是制订研究和技术项目的总体计划和各阶段的实施

计划，选择研制项目的承包单位，签订研制合同，监督和检查承包单位的工作，确保科研项目顺利完成。此外，该总署还负责武器装备的试验、质量保障和质量检查。从上述职责来看，国防技术与采办总署在武器装备计划实施的整个过程中，都是通过合同管理的形式，在军工企业的国防科研生产活动中行使着重要的组织、协调、监督和检查的管理职能。

信息技术与信息管理总署主要负责为联邦国防军提供最先进的成本相对较低的信息技术程序和系统，进行高性能通信系统和信息系统的概念设计、开发、采办和应用。该办公室下设信息技术中心和数据处理中心，工作人员约为 2 400 人。信息技术与信息管理总署直接向国防部信息技术主任汇报工作。自 2003 年实行联邦国防军的转型后，国防部中专门设有信息技术主任，其主要职责包括：制定联邦国防军未来信息技术发展战略，包括信息安全；分析和评估联邦国防军的信息技术能力；负责国防部层次上的信息技术能力的建模与仿真；负责开发新的联邦国防军信息技术系统体系结构；定义信息技术项目的优先发展技术领域；负责所有信息技术项目的实施和开展；在联邦国防军和工业界之间组织实施信息技术项目。

除国防部外，德国航空航天中心也是国防重要管理部门，其在航天工业管理方面的主要职责是制定航天工业政策及发展规划，负责航天计划的实施，并起国家航天局的作用。联邦环境、自然保护与反应堆安全部是管理核工业的联邦政府一级的管理机构，负责制定核安全管理的基本政策并对各州实行监督，各州则设有专门的核管理机构。

二、德国国防科研生产能力的政府监管政策体系

《联邦国防订货任务分配原则》明确规定了总承包商必须用竞争手段向分包商分配订货任务，而且必须让中小企业参与竞争；申请担任总承包商的企业必须明确该项任务中哪些部分转包给中小企业，并说明转包给中小企业的任务占总任务的百分比，而且国防部在选择总承包商时，将此作为一项重要条件。

（一）掌控国防科研生产能力的政策法规

随着国际形势的变化，为了在国际上寻求更大的发言权，维护和拓展德国的国家利益，德国在近几年加快了武器装备建设步伐，不断加强国防科研投入，大力支持本国国防工业发展。

（二）针对国防项目管理的特定法案

目前德国政治体制对国防项目的管理主要体现在两个方面：

一是政府总理对军队拥有最终指挥权。德国宪法规定,在国防方面,总理身负两项重权:一为制定国家军事问题总政策;二为“指挥全军”之权,即一旦宣布国家进入“防御”状态,则武装部队指挥权得由国防部长移交于联邦总理。因此,总理决定国防项目审批的总政策、总任务,领导制定国防项目审批总计划,向议会提出国防项目的经费预算。

二是议会对国防项目拥有审议权、预算审批权和经费使用监督权。议会不通过,什么装备项目也上不了;议会不给钱,什么事也做不成,所以说议会对国防项目的影响也是决定性的。议会中具体影响国防项目审批的是两个专门委员会:国防委员会和预算委员会。前者评估武装部队对武器装备的要求,审议应对措施是否适当,也就是说决定国防项目能不能上马;后者决定是否批准国防项目的经费预算。德国议会对国防项目经费预算采用“一揽子”批准和重点项目逐项审查批准相结合的方式。一般项目“一揽子”批准,超过5 000万马克的大型合同则逐项审批。

构成德国国防项目制度的三个组成部分是:要求形成;规划、计划和预算;国防项目管理。

1. 要求形成

对武器装备的要求是国防项目之“源”,而要求是国家国防总政策的产物。德国是两次世界大战的“始作俑者”,战后的宪法规定德国只能建立“自卫性武装力量”,“自卫”是德国的国防总政策,德国对武器装备的要求也是围绕这一总政策提出的。

德国武器装备的要求形成过程是先由各军种提出本军种的要求。其中陆军由部队院校校长拟定要求,报陆军总务局审查汇总;海、空军由各自的保障司令部提出新装备要求。各军种的要求由军种参谋部正式提交总装备部,后者协调、汇总,形成全军武器装备的要求。

2. 规划、计划和预算

德国的国防项目申请与审批是依照一套严格的规划、计划和预算制度运作的。规划和计划是一组战略性和战术性文件,分为年度项目计划、5 年中期计划和 15 年长期规划。这些文件汇总归纳为一份纲要性文件,称“国防政策指南”。指南论述目前和可预见将来(15 年)的政治、经济和军事形势,包括风险和威胁,据以提出国防政策和国防体系结构。

根据“国防政策指南”制定的军事目标书是一个框架文件,内容包括原则、任务和需要实现的目标。再下一层文件是“联邦国防军总体方案”,它按优先顺序提出实现军事战略目标要完成的任务。最终形成的是“联邦国防军计划”,通过这份计划提出军事需求,包括军事装备和武器系统,任何一项武器装备的国防项

目都必须列入该计划,才能成为年度项目。“联邦国防军计划”完成,则计划和规划过程亦告结束。

预算依据年度项目编制,具体做法是按项目由各相关军种提出预算申请,由总装备部汇总成武器装备总预算草案,再由联邦国防部预算司将该预算草案呈报内阁财政部。财政部对其进行审查,并在整个内阁范围内进行平衡协调,汇入整个政府预算,呈报议会进行审议。武器装备项目一旦列入政府计划,很少发生改变其预算的情况。

3. 国防项目管理

国防项目管理是国防项目制度的主体,它涵盖将装备需求转化为武器装备并投入服役使用、维护保障直至最终退役的全过程,下面对此展开介绍。

德国国防项目的管理方法主要包括分类管理、分阶段管理和合同制三种:

(1)分类管理

德国对国防科研项目实施分类管理,此点在原则方面与美国相同,但德国只以采办经费数量作为分类依据,而美国是以项目里程碑决策者的级别和采办经费数量两者作为分类依据。德国的分类办法如下:

Ⅰ类项目:研制费用超过3 120万美元,生产费用超过7 800万美元的重大项目。此类项目需经议会下院审批。

Ⅱ类项目:研制费用为312 万 ~3 120 万美元,生产费用为780 万 ~7 800 万美元的项目。此类项目需经军种批准。

Ⅲ类项目:研制费用在 312 万美元以下,生产费用 780 万美元以下的小型项目。

(2)分阶段管理

德国将国防项目过程分为 5 个阶段,明确规定每个阶段的工作任务,每个阶段结束时都要做一次审查决策,决定项目是否继续进行下去,保证项目稳步进展,大大降低风险。项目阶段划分如图 6 -2 所示。

下面略述各项目阶段的主要任务:

①准备阶段

准备阶段的任务是由各军种论证军事需求,阐明装备短缺情况及由此产生的军事需求;进行早期市场评估,考虑国内和国外的各种备选方案,提出结论性建议,建议可为以下四种之一:

a. 暂时保持现状,即维持目前的短缺状况;

b. 改造或延长使用现役装备;

c. 采购或集成现有装备(民用装备、商用装备或其他军种的装备);

d. 新研制(本国研制或国际合作研制)。

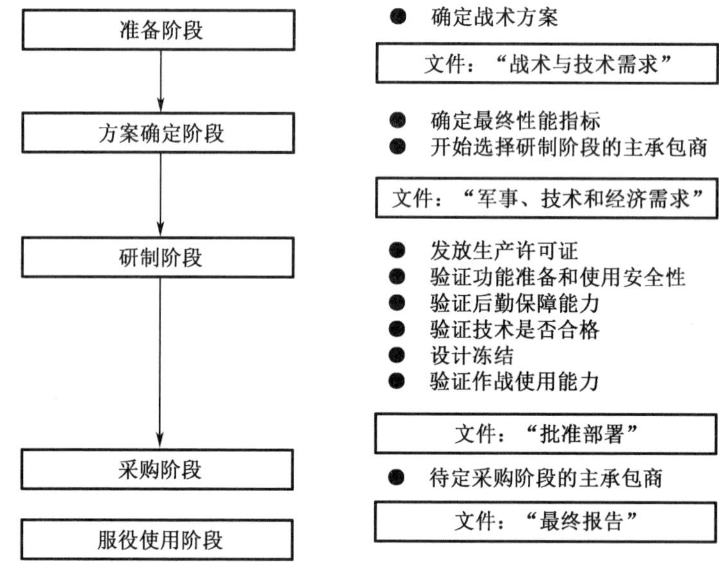

图 6－2　德国国防项目阶段示意图

②方案确定阶段

方案确定阶段的中心任务是选定项目方案。项目进入本阶段后，就由各军种转至采办总署管理。由采办总署制定最终规范，工业部门一般在本阶段介入，但要注意不能影响以后的合同竞争。本阶段要委任项目主任、组建项目综合工作组，将负责项目各种技术和工程问题的专家都集中到采办总署，共同确定项目的方案，最终工作成果是确定项目研制的基线。

③研制阶段

本阶段的主要任务是选定主承包商，签订研制合同。研制合同规定承包商的责任，包括规定装备基线、服役使用能力和后勤保障能力；进行初始使用能力试验和后勤保障性试验。

④采购阶段

这个阶段的名称是站在用户（军方）的角度确定的，就是说经过本阶段，军方就要"购得"装备。就项目过程而言，本阶段实际相当于生产阶段，就是要完成一切必要的活动，使装备投入批生产，包括选定本阶段的承包商。本阶段完成的标志是向军方交付生产的装备，同时由采办总署提出最终报告。

⑤服役使用阶段

首件装备交付完成，服役使用阶段即告开始，转由用户对装备负责。用户委任一名装备服役使用主管，确保装备发挥其使用能力。各军种开展针对性训练，

训练该装备的外场使用和维修。军种院校一般是第一个接收装备的单位。保障和后勤司令部负责编制新装备的有关文件，如维修手册、备件清单等，以便将新装备纳入部队装备序列。

上述5个阶段构成一个完整的过程，其最终目的是生产出新装备并投入服役使用，形成新的作战能力。必要时，这个过程可以简化，例如可将研制和生产阶段的某些活动合并进行。

(3)合同制

合同制是发达市场经济国家国防科研项目的一项基本管理手段，德国也不例外，但德国的合同制有三个特点：

一是严格依法行事。采办总署所有合同的共同法律依据是《民法典》，该法典是在罗马法和拿破仑法典的基础上制定的，这与法国相同，而与美、英普遍使用的判例法不同。因此专门针对国防项目的法规数量很少，也就不需要大量的司法解释。与项目合同制直接相关的法规有以下几项：VOL/A 签订合同通则；VOL/B 签订合同的条款和条件，B 部分；ZVB/BMvg VOIB 国防部补充规定；ABBV 国防部采购合同通用条款和条件；ABEI 国防部与工业企业签订的研制合同的通用条款和条件；ABR 国防部与工业企业签订的研究合同的通用条款和条件；AAB 交付供应品、物资和服务合同的通用条款和条件。合同管理人员必须具备丰富的法律知识，目前国防部内主管合同签订的官员近150名，他们差不多都是受过法律教育的律师。

二是强调竞争，在合同制实施过程中，始终坚持通过公正、公开、充分竞争授予合同。

三是因项目制宜，采用不同类型的合同。德国采办总署采用数种合同(或曰定价机制)，其中用得最多的是固定价格加成本补偿合同，但更为喜欢用的是固定价格合同。对高风险项目，则采用成本加固定酬金合同，这种合同包括研制和生产成本，再加上一笔固定酬金；对低风险项目，则采用固定价格合同，从合同一开始就一揽子算出合同总价格，固定不变。

三、德国国防科研生产能力调整重大活动的审查

(一)外资并购本国军工企业审查

1. 审查目的

德国通过对《对外贸易法》进行修改，扩大德国联邦政府的权力以阻止外资对德国国内公司的收购，即在触及德国安全利益的情况下，德国政府有权否决某项外国公司对国内公司的收购交易。

2. 审查机构

德国进行外资并购本国军工企业审查的机构为联邦经济与技术部(the Federal Ministry of Economics and Technology)。

3. 审查原则

德国对外资并购国内企业的审查,主要由联邦经济与技术部依据《对外贸易与支付法》进行。

2009年德国完成了对《对外贸易与支付法》及《对外贸易与支付条例》的再次修改,进一步明确了安全审查的标准及审查程序。依照新修正案,联邦经济与技术部在符合法定监管条件的情况下,有权对在德国所有行业领域内进行的外资并购进行审查。在取得德国联邦政府同意的前提下,它可以对有可能严重威胁联邦公共秩序与公共安全利益的并购,予以否决或者附加相应的并购限制条件。

有关外国投资者的认定是国家安全审查法律制度中较为突出的问题。《对外贸易与支付法》对居民与非居民的界定通常是以该具体机构是否在德国境内设立、拥有住所或惯常居所以及运营中心为基本标准。2009年《对外贸易与支付法》对外资做出的安全审查中规定,外国企业在德国的常设居民分支机构,若其设立于德国且保持独立账户,则视为居民企业。因此,通常情况下,这一安全审查的决定只能禁止涉及外国资产的交易及与外国发生的交易,即外国企业并购德国企业。

4. 审查程序

德国对外资并购的审查主要分为两个阶段。

第一阶段:由联邦经济与技术部决定是否实施审查。如果投资属证券购买与收购法范围内,则审查期限的计算开始于依该法(10条1款4项)提交要约之日起,或控制权依该法(35条1款1项)而获得,则自获得控制权之日起。之所以审查期限从提交要约之日起以及获得控制之日起计算,是因为提交要约之日起并购方已经受到其要约的约束,而获得控制权的情况已经公开。联邦经济与技术部若根据2009《对外贸易与支付法》条例实施审查则会以行政行为的方式通知相关企业。如果该部未在合同签订之日、竞购要约公开之日(或取得控制权之日)起3个月内行使其审查权,则之后不得再以审查名义而禁止并购或附加任何批准条件。如果联邦经济与技术部要根据2009《对外贸易与支付法》条例的规定实施审查,则其应根据联合程序的规定,邀请相关的机构参与共同审查。如果联邦经济与技术部在三个月期限内决定实施审查,其应当做出行政行为通知并购方,并购方会被要求向联邦经济与技术部递交并购所涉所有信息。2009年《对外贸易与支付法》条例针对通知内容做了规定,联邦经济与技术部也应在联邦公报

中公布该规定要求的文件类型。在收到所有文件后，联邦经济与技术部的审查进入第二阶段。

第二阶段：联邦经济与技术部根据联合程序的规定审查并决定是否基于公共政策与安全考虑而禁止并购或者发布指令，即提出缓和风险的措施，而不是直接禁止并购。

（二）其他

根据目前资料来看，德国尚没有专门的军工资产上市审查、涉军单位兼并重组审查的政策法规体系。

第五节　德国典型案例

由于历史的原因，德国军工企业在第二次世界大战后的很长一段时期内同美、俄、日相比，规模小，经济实力有限，难以同这些大国的军工企业相抗衡。为此，从20世纪80年代末期起，德国政府开始促进和推动军工企业的合并与集中，以增强与外国大公司的竞争能力。奔驰公司在1986年兼并了ABC电气公司、Dorniet航天技术公司和MTU发动机联合公司，成了联邦德国最大的康采恩。1989年奔驰公司又与著名的军工企业MBB公司合并，成立戴姆勒·奔驰公司。军工企业的合并与集中，一方面可以保存军工核心力量，合理使用技术力量，发挥规模经济的优势；另一方面可以使军工企业具有足够规模和实力参与国际竞争。

德国国防工业的核心企业一方面整合内部业务；另一方面通过收购不断扩充研发和生产实力，以实现快速持续发展的目标。

一、蒂森－克虏伯公司

近两年，蒂森－克虏伯公司统领了德国的造船业务。2002年德国HDW造船厂被美国机构投资者OEP收购。2004年蒂森－克虏伯与OEP就组建德国造船联盟达成协议，蒂森－克虏伯集团旗下的船厂与HDW造船厂组成新的造船集团，新集团名为蒂森－克虏伯船舶系统股份公司。根据协议，OEP集团放弃其拥有的豪华船厂的全部股份，为此获得新集团25%的股份和2.2亿欧元现金；蒂森－克虏伯集团拥有新集团75%的股份和全部领导权。蒂森－克虏伯船舶系统集团的主要构成包括：蒂森－克虏伯船厂和HDW造船厂、布隆－福斯造船厂和修理厂、诺比斯克鲁格公司、北海造船厂、瑞典考库姆公司和希腊的希腊船厂。

二、迪尔公司

迪尔公司是德国最大的弹药研制与生产商，进入21世纪以来，由于德国国防预算紧缩，弹药行业举步维艰，但迪尔公司经受住了严峻的考验。为了应对国内经费紧张和国外竞争激烈的形势，迪尔公司对其业务进行了较大规模的调整。2000年，迪尔VA系统公司收购了德国琼汉斯精密装置技术公司(Junghans Feinwerktechnik GmbH&Co. KG)；2004年6月，德国迪尔弹药系统公司(DMS)和莱茵金属集团防务电子技术公司(RDE)与以色列的拉法尔武器研究局组建了欧洲长钉(EuroSpike)合资企业，以便为欧洲客户制造、销售和维修"欧洲长钉"系列导弹。该企业总部设在德国，迪尔公司、莱茵金属公司和拉法尔公司的股份分别是40%、40%和20%。2004年，迪尔公司先是收购了德国BGT防务公司，随后将迪尔VA系统公司旗下的迪尔弹药系统公司与BGT防务公司合并成立迪尔BGT防务公司。迪尔公司从而几乎承揽了德国所有的导弹研制和生产任务。2005年，迪尔公司出售了纽布朗顿堡汽车公司的非主营业务，将公司的财力、物力和人力集中于核心的弹药业务方面。

目前，迪尔公司下属的一级子公司主要有3个：迪尔金属公司、迪尔控制系统公司和迪尔VA系统公司。这3家子公司下面又设有若干子公司和生产厂(包括迪尔雷姆沙伊德公司和迪尔弹药系统公司等颇具知名度的公司)。迪尔公司共拥有大大小小48个子公司。

三、莱茵金属集团公司

作为德国最重要的军工企业之一，近几年莱茵金属集团公司采取了一系列措施进行调整。2006年，该公司将其下属的尼科－烟火技术公司(NICO－Pyrotechnik)并入武器弹药(Waffe Munition)公司。在收购了欧洲最重要的防空武器供应商厄利空·康特拉夫斯公司之后，2007年初，莱茵金属集团公司增加在德国两家重要的高技术军品公司的股份：购买了位于波恩的希姆普罗公司(Chempro)51%的股份；增加了ADS公司的股份。这两家公司都属于德国顶尖的技术公司，专门从事军用车辆防护系统的研制和生产。目前，莱茵金属集团公司是德国地面武器最重要的主承包商之一，也是欧洲主要的地面武器装备生产企业之一。莱茵金属集团公司业务遍及全球，除了在欧洲的子公司外，还在北美、亚洲设有子公司、办事处或代理处，该公司还与欧洲、北美和亚太地区的军品公司进行大量的项目合作。

在开拓国际市场方面，21世纪以前德国一直是莱茵金属公司最重要的市场，但是2000年以后，受德国国防预算紧缩的影响，德国军品采购有下降的潜在趋

势，因此莱茵金属公司更加积极地开拓国际市场。2002 年，莱茵金属公司的出口额在总营业额中的所占比例首次突破 50%，达 51.7%，2005 年和 2006 年出口额在总营业额中所占的比例分别高达64%和63%。莱茵金属公司最近重新集中其整体战略，以加强军民品市场的出口，同时探寻新的市场，特别是亚洲市场。莱茵金属公司专门制定了亚洲战略，指出亚洲市场极为重要，因为亚洲军费开支正在增长，国防改革正在进行，亚洲军品市场蕴含巨大商机。莱茵金属公司的亚洲战略和目标表明了其扩张的野心。

四、MTU 动力公司

MTU（Motoren – und Turbinen – Union）——发动机和涡轮机联盟，历经百年的艰辛、勤奋和发展，至今已成为世界上享誉盛名的制造、设计和研究大功率柴油机、燃气轮机、航空发动机、燃料电池和宇航设备的动力集团。MTU 公司为重型车辆（含坦克）、机车、固定动力设备、船舶（含舰艇）和飞机生产了各种活塞式发动机和燃气轮机。由于其产品具有的高性能和精良的制造工艺，MTU 已成为当今世界上最大的动力供应商。其生产的地面军用发动机数量占德国军用卡车、轻型装甲车辆用量的 40%，占中型和重型装甲车辆用量的 70%，军用舰艇用量的 60% 以上。

维·马依巴赫、冯·齐柏林（飞艇发明人，设计师）和卡·马依巴赫（维·马依巴赫之子）3 个著名的设计师于 1909 年 3 月 23 日，在德国的毕兴根成立了飞艇发动机制造有限公司。1912 年 5 月，公司更名为发动机制造有限公司。1918 年 5 月 18 日，工厂被命名为马依巴赫发动机制造公司。卡·马依巴赫通过谈判和力争，终将冯·齐柏林于 1947 年移入政府的资产和股份赎回，并通过吸纳工业家和企业界资本，于 1952 年完成发动机制造公司的资产重组。1966 年 10 月 28 日，马依巴赫公司和奔驰公司宣布合并为马依巴赫·奔驰发动机制造有限公司。1969 年 7 月 11 日，马依巴赫·奔驰有限公司同曼（MAN）涡轮机有限公司合作并成立 MTU 公司，从事研究、制造先进推进系统部件和高性能、紧凑的高速柴油机。20 世纪 70 年代至 80 年代，MTU 在新加坡、澳大利亚和北美洲建立了分公司。1989 年，以奔驰、MTU 公司的航空航天、防务、飞机发动机制造和高速柴油机制造部为基础成立了德国宇航公司。从 20 世纪 90 年代开始，MTU 公司将美国通用电气公司的部分燃气轮机扩入其生产范围。1994 年 9 月，MTU 开始与美国底特律柴油机公司合作，稍后兼并了该公司的越野车辆动力的制造部门。1995 年，MTU 兼并了斯图加特的一座为大型柴油机制造燃油喷射系统的专用工厂。2005 年 12 月 28 日，瑞典投资者（EQT）将戴姆勒·克莱斯勒集团的包括 MTU 在弗瑞德瑞希哈芬的工厂和美国的底特律柴油机公司的重型发动机部重组。新

的股份持有者将 MTU 作为该成员共同建立了托克诺姆(Tognum)股份有限公司。2008 年 9 月,托克诺姆公司及其所有能源系统的全部子公司——奥格斯堡的 MDE、慕尼黑的 CFC、美国曼卡托的 Kotolight 和 MTU 的动力发电部均集聚于 MTU 现场能源部的旗下。在这之前的变革是托克诺姆集团于 2008 年 7 月进行的对发动机、现场能源和各种部件部门的调整及重组。

MTU 从早期的飞艇发动机制造厂,更名为发动机制造厂并拓展到了汽车、机车发动机的研发。从 20 世纪 60 年代开始并入奔驰公司的重型车辆柴油机部(300 kW 以上),紧接着并入曼公司的涡轮机械部成立了 MTU 公司。80 年代后期,同奔驰公司的航天、防务等部门成立了德国宇航公司。90 年代同美国陆军 BRC 专家委员会探讨高功率密度柴油机的可能性,并入通用电器公司其部分燃气轮机产品和底特律柴油机公司的越野车辆动力部。至 21 世纪初,MTU 接受瑞典投资者并在兼并其他公司基础上,建立了跨国的托克诺姆股份有限公司。由于生产关系不断地调整,百年来 MTU 公司已发展成集航天、航空、舰船和车辆动力的研究、设计、试验和制造的跨国、大型综合动力集团,并成为现今世界这一行业翘楚。

其他的德国典型国防科研机构或军工企业对其国防科研生产能力进行调整重组的案例还包括:德国航空航天公司和法国航空航天公司联合成立了欧洲直升机公司、欧洲导弹系统公司和欧洲卫星工业公司。德国另一家重要的装甲车主承包商克劳斯 - 玛菲·威格曼公司(Krauss - Maffei Wegmann)于 2007 年初收购了为其长期提供炮塔和装甲车车体的布罗姆 - 福斯工业公司(Blohm + Voss Industries)的军品业务,从而进一步巩固了其在地面武器系统业务领域的核心地位。

五、案例总结

德国国防工业的核心企业一方面整合内部业务,另一方面通过收购不断扩充研发和生产实力,以实现快速持续发展的目标。总的来说,军工企业的合并与集中,一方面可以保存军工核心力量,合理使用技术力量,发挥规模经济的优势,另一方面可以使军工企业具有足够规模和实力参与国际竞争。

第七章

俄罗斯国防科研生产能力建设与成效

从第二次世界大战结束到20世纪80年代，在“冷战”的大背景下，美苏两国展开了疯狂的军备竞赛。为应对可能爆发的世界大战，苏联建立了世界上规模最大、门类最齐全、完全自主的国防科研生产能力体系，其军事科技水平和武器装备研制能力也雄居世界前列，在有的领域甚至超过了西方发达国家。苏联解体后，俄罗斯继承了苏联70%以上的军工企业，80%的科研能力，85%的军工生产设备和90%的科技潜力，国防科研生产能力体系基本保持完整。截至2007年，俄罗斯拥有国防工业企业约1 630家(不含原子能部所属企业)，军事科研机构约650家，从业人员300多万人，其中科技人员60多万人。总之，俄罗斯现有的国防科研生产体系是多种所有制形式并存的混合型体系，其配套能力强，能自行开发、研制、设计和生产各种武器装备，组织架构如图7－1所示。

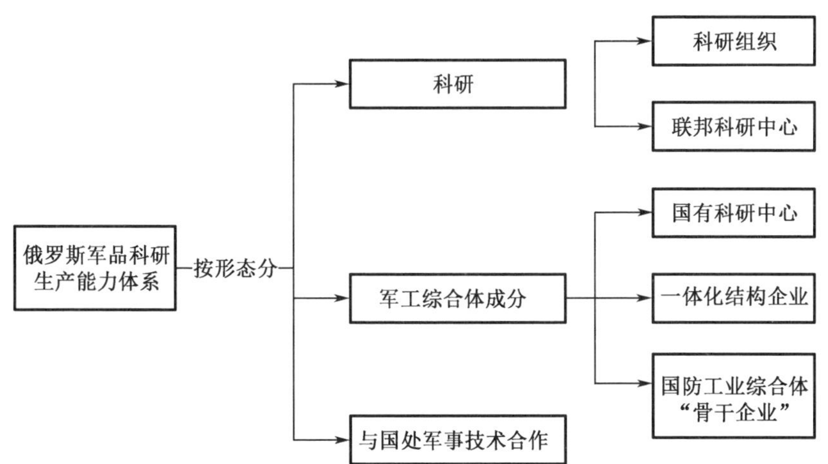

图7－1　俄罗斯国防科研生产能力的体系结构

第一节　俄罗斯国防科研能力调整及现状

俄罗斯素有科技大国之称。科技界公认,俄罗斯科研人员的素质在世界范围内属于上乘。目前,俄罗斯仍拥有上百万的高级科技人才,在校大学生常年保持在220多万名,与日本、英国和德国等发达国家水平相当。这些数量众多具有扎实数理基础的科技精英和丰富的后备人才,为俄罗斯军事高科技及尖端武器装备研发领域建立了长期优势。只要国家和军队需要,这些科技机构和人才可迅速将大量科研成果转为现实装备,形成强大战斗力。因此,俄罗斯的国防科研力量与军事高科技的优势也是一般国家难以比拟的。

一、俄罗斯国防科研生产能力调整及发展历史沿革

近年来,随着国际局势的变化,俄罗斯加大了对国防科研生产能力的调整力度,在管理体制、企业整合、装备采购、武器发展、军品出口等方面出台了一系列法规、政策、计划及改革措施,逐步探索出了一条适应市场经济发展的独具特色的国防工业发展之路。

(一)俄罗斯国防科研能力调整及发展的动因分析

苏联解体后,俄罗斯继承了其70%以上的国防科研生产力量。但是,俄罗斯独立后,国内经济一直不景气,国防科研系统陷入了结构、技术、人才、经济等方面的严重危机,加上军队装备订货锐减和订货资金不能及时到位等原因,致使许多国防科研机构与企业债务缠身,科研生产任务不饱满,开工率极低,面临破产。针对国防科研机构中存在的上述问题,俄罗斯政府从20世纪90年代初开始对国防科研能力的管理体制进行调整,取得了一定成效。

(二)俄罗斯国防科研能力调整及发展的主要阶段

1999年3月,俄联邦政府设立了负责管理国防工业的政府副总理,处理与国防工业相关的各种问题。成立了俄联邦工业科技部,并在其下成立了主管国防工业的5个管理局:航空航天局,统一管理俄罗斯航空航天和导弹工业以及商业航天活动;常规武器局,主管常规武器工业;控制系统局,主管电子元器件工业、无线电工业通信设备工业;弹药局,主管弹药和特种化学工业;舰船制造局,主管造船工业。图7-2显示的是这一时期的俄罗斯国防科研机构管理体制。

但是,在这种管理体制下,由于5个国防工业管理局与相关部级机构权限划

分不明确，加之工业科技部中的专业司局没有能力承担起管理国防工业的繁重任务，而各国防工业管理局又没有足够的权利和财政资源来管理国防工业，因此，在管理中经常出现"该管理的事没有管理，不该管的事都去管"的混乱局面。俄罗斯政府逐渐认识到，进一步调整和改革国防工业管理体制，理顺各有关管理部门的关系，已成为国防工业发展的关键。

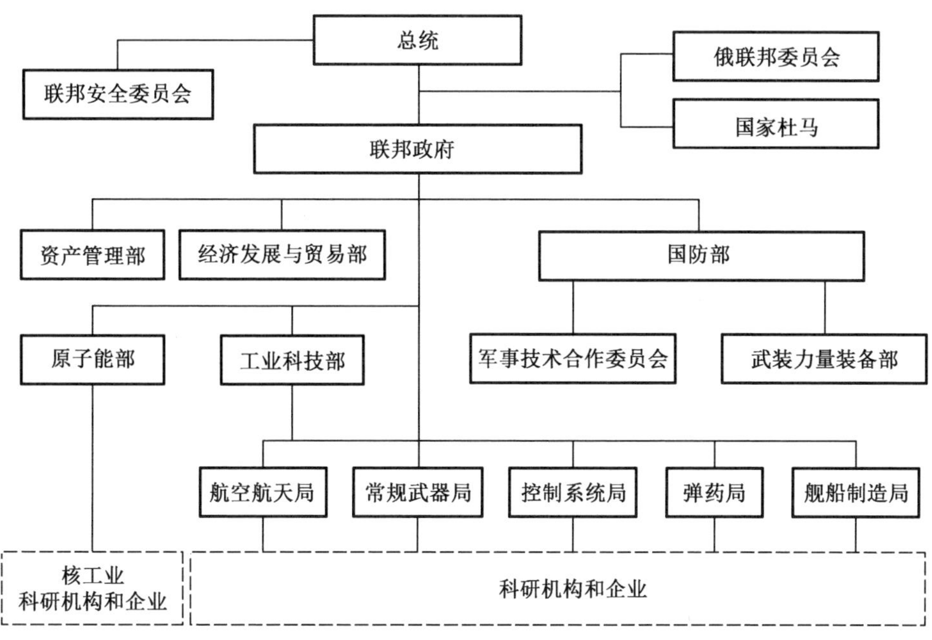

图 7－2　俄罗斯国防科研机构管理体制(1999 年 3 月—2004 年 3 月)

2004 年 3 月，普京第二次当选总统后，对国防工业管理体制进行了大幅度调整和改组：撤销了工业科技部，成立新的工业与能源部，负责国防工业的宏观调控与管理工作；取消了原工业科技部隶属的航空航天局、弹药局、常规武器局、控制系统局(电子工业)、舰船制造局 5 个国防工业管理局，在工业与能源部下成立联邦工业局，负责除航天以外的国防工业的协调和指导工作；同时，成立联邦航天局，隶属于联邦政府，直接向总理汇报工作。此外，俄罗斯还在国防部内成立直接隶属于总统的联邦国防订货局，负责军品订货工作。这次改革，进一步加强了俄罗斯国防工业的集中统一管理。

目前，俄罗斯国防工业的最高决策层包括总统、俄联邦委员会和国家杜马。在决策层之下，具体承担国防工业的管理或与国防工业管理有关的部门主要有：国防部、俄罗斯工业与能源部、经济发展与贸易部、联邦航天局、联邦原子能局、联邦工业局等，如图 7－3 所示。

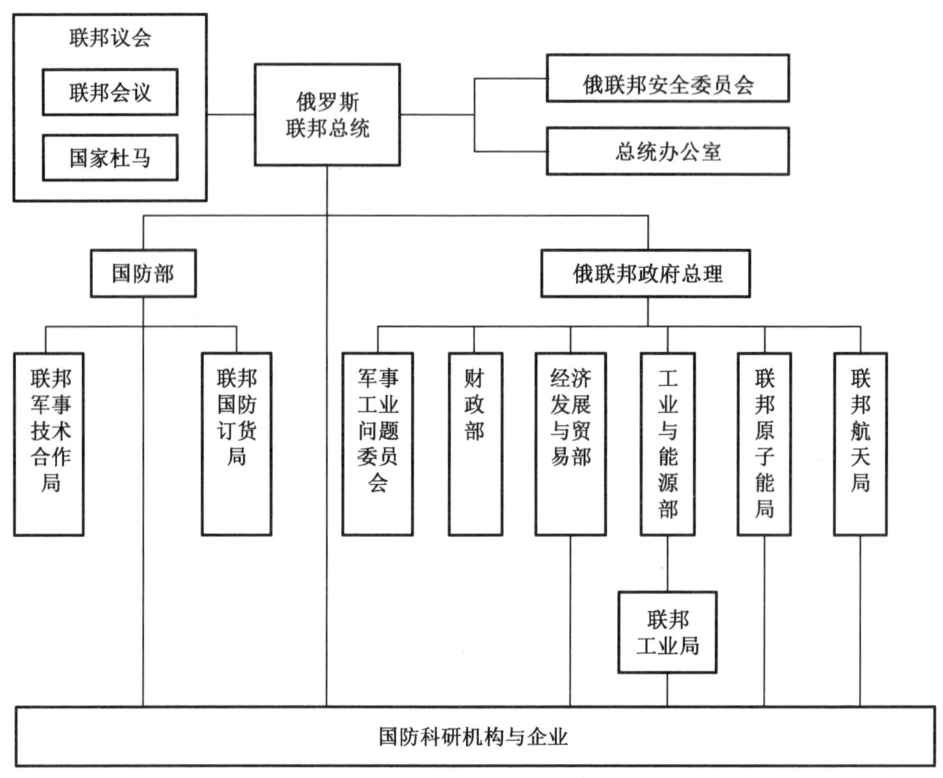

图 7－3　俄罗斯国防科研机构管理体制（2004 年调整后）

在国家杜马中有代表民间性质的“俄罗斯国防企业联盟”的议员，他们代表国防科研机构以及企业的利益，是国防科研机构和企业同政府、议会和军方联系的渠道。国防部下设有科研机构和企业，它们主要从事装备维修工作，或者只从事某些武器系统使用效能的研究。经济发展与贸易部参与国防科研机构和企业的破产与清理整顿政策的制订；编制国防工业的改组方案，协调与推进工业部门的一系列改革。工业与能源部作为俄罗斯国防工业的主管部门，下设联邦工业局，负责除核与航天以外的所有国防科研机构和企业的管理，包括航空、弹药、常规武器、控制系统（电子）和船舶工业。联邦原子能局负责俄罗斯原子能、核动力领域的国防科研机构与企业的管理。联邦航天局负责俄罗斯航天工业科研机构和企业的管理。

二、现阶段俄罗斯国防科研机构的主要类型

俄罗斯国防科研能力体系主要由两个层次的科研机构组成，分别是俄国防部所属军事科研机构以及俄政府和地方所属的科研机构，其中后者又包括四类科研机构：国家级科研机构、部门级科研机构、各军工联合体所属科研机构和各类大专院校所属的科研机构。所有的这些国防科研机构又可以划分为独立的科研机构和企业内部的科研机构两大类，另外还有少量其他机构（含大专院校）。其中，独立的国防科研机构按体制又可分为国有国防科研机构、国家参股的国防科研机构和私有国防科研机构三类；而企业内部的科研机构，根据所属企业性质的不同则又分为国有企业内部的国防科研机构、国家参股企业内部的国防科研机构和私有企业内部科研机构三类。由于分类标准不同，划分出的结果也不同，因此以下主要以第一种划分结果进行阐述。

1. 俄国防部所属军事科研机构

苏联国防部所属的军事科研机构和科技人才是俄罗斯武器装备研制开发中一支非常重要的科研力量，掌握着国家的军事核心技术，堪称世界一流的军事科研队伍。20 世纪 90 年代苏联解体后，俄罗斯国防部接收了 43 所科研院所（包括军队院校的科研机构），列入军人编制的军事科研人员有 2 万多人。但是，由于“冷战”结束和军事需求的减少，俄国防部对所属的军事科研机构也进行相应的调整和精简。经过几次调整精简后，到 2003 年时俄国防部仍保留有 30 多所军事科研机构，拥有军人编制的军事科研人员 1.4 万名。截至目前，这些科研机构的情况仍基本如此，其职能和作用变化并不是很大。其中，承担军内科研任务最多、任务最主要的军事科研院所主要有以下单位。

（1）国防部第一中央科学研究院

该院位于圣彼得堡，成立于 1921 年，主要从事海军舰艇的研制任务，下设有造船部、水面舰艇部、潜艇部、舰艇维护部、军舰制造博物馆等部门，院长由一名海军少将担任。它是生产海军武器系统用的各种无线电电子设备最早的国家级军工研究院，多年来研究并生产了数百种高效率的无线电电子系统，为增强俄罗斯的国防力量做出了极其重要的贡献。过去，该研究院曾是生产反舰导弹控制系统、对海监视系统和目标指示系统等产品的主要企业。除了研究武器控制系统和目标指示设备外，他们还研制可以组合到统一的侦察/攻击系统内的无线电电子设备，以便使该系统内各组成最优化，提高其执行作战任务的效能并改善经济指标。海基反舰导弹系统的任务是打击大型舰队编队，苏联于 20 世纪 50 年代就开始生产。这些反舰导弹系统由位于莫斯科区列乌托夫市的机械制造科研生产联合体研制。该联合体最初由科学院院士、主任设计师切洛梅雅领导，后由叶

夫列莫瓦领导。该研究院为几代反舰导弹生产了一系列高效能的控制系统。

(2)国防部第二中央科学研究院

该院位于特维尔市,成立于1935年,具有悠久的历史,是俄罗斯防空、飞行与反导武器系统的主要科研中心。建院80多年来,高科技武器装备研制成果斐然,先后参加了S—25(莫斯科防空系统)、S—75、S—125、S—200、S—300、A—135(莫斯科反导系统)、S—400、"苏—27""米格—31"等防空、反导武器系统和航空武器系统战术技术指标的论证和制定工作,目前主要承担构建俄罗斯空天防御体系的论证和科研工作。该院设有一个陆军防空兵武器试验场和萨雷沙甘反导试验场(这两个试验场均位于哈萨克斯坦境内),还设有其他科研领域内的武器装备试验分部,院长由一名少将担任。

(3)国防部第三中央科学研究院

该院位于莫斯科,是陆军武器装备开发与技术应用论证的主要科研机构,其上级领导机关是国防部火箭兵炮兵总局,院长由一名少将担任。它的研究领域包括杀伤性兵器、自动化指挥系统、侦察手段和保障系统平衡发展的规划;陆军与空降兵的武器装备体制论证;炮兵武器装备、步兵武器、近战武器和单兵装备研究;内弹道学和外弹道学研究;弹药、火药和炸药研究;高精度武器及应对手段研究;武器装备可靠性研究等40多个领域。该院是一个综合性很强的军事科学研究机构,科研实力雄厚,建院以来科研成果十分丰富。早在20世纪60年代初,该研究院就完成了陆军防空体系的系统总体论证,首次突破性地提出必须研制出具备反战术弹道导弹、反巡航导弹与反飞机通用作战能力的陆军野战防空系统,并在此基础上论证和研制成功了S-300V系列防空系统。

(4)国防部第四中央科学研究院

该院位于莫斯科州的尤比列伊内市,院长由一名少将担任。该院是一个综合性很强的军事科学研究机构,同时也是俄军规模最大的军事装备与武器技术研究论证机构,在航天、战略导弹等领域内的科研实力十分雄厚,其研究领域几乎涵盖了武器装备开发技术应用论证的所有课题,主要科研领域包括战略核力量集团的编成与结构论证、发展与限制战略进攻性武器、反导防御、太空武器装备和国防部对陆、海、空基导弹系统战术技术要求的论证与制定;航天武器装备系统的要求、保持太空军事平衡的途径、导弹太空防御兵的战斗使用和完善对导弹太空防御系统实施指挥的样式与方法论证等。

(5)国防部第五中央科学研究院

该院位于沃罗涅日市,成立于20世纪60年代初,是俄军主要的军事通信电子战武器技术研究机构,也是一个综合性很强的军事科学研究机构,下设有数十个科学实验室、一个武器设计局、一个武器试验工厂、一个试验航空兵大队、一个

机场和若干个新式武器试验场，院长由一名上校担任。该院具有从提出武器装备的技术构想、论证和设计方案的具体实施，再到完成新型武器装备的战术技术试验等整个流程的能力，是一个完整的军事科研试制一体化机构，拥有2 000名工作人员。建院50多年来，该院完成了1 500多项基础性研究课题，还为部队和参谋部门制定了1 000多个武器装备与技术应用标准性文件，论证和研制出了数十套信息与电子战器材和系统，其中许多系统具有世界先进水平。

(6)国防部所属军事院校的科研机构

苏联解体后，俄罗斯共接收了苏联115所军事院校，分为总参军事学院、军事学院、军事专科学院、高等军事学校、中等军事学校、设在地方大学的军事系等几种类型。经过几次院校调整和精简整编，目前，俄罗斯军事院校共有60多所，拥有教学科研人员约1.8万人，其中半数以上为高级专家，拥有高级学位和职称的教员比例达56%以上。俄罗斯军事院校不仅培养军事指挥与战略、战术人才，还培养大批武器装备研制与技术应用人才。同时，军事院校教学科研人员也经常参与武器装备的论证、研制和试验工作，包括积极申请军队武器装备研发课题、利用学校的科研教学基地和科研中心，以及与地方军工企业携手进行新式武器装备的研制和试验，汇集了许多精通武器装备的科技型人才，在许多军事高科技武器装备研制领域具有世界级顶尖水平，在许多重要武器装备的论证和研制中发挥了重要作用，也是俄罗斯军事科研的一支中坚力量。

总体上看，近几十年来俄罗斯国防部所属军事科研体系的机构设置、职能作用和与地方军工企业之间的合作关系变化不大。除了因苏联解体后，有些研究院所因军事需求明显减少而被裁撤和合并之外，原负责陆、海、空、战略核力量、航天等军兵种武器装备论证和科研的院所基本都在，仍基本按原有管理体制运行，只是人员编制和单位规模有所缩小。不过，有的单位却因国防建设需求急迫，承担的科研工作非常饱满，并且实现着不断的跨越式发展，如国防部第二、第四中央科学研究院，它们分别承担构建俄罗斯空天防御体系和战略核力量建设论证和科研工作，承担科研任务很重，对确保国家战略安全发挥着极其重要的作用。

2. 俄政府和地方所属的科研机构

目前，除国防部所属的军事科研机构外，俄罗斯联邦政府和地方政府、军工联合体也拥有一批大型科研机构，它们也承担着许多前瞻性和基础性科研项目、重大技术专项和尖端技术的研究和开发，直接或间接地为俄罗斯军事技术科研服务。近年来，随着俄罗斯国家经济逐渐走出低谷，政府对科学技术研究的重视和投入逐年加大，俄政府和地方所属科研机构的任务和活力得到了相当程度的恢复。这些科研机构主要由四个层次的科研机构组成。

(1)国家级科研机构

在重大自然科学领域,俄联邦政府拥有一批国家级的科研机构,其主要职责是承担前瞻性强、国防科研重大基础性项目的研究、对设计局提出的设计方案进行国家级鉴定,对武器装备的性能、安全性做出权威性的最终结论,编制国家国防科技发展大纲、制定标准和其他一些国家规定性文件等。这些科研机构也是俄国防科研各领域的主要力量,其所需经费大部分(约3/4)由国家拨款,其余的靠自筹解决。下面对其中一些重要的国家级科研机构进行简要介绍。

①国家航空系统科学研究院。国家航空系统科学研究院是重要的国家级科学研究院,组建于1946年,有雇员约6 000人。该研究院的科研活动涉及与航空及机载武器相关的广泛领域,例如,机载武器控制系统;航空武器系统的效能;空空、空地、地空导弹的制导系统;用于空空、空地和反飞机制导导弹有关的控制和制导设备;机载武器与载机的接口问题;军用飞机和直升机机载雷达和武器系统的综合处理;机载计算机系统的程序和算法;航空器与地面设施的信息保障系统;远距探测与数字地图绘制;卫星导航;数据传输;专用计算机技术;飞行试验方法和军事航空装备的飞行试验等。此外,该研究院还将设计和模拟复杂工程系统使用的方法应用到相应的民用领域,如空中交通管制、导航系统和复杂的医学设备等。在联合项目的框架中,该研究院与美国、英国、法国和中国的研究机构开展了国际合作。

②全俄航空材料研究院。全俄航空材料研究院是俄罗斯的国家级科研机构,下设11个分部,每个分部设5~6个研究室。

该研究院从事航空、航天、电子技术、医疗和其他领域材料的研究,主要科研活动包括:航空航天材料和基础原料的研究;新型材料的探索研究、基础研究和新材料测试;航空发动机、飞机、直升机和航空仪表生产工艺研究;航空航天材料在飞机及其发动机、航天器和运载工具上的应用研究;制定航空航天材料标准。具体研究内容包括:合金理论;疲劳断裂机理;结构钢和结构合金;铝合金、钛合金和镁合金;镍、钛和高强度钢等合金,金属材料的焊接工艺及其他各种加工工艺;多功能材料合成与加工;聚合物基复合材料和金属基复合材料;隔热材料及耐磨损材料等;提高材料性能的途径和测试方法;制定合金和非金属材料无损检测及力学试验方法,以及材料加工设备研制等领域开展多种活动。

③茹科夫斯基中央空气流体力学研究院。茹科夫斯基中央空气流体力学研究院成立于1918年,目前主要从事飞行器空气动力学和结构强度方面的基础研究和应用研究以及相关流体力学研究。研究院下设中央航空发动机研究院、全俄航空材料研究院、飞行试验研究院和航空工艺研究院等多家研究机构。拥有50多处试验设施,用于气动、飞行力学、航空声学、热动力学、流体力学、气动弹

性、强度和耐疲劳等方面的研究。装备了低亚声速、亚声速、跨声速、超声速和高超声速风洞以及用于研究推进系统和试验设备的特殊风洞等试验设施。

该研究院的研究范围包括:飞行器外形设计和气动参数选择及气动模型风洞试验;气动弹性和气动特性计算及试验研究;结构设计参数优化;专业发展的探索性研究。此外,在航天飞机的研制上也进行了许多探索性工作。它还负责对俄罗斯各航空设计局提出的飞行器设计方案进行国家级鉴定,对方案首飞的可行性和安全性给出最终结论。

目前,该研究院开展的重要研究活动包括:新一代干线运输机外形和经济性能研究;改善运输机的使用性能;研究具有“飞翼”气动布局的概念客机;改善旋翼机性能;研究航空器的非传统的气动布局;研究飞行器隐身能力;高超声速飞行器热结构的研究,以及未来航空航天装备的发展研究等。此外,还通过在风洞中的模型和实体试验,研究和优化各种型号的汽车、地铁列车以及其他飞行器。

④巴拉诺夫中央航空发动机研究院。巴拉诺夫中央航空发动机研究院主要从事航空发动机研究,是俄罗斯最大的航空研究机构之一,也是欧洲最大的航空发动机试验中心,有雇员约6 500人。研究院下设科学研究中心和科研试验研究基地,拥有约30座试验设施,能在接近真实飞行条件下对航空发动机及其部件、系统和构件进行试验研究。其主要设施包括喷气发动机高空试车台、发动机小试车台、可模拟地球各地气候的气候试车台、试验飞机起降时工作情况的开口式风洞、研究压气机气动特性和强度的压气机试验台、燃烧室试验台、涡轮及其零部件试验台、研究气体动力学的现代数学模型、计算机辅助设计系统、航空发动机材料与零部件强度试验设施和现代化激光与光学测试系统等。

该研究院的科研活动包括:气动、紊流和燃烧、边界层理论、热交换、结构强度分析、发动机控制理论方面的基础研究;喷气发动机理论和先进发动机性能优化探索性研究;发动机部件与组件和燃气发生器系统的探索性研究和应用研究;高超声速技术研究;高能燃料研究;为发动机制造设计局开展的研究项目提供科学理论保障;为实验发动机及其系统和零部件进行试验;探索改进航空发动机并解决环境保护的问题。另外其还负责确定航空发动机预研型号及其研制项目,并制定相应的技术条件等。

近些年来,该研究院的科研活动主要围绕俄罗斯出台的俄联邦航空航天目标纲要进行,这些纲要包括:《俄罗斯民用航空装备发展》《俄罗斯联邦航天规划》《民用科技发展优先方向方面的研究》等。

⑤格洛莫夫飞行试验研究院。格洛莫夫飞行试验研究院是俄罗斯著名的航空研究机构之一。研究院拥有现代化的研究试验设施和装置,包括欧洲最大的机场(跑道长度超过5 km)、现代化的控制系统、独特的测试装备和试验场所、约

100 架试验载机和 20 个以上多用途试验台与模拟器。研究院下设试飞员学院和航空展览公司，并负责举办莫斯科国际航展。

该研究院的主要科研活动包括：飞机气动、热力学、控制系统、人机学和生命保障系统等方面的飞行试验研究；动力装置样机、驾驶导航综合系统样机、其他机载电子设备样机及应急分离和机组救生系统样机的飞行试验研究；复杂飞行状态下的飞行器飞行试验研究；飞行可靠性、操纵性能和安全性研究；机载设备和地面设备及保障全天候起降的微波着陆系统的综合飞行试验研究；人为因素对飞行安全的影响和提高飞行安全的方法及手段研究。

目前，研究院的主要科研活动是在基础研究的基础上从事新技术的研发，未来的研究重点为：进行轨道测量方面的飞行试验；设计飞行试验的估算系统、研究新型发动机在飞行实验室的试验方法；研究建立信息测量系统的新原则等。

⑥克雷洛夫中央造船研究院。克雷洛夫中央造船研究院是俄罗斯的重要造船科研机构，成立于 1894 年，主要从事船舶设计及水动力学研究和实验。研究院职工总数约5 000人。克雷洛夫中央造船研究院曾专门为海军服务，目前其研究业务已扩大到船舶科学领域的各学科。1999 年通过兼并活动，提高了海军舰艇及商船的设计能力，加强了船舶标准化及认证的研究和管理职能。

该研究院的主要业务领域包括：舰船水动力学研究，船舶结构强度和振动研究，舰船动力装置研究，中核辐射及环境安全研究，船舶声学、动力设备和机械研究，电磁和水物理特征及隐身技术研究，设计和自动化研究，海军舰艇和商船设计，船队发展趋势预测分析和造船计划制定，船舶标准化和认证。

研究院拥有完善的试验设施，可完成各种舰船的实尺寸试验和船模试验。主要试验设施包括深水和浅水拖曳水池、高速拖曳水池、耐波性试验水池、船模操纵性与空泡试验水池、破冰试验池、风洞与空化水桶、声学测量水池、拉伸试验机、疲劳振动试验机及水力和动力装置试验设施。

该研究院的主要研究部门包括先进船舶概念设计和船舶建造计划部，海军舰艇、商船、舰载武器和海洋工程结构水动力学研究部，结构强度和可靠性研究部，船舶动力装置、核辐射和环境安全研究部，近海及海洋工程研究和设计中心，海洋及工业声学研究部，海洋物理场和船舶特征研究部，舰艇、远洋船舶和高速艇推进性能研究部。

⑦俄罗斯国家研究中心 - 库尔恰托夫研究所。俄罗斯国家研究中心 - 库尔恰托夫研究所是俄罗斯第一个国家级研究中心，于 1991 年 11 月根据俄罗斯总统令在原库尔恰托夫原子能研究所基础上组建。该中心直属俄罗斯联邦政府领导，既不属于俄科学院，也不属于其他政府部门。现主要从事核电及核燃料安全、受控热核聚变及等离子体工艺、核物理、固态物理和超导研究，此外，还进行

分子物理、物理和无机化学、化学物理、等离子体物理和化学、新技术安全、生态学、微电子学及信息科学等的基础和应用研究。

该研究中心的前身——库尔恰托夫原子能研究所成立于 1943 年,成立之初的目的是制造核武器。在苏联实现核武器的制造目标后,核裂变与核聚变反应在核电工程中的应用成为其主要研究方向。该研究所的发展历经了苏联科学院 2 号实验室(1943 年)、苏联科学院测量仪器实验室(1949 年)、原子能研究所(1956 年)、库尔恰托夫原子能研究所(1960 年)、俄罗斯国家研究中心 - 库尔恰托夫研究所(1991 年)等不同阶段,其规模和人员不断壮大。随着国防项目的持续减少和裁军的要求,该研究机构在核科学与工程的基础研究领域不断拓宽,在众多基础科学研究领域走在世界前沿。该机构拥有多种大型科学实验基础设施,包括多用途研究反应堆、等离子体热核聚变装置、各种加速器以及其他独特的实验研究设施,以及大型计算机系统和先进的设计生产基础。为保持该研究所的自主知识产权和独有的实验基础,1992 年成立新的俄罗斯研究中心 - 库尔恰托夫研究所之后,俄罗斯联邦政府划拨部分专款用以维持其庞大的科学研究基础设施。

⑧理论与实验物理研究所。理论与实验物理研究所成立于 1945 年 12 月 1 日,它为苏联核工业的创建做出了很大贡献,它的理论和实验研究为苏联的核技术工程奠定了基础。目前,该研究所是俄罗斯最重要的核物理与高能物理科学研究与教育中心,主要从事核物理、中子物理、高能物理、理论和数学物理、等离子体物理、天体物理、固态物理和纳米技术、反应堆及加速器物理以及计算机科学等研究;在应用研究方面,开展物质的基础特性及其在新技术特别是在生态安全能源、节能设备、无线电通信和医学中的应用。该研究所拥有的实验设施主要包括:重水堆、10 GeV 质子同步加速器、24 MeV 质子线性加速器、低温实验室和质子治疗中心等。

⑨高能物理研究所。高能物理研究所是俄罗斯主要的高能物理学国家研究中心之一,成立于 1963 年 10 月。曾在基本粒子研究方面取得多项国际领先水平的研究成果。其研究领域包括:基本粒子、场和加速器物理;裂变反应堆概念;核探测装置;核测量仪器仪表;工程材料;有机和电子材料;材料合成和加工;核安全和保障等。其主要研究设施有:70 GeV 质子加速器(内靶束可达到 50 GeV,快慢引出)及 1.5 GeV 快速回旋质子同步加速器。

⑩俄罗斯科学院核研究所。俄罗斯科学院核研究所成立于 1970 年,是目前俄罗斯主要的核物理学研究中心之一,1994 年成为俄国家研究中心。其主要从事理论和应用核物理、高能物理、宇宙射线物理以及中微子天体物理的研究与发展。

该研究所在距莫斯科20千米的特罗伊茨克市拥有生产研究机构,主要从事短寿命放射性同位素生产,并开展加速器物理和技术、材料和产品无损分析、材料辐射、放射化学、固态物理以及核物理、介原子物理等方面的研究。该工厂拥有质子和氢离子线性加速器(能量为600 MeV,束流为0.5~1.0 mA),医用和工业用放射性同位素制造设施,中子源设施和具有介子存储环的实验设施。此外,该研究所还拥有位于高加索的巴克山(Baksan)中微子天文台,位于贝加尔湖的中微子望远镜。

⑪俄罗斯科学院彼得堡核物理研究所。俄罗斯科学院彼得堡核物理研究所成立于1971年,其前身是1954年成立的主要从事核物理研究的苏联科学院A. F. Ioffe物理技术研究院分部,1992年更名为俄罗斯科学院彼得堡核物理研究所,1994年成为俄罗斯国家研究中心。其主要从事中子物理、高能物理、理论核物理以及分子物理和辐射生物物理等方面的研究。主要研究设施包括:1959年12月开始运行的WWR-M研究堆和1970年建成的1 GeV质子同步加速器。

⑫物理学与动力工程研究所。物理学与动力工程研究所又称奥布宁斯克研究所,成立于1946年5月,1951年该所承担了世界第一个核电厂(热功率为30 MW、电功率为5 MW)的建设任务,并于1954年6月27日进行了调试。1994年4月该所成为俄罗斯国家研究中心,是俄主要的核反应堆技术研发中心。

该研究所成立以来,在开发俄罗斯的钠冷快堆、轻水石墨慢化堆、液态金属冷却船用动力堆、直接能源转换空间动力堆等方面发挥了重要作用,并以科技主管和监理的身份参与过多项大型研发项目,包括BOR-60实验快堆、世界上第一座快堆(BN-350)、BN-600快堆、比利比诺核热电联供厂、铅-铋合金冷却潜艇核动力堆、直接热电转换空间核动力堆等。目前,该研究所主要从事核物理和中子学、核反应堆芯和辐射屏蔽物理、核电工程理论、热工水力学和冷却剂技术、结构材料腐蚀、材料辐射和固态物理、计算方法等领域广泛的研究和开发活动,还开展核技术应用研究与服务。

⑬俄罗斯中央机械研究院。俄罗斯中央机械研究院成立于1946年5月,原名中央机器制造科研所。2004年,该研究院在国防工业系统改革总规划的框架内,开始实施改革计划。其中包括在研究所内实行新结构图。根据新结构图,专题活动的主要科技方向的实施,分配给了三个大型联合科技中心:系统设计中心,应用研究中心,飞行管理中心。研究院在改组过程中,在航空气动力学中心、热交换中心、强度中心,以及科学和试验中心的基础上,建立了大型应用研究科技中心。应用研究中心由“热交换和航空气体动力学”和“强度”系统,“火箭航天技术可靠性”和“管理体系”部门组成。研究院成为联邦航空航天局在俄罗斯航天事业发展问题系统研究领域主要的分析中心,并在科技保障俄罗斯航天形

成创建火箭和航天系统领域的国家科技政策方面，以及解决长期预测和发展与确定火箭航天技术远景整体计划方面，形成航天领域国家政策的构想、建议，确定国家订货方面的首要任务、关键问题和建立科学和国民经济发展所需的火箭航天技术的工艺方面，发挥着主导作用。

由研究院的系统设计中心编制的草案包括："关于航天事业"的俄联邦法、"俄罗斯国家航天政策构想""2010 年前航天领域的俄联邦政策基础"以及一系列俄联邦法和法律文件、俄罗斯航天活动问题方面的总统令和俄联邦政府决议的草案。中心还制定了 1994—2000 年、2001—2005 年和 2006—2015 年联邦航天计划草案。

俄罗斯中央机械研究院的气动力学中心拥有气体动力学试验台、常规风洞、激波风洞、活塞式风洞等各种气动试验设施和专用的能量供应系统，可进行各个阶段样机的所有气动和大气物理方面的系统地面试验。中央机械研究院气动力学中心有欧洲最大的 У-306-3 高超音速风洞。俄罗斯航天结构技术领域最重要的科研机构是俄罗斯中央机械研究院的强度中心。该中心在全箭振动、静态结构、动态结构等方面都拥有大量试验研究设施。

⑭俄罗斯化工机械研究所。俄罗斯化工机械研究所作为最主要的推进技术试验基地，其中最典型的是 ИС-102 试验站火箭推进综合试验设施。它是欧洲最大试验设施。在化工机械研究所成立以来的 50 多年时间里，已经调试了 300 多台发动机和动力装置。化工机械研究所有两台较大的热真空设备，一台称作 ВК600/300，另一台称作 КВИ，是欧洲最大的热真空设备。这些设备主要用于通信卫星、气象卫星、行星探测器、空间站等航天器及设备的整机或部分大型舱段的热真空试验、真空气密试验。

(2)部门级科研机构

为各行业服务的部门级国防科研机构主要是国防工业各相关专业领域内的科研机构，由相关工业部门领导，但政府不拨款，其研究经费主要通过合同方式获得。

(3)各军工联合体所属的科研机构

这些科研机构大多是各企业集团自身的科研机构以及部分大学科研机构，其主要围绕产品型号设计和生产开展研究，经费主要来源于企业。在这些科研机构中，有的最早也曾是国防部直属的设计局，但在后来的发展壮大过程中，从 20 世纪 60 年代起逐渐脱离军方，成为国防工业企业的一员；70～80 年代又改制为计划经济时代的军工联合体，主要完成国家和军方下达和武器装备科研任务和计划。20 世纪 90 年代苏联解体后，俄罗斯开始实施自由市场经济，这些军工联合体中有不少因无法适应市场机制而破产倒闭，存活下来的企业纷纷进行了

改制和转产，目前都已成为市场经济条件下自负盈亏的军工科研生产联合体（有的称企业集团）。典型的如集中了俄罗斯防空导弹系统设计研制领域的精英人才和科研资源的“金刚石”设计局、“火炬”设计局和“安泰”设计局，分别在20世纪90年代完成了改制，成为市场经济条件下独立的法人主体。2002年，“金刚石”与“安泰”联合体又进行了合并重组，成立了“金刚石—安泰”集团，目前已成为世界著名防空武器系统设计生产商。

（4）各类大专院校所属的科研机构

这些科研机构主要是进行基础性研究，并且以合同方式承接国防企业和研究院的科研课题和项目。

三、俄罗斯国防科研机构的管理模式

依据上文两个层次科研机构的划分，俄罗斯国防科研能力管理体制可视为国防部（军方）和联邦政府（地方政府）两个系列。和苏联时期相比，俄罗斯的国防科研体系有向国防部统一归口管理的趋势。而俄罗斯国防部是国防科研能力最重要的管理者，这是《俄罗斯联邦宪法》和《国防法》所赋予它的基本职能之一。根据现行法律，国防部已经掌握了武器装备发展的规划计划权、费用管理权以及采购权，主要通过招标制向国防科研院所、设计局、军工综合体和生产企业下达有关国防科技方面的任务。在现行军事科研管理体制下，俄军武器装备的研究发展计划主要由军方提出，具体由各军兵种所属研究单位对本军兵种武器装备的发展进行战术论证，提出技术指标，制定发展计划和长远规划，经过相应的军内研究和审批程序，以合同招标的形式交由国防部所属科学院所和地方军工科研联合体相关科研机构组织实施。

（一）国防部系列

国防部系列的管理体制由“总统—国防部—总装备部—各军种装备技术部—相关生产科研机构”组成。国防部主要掌握国防工业科研规划、费用管理、采办预算及采购等权力，并正在逐步实现对武器装备科研和生产的统一管理，推行在竞争基础上的合同订货体制。为规范装备的研制和生产质量，国防部明确规定：装备从意向性项目到论证、设计、生产、验收等程序都严格按照市场规律分阶段进行；将科研设计工作改为招标制，选择性能和费用最理想的产品设计方案，不准采购陈旧的系统；通过生产厂家与用户直接联系的办法来供应部分军用产品；规定只有各军种的订货主管部门才有权签订国防产品的合同；在采购工作中必须保证武器装备的标准化和通用性。

在国防部系列的管理体制内，国防部武装力量装备部是俄国防科研体系中

实施武器装备科研和生产的政府执行部门。俄罗斯的四大军种均设有装备技术部,其任务是:根据本军种的需要,进行武器的战术和技术论证,向国防部武装力量装备部提出战术技术任务书;围绕部队的装备的需求开展预研工作;对投产前的新武器装备进行严格的试验等。除国防部外,作为武装力量的最高领导者,俄罗斯总统对国防科研体系总负责,对武器装备的科研和订购工作具有很大决定权和影响力。为加强对国防订货的集中领导,根据总统令,2007 年俄罗斯在国防部内成立了直属总统领导的联邦国防订货局,负责军品的订购工作。俄联邦委员会所属"安全与国防问题委员会"和国家杜马所属的"国防委员会"也对国防科技发展战略以及军事装备和生产等问题做出决策性意见。

(二)政府部门系列

根据《俄联邦宪法》,除国防部外,俄总统和俄罗斯政府对军事科研和生产也具有相应的职能,俄总统在国防领域的主要职责之一就是,批准武装力量以及武器装备和国防综合体的发展构想与计划。俄政府在国防领域的重要职能之一,就是制定国家武器装备及国防工业综合体的发展规划。此外,俄联邦委员会所属"安全与国防问题委员会"和国家杜马所属的"国防委员会"也对国防科技发展战略以及军事装备和生产等问题做出决策性意见。目前,政府系列的军事科技工业管理体制运作机制如下:

在联邦政府内部成立了政府军事工业问题委员会,由总理任主席,该委员会主要负责制定军事科技工业发展的政策和提出建议;由国防部负责提出装备订货需求、管理武器贸易和监督核国防工业;由工业与能源部负责军事科技工业的宏观管理和协调;由经济发展与贸易部负责编制主要的国防订货和管理军工企业国有资产;由司法部负责保护军事科研机构的知识产权;由财政部负责国防订货的拨款。目前,俄政府内部对国防科研能力的管理体制基本顺畅,各机构分工明确,各负其责,为国防科研生产能力的改革建立了良好的基础。

另一方面,如果是按照体制划分各类国防科研机构,那么俄政府的分类管理模式又可总结如下:一般来说,对于国有国防科研机构,国家通过控制财权和人事权力而享有绝对控制;对于国家参股的国防科研院所,视国家占有股份的多少而有所不同,如果是国家控股,则国家仍然控制着科研机构的财权和人事权利,而如果国家不控股,则国家通过所占股权间接对科研机构施加影响,并且在重大问题决策时,国家可通过所掌握的"金股"而拥有一票否决权;对于私有国防科研机构,国家不进行直接干预,而是通过法律法规来规范和指导科研机构的活动。需要强调的是,俄罗斯的国防科研力量是以国有国防科研机构为主体的。

在国有企业内部的科研机构,存在两种管理模式,"一元制"和"二元相关制”。“一元制”是指科研机构作为企业的下属单位,完全由企业管理和支配,其经费通过企业而获得,领导人也由企业任命,即该科研机构不与国家发生直接联系。而“二元相关制”是指科研机构虽然在企业内部,但具有相对独立性,经费有一部分来自国家拨款,国家对该科研机构有一定控制权,见表 7-1。

表 7-1 俄政府对各类国防科研机构的管理模式

<table>
<tr><th colspan="2">按体制划分</th><th>管理模式</th><th>经费渠道</th><th>领导任命</th></tr>
<tr><td rowspan="3">独立的国防科研机构</td><td>国有独立国防科研机构</td><td>所有权属于政府,政府直接对国防科研机构进行全面行政和业务管理</td><td>国家预算拨款+合同经费</td><td>国家任命</td></tr>
<tr><td>国家参股独立国防科研机构</td><td>国家通过参股或控股实施管理</td><td>股本+合同经费</td><td>董事会任命（国家控股实为国家任命）</td></tr>
<tr><td>私营独立国防科研机构</td><td>政府与国防科研机构之间不存在行政隶属关系,政府对国防科研机构进行合同管理</td><td>合同经费</td><td>自行任命</td></tr>
<tr><td rowspan="4">企业内部国防科研机构</td><td rowspan="2">国有企业内部国防科研机构</td><td>一元制
由企业进行管理</td><td>通过企业获得国家拨款+合同经费</td><td>企业任命</td></tr>
<tr><td>二元相关制
企业管理,国家有一定控制权</td><td>国家+企业</td><td></td></tr>
<tr><td>国家参股企业内部国防科研机构</td><td>国家通过控股或参股实施管理</td><td></td><td>董事会任命（国家控股实为国家任命）</td></tr>
<tr><td>私营企业内部国防科研机构</td><td>由企业进行管理</td><td></td><td></td></tr>
</table>

(三)俄罗斯国防科研机构的经费管理

俄罗斯的国防科研经费由国家拨发的联邦预算经费和预算外经费组成。其中,联邦预算经费包括:国防订货中用于武器装备的研发、生产等各种预算经费,

联邦专项计划中用于研发生产试验等经费，国家订货中用于民品和商品的研发、生产等各种预算经费，以及用于国防工业单位的现代化技术改造中的科研经费等。

国防订货的预算经费中用于武器和军事技术设备的研制生产费，通过签订国防订货合同获得。按照《俄罗斯联邦国家国防订货法》规定，“国家国防订货经费在联邦预算中予以保障，联邦预算的国防订货经费通过拨款方式拨给国家国防订货主体。”国防订货方在支付给承包方国防订货经费时，一般要严格按照国家合同的规定和合同任务的完成情况进行。如果转包商的履约符合国家合同（转包合同）的规定要求，那么，国防订货方也可以直接把经费支付给转包商。另外，该法还规定，由国防订货方支付给总承包商（转包商）的经费，只能用于完成国防订货合同及相关工作的支出，总承包商（转包商）要保证专款专用，不得将国防订货经费挪作他用。

国家订货的预算经费，也是通过签订国家订货合同获得，而为其中包括基础科学和应用技术研究的经费。

预算外资金主要包括：企业与机构的自筹资金，吸引私企和国外私人和组织的投资资金。

为了提高装备订货的经费效率，防止国家国防订货费用重复支出和资金监管不力，以及防止腐败等现象，进入 21 世纪俄罗斯政府开始对装备采购体系进行调整改革。建立了俄联邦国防供货局和俄联邦订货局，并将国家国防订货转移到俄联邦政府监管之下，将国防部装备订货与经费分离，实施严格的管理。

四、俄罗斯国防科技协同创新与军民两用技术转移转化的主要措施

国防工业是俄罗斯军事力量的重要基础，是其国民经济的重要组成部分，也是确保其政治影响和战略威慑的主要手段。在经历苏联解体的十年大萧条之后，俄罗斯对国防工业进行了大刀阔斧的调整和改革，确立了新的国防工业发展模式并步入良性发展阶段且取得了一定的成效，但在一些关键技术领域俄罗斯军工技术水平长期落后于西方国家，生产能力也非常有限。当前俄罗斯武装力量正在全面升级换代，对国防创新研究和前沿技术需求旺盛，俄罗斯国防工业创新发展变得尤为迫切和重要，国防工业发展重点也更多地转向科技创新发展和提升生产效率等方面。俄罗斯继承了苏联庞大的国防工业体系，在国防工业结构布局几经调改之后，形成了以工业界、国防部科研机构为主，俄科院、高校广泛参与的现有国防科研体系。进入 21 世纪后，俄罗斯武装力量处于全面更新换代时期，对国防创新研究和前沿技术需求旺盛。国防部作为国家科研体系的重要组成，积极致力于创新体系建设、推动创新成果产出。

(一)俄罗斯国防部科研体系

1. 组织管理机关

俄罗斯国防部职能部门庞大，包括总参谋部、13 个管理总局、26 个局、18 个司、5 个服务部、3 个总司令部、2 个司令部，以及若干国防部子机构。国防部设主管科研工作的副部长，现任为巴维尔·波波夫。13 个管理总局中的科研事务和前沿技术跟踪(创新研究)管理总局(以下简称科研事务局)、信息和远距离通信技术发展管理总局属于管理机关，负责各自领域内科研工作的组织管理。国防部设有机器人设备总科研实验中心，负责军用机器人设备研制及管理。此外，俄罗斯国防部还设有武装力量军事科学委员会等各类委员会，主要负责组织协调相关单位之间的业务，如图 7－4 所示。

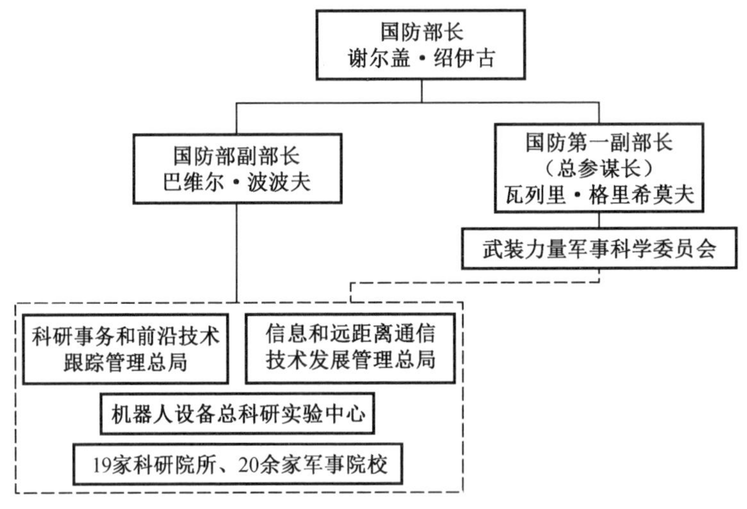

图 7－4　俄罗斯国防部科研体系

科研事务和前沿技术跟踪(创新研究)管理总局。2014 年 3 月成立的军事管理机关。以支撑先进武器装备研制为目的，组织国防部职权范围内的创新活动，跟踪先期技术研发、制定发展规划和投资科研项目。其具体职能为：落实国防创新政策，加强国防技术储备；确立创新研究方向，创建机器人设备研究体系；收集、整理和综合分析国内外突破性、高风险技术的先进成果和工业潜力；强化军事管理机构间信息交流，建立军用、特种和两用技术统一信息平台等。组织管理中紧密联系实际应用。科研事务局同其他军事管理机关紧密合作，以征集必要信息，掌握各军、兵种对前沿技术的需求。还通过参加各种规模的军事演练，积累各型武器装备的使用经验。此外，在国防部创新日等重要活动期间组织大型

会议，同科研机构、设计局等人员就业务情况进行沟通交流。

信息和远距离通信技术发展管理总局。2008 年俄罗斯国防部成立了新的军事管理机关——信息和通信技术发展司。其主要职责为：提高军队及武器装备控制系统效能，制定和落实国防部关于信息和通信技术方面的统一军事技术政策，协调武装力量指挥管理系统技术基础的发展。2014 年 3 月，该司升级为国防部信息和远距离通信技术发展管理总局。

机器人设备总科研实验中心。该中心于 2012 年 11 月成立，上级领导机关是科研事务局。机器人设备总科研实验中心本身既是管理机关，也是科研单位。其主要职能是：从事军用机器人设备的科学研究和演示验证，履行国防部机器人设备研究领域的组织管理职能。

武装力量军事科学委员会。其前身为 1999 年 10 月成立的总参谋部军事科学委员会，2009 年 9 月更为现名，是国防部科研事务领导机关，主席由武装力量副总参谋长兼任。其具体职能包括：研究武装力量未来建设、训练和使用问题，拟定与健全科研体系有关的建议和规范，完善各联合部队的作战使用方式方法，研究武器装备发展及相关问题，协调国防部所属科研机构、高校、俄科院等机构间业务，完善武装力量军事科学体系，根据实际需求健全法律基础，发展仿真和实验基地，组织和协调对外军事科学合作等。

其他委员会。除武装力量军事科学委员会外，国防部还设有军用机器人设备发展委员会、创新项目和技术委员会等负责具体业务领域的其他委员会。

2. 下属科研院所

俄罗斯继承了苏联国防部 43 家科研院所，经过合并重组之后保留了 19 家科研院所（表 7－2），另现有 20 余所高等院校。国防部科研体系中具博士和副博士学位的人员有 5000 多人，研究实力雄厚、研究范围广泛，2012 年起科研任务以每年 30% 增长，在解决武装力量建设、发展和使用等关键问题中发挥重要作用。

表 7－2　俄联邦国防部下属科研院所

科研院校（共 19 家）	
1."国防决策局"科研中心	2. 国防部第 46 中央科学研究院
3. 国防部机器人设备科研实验中心	4. 国防部特种研究中心
5. 国防部工程部队中央科研试验研究院	6. 国防部第 12 中央科学研究院
7. 国防部第 16 红星勋章科研实验研究院	8. 国防部第 48 中央科学研究院
9. 国防部第 33 中央科研试验研究院	10. 国防部空军中央科研研究院
11. 国防部计量学总科研中心	12. 国家军事医学科研试验中心

表 7－2(续)

13. 国防部第 3 中央科学研究院	14. 国防部第 4 中央科学研究院
15. 国防部第 25 国家化学研究院	16. 国防部第 27 中央科学研究院
17. 海军科学研究院(舰船建造和舰载武器)	18. 海军科学研究院(作战研究)
19. 海军科学研究院(救生和水下技术)	

研究院所。俄罗斯“国家武备发展纲要”规定国防部应“进行‘对潜在的军事威胁和军事技术突破有重大影响’的基础研究、应用研究,以及实验与设计工作”,包括研制武器装备制造新原理、探索未来军事任务的非传统方式、先进武器样机演示验证等。国防部所属的 19 家研究院(表 7－2)所具备较强的科研实力,直接参与国防关键技术的研发,如国防部第 3 中央科学研究院从事火箭炮兵武器,指挥、侦察与保障自动化,作战使用方法,以及军用汽车和坦克装甲车辆、工程装备等研究工作。

军事院校。俄罗斯国防部军事院校分为三类,分别为武装力量兵种教学－训练中心、军事学院、军事大学。其中军事学院类高校最多,达 11 所,主要有战略火箭军军事学院、空天防御军事学院等。具体如图 7－5。

俄罗斯武装力量兵种教学-训练中心

武装力量各军种联合学院 | 海军学院 | 空军学院

军事学院

武装力量总参谋部学院

战略火箭军军事学院 | 空天防御军事学院 | 核生化工程部队军事学院 | 军事学院 | 军事航天学院

防空部队军事学院 | 军事后勤和运输学院 | 米哈伊洛夫军事炮兵学院 | 军事医学院 | 军事通信学院

军事大学

军事大学 | 军事航空工程大学

图 7－5　俄罗斯国防部主要军事院校

(二)制定顶层设计方案

推动国防科技体系的改革。1997 年,俄罗斯确定军转民的发展路径,出台多项政策支持和促进军民融合发展。为进一步整合国防工业,俄罗斯出台了《1998—2000 年国防工业军转民和改组专项规划》,制定了军工企业长期发展战略,通过兼并重组保留具有发展潜力的军工企业。组织并调整了军事工业体系,

使其不仅能生产高科技型军工产品，而且还能让军民两用产品在国内外市场具有一定竞争力。2010 年俄罗斯根据当时国内创新领域所面临严峻的形势与挑战制定了《俄罗斯联邦 2020 年创新发展战略》，该战略针对创新企业的发展、高科技产品和服务的占比（包括核能、航空、航天、特殊造船业等领域）、创新行业产品附加值总额增加、创新型产品份额占比提升以及其他方面提出了具体的指标要求，以促进俄罗斯技术创新体系的建设与发展。俄罗斯还制定了促进军民融合技术的跨国合作政策，包括推动技术在各国流动、与其他国家建立技术合作平台等。军民融合战略促进了科技成果的迅速转化，实现了军品和民品的交互发展与创新。

俄罗斯国防部积极制定多项发展方案，从顶层谋划国防科研发展。其中包括批准了“2016—2025 年间未来武器装备所需科技储备研制方案”，以达到相关军事管理机关和科研单位的思想统一、行动统一，避免重复劳动；在“2016—2025 年间国防能力保障”国家规划中单列章节对“建立科技储备系统举措”进行了详细说明。

此外，2016 年 2 月俄罗斯武装力量军事科学委员会批准了“2025 年前完善军事科学体系方案”。该方案计划分三阶段强化国防部科研体系建设，2016 年调整科研单位业务方向，完善人才培养机制；2017—2020 年，改造试验和测试基地，加强与其他部门间合作；2021—2025 年，改组现有科研单位并建立新机构。该方案文件还强调人工智能系统将成为未来战场的关键因素，陆上、海上机器人设备将是中短期内的重要发展方向。2016 年 5 月俄政府批准了《2016—2020 年国防工业发展计划》，该计划的目的是在实施创新潜力和促进国防工业发展的基础上提升制造商品的竞争能力。以确保发展和实施国防工业组织的创新潜力、军品向国际市场的推广、国防工业组织稳定的运营、工业生产的增长以及发展国防工业领域的人才潜力并提升智能潜力。

1. 俄罗斯科技发展新理念

2018 年 3 月普京总统向俄议会上下两院代表发表年度国情咨文。此次国情咨文揭示了普京新任期的执政理念，因此受到前所未有的关注。普京指出，全球正在积累巨大的技术潜力，这将推动技术突变，改善人民的生活质量，促进经济、基础设施、国家治理和实现现代化。技术落后和技术依赖意味着牺牲国家的安全和经济潜力，导致国家的主权丧失。受过良好教育的年轻人才会移民到其他更先进的国家，因此会弱化和侵蚀技术落后国家的人才潜能，并使社会失去活力和发展动力。他强调，有效应对科技革命带来的机遇和挑战，对俄罗斯未来的发展具有“决定性”意义。目前技术变革的速度在加快，赶上这一拨技术浪潮的国家会遥遥领先，而赶不上的国家则会落后甚至被淘汰。普京用大量篇幅论述了

俄罗斯科技发展重点方向的主要思路，要点如下：

在最短的时间内创建先进的立法框架，为机器人、人工智能、无人驾驶、电子商务和大数据等技术的发展和广泛应用，清除所有障碍。实施第五代数据传输网络和物联网连接建设。建立俄罗斯本国的数字平台，与全球信息空间兼容，包括使用区块链技术，这将推动生产进程、金融服务和物流的重组。研发用于北极和海洋大陆架、新能源、交通、城市管理、提高生活品质等领域的关键技术和解决方案并使其本土化。支持高科技公司，为初创企业新成果快速产业化创造良好环境。要进一步加强基础科学研究，巩固俄罗斯基础科研在全球的领先地位。继续实施大科学工程，加强科研基础设施建设，使俄罗斯的科研基础设施成为世界上最强、最有效的科研基础设施之一。在加特契纳和杜布纳已经建成了先进的大科学装置。目前总统科学和教育委员会已决定在新西伯利亚科学城建造大功率同步加速器，在莫斯科州的普罗特维诺（科学城）建造新一代加速器。以实施大科学工程和科研项目为载体，吸引来自其他国家的同胞和外国科学家。为此需要尽快建立法律框架，支持国际科研队到俄工作。建立强大的地区和跨地区科学教育中心。这些中心应整合大学、学术机构、高科技公司的能力。目前已经在喀山、萨马拉、托木斯克、新西伯利亚、叶卡捷琳堡、秋明、符拉迪沃斯托克（海参崴）和加里宁格勒等城市建成了这样的中心。将主要跨学科项目的实施作为科研项目的重点，例如基因组研究领域。基因组研究的重大突破将为多疾病的诊断、预防和治疗打下基础，并推动育种和农业的发展。加强青年科技人才培养、蓝领技能人才培养。吸引外国学生到俄罗斯留学并将优秀毕业生留在俄罗斯工作。改进移民工作，简化俄罗斯公民身份授予的程序。

此外，在谈到交通建设时，普京认为俄罗斯应大力发展数字经济及其基础设施。他表示，俄罗斯不仅应该成为世界上重要的物流和交通枢纽，而且要成为全球信息的存储、处理、传输和保护中心之一。在开发交通基础设施时，必须提前考虑到全球技术变革，将基础设施与无人驾驶车辆、海上和空中导航系统相结合，以及利用人工智能组织物流项目。

普京提出，到 2024 年俄罗斯将全面实现高速互联网接入，全国绝大多数定居点将实现光纤接入，北极、西伯利亚和远东地区的偏远乡村也将由卫星网络提供互联网接入。在此基础上，俄将向公民开放“数字世界的所有可能性”，不仅包括现代服务、在线教育、远程医疗，还能够在数字空间中创建科学和志愿者团队、项目团队和公司。对于俄罗斯这样一个幅员辽阔的国家而言这将是一个巨大的突破性资源。

2. 编制持续滚动的战略规划 – 计划体系推动军工发展

俄罗斯国防工业及武器装备发展战略规划计划文件基本形成体系，由综合

性规划计划、行业性规划计划和专项发展计划等构成,并在许多情况下按近期、中期、远期编制。

综合性战略与规划计划。包括武器装备建设和国防工业发展方面跨领域跨行业的重大国家计划。如由俄国防部牵头实施的《2011—2020 年国家武备计划》是俄军武器装备建设的最重要的综合计划,计划经费约 19.4 万亿卢布,通过该计划实施,完成俄武装力量新型号研制和现役装备升级改造,使军队武器系统现代化比率在 2020 年达到 70% 以上;《2011—2020 年发展国防工业综合体计划》是配合国家武备计划实施全面促进国防工业发展的重大国家计划,计划经费约 3 万亿卢布,旨在推动科研生产设施现代化升级改造,提升武器装备研制生产能力。

行业性战略与规划计划。其是涉及国防工业某一行业范围的发展战略与规划计划,即包括国防工业领域科研生产、工程建设及相关活动的规划计划,也包括基础设施建设和技术改造以及产业发展的规划计划。如《发展原子能工业综合体国家计划》《2013—2020 年俄罗斯航天活动计划》《2015 年前俄罗斯航空工业发展战略》《2013—2015 年电子元器件和无线电电子发展战略》等。以《2013—2020 年俄罗斯航天活动计划》为例,该计划确定了民用航天发展目标和优先发展方向(军事航天发展纳入《国家武备计划》),确定了六个重点任务领域,提出分阶段实施策略,明确了发展目标和实现目标的主要措施,该计划总经费 2.1 万亿卢布。

专项计划。其主要涉及某一领域重大专门计划,包括国防工业领域重大科研生产和工程建设互动,如具有跨行业特征的《2009—2011 年及 2015 年前战略材料计划》,促进机械制造、能源、先进发动机等基础工业技术发展的《2007—2011 国家技术基础计划》,提供机床工艺的《2011—2016 年国内机床制造和工具工业发展计划》等。

此外,国防工业领域的“国家公司”“一体化”公司等大都制定自己的发展战略和计划,指导企业发展,如《2030 年前联合造船公司发展计划》等。

针对国防工业俄罗斯多次出台相关的专项计划,这些计划明确提出了俄罗斯国防工业能力建设发展能力的方向。作为俄罗斯国防工业领域重要组成力量 - 军工集团,也积极响应国家战略的调整,根据企业自身实际情况和特点,制订创新发展计划,保持武器装备研制和生产的优势,对巩固俄罗斯国防工业实力,增强俄罗斯在国际军火市场的竞争力起到了至关重要的作用。例如俄罗斯战术导弹集团在《2011—2020 年国家武器计划》《2011—2020 年俄国防工业发展》国防专项计划框架下,制订了“2020 年前创新发展计划”。创新发展的战略目标明确指出在保持和巩固国内外武器市场竞争地位的基础上,动态、长期、稳定、平衡的发展,包括在推进突破性产品及其需求方面取得领先地位。目前创新发展计划已经进入到第二阶段(2015—2017 年)的实施。战术导弹集团第二阶段的科

研工作和关键技术的发展方向一方面继续对其战略目标进行深化落实，除了保持其导弹武器优势领域的发展，还以需求为牵引，进一步动态、平衡发展其他突破性技术及产品。另一方面其技术改进更加密切贴合俄军队武器装备现代化、未来信息化作战以及下一代主战平台的发展需求。

3. 制定各种鼓励措施推进“军转民”

俄罗斯认为，改变经济军事化格局的途径是军转民。尽管由于资金缺乏、管理不善、各部门意见分歧，使军转民工作遇到重重阻力，但政府不懈采取各种措施促进军民一体化建设，先后制定了“军转民法”等若干法律、法规和法令，确定了军转民原则、方向、重点及相关法规。1991 年制定的《1991—1995 年国防工业“军转民”计划》和 1996 年颁布的《1995—1997 年俄联邦国防工业“军转民”专项计划》是前两个时期的基本计划，见表 7 - 3。

表 7 - 3　俄罗斯军转民的典型政策法规

法规及规划名称	时间	主要内容
俄罗斯联邦国防工业军转民法	1990	对军转民原则、方向、重点以及相关法规进行确定
1991—1995 年国防工业转产纲要	1991	提出在民航、动力、原子能等 8 部门增加民品的比重
1993—1995 年俄联邦国防工业“军转民”计划	1993	建议最大限度地保留国防企业员工和科技潜力，保证国家整体经济的发展
1995—1997 年俄联邦国防工业转产专项计划	1996	继续推动航空航天、动力、能源等各部门的技术转移工作
俄罗斯国防工业军转民法	1998	将军转民以法律形式确定下来，军转民有法可依，同时相比旧版的军转民法，更重视军民两用技术的发展
1998—2000 年国防工业军转民和改组专项规划	1998	选出生产军民和军用技术的基本骨干企业，使军工企业数量缩减 2/3，到 2005 年再缩减 35%，同时要求在航空航天、电子、通信设备等优先采用军民两用技术
2001—2006 年俄罗斯国防工业改革和发展规划	2001	提出在经济转型过程中，确保高技术武器装备的研制生产能力
《俄联邦国防工业综合体至 2010 年及远景发展的基本政策》	2001	对国防企业进行新一轮的结构和资源整合，加大国家在国防企业的控股程度，在宏观调控上强调以国家军事订货为主要手段，加强对国有企业的政策和资金倾斜

表 7－3(续)

法规及规划名称	时间	主要内容
俄联邦 2020 年前规范工业发展规划	2010	强调借助军民两用技术实现生产的多元化，制定激励国防工业开展技术商业化、促进军民经济领域之间相互技术转让的机制等
2016—2025 年国家武器发展计划	2013	强调未来将拥有全新的，而不是经过现代化改造武器系统，同时注重将军事技术运用于民品行业
国家军备计划（2015—2025）	2015	对国防科技工业的发展重点进行了规划

1992 年年初政府开始建立军转民管理体制，集中出台了大量法律文件和规章命令，主要有 1993 年 3 月 20 日最高苏维埃通过的《俄罗斯联邦国防工业转轨法》，这是最基本的一部法律文件。它规定了军转民的原则及其组织、计划和资金保障、社会保障措施，对转轨企业的补偿和优惠政策，规定了转轨企业进行对外经济活动的权力等。

1993 年 6 月 3 日政府颁布了《1993—1995 年俄联邦国防工业“军转民”计划》，建议最大限度地保留国防企业员工和科技潜力，保证国家整体经济的发展。该计划包含了民用航空技术发展计划、俄罗斯舰队复兴计划等 14 个目标计划。这些法律及政府文件的制定意味着军转民管理实施制度初步建立起来。1993 年 11 月 6 日颁布了《关于稳定国防工业企事业单位经济状态和国家国防订货的措施》的 1850 号总统令，要求有关部门在 1993 年 12 月 1 日前对以前制定的所有军转民计划进行修订，按其经济效益提供专项贷款，命令俄罗斯联邦政府和中央银行一定要保证军转民计划进行的直接拨款。为了进一步推动军转民工作，俄罗斯政府在策略和政策方面也做了根本调整。

1997 年对国防工业军转民政策进行了调整，将“全面军转民”调整为“以武器出口促进军转民”。此次调整的主要目的是发挥俄国防科研的技术优势，以此来弥补国防工作订货不足，提高国防工业的科研生产能力。1997 年取消了国防工业部，将其职能转由经济部的国防司来承担。这一时期，联邦政府与部分联邦主体之间签署了关于军转民进程管理及国防企业管辖的分权协议，分别就国防工业的管辖权、运营权以及武器和装备的研制与生产、军品出售等问题签署了分权协议，军转民开始向联邦主体深度渗透。1998 年 6 月 24 日俄罗斯政府制定了《1998—2000 年国防工业“军转民”和改组专项规划》要求对军工企业实现优化改组，对非重点军工企业实行私有化股份制改造。选择出生产军品和军用技术

的基本骨干企业,使军工企业数量缩减2/3,到2005再缩减35%。

2001年7月,普京要求在经济转型过程中,不仅要关注两用技术的开发与应用,向美国及西方国家看齐,而且要确保高技术武器装备的研制生产能力。财政资金投入较大的联邦科技专项计划主要有“民用技术重点领域的研发计划”“国防工业改组和军转民计划”“国际热核反应堆及其研发支持计划”等。当前俄罗斯推动“军转民”的工作重点是推动军事工业联合体的大规模改革,规定军转民原则、方向、重点和相关法规,在民航、动力、原子能等部门内增加民品的比重,继续推动航空、动力、能源等部门的技术转移工作。

4.军工企业向民用企业转换的政策支持

俄罗斯特别强调军工领域对民用领域的带动作用。普京在其《强大是俄罗斯国家安全的保证》文章中,对军民结合给予高度重视,明确指出“国家应该寻找突破性的研发,鼓励研究和设计阶段的健康竞争,吸收年轻的爱好者中涌现的非正统的创意。国防工业的复兴能带动冶金、机器制造、化学、无线电、信息技术以及电信等部门的发展,成为火车头,并为这些部门的企业提供更新的技术和资金,为众多科研和设计单位提供保障,确保其在民用部门研发市场上的存在。当代世界中军用与民用技术之间形成了相互影响的关系。在一些部门(电信、新材料和信息)中,民用技术推动着军事技术的快速发展,而在航空和航天等部门则正好相反,军用技术推动民用技术的发展。这要求我们改变过去对保密的认识,重新看待信息交换的原则。我们要严格保守最重要的机密,但也要促进更多的科技信息交流。保证国防部门与民用部门之间创新和技术的双向交流是很重要的。军工企业的发明应该切实地体现为价值。这种价值的体现要考虑到民用产品商业化的潜力和技术转化的前景。军工企业也可以直接生产民用产品。”

俄罗斯政府考虑让军工企业开拓民用产品生产,并出台若干政策和计划,如《俄罗斯联邦国防工业军转民法》《1998—2000年国防工业军转民和改组专项规划》《俄联邦国防工业转产专项计划》等;还制订了“关键国防技术计划”“两用技术计划”等,特别优先采用军民两用技术,并关注军民两用技术的开发和应用,支持军民两用技术发展,确定了军转民原则、方向、重点及相关法规。1990年起俄政府多次出台专项国防工业军转民纲要的计划,提出在民航、动力、原子能等8个部门内增加民品的比重。同时,制订国家指导计划,对有战略意义的技术进行直接的国家干预。1993年俄罗斯制定了在军工企业中推行军转民的政策,希望在相对稳定的和平时期利用军事工业科研机构、生产企业和实验基地等优势开发和研制高科技民品。为进一步推动军转民工作,1994年7月8日,俄政府下达了“关于再压缩动员能力和动员储备”的总统令,把军工动员准备限制在一个更小的核心军工企业范围之内,许多军工企业都可以随意利用原动员储备的军工

设施生产民品。俄政府通过《俄罗斯联邦国防工业转产专项计划》进一步确立了军转民工作的目标、任务和组织实施一系列重大两用技术计划。其中包括：技术再投资计划、两用技术应用计划、高科技计划，其中涉及民航、动力、医疗、电子、通信和信息、原子能、建筑、化工与轻工等领域的民品发展。1997 年，其国防工业的民品比重由 1994 年的 78.3% 提高到 87.0% 。目前，在俄罗斯国防高科技领域中，70% 以上的技术成为军民两用技术。由于俄罗斯高级工业技术基础仅仅存在于军事工业中，在“军转民”的过程中遇到的困难远远超过预期，国防工业仍处于转型中。

（三）设立并不断完善创新组织管理机构，强化国防领域科研创新职能

为了适应形势需要，开展创新技术研究，在顶层战略指导下，俄罗斯设立了多个创新技术研究机构。

1. 俄罗斯先期基金会

俄罗斯仿照美国 DARPA（美国国防部高级研究计划局），在 2012 年 10 月成立先期研究基金会，2013 年 1 月该机构正式运行，是俄唯一组织开展国防前沿技术研究的科研管理机构，组织开展军用、专业和两用创新技术研究，以及突破性、高风险项目开发，全面支撑俄罗斯武器装备现代化升级的需求，以有效应对各层面的安全威胁。该机构目前主要的三大领域的研究包括物理技术、生物化学和医学技术以及信息技术。随着国防预算的逐年增长和国家的大力支持，先期基金会研究项目数量逐年增加，2013 年开展了 23 个项目研究，2014 年数目上升至 49 个，2015 年底数目已经达 50 余个，未来几年计划每年开展 60 ~ 70 个项目。2018 年 7 月，俄罗斯主管国防工业的副总理尤里·鲍里索夫表示，俄罗斯先期研究基金会将紧密联系国防部。

先期研究基金会为国家基金，旨在促进保障俄国防工业发展和国家安全的科学研究与开发研制。这些研究是基于军事技术、工艺制造和社会经济领域新成就所面临的高风险的项目，包括俄武装力量现代化改造、开发和研制创新性技术、生产高技术的军事、专项及两用产品。2013 年初基金会的预算、编制和领导得到确定，至此基金会正式开始启动业务。在运行的 3 年多时间里，基金会不断优化项目选拔和资助制度，截至 2015 年底在研项目已超过 50 项。为保证项目顺利开展，基金会在主要军工企业、联邦科研机构和高校内部成立了 35 个实验室。随着预算逐年提高和国家持续予以的重任，先期研究基金会积极部署未来工作重点，将陆续开展包括开发光电子图像信息量提升技术、研制适用于高精度武器装备智能系统的混合多功能 3D 集成芯片在内的一系列新项目，全力为巩固国防和国家安全做好先期技术储备。

2018 年 5 月 18 日，遵照俄罗斯总统普京于 4 月 10 日考察俄罗斯科学院库尔恰托夫研究所时提出的“保障俄罗斯先进军用技术在民用领域应用”的指示，俄罗斯先期研究基金会（FPI）公布了若干未来几年可投入应用的军转民技术，包括空中机器人、飞行越野车、爆震发动机、深海机器人、新药、3D 打印发动机、超导和纳米陶瓷、膜材料、量子计算机、过程与自动化 10 个项目。

（1）空中机器人

FPI 制造的紧凑型城市空中自主作业机器人，可在复杂的空间环境进行单一和组队飞行，进入现有无人机无法进入的地下设施，构建空间地图，搜寻人员。研究人员认为紧凑型空中机器人可在民用领域大有作为，例如解决物流“最后一公里”问题。FPI 研发的“猫头鹰”大气层卫星，可为包括北极在内的俄罗斯偏远地区提供高速宽带和转播服务，应对突发事件。该卫星已于 2016 年完成 9 000 km高度 50 h 连续飞行测试。

（2）飞行越野车

该项目研发的超短距起飞和着陆飞机，可在长度 50 m、高度 15 m 以下的森林或城市狭窄区域内完成起飞和着陆。该型飞机弥补了直升机螺旋桨尺寸过大且易损的不足，采用混合动力，最远飞行距离为 1 000 km，最大时速可达 315 km/h，最高有效载荷为 500 kg，将于 2022 年进行首次飞行测试。

（3）爆震发动机

FPI 制造并成功试验了旋转式爆震液体火箭发动机样机。与传统发动机相比，爆震发动机比冲更大，为开展深空探索提供了更多可能。俄罗斯“能源”火箭航天集团和格鲁什科动力机械制造科研生产联合体将在此基础上，研发推力为 5 t 和 20 t 的高工艺、独特性能、低成本火箭发动机。

（4）深海机器人

“冰山”项目是 FPI 设立的最有野心的军民两用项目，现已纳入俄罗斯北极地区社会－经济国家发展计划，包括自动钻井站和水下地震勘探器两个研究主题。深海机器人可解决海底映射、海底物体勘探、土壤和水柱研究等问题，还将参与北冰洋大陆架勘探与开发，寻找石油和天然气矿藏、绘制海底地形图、帮助建造碳氢化合物开采和运输设施。FPI 和“鲁宾”海洋工程中央设计局共同设计了水下碳氢化合物自动化开采的初步方案，俄罗斯石油公司和俄罗斯天然气工业股份公司已对该项目表示出合作意向。

（5）新药

医学是军民两用技术交叉最多的研究领域，FPI 研发出俄罗斯首个可大幅减少人体氧气和能量消耗的试验性药物组合物，可在失血、缺氧和低温情况下延长存活时间。FPI 还开发了器官体外长时保存技术，首次实现使零下 196 ℃保存了

45 天的青蛙心脏恢复跳动，在 4 ℃保存了 48 h 的大鼠心脏恢复跳动。现有技术可以实现人类心脏体外保存 6 h。

(6)3D 打印发动机

2016 年，全俄航空材料研究院首次利用 3D 打印技术生产无人机发动机，有人航空器燃气涡轮发动机热负荷零部件的增材制造相关工作正在推进中。FPI 开发的金属零件硬化处理技术，可以有效改善金属和合金制品性能，至少简化 15% 的金属结构，减少材料消耗，强化关键部件，延长其使用寿命。

(7)超导和纳米陶瓷

FPI 基于稀土元素开发出光学透明激光纳米陶瓷，是制造千瓦级紧凑型固体激光器的关键技术，超过国外同类纳米陶瓷水平，可实现对金属表面高精度加工，金属和热塑性塑料的切割、焊接和堆焊。

(8)膜材料

FPI 开发的膜材料技术，用于制造超轻无纺布，现已生产出具备过滤和防水功能的制服样品。该新型防护材料由 FPI 和某大型国有银行共同投资，将在俄罗斯萨拉托夫地区投入工业生产。

(9)量子计算机

近年来，美国、欧盟、中国和日本等国家和地区都开展了大规模的通用量子计算机项目，俄罗斯在该领域也有所布局。由莫斯科国立罗蒙诺索夫大学领衔，俄罗斯科学院物理技术研究所、半导体物理研究所、全俄自动化科学研究院和莫斯科国立鲍曼技术大学等机构共同参与，研发本国首台 50 个量子比特的量子计算机，预计将于 2021 年 9 月问世。

(10)过程与自动化

FPI 开发的节能协处理器，采用了可在移动平台上运行的机器学习算法。新型处理器将成为无人机、无人汽车和智能视频监控系统的关键部件，可直接在摄像机上完成图像处理。FPI 开发的医学图像自动分析系统，亦可用于提高地球图像的空间分辨率。

2. 设立促进机器人领域技术发展的相关机构

机器人技术作为技术发展方向之一，在未来战争中会被大量使用。俄罗斯同样希望通过研发全新的装备来提高其作战潜力，以军用机器人技术为基础的自动化是其发展的方向之一。2014 年俄罗斯成立国防部机器人技术总科研试验中心，成为机器人技术领域国防部主导科研机构，主要工作目标是进行军用机器人技术综合系统相关的应用科学研究和试验。在目前的技术发展阶段，工程兵部队已经使用了最新的机器人技术装备。例如，用于清理反步兵地雷和爆炸物的“天王星 -6”系统，用于灭火的“天王星 -14”系统等。在“中央 -2015”首长

司令部演习中，这些机器人技术装备参加了顿古斯基靶场和阿舒卢克靶场的实际排雷行动。除研制工作之外，现阶段该中心在开展确定机器人技术装备在军队未来装备体系中的地位和作用、机器人化部队的编成、未来作战使用方式和方法研究。未来几年，开发论证适合机器人参与执行任务的一套科学方法也是该中心的重点任务之一。2015 年 12 月 16 日，俄罗斯联邦总统普京签署了“成立国家机器人技术发展中心”的总统令，该中心主要职能是监管和组织军用、专用和两用机器人技术领域的相关工作，以及保障执行先期研究基金会委托的任务。从法令中可见，军用、专用和两用机器人系统是俄联邦科学技术发展的优先方向。

3. 俄罗斯工业发展基金会

工业发展基金会原名技术发展会，由俄联邦科技政策部于 1992 年创立，属于联邦预算外性质的基金会。在普京的提议下，基金会于 2014 年 8 月重组成立为俄罗斯工业发展基金会，由俄罗斯工业与贸易部负责管理。重组后的基金会以工业改造升级为目的，通过国家和政府渠道的拨款为国防工业、林业等领域中获得竞选的创新项目提供财政支持，使这些项目能够在自身达到的最佳技术基础上研制出新型高科技产品，并拥有对应的市场竞争力。基金会的扶持形式分为借款和租赁贷款、国家扶持津贴两种，每种形式均制定了不同的项目申请渠道和拨款机制。

工业发展基金会是苏联解体后俄罗斯成立的推动科技创新的代表性资金扶持机构，其基金运行机制使国防工业等领域能够充分发挥行业的科技创新力量，增加技术储备、增强企业活力，保证科技创新产品在以市场为导向的经济形势中具备一定的竞争实力。通过基金会的不断努力，俄罗斯工业企业对科技创新的重视程度不断加深，单是在获得资金的项目数量方面就有明显增长——2015 年为 34 项，到 2016 年增长至 60 项。

4. 国有大型企业承担国家创新政策的落实

随着俄罗斯对国防及整个社会的创新发展活动日益重视，俄罗斯顶层管理机构要求国有企业、国有单一制企业，以及含国资的大型企业根据国家层面的优先发展方向、创新支持政策和企业当前技术水平来制定中、长期的创新发展规划。根据规划制定要求，企业规划首先要在贯彻“开放创新”理念的基础上建立公司的创新管理体系、与创新平台等介质的合作机制，制定企业创新发展方向；其二，加大对创新领域和创新项目的投资，鼓励企业利用私有资金填补预算拨款不平衡，努力达到在研究和研制的投入力度上与国外同类公司相同的水平；其三，保证高效的劳动生产和准确的国际市场预测，以新技术、新产品为突破口逐步占据世界航空、航天等国防工业领域的领先地位。

截至目前，俄罗斯已有超过 60 家企业制定并开始实施创新发展规划。这些企业的生产能占俄罗斯内部总产量的 20%，为俄罗斯至少三分之一的工业生产提供保证。

例如，“联合飞机制造公司”（以下简称 UAC）是国防工业领域内参与创新规划的主要企业之一，是俄罗斯践行国防科技创新的重要领军力量。UAC 兼并了大量俄罗斯境内的飞机设计公司和总装厂，是俄罗斯航空工业领域最庞大的公司，其销售和出口额占全部航空工业的一半以上。2011 年，UAC 根据公司 2025 年发展战略出台了《联合飞机制造公司创新发展规划》，规划中明确了 2025 年前 UAC 的创新发展方向、需要达到的军民用市场份额、分阶段的投资和收益额等指标，并着重分析了高科技产品和创新技术、创新工作管理体系、人才培养等措施在此发展过程中所起到关键作用。目前，UAC 正以 PAK FA 战斗机、SSJ NG 支线客机等项目为牵引，积极落实创新发展规划，力争在 2025 年实现世界排名第三的目标。

5. 协会机构推动创新合作参与完善创新管理机制

2008 年金融危机后，俄罗斯以“协会”形式成立的联合机构和组织快速发展，成为推动俄罗斯国防工业发展的重要组成部分。

俄罗斯创新区域协会。该协会是在俄罗斯联邦经济发展部、俄罗斯原子能集团、俄罗斯联邦总统国家机关的支持下，依照 2010 年 5 月 21 在托木斯克第八届创新论坛上签署的关于建立区域间“俄罗斯创新区域协会”备忘录成立的。协会成立的目的是为推动区域参与机构和企业在经济、科学技术和教育工程等方面的有效创新发展。协会的主要任务是：加强在创新发展的法律、经济、社会和创造环境的建设经验等方面的交流活动；组织协会成员进行科技创新、经济、教育工程等合作性项目，同时积极在国家权力机构和发展研究院中大力推广有潜力的项目。目前俄罗斯已有 15 个地区加入区域协会，其中 9 个地区拥有国防工业企业。

高科技产业集群协会。该协会成立于 2011 年 6 月，属于非营利性协会。其主要职责是协调会员与联邦国家权力机构、联邦地区自治机构的相互关系，帮助协会会员解决其在社会、经济、科学技术和管理上遇到的问题；参与制定俄罗斯创新活动调整方面的基础型法律法规，例如，《俄罗斯联邦 2020 年前创新发展战略》、俄罗斯经济发展部的《关于对中小型企业主体提供扶持的产业集群需求指南》指令，以及 2014 年 10 月 30 日，俄罗斯总理德米特里·梅德韦杰夫签署的第 1119 条《关于挑选在工业园区和产业集群建设方面有权获得国家扶持津贴的俄罗斯联邦主体》政府法令。目前已经有超过 45 家机构加入协会，其中包括“莫斯科”工业保险公司、“斯科尔科沃”和“莫尔多瓦”等科技园区，“国家气溶胶园区”

公司等专业的科技园区机构，以及俄联邦 26 个不同地区的中小型高科技企业。高科技产业集群协会的工作方向分为两项：一是整顿和系统化高科技产业集群。俄罗斯在产业集群的建设发展中普遍存在缺乏准确的集群准则和遵守规定等问题，致使集群的一些行业概念混乱，影响集群作用的发挥。二是发现可预见的基础研究机构的创新活动问题，针对问题组织讨论研究，制定更加完善的管理和扶持措施，加快推进高科技在生产中的应用。

总的来看，俄罗斯国防科技创新改革已从国家财政扶持、人才、完善创新发展政策、市场导向等几方面入手，逐步梳理创新体系，确保教育体系、基础研究机构与大型企业、市场之间的紧密联系，努力改变其在丰富的知识积累和有限的创新产出之间的不平衡、创新积极性不高和资源分配不合理的现状。

6. 俄罗斯国家技术集团成立专门公司从事军事技术商业化

2018 年 7 月，俄罗斯国家技术集团所属的“自动化”康采恩和“城堡”公司联合成立了一家名为氪的科学生产企业。该联合企业将在信息安全领域的军用研究成果基础上从事民用 IT 产品的研发，例如区块链。成立联合企业的初步投资超过 40 亿卢布。该联合企业的主要活动领域是密码学和量子计算，机器学习和大数据存储，基于区块链技术的安全解决方案，电信标准及其安全。该公司的任务是为国防工业领域企业和研究机构研制的创新方案和技术的商业化应用吸引投资，以及在信息安全和大数据领域发展自身的能力。

（四）注重国防科研与民用科研的相互渗透

能军能民是俄罗斯国防工业的发展方向，在改革国家科技管理体制的同时，俄政府在各国防工业部门设立科技协会，收集民用有关部门的建议。制定与军事有关的科研规划时，由军事工业委员会协调国家科学技术委员会与军工部门之间的关系，注意吸收科研机构和高等院校的基础研究成果，将有军事价值的科研项目及时转为军用。俄罗斯利用军民两用技术加快国防工业企业联合与合并，优化军工企业结构，从体制上解决了科研与生产脱节的问题，加速了科技成果的转化，实现了技术上的优势互补，降低了开发、研制与生产成本，提高了产品性价比和市场竞争力。另外，其也有助于解决资金短缺、开工不足、重复劳动和资源浪费等问题，实现军工生产和国民经济的连接。

随着实力的增强，俄罗斯军工企业集团在融资和吸收投资上都较以往更具有吸引力，更容易找到国内外合作伙伴，以期共同研发适合军民两用的技术和产品。俄政府对军转民经费和军民两用技术等提出新的要求，不仅要关注两用技术的开发与应用，向美国及西方国家看齐，而且要确保高技术武器装备的研制生产能力。

一方面，俄政府打破军用和民用技术壁垒，使国防工业不断向民用企业提供先进的技术支持，同时依靠军工方面的生产力与科研优势，生产技术含量高的民用产品。如，《俄罗斯国防工业"军转民"法》规定，"军转民"的资金由联邦和地方预算提供，也可通过国家担保来吸引贷款和国际金融机构资金及其他预算外资金。另一方面，俄政府建立了既能履行承担武器研制计划、生产科技含量高的军品任务，又能在国内外市场开展两用技术产品的竞争、加速科技成果产业化、最终实现军用产品与民用产品双向互惠互利的军民联合集团。如，俄罗斯政府通过组织机构、生产、管理等方面的一系列改革，联合研究所、工厂、企业、金融机构，成立集科研、设计、试验、生产、销售和融资等为一体的"金融工业集团"。

（五）成立技术开发平台和区域创新集群

长期以来，俄罗斯在计划经济下科研与产业脱节的情况，使得俄罗斯强大的科研能力无法转换为现实的生产力。2008 年经济危机后，俄罗斯意识到改变建设模式，以企业为主体、市场为导向的产学研合作的技术创新体系的重要性和迫切性。因此俄罗斯分别围绕顶层组织结构、运行机制、保障措施等方面进行了多项举措以促进俄罗斯创新体系的建设。其中最关键的一项措施就是成立技术开发平台和区域创新集群，以推动行业创新战略的发展。在创新战略、联邦政策法规等规划措施的牵引下，俄罗斯建立了多类国家科技创新平台或机制，形成除国有科研院所、相关高校之外的一批创新组织及实体（下称创新主体），为国防等领域的创新活动提供计划目标和支撑平台。

俄罗斯建立了 13 个领域的技术开发合作平台和 25 个区域创新集群。13 个技术合作平台横向覆盖国家科技优先发展的领域，发挥国家学科优势；平台确定的研发领域包括医学和生物技术、信息通信技术、光子学、航空航天技术、核与放射性技术、能源、交通运输技术、冶金技术和新材料、石油天然气及自然资源开采、电子和机械、生态保护、农业和食品工业、工业技术等。参与技术开发合作平台的单位包含了俄罗斯科学院、莫斯科国立大学、库尔恰托夫研究院等国家科学中心、联邦研究型大学等众多科技和教育界的机构，还有俄罗斯纳米技术公司、俄罗斯风险投资公司、俄罗斯天然气公司等公有、私有性质的企业。通过公共合作平台，俄罗斯产学研界的代表商讨、确定各自领域的合作发展战略和目标。25 个区域创新集群则是发挥地方行业既有优势，纵向凝聚产学研力量的合作平台。

技术开发平台和区域创新集群都是通过分工合作和协同创新，形成具有跨行业跨区域带动作用和国际竞争力的产业组织形态。例如，战术导弹集团通过参与"国家航天技术平台""航空机动和航空技术"等 6 个合作平台以及核物理和纳米科技集群、泽列诺格勒集群等 5 个创新发展集群，开展合作以促进创新

发展。

俄罗斯的技术平台相当于一种创新交流工具，能够将跨行业的兴趣相同方和利益相关者联系在一起，起到促进创新开发活动、促进创新成果转化、吸引有利资源、完善科技发展和创新领域法规的作用。

自2011年成立以来，俄罗斯已建立了含教学机构、超大型和个体生产企业、社会联盟等不同主体参与的35个技术平台，研究领域涵盖航空航天、电子和通信、能源和动力等方面。技术平台的主要任务是完成推动创新、促进科技升级、加大企业对创新技术的需求和组建科技创新团队。

为充分发挥技术平台的作用，俄罗斯联邦政府围绕两方面为平台提供支持：一是将国家科技规划和技术平台联结。根据俄罗斯政府2012年5月7日发布的《关于长期国家经济政策》总统令，俄罗斯联邦政府接受将俄罗斯联邦国家科技规划（包括联邦专用规划）与技术平台进行联结的委托，规划内容包括工业发展及竞争力的提高、航空工业发展、俄罗斯航天事业、造船业发展、电子和无线电工业发展以及医学和农业发展等方面。为保证联结的有效性，联邦政府制定了将技术平台提供的战略规划和措施纳入联邦规划的提案，同时委托技术平台为联邦专用规划制定研究和研制类的选题。此外，俄罗斯科学与教育部还在2012年为以竞标的方式，向联邦专用规划框架下探索类研究课题提供了超过30亿卢布的经费，最终签署合同达490项。根据政府决议，该拨款工作将在《俄罗斯2014—2020年优先科技发展方向下的研究和研制工作》联邦专用规划实施框架中延续进行，计划拨款金额为2 390.3亿卢布。二是促进大型企业与技术平台的合作。截至目前，技术平台已与60家含国有股份的大型企业在创新项目上展开合作，并结合不同企业的优先技术发展方向制定了合作计划。这些企业包括俄罗斯原子能公司、国防服务公司、金刚石－安泰联合体国防公司。

1. 地方园区为创新发展提供资源保障

为规避WTO的行业补贴限制和解决国防工业中存在的供应模式低效、冗余人员过多等问题，俄罗斯经济发展部于2012年选择了25个区域创新集群试点项目，涉及新材料、航空航天、船舶制造、信息技术等多个国防领域。如乌里扬诺夫斯克航空科学教育生产园区、哈巴罗夫斯克边疆区航空制造和船舶制造创新产业园区、彼尔姆新星发动机制造产业园区、萨马拉地区航空航天创新园区等。

园区的主要作用方向是：多元化供应商、提高生产率、促进小型企业和人力资源发展、促进科学技术进步和提高创新能力。根据园区政策框架，提高园区的集体竞争力是一项主要任务，园区会对多家企业参与的联合计划提供竞争支持，为园区内集体使用的专业基础设施和关键的专业职业教育计划拨款。目前，大部分的园区在配套职业教育机构和科研院所等已具有显著成效。例如，在彼尔

姆园区集中了彼尔姆航空技术学院、彼尔姆国立国家研究大学、彼尔姆国家研究工业大学。在乌里扬诺夫斯克园区集中了乌里扬诺夫斯克国立大学、乌里扬诺夫斯克国立技术大学、乌里扬诺夫斯克技术学院、乌里扬诺夫斯克航空学院。科研机构与园区内的工业企业在地理位置上相互靠近,促进了它们之间的紧密联系,对保障人才供给、促进行业科学加速发展具有重要意义。

2. 俄组建"时代"军事创新科技园

2018 年 6 月 25 日,普京签署总统令,批准组建俄联邦国防部"时代"军事创新科技园。此举被俄视为国家支持创新活动的重要举措。

该科技园成立的目的是为了提高基础科研能力和缩短新型武器装备研制周期。为解决俄罗斯武器装备因研制周期长导致的交付装备技术落后(特别是信息技术)的现象,2017 年 9 月普京提出动议,由国防部筹备组建"时代"军事创新科技园,其本质是建设拥有大量先进科研基础设施的园区,由国家管理机构、军事部门、科研和教育机构、国防工业企业,联合探索、开发和利用国防先进技术概念与研究,快速形成先进武器装备样机,提升基础科研和技术创新能力,同时培养科研人才,缩短新型武器装备研制周期。

确立了科研项目总负责人以及项目选择与成果应用审核批准机制。根据总统令,"时代"科技园的组建和活动资金主要来自国防部的联邦预算,与国防和国家安全相关的重要创新项目由先期研究基金会出资支持。科研项目总领导由国家科学中心"库尔恰托夫研究所"所长担任。研究项目的选择由国防部创新技术和项目委员会批准实施,项目成果由国防部科技委员会考核并决定是否投入军队使用。

组建科研、教育和生产三大集群,实现从技术概念研究到装备样机研制的全周期管理。根据规划,"时代"科技园设在俄南部黑海沿岸城市阿纳帕,占地面积 17. 2 公顷,将容纳 80 家国防科研机构进驻、2 000 多名科研和工程人员工作。科技园按照"科学与教育"(科学—研究集群、科学—教育集群)和"先进工艺与创新"(科学—生产集群)两大方向,建设现代化的实验室和工程中心,配备开放使用的科技设备中心和工艺技术中心,各国防工业科研机构和企业、国防部科技连、大学等单位,将向科技园派驻代表,组织开展研发、测试、生产、教育等工作。

俄国防部公布的"时代"军事创新科技园方案:科学—研究集群将开展先进武器、军事和特种装备样机的科学研究、实验室实验和仿真模拟;科学—教育集群用于培养科技连学员、普通高校大学生、研究生的科研能力;科学—生产集群是进行原型样机、工艺和材料方面的建造和测试。2018 年底科技园将完成各集群基础设施建设,2019 年将开展探索性研究、综合性应用研究和试验—设计工作,在俄联邦科学院、大学等研究机构的参与下,开展先期技术研究,2020 年将全面实现从先进技术概念探索—先进应用技术开发—原型样机生产的项目流程管理。

优先开展人工智能技术等 8 大重点领域研究。其中包括:信息通信系统与人工智能系统,超级计算机,信息安全,机器人技术,能源、生命保障技术与装备,机器视觉与模式识别,纳米技术与纳米材料,生物工程、生物合成及生物传感器技术。目前,俄国防部正在制定系列符合要求的军事和两用高科技创新项目清单。

3. 俄罗斯图拉地区设立军工企业民品研发奖金

2018 年 9 月 28 日,俄罗斯图拉州议会新闻处对外表示,将设立以叶甫盖尼·索比尼纳设计师命名的奖金,对图拉州军工企业从事民品和军民两用产品的研制人员予以奖励。图拉州议会通过了设立叶甫盖尼·索比尼纳奖金的法律,金额为 20 万卢布,奖励图拉州军工企业的专家们对民品和军民两用产品的研制。该奖金是对工程设计师人科技创造力的激励。图拉州军工企业在履行国家国防订货长期合同的同时,为进行民品生产进行生产设施改装升级。根据俄联邦总统的要求,当前国防工业面临提高民品生产比例的任务,2025 年应达到 30%、2030 年应达到 50%。

(六)建立交流合作机制

2013 年以来,国防部先后与俄科学院、联邦科研机构管理局、先期研究基金会签署了合作协议,同时与军工研制生产企业建立了紧密合作机制,将承担国防基础性和探索性研究的科研机构,同承担装备研制的军工科研部门联系起来,充分发挥广大科研工作者的作用,实现“研有所用”。同时,举办创新日、军事技术论坛、开放式创新之窗等活动,吸纳各界力量参与国防创新。

(1)开办“创新日”展示自主创新成果

俄联邦国防部创新日是俄罗斯推动创新的措施之一,俄罗斯以创新为主题,为俄罗斯军工企业、设计机构、高等科研教育机构、俄罗斯武装部队、特种军民两用武器装备研制商和生产商以及国外的公司和组织提供一个展示平台,向俄罗斯国防部和俄联邦的军队展示其在领先科学行业最新的概念和研制的产品。俄罗斯通过这个平台对符合其武器装备发展需求的概念和产品进行分析,并制成样品引入到俄联邦军队并推向国际市场,确保其国防工业能力的提升并保持其在国际市场上的竞争地位。

2014 年起,国防部开始组织“创新日”主题展,从相关企业乃至个人申请者中选拔出有创造力的国防创新方案和技术成果,集中向军方、国防工业界,以及普通公众展示。其主要目的是提高军工企业创新研发的积极性,发现有价值的创新技术产品。

2015 年国防部除举办“中央军区创新日”“东部军区创新日”“南部军区创新日”外,还举办了“创新日”和“权力机构物资技术保障”两次国际展,每次均展出

近 2 000 份展品，并进行军用机器人及无人机的现场演示。创新日展示了涵盖机器人，无线电电子技术（自动化控制系统、通信、导航和识别、电子战、无线电侦察、雷达），信息和通信技术，网络安全，测量和导航软件，光学和电子设备及系统，激光技术，空间技术等 21 个领域的前沿概念及产品。截至 2015 年 5 月，国防部通过“创新日”活动选定了 167 项展品，其中 128 项被认定为具有应用前景，军事管理机关对这些技术发展情况进行持续跟踪，评估应用到武器装备中的可能性。

（2）举办国际军事技术论坛

2015 年起，国防部计划每年举办一次国际军事技术论坛，展示俄罗斯最新型武器装备及国防创新技术理念。同时，论坛期间就国际形势及新威胁等热门议题举行研讨会和发布会。2015 年 6 月 16 日 ~19 日，国防部主办了首届“军队 - 2015”国际军事技术论坛，俄罗斯总统、国防部长、总参谋长、工贸部部长等高官出席，70 余国近 20 万人次参加，展出或演示了 T - 90 型坦克、BMP - 3 型装甲运输车以及无人机等上百种现役装备，航母、AIP 潜艇、大型两栖舰等计划发展的新一代装备模型，以及机器人、电子、新能源、航空航天等领域 1 万余项新技术。

国防部通过举办该活动，既向俄罗斯军队及工业界展示实施国防创新政策下的成绩，也激发相关单位及个人参与国防创新的热情。同时，还借此健全国防部与政府权力机关、俄科院、高等院校、大型军工集团在研制未来武器装备中的协作机制。

创建“开放式创新之窗”。继“创新日”、军事技术论坛之后，2016 年国防部创建“开放式创新之窗”，与前两项活动并行，进一步提升国防创新活力。“开放式创新之窗”运作模式是，创新团队或个人可直接向国防部科研事务局提交创新研究方案，以此扩大国防部对突破性军事技术和创新研究的发现和使用。

与国外积极开展技术合作。近年来，俄罗斯主要军工集团与欧盟国家在航天技术和核能领域进行了大量的合作。俄罗斯国家原子能公司与多家法国公司建立了密切的双边关系。该公司还与法国阿尔斯通公司成立了一家合资企业，为俄罗斯核设备市场和出口到土耳其、芬兰和匈牙利等其他国家生产汽轮机。法国核能部门从俄罗斯原子能公司建造的每一个核反应堆中获得高达 10 亿欧元的资金，这些资金都属于汽轮机和控制系统等设备的合同。截止到 2018 年，俄罗斯国家原子能公司正在与法方就延长核反应堆使用寿命的现代化计划进行谈判。两国正在第四代反应堆设计与测试领域进行合作。2018 年 6 月，俄罗斯航天国家集团公司首席执行官德米特里·罗戈津和法国航天局局长让·伊夫·勒加尔签署了一项关于太阳系、太阳物理研究及其他研究领域的合作协议。该协议确定双方将在太阳系、太阳物理研究、地球环境、生命科学、零重力条件下的材料处理以及使用太空飞行器进行天文学研究等主要领域开展研究。双方表示愿意通过行星探测器、载人飞行任务和地面基础设施的有效合作，扩大太空探索领

域的合作。罗戈津表示，双方已经同意立即再次会面，深入分析应当集中努力探索的最有前景的领域。

(七)成立科研连和科研生产技术连

(1)科研连

2013 年 4 月俄罗斯总统普京做出了在国防部所属科研单位和高校成立科研连的决定。科研连是国防部下属的正规军，成员为通过国防部应征入伍选拔的在校生或刚毕业的学生，见表 7－4。武装力量军事科学委员会负责科研连活动的组织领导，科研连所隶属的科研单位和高校则实施直接领导职能。科研连每位成员均配有导师指导。2013 年首个科研连在沃罗涅日空军研究院成立，2014 年 5 月毕业后有 34 位成员继续留在部队服役，其余人员进入军工企业工作。截至 2015 年 6 月，国防部共成立了 8 家科研连。

表 7－4　俄罗斯国防部科研连(部分)

序号	名称	研究方向
1	第二科研连(原空军)	参与科研工作；利用科研成果解决实际问题
2	第三科研连(原空天防御军)	2013 年 5 月成立，进行空天防御领域的前沿技术研究
3	第五科研连(陆军)	2014 年 7 月成立，完成陆军司令部、国家防御指挥中心、空降兵司令部、军区地区控制中心布置的任务
4	第七科研连(通讯军事学院)	2014 年 9 月成立，完成武装力量兵种、国家防御指挥中心、武装力量通讯司令部布置的任务
5	第 11 科研连(电子、化学和生物防护军事学院)	2015 年 10 月成立，完成武装力量兵种、科研机构和研究院、国防工业机构布置的任务

(2)科研生产技术连

2014 年，俄罗斯总统普京向国防部指派成立科研生产连的任务，提出给国防工业界企业的年轻技术人员参军入伍的机会，以军人身份继续接受锻炼学习。2015 年 6 月，在科研连陆续组建及稳定运行后，国防部第一个科研生产连在克拉斯诺达尔地区的滋维列夫机械厂成立。随后又在塞瓦斯托波尔第 13 造船厂和坦波夫“革命劳动”工厂成立了 2 个科研生产连。

国防部规定每个科研生产连不超过 50 人，依托的军工企业名单由国防部和

联邦工贸部共同商定。科研生产连成员须满足征兵条件，且接受过中、高等教育，进入军工企业后以维修和生产武器装备的形式服役，期满后可选择留在国防部下属企业就职。同科研连一样，科研生产连成立的主要目的均是为国防工业培养具有实际经验的人才，缓解当前国防工业各层次人才短缺的困局。

近年来，俄罗斯多项举措大力推动国防工业创新发展，调动了各界参与国防创新的积极性，实现了多种新一代武器装备以及关键领域的突破。根据俄联邦国防工业创新战略规划文件，俄罗斯国防工业的发展重点仍将继续着眼于创新发展，提升国防工业能力以增加产品竞争力，保持俄罗斯在国内外市场上的竞争力。

当前新一轮科技革命和产业变革孕育兴起，国防科技工业必须紧跟全球科技发展趋势，我国国防科技工业也处于改革创新，建设中国特色先进国防科技工业体系的关键时期，在这一过程中，俄罗斯推进国防科技工业创新发展的做法值得借鉴。

四、俄罗斯国防科研能力调整及发展的趋势

总结俄罗斯国防科研能力管理体制的调整情况，可以看出，苏联时期国防科研机构全部为国家所有，国防科研机构由国防会议进行最高决策，在政府部长会议国防工业委员会领导下，分别由 9 个国防工业部按专业进行管理，采用高度集中和计划调节的运行机制。这种管理体制的主要特点是有利于从国家整体利益出发，集中有限的资源用于重点国防科研项目的研制，但在集中管理适当的情况下，也容易使国防科研机构缺乏活力。苏联解体后，俄罗斯在国防科研机构管理方面进行了较大的调整，采取的主要措施是在继续保留部分国有科研机构的前提下，积极推进国防科研机构的所有制改革。另外，为推进科研与生产的结合，俄罗斯通过建立国防科研生产联合体，使一部分国防科研机构进入企业。经过一系列的改革，苏联时期形成的国防科研管理体制发生了一些变化，原有的单一政府所有制的国防科研机构形式，逐步转变为独立国有国防科研机构、国家参股的国防科研机构、私营国防科研机构、国有企业内部国防科研机构、国家参股企业内部国防科研机构和私营企业内部国防科研机构等多种所有制和不同组织形式的国防科研机构体制。俄罗斯在国防科研机构改革过程中，虽然对国防科研机构的所有制进行了调整，建立了公私合营的国防科研机构，但从国家和私营企业股份所占的比重看，国家公私合营的国防科研机构中仍占有大部分股份，对国防科研机构仍享有绝对控制权，改革只是实现了国防科研投资主体的多元化，扩大了国防科研投资的来源。目前，俄罗斯的国防科研机构改革仍处在不断的探索之中，从发展情况看，在今后相当长的一个时期内，将处于一种以国有科研机构为主体，多种所有制并存的状况。

第二节 俄罗斯国防生产能力调整及现状

一、俄罗斯国防生产能力调整及发展历史沿革

（一）俄罗斯国防生产能力调整及发展的动因分析

俄罗斯是世界上仅次于美国的国防工业大国。1991年苏联解体时，俄罗斯获得了苏联包括武装力量和国防工业在内的85%的军事能力。1992年1月1日，俄罗斯国防工业综合体包括了2 160个企业和机构。在苏联解体后的5~6年中，由于俄罗斯经济的严重衰退和与之相连的经济转轨、大规模私有化进程的加快、俄罗斯武装力量规模的缩小，以及对安全战略的重新评估所导致的俄罗斯对军事需求的极大变化等政治、经济和制度的原因，俄联邦国防预算急剧降低、国防订货锐减且订货资金不能及时到位，军品出口量大幅下降。截至1997年，俄国内生产总值下降到苏联时期国民经济总产值的25%，而俄国防工业综合体的生产量已下降到1991年的20.1%；国防工业综合体的总投资量仅为1991年的7.5%，联邦预算总投资仅为1991年的2.81%；从业者人数降到1991年的41%，年龄结构从平均39岁上升到平均50岁；生产负荷量仅为1991年的15.7%。如图7-6、图7-7所示。

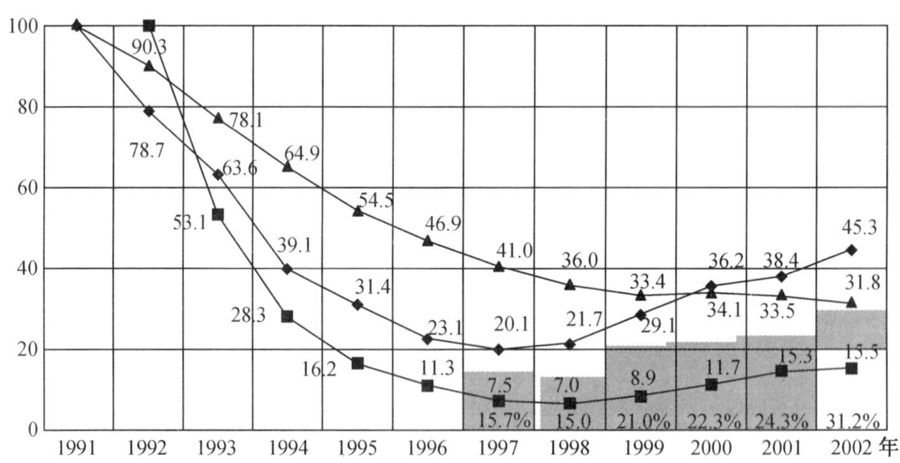

图7-6 俄罗斯国防工业综合体生产潜力的主要特性参数

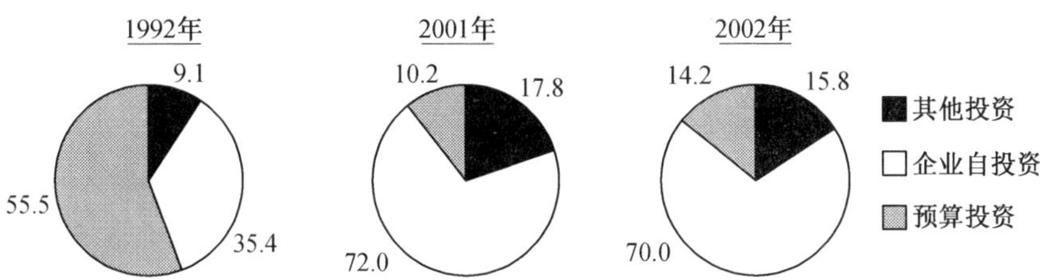

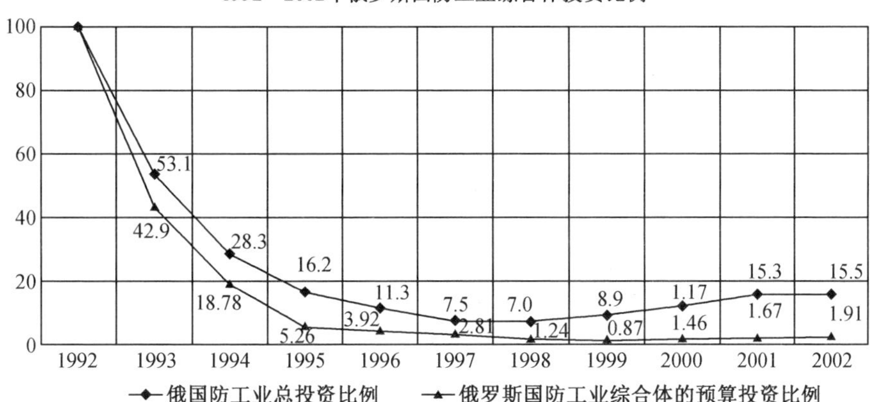

图 7－7　俄罗斯国防工业综合体投资结构

总之，截至 20 世纪末，俄罗斯国防工业综合体面临的主要问题是：国防工业总体滑坡——2/3 以上的企业和机构债务缠身、科研生产任务严重不足、经营不善（面临破产的境况）、生产设备日趋老化、人才质量下降且大量流失（图 7－8）、科研与生产水平严重下滑；俄罗斯在国际经济市场的竞争力下降；国防工业机构的管理机制存在种种弊端，致使国防企业的价格管理、委托、执行等效率低下；国外公司大量购买俄罗斯国防工业的股份等。同时，在国际上，美国从推行其全球战略出发，竭力遏制俄罗斯东山再起，其不仅宣布退出《反导条约》，还开始大肆推进北约东扩。随着北约对东欧和原苏联地区的渗透，俄地缘战略态势急剧恶化。在俄罗斯国内，车臣分裂和恐怖主义势力空前膨胀，使俄联邦的统一和安全受到极大影响。可以说，俄罗斯联邦在“全球、地区和本国”这三个层次的利益上都面临着实质性的威胁。

20 世纪末，受卢布贬值、国际市场油价上扬以及俄政府大幅调整经济政策等内外多种因素的综合影响，俄罗斯经济呈现好转势头。新世纪（21 世纪）伊始，

在普京执政后，其领导的俄政府继续推行稳健的社会经济政策，进一步深化社会和经济自由化改革，大力拓展国外能源市场，俄宏观经济指标开始大幅上扬。在这一有利环境下，发展经济、复兴国际威望成为俄当局的中心任务和朝野共识。在此国内外政治与经济形势下，俄政府开始调整其国家安全战略和军事战略，明确制定了现代化军事武装力量的发展战略，并将支持发展科技和生产、提高人民的生活水平、稳定社会的经济和政治、保障国家领土完整和有效抵御内外威胁作为制定国家战略目标方针的基础。俄政府面临的紧迫任务之一即是调整与改革俄罗斯国防工业。

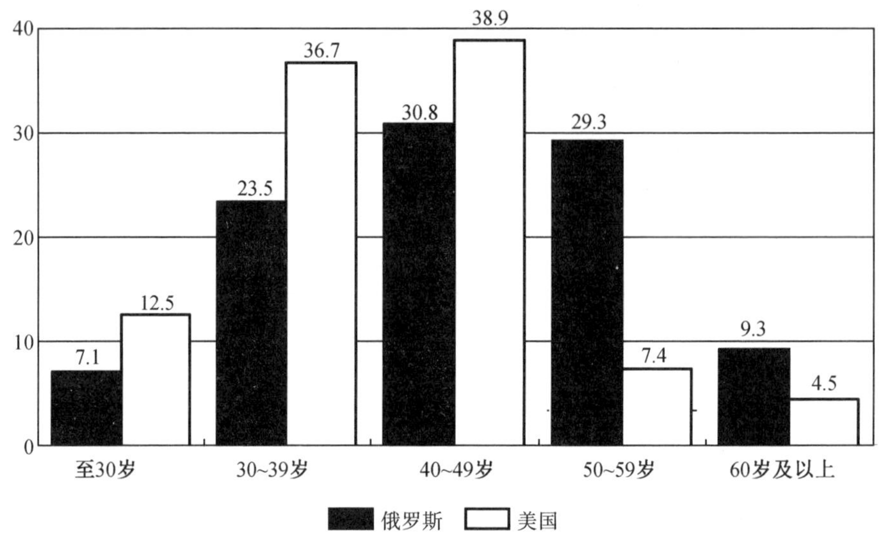

图 7－8　俄罗斯与美国科技工作者年龄构成

(二)俄罗斯国防生产能力调整及发展的主要阶段

1993 年 5 月，俄罗斯政府颁布法令规定，对军品生产任务订单少于 30% 的军工企业进行私有化改革。而当时俄罗斯军工行业的实际情况是：由于国家国防预算的严重不足，致使军品订货大大下降，1993 年军品订货量只达到军工生产能力的 10% ~15%；1994 年的军品生产规模只相当于 1991 年的 6%。这就意味着绝大多数军工企业都会因为根本得不到订货，或者只得到极少量订货而被私有化。1994 年，俄政府确定了军工企业私有化计划方案：在 2 000 多家军工企业中，约 800 多家实行完全私有化，近 600 家实行部分私有化。俄罗斯领导人的本意是希望通过加速私有化迅速提高军工企业的效率，但在国家缺乏宏观调控机制以及相应的法律制度不健全的情况下，仅靠政府的满腔热情就大规模地推行私有化，必然会犯盲目冒进的错误，其结果导致私有化秩序混乱，军工行业全面

陷入困境。

1995 年 12 月,俄政府开始采取国防工业的改革措施,政府批准了《1995—1997 年国防工业军转民》联邦专项计划(俄罗斯国防工业的国家政策是以国家联邦专项计划的形式确定的)。但是,由于国家没有兑现对改革措施进行财政保障的承诺,这一阶段的改革以失败告终。

1998 年 6 月,俄联邦政府批准了俄联邦经济部建议制定的《1998—2000 年国防工业改组与军转民》联邦专项计划。此次改革的构想是:加快国防工业的所有制改造(包括非国有化),吸引私人投资者(首先是银行信贷资本)的资金。该计划要求把国防工业综合体的企业整合为数十个大型工业联合公司,同时把将近 2 000 家国防工业的企业减为不超过 800 家。然而,顺利渡过国防工业转型时期的任务,是不可能由国防工业的企业自行完成的;长期的国家性任务也不能在没有详细制定的计划下,仅靠私有制的办法来解决。在 1998 年 8 月金融危机的冲击下,俄罗斯失去了对改革进行如此大规模投资的金融 - 银行系统的支持,而且国家也根本无钱来对计划所规定的结构改造进行资金保障。到 2000 年,《国防工业改组与军转民》联邦专项计划所规定的措施只完成了 30%,计划基本失败。

2000 年,从普京当选俄联邦总统开始,俄政府集中工业与科技部、经济发展与贸易部、各个国防工业局、联邦国务委员会的国防工业综合体改革计划制定工作组等有关各方力量,制定和颁布了一系列涉及俄国防及国防工业发展的重要政策、命令和计划。

2001 年 1 ~5 月,俄政府出台了一系列联邦专项计划。其中,《2010 年前国防工业综合体改革与发展》联邦专项计划最具有关键性的作用,该计划确定了国防工业 10 年内改革与发展的主要方向。计划指出,对国防工业的企业实行大规模的结构改造,最终建立起数量有限、具有完整生产流程的联合控股公司。同时,按最终产品、武器系统、动力和其他分系统三个方面建立集团公司联合体:在第一个方面计划形成 12 个联合体(建造飞机、直升机、舰艇、坦克、航天设备);在第二个方面计划形成 13 个联合体;在第三个方面计划形成 11 个联合体。俄政府以这样的办法向有限的联合公司集中国家有限的预算资金,避免新增和积累国防订货的债务,重新恢复失去的技术与生产联系。《2001—2006 年俄罗斯国防工业改革与发展规划》计划将俄罗斯 1 630 多家国防机构和企业改组为 36 家超大型国防科研生产集团企业:12 家武器装备总装企业,主要生产飞机、直升机、舰船、坦克、航天装备等;13 家武器系统生产企业;11 家动力及其他配套产品生产企业,主要生产雷达、发动机、电子仪器、弹药等。合并重组后,俄罗斯国防科研生产单位将减少 50% 以上。按计划,新组建的国防企业集团将获得武器装备进出口权,独立参与国际竞争,开辟国际市场。俄政府将把部分权力下放到企业,

企业集团将形成有300人左右管理人员的机构，发挥连接联邦政权与生产企业的作用。

2001年11月，俄联邦政府又通过了两个基本文件：《2010年前及未来俄联邦发展国防工业综合体的政策基础》和《2002—2006年国防工业综合体改革与发展》联邦专项计划。后者明确规定了对国防工业综合体每一个生产体系的财政拨款数量，而前者则纲要性地确定了国防工业综合体改革与发展的战略方针和任务。以此为标志，俄国防工业进入了改革的第三阶段。第三阶段改革的主要目的是：保障作为国家的可靠有效的高技术、多专业的经济部门，能满足国家现代化武器装备以及军民两用产品的需求。其基本任务是：为国防工业综合体的改革与发展提供规范性法律保障，包括制定必要的规范性法律和立法草案，如规范一体化机构的建立与运作，以及分布在联邦各主体的国防工业生产企业与机构的财产、税收和其他关系的草案，确定其组织法律形式；优化国防工业综合体的编成，减少企业数量，并使其与武器装备的实际生产规模相符；优化国防工业综合体的结构，通过建立具有完整的生产流程、数量有限且自成系统的科学—生产联合体；为国防工业综合体的工作人员提供社会保障，如内部培训、骨干再培养；建立补充工作岗位等稳定高技能工人的措施体系。

总之，第三阶段改革的总构想是：以具有战略重要性的国家企业和国家参股的股份公司为基础来组建国防工业综合体的“核心”；在“核心”企业中，对国家国防订货进行再筛选，并在此基础上去除多余的企业；优先对实施综合结构改革计划的企业予以国家财政的支持；保证国防订货主要集中在核心企业（预计超过90%的国防定购落在核心企业），并且提高生产力负荷。“核心”企业中国防生产能力尚未达到满负荷状态的部分必需转为生产民用科技产品，并利用两用技术；而另一部分的生产能力应该另谋出路（可以出租或者出售用以作为附加拨款来源）。同时，腾出来的生产设备要转移到在国内外产品市场都具有竞争力的生产上。资金要集中到优先方向，解决其现存生产设备的更新问题。政府要实施针对推动建立在国内外产品市场都有竞争力的大型集团结构的“一体化”过程的措施综合系统，而“一体化”结构的建立将不是通过指令，而是自下而上的。

计划规定改革分两步。第一步（2002—2004年）的主要任务是：根据武器装备的类型，如“装甲技术”“高精确武器”等，挑选每个行业的核心工厂和设计局，围绕核心企业集中国防生产（首先在出口导向生产的基础上成立控股公司）；在军转民及机构改革的计划项目的范围内，实行生产的现代化；建立并最终形成国防科研生产联合体的工业结构。在此期间，俄联邦政府又通过了两个文件，分别是2002年1月出台的《2010年前俄联邦国家武器装备发展规划》和2003年5月出台的《2001—2005年以及到2010年期间国防工业综合体改革与发展》联邦专

向计划。计划规定,2004 年前,国防工业改革的主要工作是:对国有机构与企业进行股份制改造(计划共成立 75 家控股公司),减少一半以上的国防工业综合体的企业和机构;没有吸收到重组综合体中的机构与企业将进行转产或完全推向市场。表 7 - 5 给出了国防工业第一阶段改革后国防机构和企业的数量变化。

表 7 - 5 2001 年和 2004 年俄罗斯国防工业机构与企业数量比较

年份	2001	2004	减少数
机构与企业总数	1637	634	61.3%
国有机构与企业	704	387	45%
股份制机构与企业	933	247	73.5%

第二阶段为 2005—2006 年,其主要任务是:对第一阶段形成的国防工业企业进行整合,组建超大型跨部门军民型工业企业(综合体),如"米格 - 图波列夫 - 卡莫夫"或者"苏霍伊 - 伊柳申 - 米尔";生产进一步多样化,通过跨行业的"一体化"联合和高科技的"核心"综合体的高品质完善,建立大型的、多专业的、稳固的、有竞争力的公司和集团。组建后的企业可以进行股份制改革,但国家股份必须不少于 51%,其他股份可以卖给私人投资者。

然而,在 2002—2005 年计划实施期间,由于缺乏国家统一的改革政策、国家协调的管理体制和国家资金的有力支持,以及没有根本解决政府、国防工业的企业和国防部三方之间的关系,第三阶段国防工业调整改革的速度很低,且收效甚微。当时,企业按国家国防订货进行的生产的平均开工率只有 20% ~25%,且企业生产军工产品过程中的附加消耗(如:必需的先进的基础设施)很高,不仅企业,即便是国家本身也无力承担。在 2002 年之前,俄政府仅对效率不高的国防工业企业和机构稍微进行了精简,建立了首批一体化机构——"飞机制造'马普'"国防工业综合体、"苏霍伊"航空工业综合体、"伊柳申"飞机工业综合体、"安泰"开放控股公司、"工艺技术综合体"无限股份公司等。

俄国防工业第三阶段改革,正值 21 世纪初国际政治和经济环境的快速变化之际。尤其是伴随着俄罗斯经济的逐步复苏,俄政府相继调整了国家军事、政治、经济和科技的发展战略,制定了国家安全构想、军事学说、军队改革、国防工业重组、发展科技和尖端技术计划等基础性文件。俄政府开始按照国家武器发展计划来落实年度预算方针,并提出了发展国防工业的战略任务——保障国家经济的发展和国家安全,现代化军事武装力量以及提高俄国防工业高科技产品在国际市场的竞争力。

为了完成国家制定的战略目标,俄联邦政府于 2006 年出台了新的《2007—

2010年以及到2015年期间发展国防工业综合体》联邦专项计划，其中明确制定了俄联邦国防工业综合体改革与发展的方针，加大了国家对国防工业综合体的调整与改革的支持力度。俄政府在新计划中提出了一系列保证国防工业综合体改革与发展的措施。至此，俄罗斯国防工业步入改革的新阶段。新阶段对国防工业进行调整改革的范围主要涉及以下三个方面：

①管理体制，包括国防工业的"垂直化"管理、国防订货的"统一"管理、对外军事技术合作的"垄断"管理；

②所有制改造，包括非国有化、确定战略企业和公司、国营和私营合伙原则下的控股公司；

③企业的机构重组，建立"一体化"机构，包括行业内和跨行业的一体化。

为了落实强军计划，2009年通过的《2020年前俄罗斯安全战略》指出，国家应当为保障军队建设和增强其潜力拨出足够的财政经费和其他资源。据此俄罗斯政府决定到2020年前向军队拨款20万亿卢布（约6 500亿美元），主要用于军队装备改良和现代化建设。未来十年俄军武器装备必须全部或大部更新，其现代化率至少要达到70%。普京提出，在20万亿卢布中，至少2.8万亿卢布按计划要用于军工综合体的生产设备改造，即设计生产或购买新机床和生产线，以生产出最先进的武器系统。俄国防部根据政府的决定制订了计划，即2020年前俄罗斯军队至少应装备400多枚现代化的地基和海基洲际弹道导弹、8艘导弹战略核潜艇、600多架现代化飞机、28个团的S—400防空导弹系统以及10个旅的"伊斯坎德尔—M"导弹系统等。

2012年2月，普京在视察位于阿穆尔共青城的"苏霍伊"飞机制造公司时，赞扬该公司注重科技创新，产品保持先进性，劳动生产率和工作人员工资得到提高，未来发展前景看好，并希望将这种模式推广到全国各地。2012年8月31日，普京提出必须在最短的时间内实现俄军工企业的现代化改造。普京指出，近30年来由于国家预算支持不够，俄军工企业错过了几次使企业现代化的机会。普京强调，俄政府应当像20世纪30年代那样，对军工企业集中大量投入，使这一领域从设备改造到技术创新都能真正飞跃，以提高其产品的国际竞争力，为武装部队提供优质高效的先进武器。2012年10月，主管军工的俄政府副总理罗戈津宣布，在2020年前国家将为军工企业投入1 000亿美元，但前提是企业自身应当积极投入设备和技术改造。他还指出，军工企业应当保持15%的利润率，国家不会保留所有的军工企业，部分企业应转向生产民用产品，并且成为新型工业园区的基础，企业人员也要分流或再培训。

2013年8月，普京在顿河罗斯托夫市考察俄罗斯直升机集团公司时，赞扬俄罗斯直升机为世界一流，其品种配套齐全，性能优良，国内外订单多，认为未来军

工企业都应当以此模式整合和发展。从普京到多个地方视察军工企业的情况看,俄军工综合体近年来在转制、整合、集成、创新方面做了大量工作,也取得了突出的进展和成就。

(三)俄罗斯国防订货管理体制的发展变化

随着俄罗斯国防工业的股份制改革,政府与国防工业企业及机构之间的关系发生了很大变化。为了适应国家经济体制由计划经济向市场经济的转变,1995 年,俄联邦政府颁布了《俄罗斯联邦国家国防订货法》,开始对国家武器装备采办实行国防订货制度的改革。

2004 年前,俄罗斯实行的是分散订货体制,即存在多个订货主体,各订货主体单独订货。这一体制带来的直接弊端是相同产品不同价格、重复采购、资金监管不力。2004 年,为了改变这一局面,俄联邦总统提出“必须为所有的联邦权力机构建立高效、统一的武器装备订货管理体制”,并下令组建国家统一的国防订货主体——国防部下属的“俄联邦国防订货署”,统一负责制定俄联邦武装力量及其所有权力机构的武器装备发展政策、规划,以及从武器装备研制、试验、生产到验收和交付的全部采办工作,从而改变了过去俄联邦权力机构各自独立订购武器装备的现象。

2007 年 2 月,俄联邦总统宣布建立由俄联邦政府领导的俄联邦武器、军事和特种技术以及后勤物资供货局,将俄联邦国防订货署的国防产品订货方的职能移交给俄罗斯国防供货局,从而将武器装备的订购从军事部门内部转移到政府监控之下,使“经费与订货相分离”。

2008 年,俄罗斯国防供货局正式成立,由政府第一副总理直接领导,从而形成了由俄联邦国防订货署和俄罗斯国防供货局共同负责俄罗斯武器装备采办的局面。后来这两大国防订货主体的隶属关系又进行了一些调整。

2010 年,俄罗斯国防供货局由政府直接领导划归国防部领导。

2012 年 5 月,俄联邦国防订货署从国防部分离出来,直接由俄联邦政府管辖。俄罗斯两大国防订货主体隶属关系的演变历程见表 7-6。

表 7-6 俄罗斯两大国防订货主体隶属关系变化表

俄罗斯国防订货署		俄罗斯国防供货局	
时间	隶属关系	时间	隶属关系
2004.3—2012.5	国防部	2008.5—2010	联邦政府
2012.5—	联邦政府	2010—	国防部

从表 7 – 6 可以看出,2008 年 5 月之前,俄罗斯国防订货主体只有一家,即国防部所属的俄联邦国防订货署,负责所有武器装备的采办事项。后来,为了加强政府对国防订货的监管,实现订货和经费相分离,2008 年 5 月,俄罗斯成立了由俄联邦政府直接管辖的俄罗斯国防供货局,从而将联邦国防订货署的职能一分为二:联邦国防订货署负责制订订货计划,而俄罗斯国防供货局则负责组织订货并管理订货经费。后来,因为联邦政府缺乏武器装备订货方面的人才和经验,在 2010 年,又将新成立的俄罗斯国防供货局划归国防部领导,从而在后续的两年中,两大国防订货主体都处于国防部的控制之下,又回到了改革前的情况。为此,2012 年,俄联邦政府又决定将俄联邦国防订货署从国防部中独立出来,由俄联邦政府直接管辖,最终形成了目前这种局面,即俄罗斯国防供货局作为俄罗斯统一的国防订货管理部门,而俄联邦国防订货署则主要起监督作用,负责监督国防订货的执行。

俄罗斯国防订货管理体制的变化历程如表 7 – 7 所示。从表中可以看出,俄罗斯国防订货管理体制经过了多次调整,由分散订货到统一订货,再到相互制衡,但是一直没有找到一个很好的解决办法,应该说,俄罗斯国防订货管理体制还处在不断变革和调整当中。

表 7 – 7　俄罗斯国防订货管理体制变化历程

时间	订货管理体制
—2004 年 3 月	存在多个订货主体
2004 年 3 月—2008 年 5 月	只有一家订货主体
2008 年 5 月—2010 年	有 2 家订货主体,分别归政府和国防部领导
2010 年—2012 年 5 月	有 2 家订货主体,均归国防部领导
2012 年 5 月—	有 2 家订货主体,分别归政府和国防部领导

通过多次改革和调整,俄罗斯形成了由俄罗斯国防供货局和俄联邦国防订货署两大订货主体组成的相互监督、相互制约的国防订货管理体制。俄罗斯国防供货局由国防部领导,负责管理订货,包括招标、组织竞标、订货分配、合同签订、经费支付,决定分配订货的方法,对国防工业行使监督检查职能,保证国家相关政策的实施等。俄联邦国防订货署由俄联邦政府直接领导,负责监督国防订货的执行。此外,俄联邦军事工业委员会在国防订货中也发挥了重要作用,负责审议国家国防订货的主要参数,包括时限、价格、经费,对国防项目的定价实行严格监管。

当前,俄罗斯已经构建起了相对完善的国防订货体系,该体系由装备采购计划制定、计划执行与计划监督三个子体系构成,各子体系之间相互配合,相互制约。这三个子体系具体是:一是以军事工业委员会、国防部武装力量装备局为主,总参谋部参与的装备采购计划制定体系;二是以俄罗斯国防供货局为主的装备招标、订货分配、价格审核、合同签订、经费拨付的装备采购执行体系;三是以俄联邦国防订货署为主的从装备需求到监督武器装备研制、生产、试验和验收各个环节的装备采购监督体系。

俄罗斯国防订货普遍采用合同制,该项制度是由《俄联邦国家国防订货法》在1995年正式确定的。该法规定,军方批准武器装备研制生产计划后,由国防订货主体通过公开竞争选择承包商,与承包商签订合同,并对合同实施管理。该法还明确规定,"除动员能力外,国防订货计划的落实应在竞争的基础上进行"。承包商的选择应在平等的基础上进行,无论属于何种所有制形式的军工企业,只要它具有完成国防订货任务的许可证,都可以成为国防订货的承包商。

俄罗斯国防订货合同分为国家合同和一般合同两种形式。国家合同就是传统意义上的主合同,即国家国防订货主体与总承包商或承包商签订的合同。一般合同实际上就是分包合同。签订合同时一般遵循4项原则:一是国家国防订货分配的公平竞争性,以确保武器装备定价有充分依据,各承包商都处于平等地位。只有在特殊情况下,武器装备的研制和生产才不以竞争为基础;二是承包商对完成国防订货负责。承包商必须具备一定的经济实力,且有较好的信誉,同时具备军品生产许可证。三是合同类型与合同对象相适应。在选择合同类型时,应考虑合同对象的实际情况,一般来说,合同类型由项目条件和项目风险等因素决定。四是考虑经济、社会问题。签订合同时,需要将完成国防订货的各军工企业人员的社保条件列入合同条款,比如最低工资、劳动时间和劳动条件等。

(四)俄罗斯国防科技重大工程组织管理模式的演进

虽然有许多关于俄罗斯军工改革的研究成果,但极少有研究关注俄罗斯国防科技重大工程本身的组织管理模式的演进过程。事实上,国防科技重大工程管理能力的提高是保障国防安全、促进经济与社会可持续发展、提升综合国力亟待解决的核心问题。一方面,由于苏联和俄罗斯的国家性质和国际环境的背景不同,两者的国防科技重大工程管理体制也有所不同;另一方面,苏联解体后,俄罗斯继承了其70%的国防工业,所以两者的国防科技重大工程管理体制又有很大的联系。

(1)苏联时期的国防科技重大工程管理体制

在苏联时期,国防科技重大工程管理体制是:由苏共中央和国家领导层严格

集中管理国防科技重大工程综合体，从而可以通过最大限度地集中国家财力、物力和人力，保证在最短时间内研制和生产出最复杂、最先进的武器系统，如核导弹、核潜艇，以及超声速战略轰炸机等。这种国防科技重大工程管理体制的主要特点是，隶属于苏联部长会议的军事工业问题委员会是国防科技重大工程管理的最高机构，负责协调、监督国防科研和生产的所有工作。

从苏联军工科研生产管理的实践可以看出，苏联对国防科技重大工程活动的管理具有明显的计划性质。在制定武器装备发展规划和选择重要科研生产项目时，军事工业委员会主要依据苏联共产党中央委员会和部长会议做出的联合决定，同时，重要科研生产项目的完成情况要定期在苏联共产党中央政治局会议上审查和讨论。从图7－9可以看出，苏联国防科技重大工程综合体的拨款渠道主要有两条：一是国家国防订货（为苏联、盟国和外国伙伴研制、生产和修理武器装备）；二是国防科技重大工程部的预算（组建和改造科研生产基地）。苏联国防科技重大工程管理体制的最大缺点是，国家不能正确处理国防科技重大工程与非国防科技重大工程之间的关系，而是把主要的财力、物力和人力都投入武器装备的科研生产上，从而使国家的重工业与轻工业的比例严重失调。

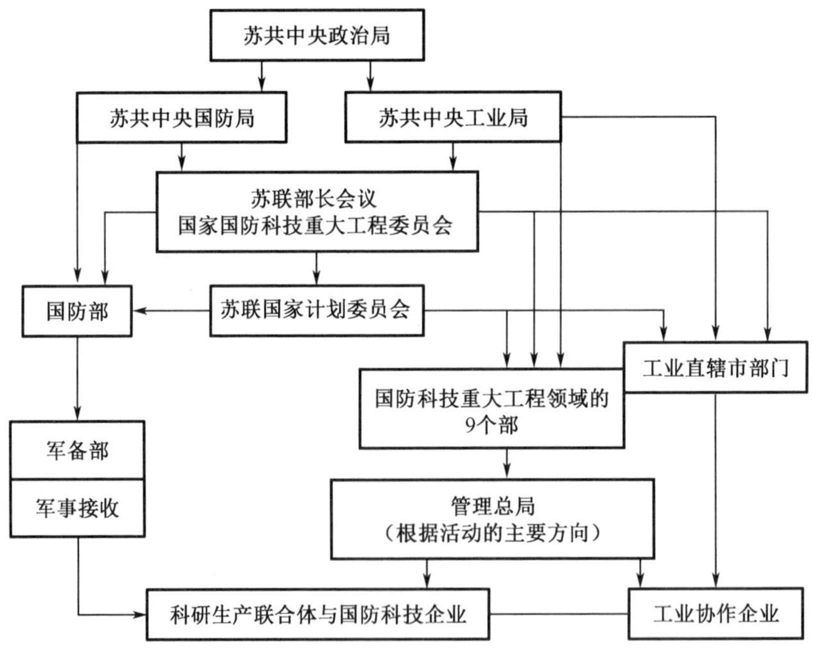

图7－9　苏联国防科技重大工程管理体制

(2)俄罗斯的国防科技重大工程管理体制

苏联解体后,俄罗斯继承了其70%以上的国防科技重大工程企业。为了适应国家经济发展的需要,俄罗斯政府于1991年开始对苏联的国防科技重大工程管理体制进行改组,在苏联的9个国防科技重大工程部的基础上成立了俄罗斯工业部,主管全部俄罗斯工业(其中包括国防科技重大工程)。同时,为了对航天工业实施有效的管理,俄罗斯政府成立了航天局。1992年9月至2000年5月,俄罗斯工业部先后改组俄国防科技重大工程国家委员会,把国防科技重大工程管理职能归于俄经济部,成立造船局、常规武器局、控制系统局、弹药局,同时把经济部中的部分国防科技重大工程管理职能转隶给以上管理局。另外,俄罗斯将俄罗斯航天局改组为航空航天局并成立工业部、科技部,负责以上五个国防科技重大工程管理局的活动,同时还直接管理部分国防科技重大工程企业。2004年3月,普京第二次当选总统后,立即着手对国防科技重大工程管理体制进行改革:成立新的工业与能源部,负责国防科技重大工程的宏观调控与管理工作;同时把原航空航天局的职能分为航天和航空两部分,成立联邦航天局和联邦工业局。联邦工业局负责管理常规武器局、控制系统局、弹药局、舰船制造局和航空局。

下面以航天工业为例,对比一下苏联和俄罗斯的国防科技重大工程组织管理流程。

俄罗斯的前身苏联为了政治和军事上的需要和争夺超级大国地位,"冷战"时期一直奉行与美国争夺航天领先地位的发展战略,航天科技工业也是苏联少数几个处于世界领先地位的领域之一。苏联采取了集中力量优先发展军事航天工业的策略。国防会议是苏联导弹航天政策和计划的最高决策机构,由苏共中央总书记任主席,部长会议主席任副主席。通用机器制造部主管战略导弹、运载火箭和航天器的研制与生产。苏联航天计划经费都列入军费,并落实到通用机器制造部的包括战略导弹经费的一个账户中。苏联一直没有类似美国航宇局那样的主管民用航天的部级政府机构,1985年成立的航天管理总局只是通用机器制造部下属的一个管理局,其主要任务是把航天技术用于国民经济和科学研究,并管理国际合作,特别是商业性合作。图7-10是从雅克—36M的研制过程中整理的俄罗斯国防科技重大工程具体工程组织管理模式流程图。

苏联解体后,俄罗斯继承了苏联约90%的航天工业,并进行了一系列改革。经过1996年的改革,政府拥有了航天政策和航天规划的制定和预算的编制权。1992年2月俄罗斯总统叶利钦下令建立俄罗斯航天局,从此,俄罗斯的民用航天有了正式的部级政府独立管理机构,而国家防务和安全的航天活动仍由国防部领导。1997年以来,俄罗斯国内经济危机加剧,俄罗斯政府全面改组了航天产业

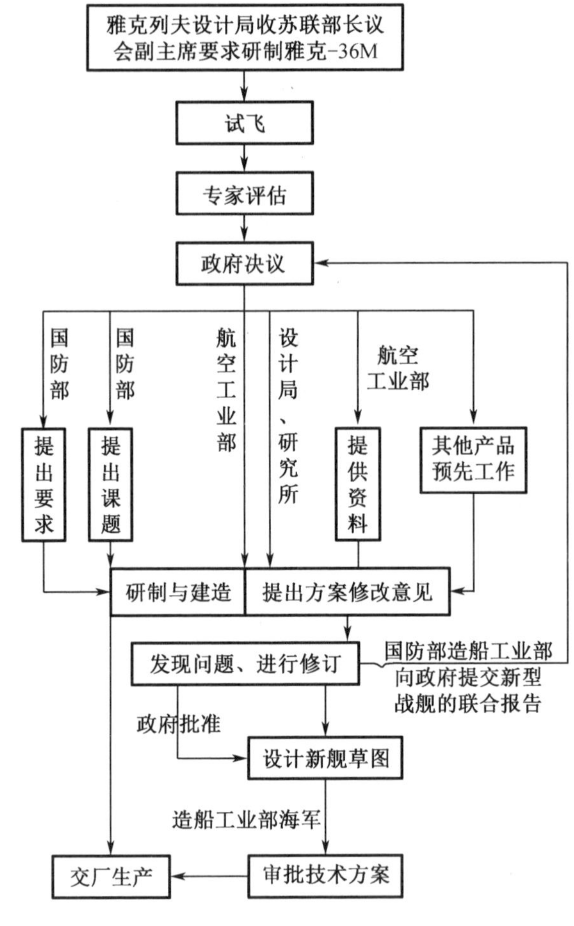

图 7－10　雅克—36M 组织管理流程图

结构,加快了航天商业化进程。1998 年,俄罗斯将研制、生产导弹和军用航天设备的军事航天工业移交文职的俄罗斯航天局管理,航天局成为集军事航天、民用航天和商业航天于一身的航天管理机构。1999 年 5 月,俄罗斯又将航空工业的管辖权从经济部移交给航天局,同时将航天局改为航空航天局。根据俄罗斯总统普京 2004 年 3 月 9 日签署的"关于联邦行政机构体系和结构"的命令,俄罗斯航空航天局又改名为俄罗斯联邦航天局。联邦航天局既是政府机构,又负责发展整个俄罗斯的航天技术。由于航天事业涉及国计民生、国家安全和国家主权与地位,世界上主要航天国家对航天事业都高度重视。俄罗斯一般由总统直接统领国家航天活动。在总统之下设立科学技术委员会或航天委员会之类的机构,作为航天最高决策机构,对全国航天活动实行统一领导,集中管理,充分体现

了航天决策的集权化;然后由国家航空和宇航局、国防部等政府部门执行决策,进行宏观管理;最后由有关企业、科研机构、大学等具体实施。以 MS—21 干线飞机研制过程为例,组织管理流程如图 7 - 11 所示。

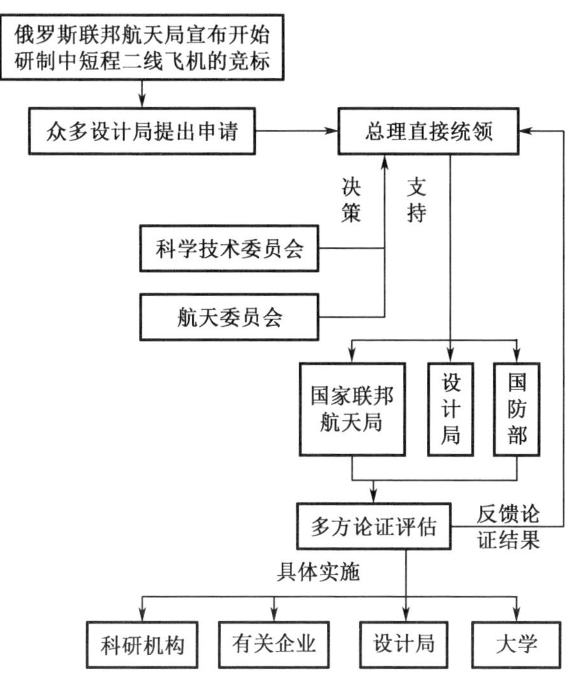

图 7 - 11　MS - 21 干线飞机组织管理流程图

然而,经过多次的调整和改革,俄罗斯国防问题专家和国防科技重大工程部门的管理层认为,目前俄国防科技重大工程管理体制仍然不尽如人意。俄国防科技重大工程管理体制可能要按照以下方向进行调整与改组:首先,成立直接隶属于总统的俄国防科技重大工程问题委员会。国防科技重大工程管理问题涉及面广,涉及问题复杂,仅靠政府总统很难协调各方面的利益,因此,许多专家建议,可以借鉴苏联时期的国防科技重大工程管理体制,成立直接隶属于国家最高权力机构的军事工业问题委员会,负责全面整体协调与全程管理国防科技重大工程的活动;其次,成立国防科技重大工程部。之前,俄罗斯政府设有类似的国防科技重大工程部,但于 1997 年被撤销,之后国防科技重大工程管理职能由多个政府权力机构代行。许多俄罗斯国防专家认为,这种管理体制极大地削弱了国家对国防科技重大工程的管理与监督,有必要恢复国防科技重大工程最高管理机构,同时撤销国防科技重大工程管理局,按行业成立国防科技重大工程集团。

二、现阶段俄罗斯国防生产能力的基本架构

俄罗斯拥有苏联遗留下的庞大国防工业基础，在新市场经济条件下，通过改变国防生产能力发展模式，既保证了国防工业在先进工艺指导下进行的结构改革和持续发展，也保持了国防工业的科技创新和产业发展能力。

（一）俄罗斯国防生产能力的主要类型

俄罗斯的国防生产能力基本架构主要包括国防工业产业结构体系、企业组织体系、军品贸易体系和国防工业法律体系等。

1. 国防工业产业结构体系

从武器装备的部门结构上看，除了生产核武器、生物武器和化学武器等特种生产部门外，俄罗斯的国防工业产业结构体系可分为9大门类：第一类是生产各种作战车辆的企业；第二类是生产炮兵武器的企业；第三类是生产步兵武器的企业；第四类是生产火箭和导弹武器系统的企业；第五类是生产 C^3I 系统的企业；第六类是生产弹药和弹头的企业；第七类是生产各种空战兵器，包括各型军用飞机和直升机的企业；第八类是生产海战武器（包括航空母舰）的企业；第九类是生产航空器材的企业。

需要特别指出的是，俄罗斯军工综合体（俄文为 Военно-промышленный комплекс，简称 ВПК）是研发武器的庞大机构。军工综合体机构包括：(1)军工科研机构，其任务是立项，从理论上论证某些项目是否可行；(2)开发机构，负责做出武器的实验模型；(3)实验室，负责出样品；(4)生产企业，负责生产批量武器。军工综合体集中了优秀的人才队伍、完善的设备和仪器。20世纪80年代末期，俄罗斯有1 800个军工企业，有450万人直接从事军工生产，如果包括他们的家庭成员，则有1 200万～1 500万人从事与军工有关的工作，这是俄罗斯全体国民总数的1/10，有80万人在军工科研机构工作。俄罗斯军工企业处于保密状态，甚至在官方出版的地图上也没有地名标注，而是以代号命名，如“车里雅宾斯克－70号”代表苏联第一颗原子弹和水雷研制地的萨罗维市，它也是目前俄罗斯联邦原子能中心所在地。俄罗斯军工综合体主要有以下几个领域及其地区分布。

(1)核武器和核原料加工综合体

核武器和核原料加工综合体又细分为五个领域：

- 铀矿及其军工相关产品原料的矿产开采。现在俄铀矿开采主要是在赤塔州的克拉斯诺卡明斯克（红石）矿。
- 铀浓缩企业，主要是在新乌拉尔斯克（对外称斯维尔德罗夫斯克—44号），泽辽纳戈尔斯克（克拉斯诺亚尔斯克—45号），谢维尔斯克（托姆斯克—7

号)和安加尔斯克。俄罗斯浓缩铀产量占世界45%。随着核武器生产的减少,这些铀产品主要出口他国,用于核电站、核反应堆或核武器制造。

• 生产武器级钚,主要是在谢维尔斯克(托姆斯克—7 号)和热列兹纳戈尔斯克(克拉斯诺亚尔斯克—26 号)。俄所生产的钚足够未来很多年之用,但现在核反应堆并未停止工作,而是为当地提供电力和热能。

• 核弹头的组装,主要是在萨罗维(阿尔扎玛斯—16 号)、扎列奇诺(奔萨—19 号)、列斯诺姆(斯维德罗夫斯克—45 号)、特辽赫果尔诺姆(兹拉多乌斯特—16 号)。试验样品加工在萨罗维和斯涅任斯克(车里雅宾斯克—70 号)。

• 核废料处理是现在保护环境的重要项目之一,斯涅任斯克是核废料加工和掩埋基地。

(2)航空工业

该领域约有 220 家企业和 150 个设计单位,它们一般坐落于大的工业中心城市。因为航空企业,特别是大型部件组装企业,要求其所在地必须交通运输便利,且企业自身必须拥有高素质的产业工人,俄罗斯的飞机设计部门几乎都集中在莫斯科市及其郊区,如雅克、伊尔、图系列、苏系列、米格、米和卡系列直升机等设计部门,主要设计和生产水陆两用飞机的巴雷耶夫设计局在塔干罗戈,莫斯科郊区则建有各类战斗机和直升机的试飞基地。生产军用飞机的主要城市为莫斯科和下诺夫格罗德(生产米格系列战斗机),以及伊尔库茨克、乌兰—乌德、阿里谢尼耶夫和阿穆尔共青城(苏—27、苏—35 等系列战机);直升机主要生产城市为柳别尔齐、喀山、库梅尔陶、乌兰—乌德、顿河罗斯托夫、莫斯科、阿里谢尼耶夫;大型飞机发动机生产企业主要集中在圣彼得堡、雷宾斯克、顿河罗斯托夫、彼尔姆、乌法、鄂木斯克、秋明。生产民用飞机比较集中的城市有:莫斯科(伊尔96—300、伊尔—114、图—204、图—334、雅克—42M),斯摩棱斯克(雅克—42),沃罗涅日(伊尔—86、伊尔 96—300),塔干罗克(图—334),喀山(伊尔—62),乌里扬诺夫斯克(图—204、安—124),萨马拉(图 154、安—70),萨拉托夫(雅克—42),鄂木斯克(安—74),新西伯利亚(安—38)。

(3)火箭和宇航工业

俄航天发射领域有 70 多家企业和 60 多个设计单位,这一领域的科学家和工程师远比工人多。主要设计单位集中在莫斯科市及其附近城区,主要研制洲际导弹(莫斯科和列乌托夫)、导弹发动机(希姆基和科罗寥夫)、巡航导弹(杜卜涅和列乌托夫)以及防空导弹(希姆基)。而导弹生产企业几乎遍布俄全国,如洲际导弹在乌德穆尔特自治共和国的伏特金斯克,舰载和潜射导弹由兹拉托乌斯克和克拉斯诺亚尔斯克生产,航天运载火箭由莫斯科、萨马拉和鄂木斯克生产,航天器也由这里以及圣彼得堡、伊斯特列等地生产。莫斯科赫鲁尼切夫科研生产

联合体主要生产弹道导弹及“和平”号国际空间站部件，同时也生产“阿尔法”国际空间站的部件。这些城市普遍距离边境较远，加里宁格勒和普里莫尔斯克（生产导弹）除外。苏联时期主要的载人航天发射场是哈萨克斯坦的拜克努尔，现在俄仍继续租用该发射场。目前，俄罗斯只有阿尔汉格尔斯克州和平城的布列谢茨克发射场，那里要完成几乎所有非载人航天器和卫星发射工作。防空导弹发射试验则在位于阿斯特拉罕的卡普斯基—雅尔镇。军事航天的管理系统和各类航天遥测遥控系统在克拉斯诺兹纳明斯克（高里津诺—2 号）生产，航天飞控系统在莫斯科州的科瓦寥夫市生产并在其不远处建有航天员训练中心。位于远东阿穆尔州的斯沃博德内航天城正在建设中，其是一座综合航天发射场。

（4）枪炮、弹药

该领域设计生产是军工综合体的重要组成部分，如卡拉什尼科夫冲锋步枪在世界 50 多个国家被广泛使用，有些国家还将其图案镶嵌在国旗或国徽上。枪支主要生产基地在图拉、科弗罗夫等地，其主要设计中心在莫斯科郊区的克里莫夫斯克。各类炮的生产基地集中在叶卡捷琳堡、彼尔姆、下诺夫格罗德等地。弹药生产约由 100 个企业负责，主要分布在伏尔加河流域和西伯利亚地区。

（5）步兵装甲车、坦克

装甲车和坦克设计生产是俄罗斯军工综合体最发达的部分，苏联时期的工厂生产了近 10 万辆坦克，其中大多数已被列入欧洲常规武器限制条约名单且正待销毁。在俄罗斯四大坦克生产企业中，下塔吉尔和鄂木斯克的工厂还在生产，而车里亚宾斯克和圣彼得堡的两家工厂已转产。装甲车和装甲运兵车则由阿尔扎马斯和库尔干生产。

（6）军舰制造

军舰制造业与民用造船业在俄罗斯几乎没有太大区分，因为这类企业过去一直属于军事工业。该领域有 200 多家企业。从彼得大帝时期起，圣彼得堡就是船舶制造中心，目前它有 40 多家造船企业，能够生产各类船只。核潜艇曾在下诺夫格罗德和阿穆尔共青城制造，现在主要在北德文斯克制造；其他如雅罗斯拉夫市等只制造小型船只。

截至 2011 年初，俄罗斯军工综合体内各领域企业的占比：航空航天企业占 25.9%，枪炮、弹药和装甲、坦克制造类企业占 16.4%，造船类企业占 10.4%，电子和通信及其他特种制造类企业占 47%。

2. 企业组织体系

经过十几年的改革，俄罗斯军品生产体系的所有制结构发生了重大的变化，逐步形成了一个由多种所有制形式并存的混合型经济体系，有三大类别：

第一类，以军品生产为主的国有制企业。这类企业由国家重点保护，是各个

军工行业中的骨干企业。这类企业有700家左右,占总数的43%,其中273家禁止股份制化。

第二类,军民品并重的国家参与的股份公司。此类公司在生产军品的同时,积极扩大民品生产,大多数公司的民品生产比例超过公司产值的一半以上。国家拨款只占20%~25%,其余的经费主要靠军品出口、生产民品及与国外合作研制新产品获得。这类企业目前有470家,占总数的29%,其中165家禁止出售国有股份。

第三类,完全私有化的企业。此类企业一般是一些规模较小的、在军工生产中不很重要的军工企业。其产权为私人所有,已完全私有化。目前有460家左右,占总数的28%。对这类企业,政府只根据合同拨款。

3. 军品贸易体系

俄罗斯军品贸易体系经历了从集中到放权,又逐步走向集中与放权相结合的改革调整过程。为统一管理对外军贸,提高俄罗斯与外国军事技术合作特别是军品出口的效率,消除利益之争,2000年普京政府将对外军事技术合作的职能划归国防部承担,在管理体制上形成"俄联邦总统—俄联邦国防部—对外军事技术合作委员会—俄罗斯国防出口公司—企业"的纵向管理格局,并将俄罗斯国家武器和技术兵器进出口公司和俄罗斯工业出口公司合并,成立俄罗斯国防产品出口公司,集成80%以上的国防产品的出口额。在加强集中的同时,俄也注意集中与放权的结合,充分发挥一些小军贸公司和军工企业的作用,如米格(歼击机)、安泰(防空导弹系统)等占武器出口总额的15%。

俄罗斯军品贸易体制的改革起到了明显的成效。俄罗斯世界武器贸易分析中心的数据显示,2013年,全球武器交易额达到"冷战"结束以来的最高水平,接近660亿美元,其中美国、俄罗斯、法国居首。俄罗斯的常规武器出口总额达134亿美元,位居世界第二,占全球武器出口的20.29%,为2005年以来最高。该中心预测,以现有订单和直接供应意向为基础,2013—2016年俄罗斯的武器出口额将达到470.7亿美元,同时与排名其后的国家继续保持现有差距,维持第二大常规武器出口国地位。2009—2013年,俄罗斯的武器出口到52个国家,其中最大的一项交易是2013年向印度交付的军用飞机。SIPRI报告称,俄罗斯是报告期内印度主要的军火供应国,其份额达到出口总量的75%。

4. 国防工业法律体系

俄罗斯在向市场经济转轨和国防工业私有化改革的过程中,为保证国防工业的顺利发展,制定了多部涉及国防工业的法律、法规和法令,如《国防法》《武器法》《俄联邦国家军事订货法》等有关武装力量的法律。同时,还有专门为国防工业制订的法律、法规和法令,如《国防工业法》便是规范和促进国防工业改革与发

展的最重要的一部法律，它与1991年出台的《俄罗斯联邦共和国国防工业军转民法》，1993年颁布的“关于稳定国防工业企事业单位经济状况和保证国家国防订货的措施”第1850号总统令，1993年8月俄议会正式通过的《俄罗斯联邦航天活动法》，1994年颁布的《俄联邦关于配置国家所需商品及服务订货的竞争法》，2000年制定的《关于对配置国家所需商品及服务订货开展竞争进行监督的规定》，2001年出台的《关于编制并实行国家所需产品名录的规定》等形成了一套基本完整的国防工业法律体系。这一法律体系确保了俄罗斯的国防生产能力的改革和发展有法可依。

（二）俄罗斯国防生产能力的管理模式

苏联解体后，俄罗斯继承了苏联的主要国防工业。苏联曾是与美国并驾齐驱的世界军工超级大国，但其管理模式与美国大不相同。而俄罗斯的管理模式一直在不断变化，与苏联已有很大不同，并且还在处于变动之中。其国防工业管理体制如图7－12所示。

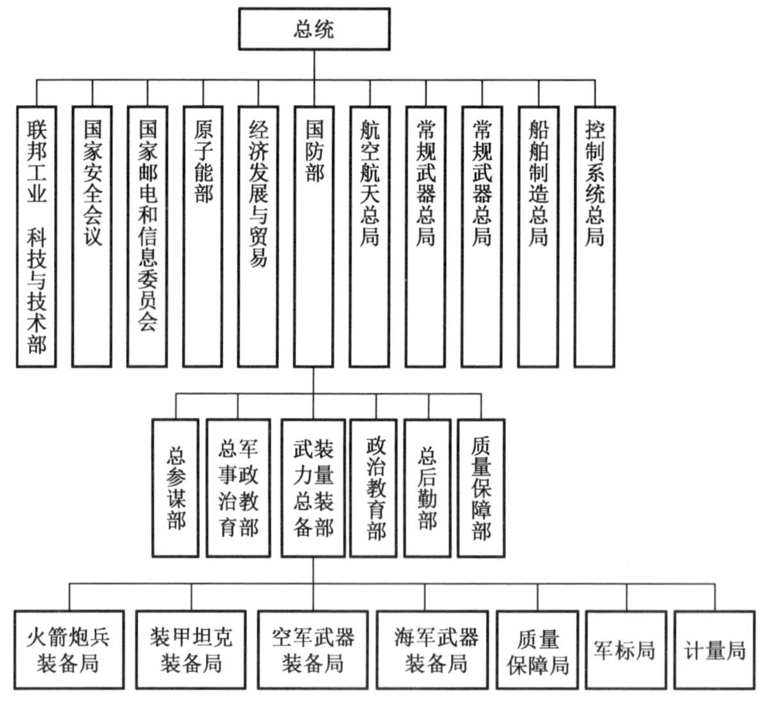

图7－12　俄罗斯国防生产能力的管理体制

苏联实行的是苏共集中统一领导的政治体制，对国防工业发展的任何重大

决策都要由苏共中央最高领导决定。苏联政府(部长会议)对国防工业的管理是在苏共中央的领导下进行的。部长会议内的国防部和各国防工业部共同对国防工业实施具体管理。苏联的军工科研院所、企业均为国有。国防部代表军队提出武器装备需求,各国防工业部组织所属科研院所和企业进行武器装备的科研生产。武器装备的定价基本上由国防部和各国防工业部决定,军工科研院所和企业的一切运行费用由政府承担(各国防工业部具体实施投资管理)。苏联国防工业的发展战略是紧追美国,集中国家财力发展军工,建立专门的军工体系,以规模优势弥补水平劣势,争取与美国的总体实力不相上下。苏联武器装备几乎全是国产,但也一直是想方设法搞到西方的先进技术。由于行政上的隶属关系,对武器装备科研生产的管理是以政府各国防工业部和军工科研院所、企业共同承担的,国防部和军方的作用并不突出。对军品贸易的管理,则要涉及国防部、外交部、各国防工业部,由部长会议和苏共中央最后决策。

俄罗斯建国后,由于多领域实力特别是经济实力的大幅度下降,国防工业成为俄维持大国地位的一个重要砝码。俄罗斯实施了确保国防工业力量不能流失,继续在重点领域保持领先,与美国有一定的抗衡能力的发展战略,确保总体上仅次于美国,并在某些方面不次于美国,同时大大领先于其他国家。国防工业的政府管理则由工业科技部承担,国防部通过军品订购参与管理。由于国内需求剧降,政府积极鼓励军品出口,放松管制。对军工科研生产的管理基本由科研院所和企业自主,国防部和军方仅对国内采办进行管理监督。军品贸易由工业科技部、国防部、外交部共同管理。

俄罗斯国防工业管理体制呈现出的主要特点是:国防工业管理体制处于不断的改革和调整中,但总体趋势是国防科研和生产的规划和费用管理权逐步向国防部集中;国防工业管理体制由多个国防工业部门的设置向国家综合部门融合。具体的管理机构同样分为国防部和其他政府部门两个系列,分别从不同角度进行管理。国防部系列为总统—国防部—总装备部—各军种装备技术部—相关生产科研机构,主要掌握国防工业科研规划、费用管理、采办预算及采购等权力,并正在逐步实现对武器装备科研和生产的统一管理,推行在竞争基础上的合同订货体制。其他政府部门系列为总统—国家安全会议—联邦工业、科学技术部—五个国防局—相关生产科研机构。另外,俄罗斯还组建了民间性质的"俄罗斯国防企业联盟"。该联盟在议会中占有席位,代表各国防企业的利益。通过议会同与国防事务有关的委员会、政府部门及军方保持接触,同时它也是有关国防工业问题的重要咨询和协调机构。

（三）俄罗斯国防生产能力的主要特点

1. 实行总统领导下的、较为集中的国防工业管理模式

为了改变经济部、邮电部、航天部、外贸部等职能部门都对国防工业进行管理而造成管理环节多、关系协调难等影响国防工业发展的问题，俄罗斯大力调整了国防工业管理体制，撤并了一些部门，并将各职能部门管理国防工业的职能集中起来，实行总统领导下的纵向管理模式。如 2000 年 12 月，普京总统签署命令，国防部接管以前由工业、科学技术部承担的与外国军事合作的职能，构成总统—政府—军贸公司组成的三级纵向管理体制。又如，俄罗斯对建国初期的总统—国家安全会议—国防工业跨部门委员会—各职能部—各有关局—相关生产科研机构的管理环节进行压缩，减少了中间层次。俄罗斯的国防工业管理权力呈现两种走势：一是国防科研生产的规划及费用管理权有逐步向国防部集中的趋势；二是国防工业部门管理体制有由多个专业部门管理的设置向国家综合部门管理的设置转变的趋势，逐渐形成了总统领导下的，较为集中的国防工业管理模式，即国防部系列为总统—国防部—总装备部—各军种装备技术部—相关生产科研机构；政府部门系列为总统—国家安全会议—联邦工业、科学技术部—五个国防局（弹药局、常规武器局、控制系统局、造船局、航空航天局）—相关生产科研机构；对外合作系列为总统—国防部 - 对外军事技术合作委员会—俄罗斯国防出口公司—企业。

2. 在对国防工业进行战略重组的基础上，打造企业集团

俄罗斯制订了“2002—2006 年国防改革和发展”计划，决定对国防工业生产体系进行大规模重组和调整，形成大型企业集团。到 2006 年将在 10 个专业领域形成 41 ~ 55 家企业集团，解决国防工业生产体系力量分散的问题。

3. 国防工业企业逐步走向市场化、股份化、私有化

其具体措施包括：按市场经济规律办事，实行优胜劣汰；将大部分国有国防工业企业改造成股份公司；允许私人、外资进入国防工业企业领域。在出口导向型企业的基础上成立控股公司，然后计划到 2004 年将国防工业企业的数量减少一半，并吸收国家、私人的投资和外资，对企业集团进行股份化，股份公司由 957 家减少到 247 家。

4. 企业向军民兼容方向发展

能军能民是俄罗斯国防工业的发展方向，因此，俄在重视军品生产的同时，更重视民品的生产。2001 年俄罗斯军工企业民品生产规模增长 16.5%，民品产值在全部军工企业产值中的比重 2000 年和 2001 年分别为 44% 和 47.8%。俄罗斯国防工业在整个国民经济中有着举足轻重的地位。俄罗斯国家经济增长、外

汇来源以及经济领域几乎所有重要部门——运输业、无线电通信、燃料动力综合体和卫生保健等部门的技术更新,都取决于国防工业企业的发展水平。

(四)俄罗斯国防生产能力调整及发展的趋势

俄罗斯独立后,为加强对国防生产能力的管理,适应市场经济发展,一直在对其原有管理体制进行调整和改革。其总趋势是国防科研和生产的规划和费用管理权以及军工产品的出口权逐步向国防部集中,国防工业管理体制由多个国防工业部门的设置向国家综合部门融合,具体来说:

1. 打造一体化军工联合体,壮大国际竞争实力

为增强国防工业活力,提高国际竞争力,近几年俄政府加大军工力量重组和结构改革力度,改革重点是组建有国际竞争力的一体化军工科研生产联合体,形成国防工业新体系的核心。2011 年初,俄工业与贸易部已完成国防工业结构改革又一阶段工作,其间成立了 50 家类似大型控股公司的一体化军工科研生产联合体,基本涵盖了航空、造船和无线电领域的企业、设计局和研究所,其产值已占俄国防工业总产值的 60%,主要包括俄联合飞机制造公司、联合造船公司、联合发动机制造公司、"金刚石 - 安泰"防空系统公司等。

2006 年底,俄罗斯成立联合飞机制造公司,合并苏霍伊、伊尔库特、米格、图波列夫、伊柳申、雅科夫列夫等飞机设计局、航空企业和 12 万名职工,建立类似波音公司的大型航空企业集团,目标是到 2015 年业务量达到 70 ~ 80 亿美元。2011 年 8 月 16 日,公司总裁米哈伊·波戈相透露,2011 年公司飞机销售收入超过 1 900 亿卢布,比上一年增加 40%。2009 年 4 月,俄罗斯成立联合造船公司,该公司包括 33 个船舶设计及建造船厂,并加快推进与法国舰船建造局企业合作建造军舰和民船。航空发动机行业也根据政府要求组建了四个控股公司,其中两个负责研制战斗机用发动机("礼炮航空发动机联合体"和"留里卡 - 土星航空发动机联合体"),一个负责研制直升机发动机,一个负责研制火箭发动机,为今后形成发动机制造集团奠定了基础。俄国防部长伊万诺夫最近表示,俄罗斯正积极筹建弹道导弹生产控股公司,将包括"白杨"和"布拉瓦"弹道导弹制造商莫斯科热技术研究所,俄联邦航天局将参与组建工作。

俄国防工业下一阶段改革重点是进一步整合军工力量,到 2015 年,在"俄罗斯技术公司"框架下组建 70 家大型一体化科研生产联合体。俄罗斯技术公司于 2007 年 12 月在整合国防工业基础上成立,旨在扩大俄国防工业武器出口,其核心机构是俄罗斯国防出口公司(Rosoboron Export)。俄国防出口公司曾在世界武器市场占有重要份额,但随着俄罗斯与西方技术差距的加大,这种价格优势逐步消失,公司面临缺乏资金和研发投入的困境。俄政府希望通过"俄罗斯技术公

司”把国防工业所有领域的力量和国际市场结合起来(包括金融工业集团),形成集科技、工业、贸易与金融于一体的国际化大型军工集团,实现两大目标:一是重塑俄罗斯国防工业形象,以新的姿态跻身世界市场,重新确立全球军贸市场的领军地位;二是扩大国防工业对外开放和融资,将允许外国公司购买俄罗斯技术公司股份(此前俄政府禁止国外购买俄国防出口公司股份)。

2. 明确发展战略方向重点,加大资金支持力度

苏联解体后,俄罗斯军工企业纷纷改制,国家对军工系统的投入和军方订货减少,国防工业能力不断削弱、设备老化、人才流失严重,与军方武器装备采购需求的差距越来越大。加上本国经济困境,国际市场原材料价格上涨,导致军工企业生产成本急剧上升,价格急剧上涨,军方和军工系统的矛盾进一步加剧。2011年7月初,著名的“白杨－M”导弹设计师索罗莫诺夫公开指责俄国防部迟迟不肯签署该导弹采购合同,而国防部长谢尔久科夫则严厉指责国防工业居高不下的武器价格,使俄军工系统和军方之间长期存在的冲突再度激化。

为保护国防工业,俄政府制订了明确的发展战略计划,进一步加大经费支持力度。2011年3月21日,俄副总理谢尔盖·伊万诺夫表示,未来十年间将投资3万亿卢布(约1 000亿美元)用于本国国防工业发展,并声称俄国防工业发展重点是能对未来作战方式方法和效率产生实质影响的高科技领域,其中未来3～4年的重点是无线电电子系统的研制和生产。5月10日,梅德韦杰夫总统在国防工业综合体发展会议上要求政府尽快通过《2011—2020年国防工业综合体改革联邦专项计划》,强调政府应采取积极措施,促使各方面资金更多地流向国防工业,确保采购项目如期实施。他指出:“国防工业仍未建立有效机制吸引投资和预算外资金,国防工业企业生产资金大约贬值了70%。”

早在2010年3月,梅德韦杰夫就签署了由俄工业贸易部、国防部、航天局等制定的《俄罗斯联邦2020年前及以后国防工业联合体发展政策基础》,明确了国防工业的发展战略、建设目标、主要任务和实施步骤。2011年7月,国防部长谢尔久科夫表示,国防部准备向为军队生产武器装备的企业提前支付全部资金。并且,鉴于普京总理在2011年5月发布的声明中要求国防工业企业盈利能力不低于15%,国防部准备以25%的利润率向国内制造商购买军品。

3. 各行业相继制定改革发展战略,改革深入扩展

在国防工业综合体改革计划的指导方针下,各行业相继制订了或正在酝酿制订改革发展战略计划,如:航空工业的《航空工业2015年之前发展战略》、造船工业的《造船工业2020年之前发展战略》、电子工业的《电子工业2025年之前发展战略》、原子能工业的《2007—2010年以及到2015年前发展战略》。俄罗斯原子能工业综合体等行业都在其发展战略中制定了机构改革、组建一体化集团的

发展规划。常规武器工业准备在2007年底之前完成发展战略计划的制订，未来出台的战略内容之一是明确行业发展方向，包括机构改组、制定科研与生产发展计划等。

以导弹航天工业为例，2006年7月俄政府批准通过《2015年前导弹航天工业的发展战略纲要》。这一规划性的文件规定，要通过建立扩大的一体化的企业进行导弹航天工业的结构改革。纲要提出的战略是：到2010年，导弹航天工业将建立10个一体化机构，到2015年组成3～4个包含大部分主要企业的巨型集团。

2007年2月，俄联邦工业与能源部部长维克多·赫里斯坚科宣布，俄政府为《造船工业发展战略》及计划2007—2009年拨款总额达480亿卢布，其中国家预算拨款为295亿卢布；2010—2015年拨款总额为1 712亿卢布，其中，国家预算拨款为1 171亿卢布。他表示，此战略的实现将能保证俄武装力量在武备计划上对舰艇、轮船和漂浮装置的需求，并在保持世界市场上俄罗斯军事技术合作地位的同时，将俄造船行业的民品出口提高约2%。

据相关专家评估，俄罗斯要赶上时代的步伐，在2025年应有12～16项宏观技术达到世界先进水平，而2010年以前应该有6～7项宏观技术达到世界先进水平。比如，俄罗斯如果能在航天航空、核工业、船舶制造、稀有金属、热能机械制造等领域的世界市场上具有竞争力，则其高技术所占的份额可以从0.3%增长到10%～12%，每年的出口可以达到1 400亿～1 800亿美元。同西方国家相比，俄罗斯最具有竞争力的是价格、质量，这一切若落到实处，将促使科学的发展。从表7－8中可以清楚地看到，俄罗斯在历经苏联解体、转型这一痛苦过程后，对未来的宏观技术领域的发展持很乐观的预测。从1996年到2010年为15年，从1010年到2025年又是一个15年，在出口创汇所占比例较大的领域为航天航空、石油、天然气、船舶制造和新材料。俄罗斯决不放弃传统的强势领域——航天航空、石油天然气、船舶制造，也不想在新的历史时期在新材料、生物技术、通信技术这些高技术领域拉大和发达国家的距离。以俄罗斯现有的基础，实现这个雄心勃勃的目标不是没有可能。为此，俄罗斯必须从深层改革经济，改变产品的出口结构，改变原材料供应国的地位，扩大出口高技术产品，出口有竞争力的产品，提高成品出口比例，增加技术服务所占的比例。俄罗斯的工业有在世界市场上拔尖的产品，无论是质量还是价格，都有一定的竞争力。

4. 大力提高国防采购水平，推进装备更新换代

过去10年，俄罗斯国防预算增加了10倍，但仍远远满足不了军队现代化的要求。2010年底，普京在全国武器装备采购计划会上承诺：政府未来10年将出资20万亿卢布采购1 300多件武器装备，其中220种将是最新开发或改进的。评论称，俄政府出台这一史无前例的大规模武器装备采购计划，旨在实现军队和

军事工业的双重振兴。俄负责军事经济保障和财政的副部长莫克列佐夫在工作报告中指出:2012 年,俄国防部 50% 以上的预算将用于国防订货,到 2013 年将提高到 60%,而 2010 年和 2011 年该比例分别为 43% 和 46%。2011 年,俄国防部与军工企业签署的订货合同大部分是长期合同,其主要包括军舰、飞机及其他大型武器装备研制项目。目前,俄国防部通过签订长期合同等方式解决武器装备价格上涨的问题。到 2020 年俄将投资 7 300 亿美元完成武器装备的更新换代,包括购买 8 艘装备“布拉瓦”导弹的战略核潜艇,1 000 架新直升机,600 架战斗机,若干 S－400、S－500 防空系统和 100 艘军舰。根据俄 2011—2020 年武器采购计划,到 2020 年,约 70% 的俄武器装备将实现现代化。俄军事专家亚历山大·戈尔茨说:“要实现普京的计划,相当于重建俄罗斯国防工业。苏联时期的传统是从枪械到战机一概在国内制造,显然今天这种方式不再适宜”,这将大大延迟交货时间,增加成本。他表示“俄军工企业效率太低,要重整军备,需要对国防工业进行全面改革”。

表 7－8　对俄罗斯宏观技术的预测——俄罗斯依靠宏观技术的进项(十亿美元)

宏观技术	年代		
	1996	2010	2025
航空技术	4	18～22	28
航天技术	0.9	4	8
核技术	0.6	6	10
船舶制造技术	0.4	4	10
汽车制造技术	0.2	2	6～8
交通运输机械制造技术	0.6	4	8～12
化学机械制造技术	0.6	3	8～10
新材料技术	7	12	14～22
石油开采和加工技术	6.4	8	14～22
天然气开采和运输技术	0.6	7	21～28
车床制造和设备制造技术	0.1	3	8～10
微电子、无线电子技术	0.05	4	7～9
计算机和信息技术	0.05	4.6	7.8
通信技术	0.2	3.8	12
生物技术	0.4	6	10
总计	22.6	94～98	144～180

5. 高度重视装备质量问题,严惩军工贪污腐败

质量下降、价格上扬、合同拖期是俄军工当前的普遍现象,这严重影响了俄制武器在全球军贸市场的竞争优势。2011 年 7 月,俄国防部长谢尔久科夫称:"由于军品价格疯涨,今年俄军应同国防工业企业签署的1 080亿卢布(约 33 亿美元)国防合同告吹。"梅德韦杰夫同时在军方高级会议上指出:"要高度重视武器装备的质量",要求国防部"认真对待每一笔武器合同,既要考虑价格,也要考虑质量",指出"国防订单应确保最大限度盈利,以保证改革工作的开展、科学研究及试验设计工作的进行",表示"如果国内产品价格太高或质量不好,国防部应该向外国公司开放,采购外国武器装备"。

目前,俄罗斯由于军工企业腐败导致军品合同拖期屡见不鲜。梅德韦杰夫 3 月宣布,2020 年前投入约7 000多亿美元采购新武器和更新装备的计划受拖期、技术落后等因素干扰严重。俄军某检察官透露:2010 年,腐败导致俄军方损失 2 亿多美元。梅德韦杰夫曾责成国防部长谢尔久科夫"三天内拿出报告",严查军品订货不兑现问题,称"无论官阶大小,对失职者一律撤换"。

6. 加强军工技术基础建设,促进国防技术开发

俄国防工业面临的主要问题是技术开发和基础能力不断削弱。军工部门抱怨政府军事科研投资减少,光靠企业自身力量开发和生产新型装备来确保产品质量和性能十分困难。为此,俄政府采取各种措施加强军工技术基础建设,包括制定相关政策法规、改善商业运营环境并加强与发达国家的军工技术合作。俄副总理谢尔盖·伊万诺夫表示,俄军方把加强本国的元器件研制与生产基础建设作为俄罗斯国防工业面临的最紧迫问题之一,因为俄罗斯在这一领域已明显落后于其他军事大国。2010 年 9 月下旬,梅德韦杰夫强调,为促进技术开发,俄罗斯应组建类似美国国防部高级研究计划局的国防研发机构,负责军事新技术开发工作。

第三节　俄罗斯政府支持国防科研生产能力发展的措施及影响

一、俄罗斯政府支持国防科研生产能力发展的主要措施和手段

1. "抓大放小",鼓励军工企业及机构的合并重组,组建超大型综合体企业

根据《2001—2006 年国防工业改革与发展规划》,俄罗斯政府将采取"抓大放小"的国防工业政策,首先根据武器装备的类型挑选该行业的核心机构和企

业,合并和重组其他军工企业,组建超大型跨部门军民联营综合体。同时,对没有吸收到重组企业中的机构与企业进行转产或将其从国防工业系统中撤销,把生产能力低、经济效益差的企业推向市场,让其自我发展、自谋生路。

2. 谨慎推行国防工业的股份制改造

俄罗斯政府在以前的国防工业改革中提倡股份制改造,经过近十年的努力,其所有制形式已发生了很大变化。然而,由于政府没有能力对联邦资产进行有效管理,俄罗斯在国防工业股份制改革中没有获得更大的收益,且生产能力大幅度下降。更重要的是,在股份制改革中,由于缺乏完善的法律制度,致使国外公司大量收购俄罗斯军工企业的股份。据统计,图波列夫航空科技综合体 26.7% 的股份、米里莫斯科直升机厂 41.28% 的股份、信号股份公司 35.7% 的股份被外国企业收购。这样一来,不但国防工业保守国防秘密无从谈起,而且国外公司也很容易获取俄国防工业的技术、工艺、情报,影响和控制俄国防工业的发展方向。为此,俄罗斯政府在 2001 年规定,在国防工业股份制改造中,严格限制把股份卖给外国企业,并确定了不得进行私有化的 436 家国防工业的核心企业或机构。

3. 积极开拓世界军贸市场

坚持扩大武器出口是俄罗斯发展国防工业的重要政策。苏联解体后,俄罗斯军贸出口一度面临十分严峻的挑战,武器装备出口量呈急剧下降的趋势,严重影响了国防工业的发展。因此,俄政府一方面积极开拓世界军贸市场,大力鼓励和支持有能力的军工企业出口高技术武器装备;另一方面,着手对阻碍军贸发展的体制进行调整。其主要措施包括改进促销手段、提供优良服务、税收优惠等,利用俄罗斯武器技术性能好、价格低廉等优势巩固原有市场,同时不断寻求新的销售市场,竭尽全力扩展军品交易。

4. 调整军费结构,增加科研经费

在经济十分困难的情况下,俄罗斯提出了“宁缺人头费,不减科研费”的基本原则,不断调整军费结构,较大幅度地增加装备费和国防科研费的比例。近年来,尤其是普京当政后,俄政府对国防工业的投资明显增加,使国防工业体系的危机局面得到一定程度的扭转。国家不但连续两年对国防订货做到了当年结清,而且开始对军工企业清偿以往的国防订货欠债。到 2001 年底,325 亿卢布国防订货债务中的 162.25 亿卢布的货币支付部分已于 2002 年第一季度还清,162.25 亿卢布的债券部分也将在 2003 年 1 月 1 日前兑现。

俄罗斯近几年的国防预算持续增加,2005 财年国防预算为 5 310.6 亿卢布(约合 177 美元),比 2004 财年 4 110 亿卢布增加近 30%,其中武器装备研发预算增长近 40%。国防订货也保持较大幅度增加:2001 年为 520 亿卢布,2002 年达到 790 亿卢布,2003 年为 1 098 亿卢布,2004 年为 1 480 亿卢布,2005 年将超过

2 200亿卢布。

俄政府对国防科研的投入也保持了较高比例,2001 年与 2002 年分别为 218 亿和 332 亿卢布,占国防订货经费的 41.9% 和 42%。到 2005 年前,这一比例将维持在 42% 左右。另外,俄政府还计划每年从军品销售收入中拿出 1% 来扶持先进武器装备的科研生产。2001 年 1 月,俄罗斯政府批准了《2001—2005 年俄罗斯武装力量发展计划》,决定分两个阶段对军事预算中军队维持费和发展费进行调整:第一阶段,2005 年前,从目前军队发展费占国家军事预算的 30%、维持费占 70% 的比例调整到发展费占 40%、维持费占 60%;第二阶段,在 2010 年前,最终把发展费和维持费占军事预算的比例各调整为 50%。这样就可以大大地提高武器装备的科研费与采购费。与此同时,俄政府还采取提高研究消费税等措施,从获得的收入中拨出部分资金用于国防科研。

5. 鼓励科技创新,加大奖励力度

从 1998 年开始,俄联邦政府连续发布了《1998—2000 年俄罗斯联邦创新政策概要和实施计划》《国家创新活动和创新政策法》《联邦科学城地位法》《关于建立联邦科学技术中心条例》《2002—2006 年国家创新政策基本原则》等。

2002 年 3 月,俄联邦安全理事会国家议会主席团、俄总统下属科学和高技术理事会联席会议审议并通过了有关科技发展的一系列文件,其中有著名的 576 号文件《俄联邦至 2010 年及未来科学技术发展的政策基础》(简称《政策基础》)。该文件第一次提出建构国家创新体系,提高使用科学研究成果效率。《政策基础》认为,为实现前述目标,俄罗斯应该采取以下措施:优化科学组织,改造科学技术机构;建构国家对科学订购产品、建立预测科学发展的体系;完善科学技术法律。

2004 年 6 月普京总统签署了名为《完善国家对科学技术及教育领域成就进行奖励的制度》,颁布了新的《俄罗斯联邦科学技术领域及文化艺术领域国家奖励条例》。联邦政府还在 8 月出台了《俄罗斯联邦政府科学技术奖励条例》。所有奖金及相关费用统统都纳入俄联邦教育科学部联邦预算内。国家新的奖励政策提升了最高奖(国家奖)的威信和人们对该奖的认知度,确立了新的国家奖励体系和执行程序,进而激发了专家\学者探索和研究的热情。

2004 年 10 月 12 日俄联邦推出《2002—2006 年科技优先发展方向研发活动》联邦计划。该计划指出实施科技优先发展方向和发展尖端技术的具体方法及以创新为前提获取新知识、新技术的探索和应用研究。俄罗斯实施国家科技创新战略的具体做法是:加强对中小企业的创新管理,推动科研院所的创新活动;完善高等院校的技术创新中心,加速创新成果的商业化进程。通过观念更新、政策保障、体制保障和资源保障,俄罗斯蕴藏着的巨大创新潜力将会在实施

创新战略中充分发挥出来。

6. 鼓励国防科技与生产的国际合作

近年来，俄罗斯政府积极推进国防科技与生产的国际合作。2001 年 6 月，印度外长辛格访俄期间与俄签订一揽子军事合作协议，其中的重要内容之一时两国合作研发第五代战斗机。目前，俄印两国合作研发的项目包括核潜艇、潜射导弹、超声速巡航导弹、第五代战斗机、伊尔—214 新一代军用运输机等。2004 年 12 月份俄罗斯总统访问印度期间，俄罗斯航天局和印度空间研究组织签订了一份合作协议，将联合利用俄罗斯的 GLONASS 全球导航卫星系统，协议还包括从印度发射场利用印度火箭发射俄罗斯卫星。对俄罗斯来说，共同研发可以减少其对武器装备研发的投资经费，降低武器系统的研发风险，加快研发进度。

7. 大力推行国防工业军转民，实现“以民养军”

苏联解体后，俄政府随即推出了国防工业军转民政策，用民品的收入补贴军品研发与生产，并把军工转产作为维持国防工业生存发展的重要手段。1993 年，俄联邦政府推出了《俄联邦国防工业军转民法》，1996 年颁布了《1995—1997 年俄联邦国防工业军转产专项计划》，1997 年对国防工业军转民政策进行了调整，将“全面军转民”调整为“以武器出口促进军转民”。这一政策调整充分说明国防工业的发展开始关注军民两用技术的开发与应用，促进建立军民一体化的工业体系。

8. 加强国防科研队伍与人才建设

俄罗斯军工企业中曾出现大量人才外流的情况，致使国防科研和生产一度陷入严重危机。为此，俄罗斯政府采取多种有力措施，包括大幅度提高科研人员的工资待遇，改善住房条件等，从而保留了绝大部分科研人员。1998 年俄罗斯对军事院校进行大规模精简和调整，大批指挥院校被合并或撤销，而技术院校不仅没有撤销，反而得到了加强，许多工程技术学院被升格为工程技术大学。另外，俄政府还责成有关部门制订了 2002—2005 年国防工业机构与企业干部的国家培训计划。2004 年 2 月，在联邦总统科学和高技术委员会会议上，普京总统就责成政府，大力支持青年专家成长，指出要在优先发展的科技领域发挥青年人的研发专长。2004 年 12 月，联邦政府还制定了专项法律条文，以保障青年专家的教育和培养落到实处。俄总统同时还指出了在国家和政府层面上解决培养年轻学者问题的重要性和迫切性。

9. 对俄罗斯军工综合体的新要求

普京从 2012 年 1 月 16 日开始，连续在俄罗斯各家重要的全国性报纸上发表了 7 篇文章，其中一篇《强大是俄罗斯国家安全的保证》中有一节《对俄罗斯军工综合体的新要求》，指出：“俄罗斯要恢复在主要军事科技领域的世界领导地位，

需要成倍增加现代化技术装备的供应，建立先进的生产基础，研发有竞争力的军用产品所需的核心技术，依靠新技术生产新型武器和军备等。”当前，俄罗斯已经完全融入世界经济，愿意同所有伙伴国进行国防和军事技术方面的合作。然而，这并不意味着俄罗斯要引入其他国家的模式并且不再依靠本国的力量。相反，为了稳定社会经济发展和保证国家安全，必须要培养和支持本国的军事技术和科技独立。

国际经验表明，全球军火市场上的主要供应商、科技和工业最发达的国家，同时也在购买系统、产品、材料和技术。这有助于解决国防领域的迫切问题，同时也刺激国内的生产者。那么，采购别人的产品是为了制造自己的，还是采购别人的就不要自己的了呢？事实上，任何军事装备的“单项”采购都不能替代国内的生产，但可以让本国获得技术和知识。历史上也有过类似的情况。例如，20 世纪 30 年代，俄罗斯的一些国产坦克都是在美英坦克基础上生产的，包括第二次世界大战时最好的 T－34 坦克。因此，要提高国家的防御能力，俄罗斯必须有世界上最先进的技术，不能让军队成为过时武器销售市场，而且还花费国家的资金。所以，俄罗斯军工企业和设计局理当鼓励竞争、投入大量资金发展军工企业和技术产品、培养专家。俄罗斯军工企业的活动应该集中在成批次生产高质量、技术性能优越并符合未来国防需要的武器。只有最新的武器和军事装备才能巩固和提高俄罗斯在世界军火市场的地位。对任何潜在的对手俄罗斯都要保持技术、工艺和组织优势，这个硬性要求也应该成为俄罗斯军工企业制定任务时的主要标准。这有助于俄罗斯企业进行长期规划，把资金合理地投入到技术改造和新武器的研发，也能因此推动俄罗斯军事部门和军民两用部门的科研中心及研究所发展基础学科和应用学科。

在军队改革方面，俄罗斯需要重新研究国家装备计划规划和实践。为了方便军工企业工作，俄罗斯将制定订 3～5 年、甚至 7 年的国防采购计划，而不只是 1 年的；同时，要尽量避免在政府批准之后修改国防采购的情况，采购价格也要公正；要把军事规划和保障军队武器装备等其他资源的供应联系在一起；同时考虑是否成立一个联合机构，负责安排和监督国防合同。这个机构要负责敦促各部门完成国防订货。目前，俄罗斯国防企业没有统一的信息系统，研发工作经常是重复劳动。因此，俄罗斯政府需要制定一份详细的清单，建立统一的数据库和标准，制定透明的军工产品价格形成机制；企业之间要开展深入合作，在进行国家采购时，要鼓励竞争；但是要合理规范竞争、提高产品质量，特别是在创意和研究阶段；在生产时要优先重视好项目，防止重复生产。

俄罗斯的国防工业综合体要在武器生产中成为世界领先者，就要涉及另一个问题——大规模批量生产的完整工业周期，如何保证军队中的产品开发和后

续的利用。俄罗斯应该寻找突破性的研发，鼓励研究和设计阶段的健康竞争，吸收年轻的爱好者中涌现的非正统的创意。在国防工业发达的国家，国防研究领域都是创新增长的最强发动机。国防领域的研究和试验得到国家大量资金的稳定支持，可以实现很多突破性的技术，但在民用领域中常常是跨不过"收益"这个门槛的。俄罗斯需要能够良好管理军事、工业、科研和政治部门之间关系的现代机构，发现和支持创新领域的好东西，避开无数协商等官僚过程。这种机构的最好模式的实现也许需要更积极地开发大学的潜力，来完成军工企业的项目，相信大的国防采购能成为主要大学和科研中心发展的动力。

用于军工企业和重新装备军队的大量资源，可以为社会创造大量新工作岗位、支持市场需求并滋养科学。国防工业的复兴能带动冶金、机器制造、化学、无线电、信息技术以及电信等部门的发展，并为这些部门的企业提供更多的技术和资金，为众多科研和设计单位提供保障，确保其在民用部门研发市场上的存在。当代世界中军用与民用技术之间形成了相互影响的关系。在一些部门（电信、新材料、信息）中，民用技术推动着军事技术的快速发展，而在航空和航天等部门则正好相反，军用技术推动民用技术的发展。保证国防部门与民用部门之间创新和技术的双向交流是很重要的，军工企业的发明应该切实地体现为价值。这种价值的体现要考虑到民用产品商业化的潜力和技术转化的前景，另外，军工企业也可以直接生产民用产品。现在，俄罗斯军工企业有巨大的不合理支出，与承包商之间的关系很复杂、不透明。俄罗斯政府要坚决消除军工企业中的腐败现象。国家安全领域的过度封闭常常导致竞争少、军用产品抬价和超额利润，这些利润没有用于生产，而是进了一些商人和官员的腰包，因此，俄罗斯政府要进行公开招标。国防采购应该受到严格的社会监督，对破坏国防采购的行为要进行严厉惩罚。同时，吸收民用企业和私营公司参与军事设备的生产和国防研发的工作中。目前只依靠国家的力量发展俄罗斯国防企业，效果不太理想，非常需要在军工领域中建立国有企业与私营企业的关系，这就意味着需要简化办理新军工企业的手续。俄罗斯希望能够出现更多的"杰米多夫"和"普洛夫"家族企业。

众所周知，美欧的主要军火商都不是国有企业。当然，对私营企业要有特殊的规定，包括保密方面。但这不能妨碍这种公司的建立和发展，不能阻碍其参与国防采购。新的私营企业应该成为技术突破的源泉，促进军工行业发生重大变化。但是，私人投资者不知道军工企业需要什么，不知道该把自己的资本和能源投向何处。因此俄罗斯必须要有公开的信息渠道，公布军工企业对私营公司的资本有哪些需求；生产过程要应用现代工艺，要吸收私营部门的高级管理人才、技术人员、组织者来工作；要加强对产品质量的监督，对国家采购所用的资金要进行报告。当然，还要提高国防工业工作的职业声望。因此，要为在俄罗斯军工

企业工作的专家提供额外的保障甚至特殊待遇，军工企业、实验和科研中心的平均工资，也要与部队的津贴相当。尤其要关注在生产过程中教育和培养新的干部。许多俄罗斯企业现在都遇到了这种情况，非常缺乏技术员和熟练工人，这会妨碍执行国家采购，更别说提高生产能力了。

专业性大学和技术学校将起到关键作用。俄罗斯高校、国防类企业与大学生之间可以签订三方合约安排就业。在上学期间进企业工作就要进行专门的生产实践和进修。对学生来说，除了经验，这也会给他们一定的收入和认真掌握技能的动力。自然，这样的工作应该成为学习计划的一部分。技术类专业的声望要逐渐提高。俄罗斯军工企业要能吸引优秀青年，提供更多的机会实现个人在研究和科研上的进取心。同时，俄罗斯应该考虑派国防企业的年轻工作人员和技术学校的大学生到国外的先进实验室、研究所和工厂去实习。控制现代技术设备需要很高的技术、丰富的知识和不断的学习，所以一定要支持他们直接在生产中提高技能。

二、上述措施的影响

（一）开拓了世界军贸市场

近年来，俄罗斯不断调整武器装备的出口政策，积极推行销售对象的“全方位”方针，通过改进促销手段和提供优良服务，利用俄罗斯武器技术性能好、价格低廉等优势，在巩固原有市场的同时，不断寻求新的销售市场，竭尽全力扩展军品交易。俄罗斯拓展军品出口的政策措施主要有以下几点。

1. 以军事技术和装备合作拓展出口

普京总统要求最大程度利用军事技术合作机制引进国外技术、扩大武器出口。据统计，2013 年，俄罗斯与 89 个国家签订并落实军事技术合作协议，军事技术合作产品及服务出口增长 3%，超过 157 亿美元，高于 2012 年。近年来，俄罗斯加强与印度、法国、南非、阿塞拜疆、越南、西班牙等国的军事技术合作，包括与法国雷诺卡车防务公司、透博梅卡公司合作开发新型 Atom8 × 8 步兵战车、发动机和维修业务，与南非合作开采原料、生产核电设备、建造核电站和研究堆，与越南建立俄制装备维修合资企业等，拓宽了军品出口渠道。2014 年 1 月，俄罗斯和英国签署“冷战”以来第一份国防合作协议，开展广泛的国防工业合作。3 月 28 日，俄罗斯宣布加强与巴西在赛博安全、空间技术、能源、技术安全、基础设施、水面舰艇和潜艇领域的军事技术合作。同时，普京总统宣布将俄军事技术合作局编制从 350 人增至 380 人，驻外代表从 20 人增至 50 人，以加强对外军技合作与交流。

2. 推出量身定制的个性化系统解决方案

为吸引客户、稳定市场,俄罗斯越来越重视根据目标国需要,量身定制包括军力装备、作战体系、国防军工在内的体系化、个性化一揽子解决方案。俄罗斯国防出口公司加强为订货方拟制全套大型国防技术方案,近年来公司"订单总量"中,为接受国量身定制的全套系统方案订单所占比重增长了1倍。

3. 大幅提高政策经费和转向基金支持

2014年5月,俄罗斯工业贸易部宣布一项工业支持计划,计划到2025年对航空工业投入280亿美元,将俄军用飞机发动机占世界军用飞机发动机的比重从当前的6.7%提升到13%,增强国际军贸市场的竞争力。4月8日,俄工业贸易部宣布一项鼓励国防工业发展新战略,通过国家资助、低息贷款支持国防工业和军贸出口发展,包括三个方面:一是俄罗斯国有开发银行从国家预算中获得8.4亿~14亿美元启动资金,对国家资助项目提供经费支持,鼓励公司投资研发,国家作为合作伙伴参与并实施经费监督,对国外进口的零部件、国内零部件采购提供基金;二是启动价值10亿美元的计划以加强稀有金属生产,打破国外垄断和禁运;三是俄罗斯技术公司与工业贸易部的合资企业Stankoprom公司于2014年1月发行股票,实施战略融资,减少对西方技术的依赖。

据俄新社2014年10月28日报道,俄罗斯联邦军事技术合作局(FSMTC)副局长AnatolyPunchuk在2014年欧洲国际海军装备展上表示,自2014年初以来,俄罗斯武器出口额已达到98亿美元。据世界武器贸易分析中心(TSAMTO)提供的数据,自2006年以来俄罗斯国防相关出口额始终保持稳步增长。2006年俄罗斯出口了价值65亿美元的武器,在随后几年,数量已经分别增加到75亿美元、83.5亿美元、85亿美元、105亿美元、132亿美元、151.6亿美元和157亿美元。近来,俄罗斯负责军事技术合作的官员强调,西方制裁未影响俄罗斯武器出口,更不会拖垮国家的国防工业。另外,俄罗斯已禁止俄罗斯国防工业公司、联合飞机公司和乌拉尔机车车辆厂等国防企业从欧洲金融市场融资。

为促进俄罗斯军品出口,普京总统亲自出马进行推销。2014年11月5日,普京在俄军事技术合作会上称,2014年以来俄罗斯已敲定77亿美元武器对外销售合同,照此趋势,国外订单总量将达约500亿美元。7月时,普京就曾透露俄2014年上半年武器出口额已达56亿美元。据俄罗斯总统网站2014年12月9日报道,普京在访问印度前夕接受印度报业托拉斯采访时说,印度是俄罗斯在军事技术领域"经历了时间考验的可靠伙伴",俄印军事技术合作已经持续数十年,俄方高度重视深化双方在这一领域的合作。访印期间,普京与印方领导人深入讨论了如何落实双方军事技术合作重大项目。普京提出,俄印军事技术合作应实现从传统的军火贸易向共同研发和生产现代化武器过渡。

俄罗斯的武器市场主要是中国、印度、马来西亚、越南、叙利亚、阿尔及利亚等国。三年前,阿尔及利亚通过75亿美元的航空装备合同,一度成为俄武器第一进口大国。后来,越南通过前所未有的巨额合同,出资40亿美元采购6艘潜艇,且俄从零开始为其驻泊建设沿海基础设施,此合同打破了俄武器进出口结构,使其重点开始向海军装备倾斜。此前在俄武器出口结构中,“领头羊”一直都是航空装备(占60%),之后是陆军武器(占20%),海军武器(8%~10%)和防空系统(6%~8%)。在南美地区,只有委内瑞拉大量购买俄飞机、直升机、坦克和轻小武器,其他国家,如巴西、墨西哥、哥伦比亚,虽然也对苏霍伊和米格飞机感兴趣,却还没有任何一个国家购买。

据斯德哥尔摩国际和平研究所的数据,1950年以来,苏联及俄罗斯一直是印度最大的武器供应国,占印度军火进口总量的70%左右。相比之下,这段时期内,巴基斯坦的武器只有2%来自俄罗斯及苏联,大部分是由美国和中国提供。近年来,在中国减少购买俄罗斯武器之后,印度成为俄武器第一进口大国,占俄武器进口总额的25%。虽然印度也曾试图效仿中国,走仿制生产的道路,但在仿制俄武器方面并不成功。和中国不同,印度在国防工业新领域建设方面存在许多困难,基本上是从零开始。因此,印度仍在继续落实相当庞大的俄印武器合作项目,总共从俄采购(许可生产)230架苏-30MKI歼击机、1000辆T-90坦克、80架米-17V-5军用运输直升机、“维克拉玛蒂亚”号航母,并且联合研制“布拉莫斯”超音速导弹。但是印度似乎已经准备减少采购俄武器,主要原因是来自美国的竞争。到2013年,美国已经超越俄罗斯成为印度的头号军备供应国。实际上,从美国到以色列在内的武器生产大国目前都在争夺印度市场。俄印一些武器项目已经承受不住如此激烈竞争的冲击。比如,印度已和美国签订一批C-130J军用运输机供应合同,2014~2016年交货,从而使俄印MTA运输机联合研制项目蒙上阴影。美国已经开始量产的第五代轻型歼击机F-35同样也有出口版,这意味着俄印联合研制的FGFA第五代歼击机的项目也有可能停止。有专家指出,俄已经提供不出印军需要的武器,俄方推荐的产品仍旧源自苏联。因此,对于波音公司2013年赢得印度反潜巡逻机供应合同,夺得20亿美元的巨额订单,已经没人感到惊讶。由于不满印度购买美国武器,俄罗斯开始转向巴基斯坦提供武器,甚至调整南亚战略,从而改变俄罗斯自“冷战”以来对待印巴这两个核武国家的一贯态度。2014年,苏联解体以来首位访问巴基斯坦的俄罗斯国防部长谢尔盖·绍伊古,与巴方签署了一项“里程碑”式的军事合作协议,开始了与巴基斯坦的全面军事合作。

（二）获得了军工金融体系的支持

俄罗斯军工金融支持体系包括军工企业证券私有化、加大财政与金融支持力度和实施多元化融资战略等。为了扭转苏联解体后出现的混乱现象，俄罗斯采取了一系列促进国防科研生产能力调整及发展的重大决策，总体经济状况和金融状况较之20世纪90年代已经有了很大改善。市场经济体制给俄罗斯经济注入了活力，而稳步增强的经济实力，也为其国防科研生产能力的提高提供了更为雄厚的物质基础。

1. 军工企业证券私有化

证券私有化使俄军工企业走上了股份制的规范轨道，证券市场吸纳的资金成为俄罗斯许多企业重要的长期投资资金来源。经过多年的努力，俄罗斯已彻底地改变了军工企业的单一国家所有制形式，转变为国有和股份制并存。在2001年，俄罗斯国防工业企业中，国有企业占43%，股份制企业占57%（其中国家控股的股份制为28.8%，没有国家控股的股份制企业占28.2%）。到2003年，国有企业的比例下降到38.9%。股份制企业的比例则上升到62.1%。近年来，俄罗斯军工企业中国有与股份制企业的比例在发生进一步的变化，即随着改革的进一步深入，俄罗斯国防工业企业中国有企业的比重继续下降，而股份制企业的比重在不断增加，见表7－9。

表7－9　2002—2008年俄罗斯政府实行股份制改革的军工企业数量

年份	2002	2003	2004	2005	2006	2007	2008
军工企业数量	99	81	133	57	68	130	31

俄罗斯证券市场的不断发展为俄罗斯企业获得投资创造了重要条件。而且，证券市场作为动员资金的有效载体和机制，其重要程度会越来越高。反之，如果证券市场得不到发展或发展缓慢，可能会危及俄罗斯经济转轨和企业改革。具体阐述详见下一节内容。

2. 加大财政与金融支持力度

一是大幅度增加军费。2002年7月初，俄联邦讨论通过了《2010年前俄联邦军事建设改革的基本方针》。为了使军事建设和改革计划得到可靠的实施，普京总统加大了对军事拨款的监管力度，任命财政部副部长库德琳同时担任分管财务的副国防部长，并从2001年起，逐年加大了国防费支出。俄罗斯政府制定了加快发展高新技术武器装备，改革体制编制，推进军队整体转型的战略计划和方案，开始逐年增加军费投入。2001年俄罗斯摆脱了经济危机的困扰后，便迈出

了复兴的步伐,在国内经济持续向好的背景下,俄罗斯军费大幅增加:2001 年约70 亿美元,2002 年约 95 亿美元,2003 年约 106 亿美元,2005 年军费开支约 182亿美元,比 2004 年增加了 26.7%,2007 年俄国防开支达到8 700亿卢布,比 2001年的1 400亿卢布增加 5 倍多。尽管由于国家经济通胀严重,上述军费规模只能保障俄武装力量的最低需求,但俄罗斯在经济尚未恢复、财政十分紧张的情况下,大量增加军费开支无疑向世人发出一个明显信号,俄武装力量发展的困难阶段已经结束,开始进入新的更加顺利的发展阶段。

二是实行政府财政扶持政策,积极开展结构布局和能力调整。

三是实施有效的税收和金融政策,例如减免税、发补助金,低息长期贷款等多种方式,拓宽国防工业的资本来源,为企业生产军品、民品,开发军民两用技术提供充分的资本保证。

3. 实施多元化融资战略,促进高技术研究开发

俄军认为,要重点加强对潜在军事威胁和军事技术突破有重大影响的基础研究、应用研究以及试验与设计工作。俄罗斯明确规定俄军事技术政策的核心,是以高技术为主导,发展高精度武器装备,巩固军事领域关键技术的科技优势。近年来,俄罗斯政府采取了一系列紧急抢救措施,调整国防科技投资政策。经过多年的发展和演变,俄罗斯已经初步形成了多种所有制科研实体并存的局面,科研机构的科研结构和研发经费也开始呈现出多元化的发展趋势。

(三)军工企业证券私有化稳步推进

1. 通过私有化和股票初次发行发展股票市场

俄罗斯在苏联解体后,很快开始了国防工业管理体制改革,其基本方向是从计划经济向市场经济转变,建立多种所有制混合经济,国防科研院所和企业实行自主经营,参照西方体制实行军方主导的武器装备采购制度。于是一部分军工企业通过发行私有化证券的方式先后实行了私有化。在俄罗斯的改革中,国有企业的股票或国有资产的产权转移给集体企业、私营企业、外资企业或俄罗斯公民等,都统称为私有化。为确保证券私有化的推进,俄罗斯积极建立金融基础设施,将没有生命力的机构清理出银行系统,保证银行活动的透明度,使证券市场成为募集投资资金的重要渠道,把资金投放到最有发展前途的经济部门。俄罗斯的证券市场是与俄罗斯的私有化,特别是证券私有化相伴而生的,带有浓厚的俄罗斯特色,这一点不同于其他任何国家。20 世纪 30 年代苏联便取缔了股票交易、证券投资。随着激进改革方案的推行,证券市场作为自由市场经济的重要部分,被着力培育,国家公债大量发行,股票市场也迅速膨胀。俄罗斯企业证券市场交易的主要企业证券品种是国有企业私有化过程中股份公司发行的普通股。

2. 国家支持军工企业的私有化

1992 年,俄罗斯政府成立了联邦国有资产委员会,负责研究军工企业的私有化问题。同年俄罗斯时任总统叶利钦签署了《关于国有企业及国有企业的自愿联合组织改变为股份公司的组织措施》《关于国有企业商业化并决定同时改变为开放型股份公司的条例》两项总统令,要求自总统令发布之日起,除不准实行私有化的企业外,俄罗斯的其余大中型企业一律私有化,限期改变为开放型股份公司;俄政府颁布的《实行俄联邦私有化证券制度》的第 490 号决议中,要求全面推动军工企业所有制改革。1994 年,俄罗斯政府确定了军工企业私有化计划方案,在 2 000 多家军工企业中,约 800 多家实行完全私有化,近 600 家实行部分私有化。

20 世纪 90 年代中期以前,俄罗斯政府规定的军工企业私有化办法有两种:一是 25% 的股份无偿分给劳动集体,10% 以三折优惠和分期付款的方式出售给个人,5% 由企业行政机关购买,其余的拍卖;二是进行投标,中标者即承包者个人或小组按合同负责企业的管理,期限为一年,承包者可购买 20% 的股份,另有 20% 的股份提供给企业职工,其余的 60% 拍卖。还有一部分被政府认为不再适合承担军品生产的企业,俄罗斯政府则采取彻底断绝其军品订货、在一至一年半内只发给工人基本工资等措施迫使其转产民品或完全私有化。俄罗斯发行股票对实体部门投资的贡献率极低,这主要源于俄建立股票市场的最初的主要意愿。一般国家股票市场主要任务首先是最大限度地使国内外投资流向企业,但俄罗斯新股票的发行主要不是为企业的发展筹集资金,而是为了重新确定股权结构和股东持有股票的价值。股票市场主要服务于私有化后的财产重新分配,也成为获取投机性利润的重要场所。因此,俄罗斯通过发行股票吸引投资微乎其微,在企业固定资本投资中,通过发行股票筹集的资金不到 0. 6% 。这场快速私有化的结果是导致私有化秩序混乱,一些企业处境更加艰难,军工生产迅速萎缩。

1997 年末,俄罗斯经济部草拟了一份引人注目的国防工业改革方案,即《1998—2000 年重组国防工业法》,并于 1998 年 3 月 20 日在国家杜马通过,4 月 13 日俄罗斯联邦总统签署发布。这一文件成为俄罗斯国防工业新一轮改革的标志,同年 2 月为实施该方案,俄政府还成立了国防工业组织金融改革委员会。该法案规定,到 2000 年以前,将 1700 家国防企业减至 670 家,以形成国防工业潜力的“核心”——有效益、有意志力与有稳固财力的核心。实施该方案所需经费大约 255 亿卢币(按 1998 年价格计算),其中半数由联邦预算拨款。20 世纪 90 年代中期以后,为了稳定国防工业和保证国防订货的完成,俄罗斯政府把军工企业的所有制改革目标确定为混合所有制,即根据企业的重要性分为国家所有制、国有制与股份制相结合(部分私有化)、股份制(完全私有化)三种形式。完全或部分私有化的企业可以向俄罗斯或外国企业及公民全部出售或部分出售股份,允

许俄罗斯和外国公民或企业进行投资。不能私有化的企业则由国家拨款和订货,不允许直接吸收外资。至于哪些军工企业应该是国家所有制,哪些军工企业应该是部分私有化,哪些军工企业应该是完全私有化,要根据军工企业原有的生产科研实力和国家军队建设规划而定。政府还明确规定:由国家有关部门拟定出不能实行私有化的军工企业名单;实行私有化的企业必须与政府签订合同,保证国防订货的完成;在实行股份制的企业中,国家控股应保持在3年以上,所得红利作为军转民费用。

2000年普京执政后,对国防工业的发展非常重视,多次视察国防工业的改革发展情况,多次发表讲话,使俄罗斯国防工业在经历了10年混乱后第一次真正出现了一些积极的迹象。俄政府宣布2001年是俄国防工业真正实现改革的第一年,把国防工业的发展纳入国家的总体发展战略和军事改革的总体战略目标;重新确定了国防工业结构改革方案。俄罗斯政府2001年底批准的《2002—2006年俄罗斯国防工业改革与发展规划》中提出,将军工企业合并为36家超大型国防科研生产综合体,组建后的综合体企业可以进行股份制改革,但国家股份必须不少于51%,其他股份可以卖给私人投资者。2006年3月底,俄罗斯经济部长戈曼·格里夫表示,支持俄国家国防企业在海外市场上市,为其未来发展获得资金。2006年10月25日,俄罗斯总统普京正式签发"航空工业发展政府控制法案"修正案。其中规定,只有在俄罗斯总统许可的前提下,外国投资者才可以拥有俄罗斯航空工业超过25%的股份(的规定是不能超过25%)。

证券私有化使俄军工企业走上了股份制的规范轨道。证券市场吸纳的资金成为俄罗斯许多企业重要的长期投资资金来源。经过多年的努力,俄罗斯已彻底地改变了军工企业的单一国家所有制形式,转变为国有和股份制并存。而且,随着改革的进一步深入,俄罗斯国防工业企业中国有企业的比重继续下降,而股份制企业的比重不断增加。

(四)国防工业"军转民"政策顺利实施

俄罗斯军工企业的地区分布在苏联时期就极不平衡,至今仍没有多大改变,大部分军工企业主要处于国家的内陆地区。俄罗斯军事技术试验场和与之相关的军事科研机关则位于离边境很近的地区,而一些战略性的研究都在封闭的城市和科研中心。因此,在军工企业之间建立有效的军转民协调机制就显得十分重要。1992年俄罗斯建立了军转民问题委员会;在乌拉尔和伏尔加河流域,大多数州及行政机关甚至某些城市建立了军转民和科技政策委员会,负责研制和开发军转民技术。但仅靠各地区分散的努力显然不够,为协调激励军转民的积极性,俄联邦中央政府从政策上支持进一步打破军工自成体系、封闭垄断和军民分

割入手，破除体制机制方面的障碍，完善国防科技创新体系，努力促进从基础研究、应用研究、军民两用技术研究、产品设计制造到技术和产品采购的有机结合，建立起军民互动机制，形成军民高技术共享和相互转化的良好格局。

1. 制定各种鼓励措施推进“军转民”

俄罗斯认为，改变经济军事化格局的途径是军转民。尽管由于资金缺乏、管理不善、各部门意见分歧，军转民工作遇到重重阻力，但俄政府不懈采取各种措施促进军民一体化建设。1991 年制订的《1991—1995 年国防工业“军转民”计划》和 1996 年颁布的《1995—1997 年俄联邦国防工业“军转民”专项计划》是前两个时期的基本计划。

1992 年初政府开始建立军转民管理体制，集中出台了大量法律文件和规章命令，主要有 1993 年 3 月 20 日最高苏维埃通过的《俄罗斯联邦国防工业转轨法》，这是最基本的一部法律文件。它规定了军转民的原则及其组织、计划和资金保障、社会保障措施，对转轨企业的补偿和优惠政策，规定了转轨企业进行对外经济活动的权力等。

1993 年 6 月 3 日政府颁布了《1993—1995 年俄联邦国防工业“军转民”计划》，建议最大限度地保留国防企业员工和科技潜力，保证国家整体经济的发展。该计划包含了民用航空技术发展计划、俄罗斯舰队复兴计划等 14 个目标计划。这些法律及政府文件的制定意味着军转民管理实施制度初步建立起来。1993 年 11 月 6 日，俄罗斯颁布了《关于稳定国防工业企事业单位经济状态和国家国防订货的措施》的 1850 号总统令，要求有关部门在 1993 年 12 月 1 日前对以前制定的所有军转民计划进行修订，按其经济效益提供专项贷款，命令俄罗斯联邦政府和中央银行一定要保证军转民计划进行的直接拨款。为了进一步推动军转民工作，俄罗斯政府在策略和政策方面也做了根本调整。

1997 年俄罗斯对国防工业军转民政策进行了调整，将“全面军转民”调整为“以武器出口促进军转民”。此次调整的主要目的是发挥俄国防科研的技术优势，以此来弥补国防工作订货不足，提高国防工业的科研生产能力。1997 年俄罗斯取消了国防工业部，将其职能转由经济部的国防司来承担。这一时期，俄联邦政府与部分联邦主体之间签署了关于军转民进程管理及国防企业管辖的分权协议，分别就国防工业的管辖权、运营权以及武器和装备的研制与生产、军品出售等问题签署了分权协议，军转民开始向联邦主体深度渗透。1998 年 6 月 24 日俄罗斯政府制定了《1998—2000 年国防工业“军转民”和改组专项规划》，要求对军工企业实现优化改组，对非重点军工企业实行私有化股份制改造；选择出生产军品和军用技术的基本骨干企业，使军工企业数量缩减 2/3，到 2005 再缩减 35%。

2. 军工企业向民用企业转换的政策支持

俄罗斯制定了“军转民法”等若干法律、法规和法令，确定了军转民的原则、方向、重点及相关法规。1990 年起俄政府多次出台专项国防工业军转民纲要的计划，提出在民航、动力、原子能等 8 个部门内增加民品的比重。同时，制订国家指导计划，对有战略意义的技术进行直接的国家干预。1993 年俄罗斯制定了在军工企业中推行军转民的政策，希望在相对稳定的和平时期利用军事工业科研机构、生产企业和实验基地等优势开发和研制高科技民品。为进一步推动军转民工作，1994 年 7 月 8 日，俄政府下达了“关于再压缩动员能力和动员储备”的总统令，把军工动员准备限制在一个更小的核心军工企业范围之内，许多军工企业都可以随意利用原动员储备的军工设施生产民品。俄政府通过《俄罗斯联邦国防工业转产专项计划》进一步确立了军转民工作的目标、任务和组织实施一系列重大两用技术计划。其中包括技术再投资计划、两用技术应用计划、高科技计划，涉及民航、动力、医疗、电子、通信和信息、原子能、建筑、化工与轻工等领域的民品发展。1997 年，国防工业的民品比重由 1994 年的 78.3% 提高到 87.0%。

3. 注重国防科研与民用科研的相互渗透

能军能民是俄罗斯国防工业的发展方向。在改革国家科技管理体制的同时，俄政府在各国防工业部门设立科技协会，收集民用有关部门的建议。俄政府制定与军事有关的科研规划时，由军事工业委员会协调国家科学技术委员会与军工部门之间的关系，注意吸收科研机构和高等院校的基础研究成果，将有军事价值的科研项目及时转为军用。俄罗斯国防工业企业通过联合与合并，从体制上解决了科研与生产脱节的问题，加速了科技成果的转化，实现了技术上的优势互补，降低了开发、研制与生产成本，提高了产品性价比和市场竞争力。另外，也有助于解决资金短缺、开工不足、重复劳动和资源浪费等问题。

随着实力的增强，俄罗斯军工企业集团在融资和吸收投资上都较以往更具有吸引力，更容易找到国内外合作伙伴。俄政府对军转民经费和军民两用技术等提出新的要求。不仅要关注两用技术的开发与应用，向美国及西方国家看齐，而且要确保高技术武器装备的研制生产能力。

第八章

俄罗斯国防科研生产能力政府监管机制

第一节　俄罗斯国防科研生产能力政府监管架构及职能

俄罗斯国防科研生产能力政府监管架构具有三大特点：

第一，国家“垂直化”管理（非市场化管理）

从1991年苏联解体至1999年在叶利钦执政期间，俄罗斯国防工业的管理机构在十多年的时间里经历了6次大的调整，隶属关系和管理机构几经变更。但是，管理机构的每一次改组都没有对过去的工作进行总结分析，没有制定明确的任务，没有给予必要的权力和资源。其结果是国防工业的重组进程的失控现象加剧和干部成员频繁更换，每一轮管理机构所实施的技术、人事和制度性政策，与之前的政策没有任何连续性。

第二，国家国防订货的“统一”管理

随着俄罗斯国防工业的股份制改革，政府与国防工业企业与机构的关系发生了变化。为适应国家经济体制由计划经济向市场经济的转变，1995年，俄联邦政府颁布了《俄罗斯联邦国家国防订货法》，开始对国家武器装备采办实行国防订货制度改革。

第三，对外军事技术合作（军贸）的“垄断”管理

在对外军事技术合作的管理方面，俄罗斯制定了一套相对完善的法律体系和运行机制。最具奠基性的法律文件当属1998年7月俄政府颁布的《对外军事技术合作法》。该法在管理体系上规定与军事技术合作领域有关的国际条约签署权限仅属于俄罗斯联邦总统和联邦政府。俄罗斯的国防科研生产能力政府监管架构如图8－1所示。

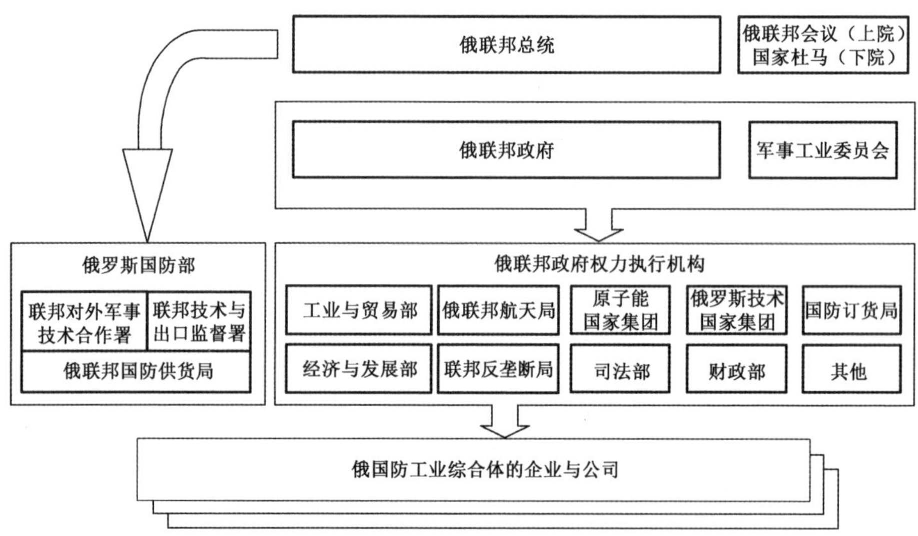

图 8－1　俄罗斯国防科研生产能力政府监管架构

一、最高层——俄联邦总统、俄联邦会议(上院)和国家杜马(下院)

上、下两院主要负责审议所制定的有关国防科研生产能力方面的相关政策和法律,对国防预算法案进行审核和批准拨款,监督预算的执行,最终由俄总统颁布批准命令。俄联邦总统办公厅下设机构中,涉及管理国防科研生产能力的部门有:俄联邦安全委员会(俄联邦安全委员会科技委和俄联邦安全委员会军事安全方面的部门间委员会)、俄联邦对外军事技术合作问题方面的委员会、保护国家机密方面的部门间委员会以及科学技术与教育委员会。

二、政府层——俄联邦政府

俄联邦政府设有军事工业委员会,军事工业委员会主要负责协调和沟通俄联邦政府、国防部及其强力部门以及国防工业综合体之间的关系,监督实施国家国防工业和相关军事技术保障方面的政策,以及监督国防工业完成国家国防订货任务。军事工业委员会对于俄联邦机构和企业没有指挥与命令的权力,也无权独立分配与调拨国防经费。军事工业委员会的主席由政府第一副总理担任,委员会成员包括:军事工业委员会科技委主席、国防部部长和第一副部长、总参谋长、俄联邦工业与贸易部部长、俄联邦财政部部长、俄联邦政府各部委(即俄联邦权力执行机构)的主要负责人、俄联邦总统办公厅主任、俄联邦上院代表、俄联邦科学院院长等。

军事工业委员会的具体职责包括：

- 在发展国防工业及其综合体方面，贯彻实施俄联邦国家政策及军事技术政策；
- 在编制国家武备计划、国防订货计划、联邦专项计划等方面，以及保证对外军事技术合作的产品交付方面，协调俄联邦权力执行机构的活动，并对完成情况组织监控检查；
- 审查联邦权力执行机构在武器、军事及特种技术的研制、采购、修理的拨款经费方面，以及实施科技与创新政策方面的提案；
- 审查有关保持和发展武器、军事及特种技术的生产能力、基础设施、靶场和其他由国防工业综合体所进行的民用和两用高科技产品的研制、试验和生产的计划项目的提案；
- 审查有关国防工业改革与发展方面的提案；
- 确定组建大型"一体化"集团公司和大型国有单一制企业计划的进度表；
- 审查国防订购产品的价格制定方面的提案等。

三、执行层

执行层是管理国防科研生产能力各领域的相关俄联邦权力执行机构，主要分为国防部和俄联邦政府相关执行机构。

（一）国防部

俄联邦国防部直接向总统负责。其负责制定统一的俄联邦武装力量军事技术政策、武器装备发展规划、国防订货计划，以及对外军事技术合作工作等，管理下辖的装备修理机构和企业，以及装备论证机构，监督国防工业企业的活动。

1. 俄罗斯国防供货局

俄罗斯国防供货局全称"俄联邦武器、军事、特种技术设备和后勤物资供货局"，于2008年5月成立，下设：国防部国家订货装备品种名目处；联邦执行权力机构国家订货产品种类处；国家订货统计、监督与方法处；产品检验与价格制定监督处、财经及物资技术保障处、法律处、保密安全处、信息化处等。俄罗斯国防供货局归俄国防部领导，是国防订货监督方，负责确定装备需求，制定和提交武器装备的清单和战术指标，监督国防订货承包方的国防订货合同完成情况；负责向俄武装力量提供武器装备，并检查监督合同的完成情况，验收产品。

2008年俄国防供货局成立之初，目的与国防订货方（负责分配国防订货，与企业签订订货合同，掌握订货经费的机构）分离，即不让国防订货方与监督方均由军方单独控制，以防止腐败和专权。但因长期以来这两项目职能一直由军方

掌管,政府(内阁)缺少专业人员和运行经验,所以国防供货局没能正常运作,2010年后划归国防部领导。

2. 联邦对外军事技术合作署

联邦对外军事技术合作署是国防部下属的负责对外军事技术合作的组织协调工作机构,保证对军事技术合作主体活动的检查与监督。其主要职责是:①与有关联邦权力执行机构一起制定巩固俄联邦在世界各地区军事政治地位的统一国家政策,向总统和政府提交相关建议;②与有关联邦权力执行机构一起按照总统确定的方向保障军事技术合作领域的活动;③与其他联邦权力执行机构一起保障实施军事技术合作领域的国家政策原则;④与其他联邦权力执行机构一起实施军事技术合作领域的国家调整和行使这一领域的国家垄断。

3. 联邦技术与出口监察署

联邦技术与出口监察署是国防部下属的负责军事技术合作与出口的监督检查管理机构,负责保证国家的信息安全、军事技术合作与出口安全,阻止大规模杀伤性武器扩散,以及承担反技术侦察等任务。

(二)俄联邦政府相关执行机构

俄联邦政府相关执行机构上对政府总理负责,下对国防科研机构的不同领域实施管理。其中主要包括:俄联邦工业与贸易部、俄联邦航天局、“俄罗斯原子能”国家集团公司、“俄罗斯技术”国家集团公司、俄联邦经济发展部、俄联邦国防订货署、俄联邦财政部、俄联邦经济发展部、俄联邦反垄断局等。

1. 俄联邦工业与贸易部

俄联邦工业与贸易部成立于2008年5月,直接向政府总理负责。俄联邦工业与贸易部下设:实施发展国防工业综合体领域措施的科技委、实施“2008—2015年发展电子元器件基础和无线电电子学”联邦专项计划方面的科技协调委员会、实施“2002—2010年及至2015年前发展俄罗斯民用航空技术装备”联邦专项计划的协调、科学技术和组织方面工作的科技协调委员会、负责国防工业综合体机构在实施创新和生产高科技产品的投资项目上申请获得俄罗斯信贷机构和“外经活动和发展银行”国家集团的补贴工作的部门间委员会。

俄联邦工业与贸易部主要职能包括参与制定国防工业政策;对国防工业活动进行宏观调控与管理;参与确定并论证相关领域的武器装备和军事技术发展的基本方向和战术指标;参与制定研制程序;为落实武器装备采购和国防订货计划,会同国防部等部门选定武器装备的研制和生产企业;协调企业组织研制、生产、改进和销毁武器装备等工作,参与出口武器装备的使用与维修服务的协调工作等。

俄联邦工业与贸易部下属的航空工业司、舰船制造工业司、常规武器工业司、无线电电子工业司、弹药与特种化工工业司等5个业务司分别在航空武器装备、舰艇与海军武器装备、军事电子装备、地面武器装备与弹药等领域代表政府面向相关的国防工业企业与机构行使政府管理职能。

2. 俄罗斯原子能国家集团

俄罗斯原子能国家集团由原俄联邦原子能局于2008年改组而成，直接向俄联邦政府总理负责，是负责核弹药计划、研制、试验和生产，以及和平利用核能、核材料与核技术的综合性的工业部门。

3. 俄联邦航天局

俄联邦航天局成立于2004年，直接向俄联邦政府总理负责，2010年新增了出口监督委员会。其是火箭——航天工业的政府管理机构，统一管理军用、民用以及商业航天活动，并负责管理弹道导弹工业。

4. 联邦国防订货署

联邦国防订货署成立于2004年3月，2012年划归俄政府领导。国防订货署下设国防订货价格制定与拨款经费使用监督处，通用武器技术装备、航空装备、空天防御装备、舰艇、海军武器装备的国防订货监督处，战略导弹部队、航天部队、通信与自动化指挥装备的武器技术装备国防订货监督处，基础设施建设国防订货监督处，国防工业综合体企业状态与国防订货分配监督处，后勤保障国防订货监督处，财经处，法律处，保密处，人事处等。

联邦国防订货署在2004年3月建立之时，曾归国防部领导，直接向总统负责，是俄联邦武器装备的唯一的国家订货方。当时，其作为武器装备采购部门，负责协商和管理与武器装备有关的研究、设计、研制、试验和生产，以及军事技术合作的协调工作。2008年，俄罗斯成立俄罗斯国防供货局后，联邦国防订货署将国防产品订货方的职能移交给“俄罗斯国防供货局”，并在此后主要负责提出武器装备的需求指标，参与从提出装备需求到监督新型武器装备的研制、生产和验收等各个阶段的工作，检查和监督国家国防订货的订货方和执行方(交付方)在定购分配和产品交付等方面的情况，从而对质量管理与控制发挥重要作用。2012年，根据俄总统普京的命令，又将联邦国防订货局从国防部分离出来，转交俄政府领导，在国防订货体系中负责装备订货合同的分配、招标、签订、价格审核、经费拨付并监督装备订货合同的执行。

5. 俄罗斯技术国家集团公司

俄罗斯技术国家集团公司成立于2007年，100%国家控股，由其兼并原俄罗斯国防出口公司后组成，并代替后者实施管理军贸与军事技术合作活动，负责俄罗斯主要武器装备的进出口计划拟定、合同签署、装备出口企业选择等事务。需

要指出的是,除俄罗斯技术国家集团外,俄罗斯还有少数几家国家授权的独立出口商有权从事军贸业务,其主要出口整机的配件和零配件,它们的出口份额约占10%。

6. 俄联邦经济发展部

俄联邦经济发展部成立于2008年,是在2004年成立的经济与贸易部的基础上新组建的政府管理部门。其下设联邦国家资产局和联邦知识产权局。该部主要从宏观经济的战略角度监督国防工业规划的制定与协调,负责联邦资产的管理。具体职能是制定战时经济管理和国防经济动员准备的组织方法与保证原则;组织和协调联邦政府机构编制国防订货方案;保证按军品价格提供国防订货;参与军工企业破产与清理整顿政策的制定;编制国防工业的改组方案,协调与推进工业部门的一系列改革;编制国防订货计划等。

7. 俄联邦财政部

俄联邦财政部在国防工业领域,主要负责国防工业和国防订货方面的预算管理。

第二节　俄罗斯国防科研生产能力监管的政策法规体系

军品出口现已成为维持俄罗斯庞大国防工业基础的重要支撑,因此围绕军品出口的各项政策成为俄罗斯构建国防科研生产能力监管的政策法规体系的最重要的内容之一。

俄罗斯的军品出口管理有着完整的法规基础。这些法规主要由联邦法律、联邦总统令、联邦政府决议、联邦政府主管部门文件以及俄罗斯所签署的国际协议构成。这些法规规定了俄罗斯军品出口的管理原则、方向、程序和细则,使军品出口管理从决策、执行到结束都有法可依。而且,这些法规文件绝大多数都是公开的,这使俄罗斯的军品出口及其管理能够合理地体现透明。研究这一法规体系的构成及基本内容对于认识俄罗斯军品出口管理制度是十分重要的。

一、有关军品贸易管理的联邦法律

俄罗斯是总统议会制国家,联邦法律是俄罗斯最高效力的法规。联邦总统令具有与联邦法律相同的效力,总统有权通过相应立法程序制定或修订联邦法律,但总统令不得与现行联邦法律相抵触。俄罗斯联邦总统令的依据是联邦法律,所以,相关联邦法律是俄罗斯军品出口管理制度最重要的法规基础。

(一)《俄罗斯联邦对外军事技术合作法》

1998年俄罗斯制定了第114号联邦法律《俄罗斯联邦对外军事技术合作法》。该法可以被称为俄罗斯对外军事技术合作领域的"基本法",其他法规如联邦总统令、联邦政府决议以及联邦政府主管部门的法规均依据这一"基本法"制定,所以说,《俄罗斯联邦对外军事技术合作法》也是俄罗斯有关军品出口管理法规体系的基础。

1. 关于对外军事技术合作

《俄罗斯联邦对外军事技术合作法》规定,"军事技术合作是指与军品进出口(含购买和提供)、研制和生产有关的国际关系领域内的活动。"在这个概念界定中,军品进出口被视为对外军事技术合作的主要内容。而当为军品进出口而进行相关研制和生产时,研制和生产活动也被归为对外军事技术合作。也就是说,同为军品的研制和生产,但当只是为满足国内需要时,并不被视为军事技术合作内容,并不必接受有关对外军事技术合作的法规调节。实际上,在多数情况下,军品研制和生产是与对外军事技术合作直接或间接相关的。尽管一些武器类军品从未出口,但用于其研制和生产的材料及技术也是要受到有关军品出口管理法规调节的。

2. 关于军品概念和内容

《俄罗斯联邦对外军事技术合作法》规定,"军品是指武器、军事技术装备、工程、服(劳)务及智力活动成果,并包括其知识产权和军事技术领域的信息情报。"在这一概念里,军品包括四种类型,一是物质产品,二是智力产品,三是服务,四是信息。在这里把工程归入服务类。这里的信息情报有很宽泛的范畴,而且由于信息情报的特殊性,使得具有国防性质的信息情报,其边界常是难以界定的。也正因为如此,《俄罗斯联邦对外军事技术合作法》对军品所包含的内容做了较为详细的界定。了解俄罗斯对军品的界定,对于了解俄罗斯军品管理制度是十分必要的。《俄罗斯联邦对外军事技术合作法》规定"军品"所包含的具体内容有如下几点。

(1)武器和军事技术设备

武器和军事技术装备,即各种武器和保障武器作战使用的各种设备包括:

• 用于武装力量装备的运输设备和导引、发射、管制系统及其他专用技术设备,弹药及其零部件、备件,仪器及其配套件,做训器材(各种武器和军事技术装备的模型、练习器和模拟器);通信系统,以及部队、武器和军事技术装备的指挥系统。

• 炸药、爆炸品和爆炸装置、火药(猎用除外)、军用火箭的火箭推进剂,以及

生产火箭专用的材料和设备。

• 武器和军事技术装备作战使用工程技术设施和设备。

• 武器和军事技术装备生产、修理、改进和（或）销毁（废物利用）专用设备和工艺；武装力量人员生命保障系统及其专用生产设备和材料。

• 大规模杀伤性武器的集体和个人防护器材，以及大规模杀伤性武器使用后果的预防及医治设备；后勤专用设备、军装及其标准物。

• 军品研制、生产、运行操作、作战使用、现代化改进、修理和销毁（废物利用）的技术文件（技术标准、设计、方案、工艺、运行、程序及培训教学等文件）。

• 规定军品生产安全包括生态安全细则的科技（技术标准）文件。

• 人和环境项目的安全标准。

• 武器和军事技术装备研制、现代化改进和（或）销毁（废物利用）领域的科研和实验设计工作成果。

• 军用和军民两用材料载体方面的科技信息，以及发明、适用新型、工业样品和其他智力成果。

• 部队、武器和军事技术装备自动化指挥系统专用软件，以及军用科研和实验设计工作专用软件。

• 武器和军事技术装备研制、生产、运行、作战使用、修理、现代化改进及维护等领域的培训。

• 武器和军事技术装备生产、配置、修理、运行、作战使用和（或）销毁（废物利用）等工程项目的建造、配齐设备、现代化改进并保证发挥其功能。

• 为国外培训军事和军事技术干部。

• 武器和军事技术装备研制、生产、现代化改进、运行、作战使用、修理和（或）销毁（废物利用）等许可证及方案、设计和科技文件的转让（出售），并在组织上述工作方面提供技术支援。

• 实施和（或）参与军品研制、现代化改进和（或）销毁（废物利用）方面科研的和实验设计工作，以及大规模杀伤性武器和常规武器的防护器材、方法的研制、现代化改进和（或）销毁（废物利用）等领域的科研和实验设计工作。

• 为军品交货和转运提供运输工具，包括军用运输工具。

• 向外国出租（长期租赁）军品供其使用或试验。

• 根据外国要求，在俄罗斯联邦的靶场进行武器和军事技术装备的演习、射击训练和试验；

• 在俄罗斯联邦境内和境外举办军品样品展示、展览。

• 在军事技术合作领域提供投资、销售、广告和其他性质的服务。

• 在研制和生产军品、承接军工项目和提供军事服务领域利用外资建立

企业。

• 研究、测试、检查并延长武器和军事技术装备的使用期限，校核检测仪器。

• 修理武器和军事技术装备。

• 对武装力量建设、武器和军事技术装备的战斗使用及其他军事和军事技术问题提出咨询意见。

(2)关于对外军事合作的目的

《俄罗斯联邦对外军事技术合作法》规定，俄罗斯对外军事合作的主要目的是：

• 加强俄罗斯在世界各地区的军事、政治地位；

• 保持俄罗斯在常规武器和军事技术装备领域具有必要的出口潜力；

• 发展国防工业部门科技和试验基地及其科研、设计单位和机构；

• 获取国家所需外汇，以发展军工生产和军转民、销毁(废物利用)武器和军事技术装备、实施国防工业部门结构调整。

(3)关于俄罗斯对外军事技术合作领域的国家政策原则

《俄罗斯联邦对外军事技术合作法》规定，俄罗斯对外军事技术合作的国家政策原则是：

• 俄罗斯联邦的国家利益优先；

• 在对外军事技术合作领域实行国家垄断；

• 遵守不扩散核武器、裁军和拆除、禁止与销毁生化、化学及其他大规模性武器的国际条约；

• 遵守俄罗斯在军品及军民两用产品和技术出口管理方面承担的国际义务；

• 国家对军品研制、生产和销售的有关法人的权益和合法利益实行保护；

• 在军事技术合作领域实行国家关税保护政策；

• 对外军事技术合作不得损害俄罗斯的国防和国家安全；

• 对外军事技术合作有利于保障和维护俄罗斯的政治、经济和军事利益；

• 对外军事技术合作时，应在俄罗斯可接受条件下，遵循双方军事政治和军事利益的互利性；

• 在开展军事技术合作时，保障各合作主体公平参与的条件；

• 负责对外军事技术合作的联邦政府机构及所有俄罗斯法人都须接受国家管理，并执行汇报制度。

(4)关于保障在对外军事技术合作领域的国家垄断问题

国家垄断原则是俄罗斯对外军事技术合作及军品出口管理的核心原则。如何保障实施这一原则，《俄罗斯联邦对外军事技术合作法》规定了如下措施：

• 在对外军事技术合作领域，俄罗斯联邦政府拥有排他性权力，即其他权力机构无权干预对外军事技术合作领域的事务；

• 对军品进出口管理实行许可制度；

• 依据俄罗斯政治、经济和军事利益制定对外军事技术合作条例和细则；

• 对军品进出口实行统一的国家定价政策；

• 国家为与履行俄罗斯国际义务有关的军品进出口业务提供联邦预算资金支持。

(5)关于军品进出口管理制度的基本要求

为落实在对外军事技术合作领域的国家垄断，国家对军品进出口实行以下管理措施：

• 军品进出口管理应保障俄罗斯国防、安全和经济稳定，保护国内市场，维护和巩固国家政治和战略地位，遵守国际及不扩散规模大杀伤性武器方面俄罗斯承担的国际义务；

• 制定俄罗斯有关机构军品外贸经营权的审批程序；

• 制定军品进出口的许可证管理制度；

• 防止出现某一对外军事技术合作主体对某项军品进出口业务的独家垄断；

• 不允许无军品进出口经济权的企业参与对外军事技术合作；

• 不允许俄罗斯各对外军事技术合作主体通过划分市场的方式参与国际市场竞争；

• 对军品进出口业务实行海关调节。

(6)关于俄罗斯对外军事技术合作国际条约

所有与签订俄罗斯对外军事技术合作有关的国际谈判，均须由俄罗斯联邦政府提出建议并经联邦总统批准后进行，由联邦政府决定是否签署国际条约。按照国际法和俄罗斯联邦法律《关于俄罗斯联邦的国际条约》的规定，俄罗斯接受对外军事技术合作领域国际条约的约束力。俄罗斯签署的对外军事技术合作国际条约，均须按照俄罗斯联邦法律规定的程序获得批准。俄罗斯作为苏联的合法继承者，继续履行实施苏联签署的相关国际条约。为了落实俄罗斯所签署的对外军事技术合作领域的国际条约，且相关国际条约具有相关内容的话，可以签署国家部门间国际条约。

(7)关于对外军事技术合作的专项限制性规定

《俄罗斯联邦对外军事技术合作法》对外军事技术合作做了如下专项限制性规定：

• 由联邦总统根据联邦政府提交的报告批准可出口军品清单，出口可出口

军品清单以外的军品须由联邦总统批准。

• 由联邦总统根据联邦政府提交的报告批准可出口军品的外国国家清单，且出口的军品须为可出口军品清单中的军品。联邦总统决定向可出口军品的外国国家清单中国家的具体出口军品各类，以及决定向未列入可出口军品的外国国家清单以外的国家出口军品。

• 为了保障联合国安理会关于维护和恢复世界和平与安全措施决议的执行，以及保护俄罗斯的国家利益，俄罗斯可以采取措施禁止或向某些国家出口军品。

• 禁止未按规定程序获得军品进出口权的俄罗斯机构和自然人从事军品进出口业务。

(8)规定了对外军事技术合作领域联邦总统、联邦政府和联邦政府主管机构的权限

联邦总统在对外军事技术合作领域的权限是：通过制定国家政策来实现对俄罗斯对外军事技术合作的领导；每年在国情咨文中指出未来俄罗斯对外军事技术合作的主要方向；做出包括开始、中止、停止、限制和恢复对外军事技术合作的决定；决定俄罗斯对外军事技术合作的实施程序，决定建立有军品进出口经营权的国家特别中介机构——联邦单一制公司，建立开放式国有独资股份制公司，或将该公司股份完全转给非商业性质的国家集团公司；决定俄罗斯军品进出口权的审批程序及军品进出口许可证的办理程序；决定是否向外国提供军事技术援助、是否与外国共同研制军品以及是否向外国订货方转让军品生产许可证。

联邦政府在对外军事技术合作领域的权限是：落实对外军事技术合作领域的国家政策；在权限范围内制定有关军品研制、生产和进出口方面的法规；签订俄罗斯与其他国家之间的军事技术合作国际协议；建立与外国间的双边和多边的政府间军事技术合作混合委员会；制定相应税收、海关及其他优惠政策以激励俄罗斯对外军事技术合作企业的积极性；对军品的内外市场价格实行国家调控；制定出口军品的生产和研制机构的结算程序。

相关联邦部门在对外军事技术合作领域的权限是：负责落实联邦总统、联邦政府的有关对外军事技术领域的决定，负责落实对外军事技术合作领域的国际协议。

(二)联邦法律《关于国家公司“俄罗斯技术公司”》

2007 年 11 月俄罗斯制定了《关于国家公司“俄罗斯技术公司”》的联邦法律，建立了俄罗斯技术公司。俄罗斯国防出口公司是俄罗斯技术公司的控股公司。尽管俄罗斯国防出口公司是按照联邦总统令建立的，在军品出口领域有着

相当大的独立性,但在军品研制、生产和出口方面仍与俄罗斯技术公司有着相当紧密的联系。《关于国家公司“俄罗斯技术公司”》的联邦法律规定了俄罗斯技术公司的法律地位、经济目标、公司权限、管理制度、组建方式。

1. 建立俄罗斯技术公司的目的

《关于国家公司“俄罗斯技术公司”》规定,建立俄罗斯技术公司的目的是为了通过为俄罗斯企业提供支持,来促进高科技工业产品的研制、生产和出口。俄罗斯技术公司将通过扩大注册资本的方式来影响所属企业的决策。对企业的支持方式还包括对企业直接投资,其中包括军工企业的投资。

2. 俄罗斯技术公司与对外军事技术合作相关的职能

• 促进包括军工企业在内的企业生产高科技产品,组织具有重大意义的科研和高科技开发。

• 参与实施俄罗斯对外军事技术合作领域的国家政策,参与实施国家武器发展纲要,以及参与组织完成国家武器纲要、国防订货和联邦军事技术合作纲要。

• 吸引对军工企业的投资,以利于研制和生产具有竞争力的军品。

• 组织在俄境内外的军品和军用两用产品的展示活动,以及其他市场营销活动。

• 为包括国家中间公司(国防出口公司)在内的相关企业的对外军事技术合作提供帮助。

3. 俄罗斯技术公司的特殊地位

《关于国家公司“俄罗斯技术公司”》规定,俄罗斯技术公司虽然是非商业组织,但不接受联邦法律《非商业组织法》中关于对非商业组织的有关监督的条款约束,也不接受联邦《破产法》的约束。并且,该法律还规定,除了有关对外军事技术合作领域的联邦法律另有规定外,联邦政府机构(部、署、局、委员会等)均无权干预俄罗斯技术公司的活动。联邦总统任命公司理事会主席及其成员和公司总裁,公司总裁有权向联邦总统提交有关国家武器发展纲要、国家国防订货、国家动员计划、长期专项纲要、联邦专项纲要和对外军事技术合作纲要的建议。

4. 俄罗斯技术公司在对外军事技术合作领域的权限

为了研制、生产和出口包括军品、军民两用产品在内的高科技工业产品,俄罗斯技术公司有权投资入股俄境内外的商业和非商业机构;可以在俄境内外开设公司的代表处;参与出口军品的定价;监督对外军事技术合作领域的企业对相关纲要以及军品出口合同的执行情况;在合同的基础上吸引外国自然人和外国机构向俄罗斯的国家中间公司提供对外军事技术合作领域的相关服务;对国防出口公司参与的军品出口项目的其他企业的资金状况进行监督;在俄境内和境

外举办军品展示活动。

(三)联邦《出口监督法》

1999 年 7 月俄罗斯制定了联邦《出口监督法》,这部法律与《俄罗斯联邦对外军事技术合作法》一起构成俄罗斯军品出口管理和监督的重要法律基础。最重要的区别在于,《出口监督法》的监督对象是指“可能被用于制造大规模杀伤性武器、运载工具、其他武器和军事装备的原料、材料、设备、科技信息、设计、服务及智力成果(专利),以及可能用于恐怖活动的特别危险的产品”,即主要带有民品特征的军民两用产品。而《俄罗斯联邦对外军事技术合作法》规定的出口监督对象,除武器和军事装备外,还包括“军用和军民两用材料载体方面的科技信息,以及发明、适用新型、工业样品和其他智力成果”,即主要带有军品特征的军民两用产品。两部法律规定的监督对象虽然相似但也有区别。因此,不能排除可能会出现这样的情景,即一种被监督对象既属于《出口监督法》也属于《俄罗斯联邦对外军事技术合作法》所规定的监督范畴。对于这类被监督对象,由于都受联邦法律的调节,所以在出口监管的力度上是基本一致的。两部法律的存在和共同发挥作用,显示了军品出口监督的难点和特点。《出口监督法》第 2 条对两部法律所适用范围做了明确界定。

《出口监督法》除规定了出口监督对象外,还规定了出口监督目的、原则和基本方法,以及出口监督领域的国际合作规则,是俄罗斯军品出口管理和监督的重要的联邦法律基础。

1. 出口监督的目的

《出口监督法》规定,出口监督的目的是“保障俄罗斯联邦的利益;落实俄罗斯签署的关于不扩散大规模杀伤性武器及其运载工具,以及有关军品和军民两用产品的出口监督方面的国际条约的要求;为俄罗斯与世界经济一体化创造条件,以及打击国际恐怖主义。”从上述规定的出口监督目的来看,出口监督与履行俄罗斯在对外军事技术合作领域的国际条约义务有着直接关系。

2. 关于出口监督原则

《出口监督法》规定了出口监督原则,即:俄罗斯联邦实行统一的国家出口监督政策。这一政策是俄罗斯内政和外交政策的组成部分,实施该政策是为了保障国家安全,以及保障国家的政治、经济和军事利益。

俄罗斯制定国家出口监督政策的基础是:

- 自愿履行俄罗斯在不扩散大规模杀伤性武器及其运载工具,以及在军品和军民两用产品出口监督领域的国际义务;
- 出口监督的合法性、公开性和信息开放性;

• 首要保障国家安全利益；

• 出口监督措施的强度限定在能够达到监督目的范围内；

• 出口监督程序和规则与国际法规和国际惯例相一致；

• 为加强国际安全和稳定，以及为了防止大规模杀伤性武器及其运载工具扩散，与国际组织和外国政府开展出口监督合作。

3. 关于须接受出口监督的商品和技术清单

为了规范出口监督工作，《出口监督法》规定了须接受出口监督的商品和技术清单。相关清单由联邦政府提交给联邦总统，并由联邦总统以总统令批准。联邦政府机构要与联邦议会代表、工业和科研机构代表以及相关协会、学会的代表一起制定相关清单。

根据《出口监督法》的规定，目前俄罗斯已经制定的清单有须实行出口监督的可用于制造导弹的设备、材料和技术清单，须实行出口监督的核材料、设备、非核专用材料以及相关技术的清单，须实行出口监督的可用于核目的的军民两设备、材料和技术清单，须实行出口监督的可用于制造化学武器的化工产品、设备和技术清单，须实行出口监督的微生物、毒素、设备和技术清单。

4. 关于出口监督方法

《出口监督法》规定，对所有须接受出口监督的清单中的商品和技术除实行统一编号外，还要实行进出口许可制度和海关监督制度，并对俄罗斯相关主体的进出口业务实行检查。

5. 关于联邦政府出口监督机构及跨部门出口监督协调机构

《出口监督法》规定成立专门的联邦出口监督机构。目前该机构为俄罗斯技术和出口监督局，隶属俄罗斯国防部。该法律还规定，俄罗斯对外情况机构、安全机构和其他相关联邦机构要在职责范围内向联邦技术和出口监督局的工作提供必要协助。

为了协调联邦政府各机构的工作，以及对出口监督工作提供工作指导，《出口监督法》规定成立跨部门出口监督协调机构，并规定该跨部门机构成员应包括国家公司俄罗斯原子能公司和国家公司“俄罗斯技术公司”的代表。

（四）联邦法律《对外贸活动的国家调节基础》

2003 年 11 月俄罗斯制定了联邦法律《对外贸活动的国家调节基础》。对于俄罗斯对外军事技术合作来说，该法的重要意义是规定了俄罗斯的军品进出口所适用的联邦法律。该法第 1 条第 3 款规定，对军品进出口实行国家调节的法律基础是俄罗斯签署的国际条约、俄罗斯有关对外军事技术合作的法律以及联邦《出口监督法》。这里的“俄罗斯有关对外军事技术合作的法律”，主要是指

《俄罗斯联邦对外军事技术合作法》，以及以该法律为基础的联邦总统令。联邦法律《对外贸活动的国家调节基础》的这一规定，显示俄罗斯在相关立法方面，突出了军品出口的特殊性，这有利于形成完整的军品出口管理的法规体系。

（五）联邦法律《国家国防订货法》

1995 年 12 月俄罗斯制定了联邦法律《国家国防订货法》。该法明确规定，俄罗斯对外军事技术合作中的军品出口订货属于国家国防订货。对外军品出口合同项下的军品研制、生产等活动须纳入国家国防订货管理。

（六）联邦法律《关于俄罗斯联邦的国际条约》

1995 年 7 月俄罗斯制定了联邦法律《关于俄罗斯联邦的国际条约》，明确规定，俄罗斯所签署的国际条约、国际公认准则和国际法规范，是俄罗斯法律体系的组成部分。这一规定是重申国际条约对俄罗斯联邦的法律效力。该法规定，国际条约的形式可以是国家间条约、政府间条约、政府部门间条约等。国家条约的名称可以是条约、协议、公约、备忘录、相互函电或照会等。俄罗斯可以与其他一个或数个国家，也可以与国际组织及其他有权签署国际条约的组织以书面形式签署国际条约。

关于俄罗斯所签署的国际条约的法律效力，该法第 5 条第 2 款规定，"如果俄罗斯所签署的国际条约规定了与俄罗斯法律不同的规则，则适用国际条约的规则。"这一条款明确规定了，在俄罗斯境内国际法高于国内法。该法第 5 条第 3 款还有一项重要规定，即"已经正式公布的俄罗斯所签署的国际条约的条款，不需要再制定国内相关法规就可以在俄罗斯直接生效。而国际条约的其他条款，则需要制定相关的配套法规后才可以在俄罗斯生效。"

《关于俄罗斯联邦的国际条约》第 32 条规定，联邦总统和联邦政府可制定措施以保障履行俄罗斯所签署的国际条约。与具体国际条约相关的联邦政府机构及其授权机构，要在权限范围内保障履行国际条约规定的俄罗斯联邦的义务及行使相应权利，并监督国际条约其他签署方对条约义务的遵守情况。对外方的义务遵守情况的监督，统一由联邦外交部负责组织实施。

根据《关于俄罗斯联邦的国际条约》的规定，所有与军品出口管理与监督相关的国际条约，都适用该法的规定。《关于俄罗斯联邦的国际条约》使得所有与军品出口管理与监督相关的法律与俄罗斯的相关国内法构成了完整的法律体系。

俄罗斯在军品出口领域对国际条约权利与义务的遵守和履行情况，在此后相关章节介绍。

二、有关军品出口管理的联邦总统令

如前所述，俄罗斯联邦总统令有着与联邦法律相同的法律效力。俄罗斯根据联邦宪法制定联邦法律，根据联邦法律发布联邦总统令以及制定联邦政府决议，联邦政府机构则根据联邦总统令和联邦政府决议制定相关行业法规。与《俄罗斯联邦对外军事技术合作法》一样，联邦总统令是调节俄罗斯对外军事技术合作活动的最重要的法律。

（一）总统令《俄罗斯联邦对外军事技术合作问题》

2005 年 9 月俄罗斯联邦总统根据《俄罗斯联邦对外军事技术合作法》的要求，发布了第 1062 号令《俄罗斯联邦对外军事技术合作问题》。该总统令批准了对外军事技术合作十分重要的五个条例和部分文件。这些条例和文件，是俄罗斯对外军品出口工作中最重要的指导性法规。

（二）联邦总统令《关于俄罗斯对外军事技术合作的若干问题》

2007 年俄罗斯联邦总统发布了第 54 号令《关于俄罗斯对外军事技术合作的若干问题》，明确限定了俄罗斯军品出口主体。总统令对军品出口主体的限制，表明俄罗斯军品出口管理的高度集中和垄断。根据总统令，俄罗斯军品出口主体是联邦总统批准成立的专职国家中间公司、国家公司“俄罗斯技术公司”和符合《俄罗斯联邦对外军事技术合作法》规定条件的军品研制和生产企业。

（三）关于俄罗斯国防出口公司的总统令

俄罗斯国防出口公司是俄罗斯军品出口领域的超级国家垄断企业。俄罗斯国防出口公司的地位是由联邦总统的命令规定的。

（四）联邦总统令《关于联邦军事技术合作总局》

2004 年 8 月俄罗斯联邦总统发布《关于联邦军事技术合作总局》的命令，把原联邦对外军事技术合作委员会直接改组为联邦军事技术合作局，并批准了《联邦军事技术总局条例》。根据总统令，联邦军事技术合作总局人员编制为 350 人（不计办公楼安保和维修人员）。

（五）关于禁运制度的总统令

1993 年 2 月俄罗斯联邦总统发布了《关于停止向外国及独联体国家出口武器、军事装备、军事技术合作类服务以及出口军用和军民两用原料、设备和技术

的制度》(简称“禁运制度”)的命令,并批准了禁运制度执行条例。

三、有关军品出口管理的联邦政府决议

联邦政府决议在俄罗斯法规体系中起着重要的常规调节作用。制定联邦政府决议是落实联邦法律和联邦总统令的必要环节。联邦政府决议规定联邦法律和联邦总统令的具体实施程序、步骤和规则。所以,可以说联邦政府决议直接关系到联邦法律和联邦总统令的实施效果。

在军品出口管理领域,俄罗斯联邦政府的主要决议如下:

(一)《关于批准在俄境内外举办军品实物国际展示活动的条例》的联邦政府决议

2007 年 6 月俄罗斯联邦政府制定了《关于批准在俄境内外举办军品实物国际展示活动的条例》的决议。联邦政府批准的条例是俄罗斯参加和举办所有军品展示活动的法规基础。

(二)《关于批准对外国授权机构按规定目的使用俄罗斯出口军品的义务履行情况进行监督的条例的联邦政府决议》

2006 年 10 月俄罗斯联邦政府制定了《关于批准对外国授权机构按规定目的使用俄罗斯出口军品的义务履行情况进行监督的条例的联邦政府决议》。俄罗斯按照规定对外国进口方使用俄罗斯部分出口的军品实行监督,是俄罗斯军品出口管理制度和监督制度的重要内容。按规定目的使用俄出口的军品,是指外国进口方按照在签署合同前提供的,由其所在国主管机构签署的最终使用者承诺书中做出的“按声明的目的使用俄出口军品”的保证。

(三)《关于批准制定可出口军品清单和军品可出口国家清单的规则的联邦政府决议》

2007 年 12 月俄罗斯联邦政府制定了《关于批准制定可出口军品清单和军品可出口国家清单的规则的联邦政府决议》,这个决议批准的制定两个清单的规则,对俄罗斯的军品出口管理有重要意义。

(四)关于对军事技术服务及军品研制、生产、出口实行监督的联邦政府决议

1999 年 10 月俄罗斯联邦政府第 1109 号决议批准了联邦政府机构对军事技术服务及军品研制、生产、出口实行监督的条例。联邦政府的决议指出,实行监

督的目的是为了完善俄罗斯与外国的军事技术合作，防止对俄罗斯的国防造成损害。对军事技术服务和对军品研制、生产和出口监督，包括实施一系列措施的目的是保障俄罗斯军品出口主体的活动完全符合对外军事技术政策规定的目标、符合法律规范以及俄罗斯所承担的国际义务。

（五）关于向联合国、欧安组织和瓦森纳协定成员国提交常规武器出口信息的联邦政府决议

2003 年 5 月俄罗斯联邦政府第 302 号决议批准了向联合国“常规武器登记”和欧安组织所有成员国提供常规武器出口信息的条例，以及向瓦森纳协定成员国提供向非瓦森纳协定成员国出口常规武器的信息的条例。制定这两个条例的目的，是为了履行根据联合国大会 1991 年第 46/36L 号关于“军备透明”的决议，以及欧安组织安全合作论坛 1997 年第 13/97 号的决议俄罗斯所承担的国际义务。两个条例规定了提交武器出口信息的制度、程序、方式和内容，构成了俄罗斯作为世界军品出口大国在履行相关国际义务方面的主要内容。

四、有关军品出口管理的其他法规

由于军品出口的特殊性，在与出口相关的各环节会涉及不同的联邦部门。在联邦法律、联邦总统令和联邦政府决议（令）的规定范围内，各联邦部门也拥有制定和发布法规的权力。这些法规的作用范围有着严格的限制，且与其他同级法规相矛盾。这些部门法规对保障军品出口管理效率和监督效果有着重要作用。

（一）有关军品出口管理的国防部长令

国防部长令在国防部系统内有着普遍的法规效力。国防部长令对于落实联邦法律和联邦总统令及联邦政府决议起着重要的措施和方法保障的作用。

（1）关于军品出口许可证审批和发放工作细则的部长令；

（2）关于联邦军事技术合作总局的军品出口决策工作细则的国防部长令；

（3）关于对出口产品的军品属性认证制度的国防部长令；

（二）有关军品出口管理的联邦军事技术合作总局令

俄罗斯联邦军事技术合作总局的命令，在相应部门内及对相关部门和主体也具有法规效力。如同联邦国防部长令一样，是为了在工作中以及规范的制度下落实联邦总统令和联邦政府决议的要求。

第三节 俄罗斯国防科研生产能力调整重大活动的审查

俄罗斯对军工资产相关重大经济活动监管主要包括三个方面的主要内容:一是对国有股份制军工企业军工资产的监管;二是对非国家控股的涉军企业军工资产的监管;三是对外资并购军工资产的监管。其中,前面两项属于俄罗斯军工资产股份制改造、私有化及其监管,后面一项属于对外国资本监管的内容。

一、军工资产上市的监管

苏联解体后,俄罗斯国防工业的生存和发展受到了前所未有的挑战。俄国防工业综合体的机构重组(或称结构改革)以及所有制改革(也称私有化)一直被看作是发展俄国防工业的一个根本因素。

俄罗斯国防工业的私有化被认为是按国家利益来解决国防工业中存在的某些问题的方法。但是,在2001年之前的最初阶段,私有化实际上是为了完全不同的目的而展开的。俄罗斯国防工业的私有化实际上是与俄国民经济其他部门同时开始的,并经历了三个阶段:"证券"私有化(1992—1993年);"货币"私有化(1994—2000年);重组和一体化进行之内的私有化(从2001年起)。

在第一阶段,私有化按俄罗斯联邦1991年7月3日《关于俄罗斯联邦国家和地方企业私有化》的法令和一系列俄联邦总统令实行。这次私有化没有考虑当时的时代特殊性,私有化的唯一目的就是摆脱国家所有制的桎梏、充实国家预算。这一阶段,通过瓜分原来的科学—生产体系而新建立和出现的科研、生产方向的各种股份公司,大部分不能很快适应正在形成的市场条件,或者破产,或者结果不令人满意(俄罗斯国内外研究者的结论着重指出,俄罗斯企业或机构的工作效率,取决于经营管理的水平,几乎很少与所有制形式有关)。

据统计,从俄罗斯经济改革初期的1991年底(此时国防工业综合体的企业和机构有2 160家)到大规模私有化的1995年,约26%的国防工业的企业转变为国家参股的股份公司,约16%的国防工业企业完全脱离了国有隶属关系并转向民品生产。

1993年8月总统令及政府分别发布的两个命令,揭开了俄罗斯国防工业第二阶段的私有化的帷幕。"证券"私有化阶段结束后,按俄联邦总统令,开始了长时期(1994—2001年)的国家所有制的"货币"私有化。

至2000年,国防工业综合体的共1 631家企业与机构中,国家单一体制企业

(国企)占43.0%(701家),股份制占57.0%(930家)。在股份制企业中,国家不参股的占49.5%(有460家),国家参股的占50.5%(470家);股份制企业中,生产战略意义产品占38.0%。在国企中,允许股份制的企业占37.9%(266家),不允许私有化(战略企业)的占62.1%(435家)。从后来对货币私有化的结果进行分析可以看出,按照大规模私有化操作法和在此阶段形成的各种方法对国防企业进行私有化是完全没有意义的(1996年的立法计划中首次提出了要注意国防企业私有化的特殊性)。

第三阶段的私有化(重组和一体化进行之内的私有化)是最具理性的。它实际上开始于2002年,也即是在《2002—2006年改革与发展国防工业》联邦专项计划和2001年12月制定的《关于国有和地方资产私有化》联邦法通过之后。这一阶段的私有化,确定了改革的两个基本机制:优化国防工业结构,按国防工业活动的基本方向建立一体化结构。

俄罗斯政府在建立股份公司方面的意图是保持至少51%的国家所有权股份(金股,也叫监督股),这反映出国家决心在事关国家安全的关键部门加强对国防工业股份制公司的控制权。2004年,参与俄罗斯军贸销售前20位的国防工业综合体的公司总收入为85.29亿美元,其中国有公司赚得71%的份额(约60.70亿),而同比2002年,相应的比例份额为59%。

二、涉军单位兼并重组的审查

(一)对国有军工股份的监管由派遣国家代表管理向实行委托管理转变

对国防工业企业中国有股份的管理经历了从派遣国家代表管理到实行委托管理的变化过程。起初,国有股份由国家派遣到股份公司管理机构中的代表管理,两年多的实践表明这种制度是无效的,因为作为代表的官员缺乏专业能力和责任心,不能胜任这种管理职能。为了提高管理效率,现在俄罗斯改为实行委托管理制度,即按照商业条件将国有股份转交自然人或法人来管理。被委托人的选择要通过投标的办法来确定。俄罗斯认为,国有股份委托管理不可能解决所有问题,但可以为国家控股或参股股份公司的管理提供一个新的推动因素,提高其管理效率。

(二)在非国家控股的重要国防工业配套企业里实行国家参与管理特别权利

俄罗斯新私有化法规定,政府可以在国家不掌握股份的重要企业实行国家

参与管理特别权利(黄金股)的措施。在这种情况下,掌握黄金股、使用参与管理特别权利的政府,要委派国家在开放型股份公司董事会(监事会)和监察委员会中的代表。国家代表是开放型股份公司董事会(监事会)的成员。行使黄金股权利的特点不是多数票通过,而是"一票"否决制,以此保证股份公司的重大决策能符合国家、企业和劳动者的共同利益。黄金股是保证股份公司把企业效益原则与国家政策协调起来的重要管理方式。

第四节　俄罗斯典型案例

一、鄂木斯克运输机械制造厂

鄂木斯克运输机械制造厂曾是与乌拉尔车辆厂并驾齐驱的大型坦克生产厂,该厂以前主要生产 T-80 坦克及其改进型 T-80У 和 T-80УК 坦克,其产品大量装备俄罗斯陆军并销往国外。但是在俄罗斯国防部停止采购 T-80 坦克之后,该厂的经济状况急剧恶化。最初,该厂主要依赖出口得以生存,1996 年分别向埃及和韩国出售了 41 辆和 33 辆,合同总额为 2.6 亿美元。几年前,该厂下设的运输机械制造设计局还研制了一款新坦克——"黑鹰"坦克。该厂还多次参加国际防务展,试图跻身国际市场,但是一直不太成功,主要原因是其坦克造价高且舒适性差。2001 年,国防部最终决定为军队采购乌拉尔车辆厂生产的 T-90 坦克,这对鄂木斯克运输机械厂更为不利。

2001 年上任的新厂长和州政府试图摆脱这种状况,制定了生产矿山开采设备的方案,并与一家捷克公司进行了关于创建生产重型自卸卡车的合资公司的谈判,但是由于缺乏周转资金和身为国有企业等多种原因,这些项目都没有进展。到 2002 年年初,该厂的债务累计达到 8.34 亿卢布,而 2001 年的产值仅为 2.21 亿卢布。2002 年 2 月,鄂木斯克运输机械制造厂开始改组。

2002 年 12 月 16 日,鄂木斯克运输机械制造厂债权人会议以 90% 的票数通过了把外部管理引入该企业的决议。当时的改组计划为:该厂下属的运输机械制造设计局成为装甲车辆研制和维修企业,为此向其转让 3 万平方米的场地(生产坦克所必需的车间)和部分人员,同时在鄂木斯克运输机械制造厂的基础上注册新的企业。

2003 年 3 月,鄂木斯克运输机械制造厂制定了在 18 个月内完全消除约 10 亿卢布的债务并扭亏为盈的计划,其中包括把坦克研制任务转给运输机械制造

设计局,今后该厂将主要生产铁路车厢。根据鄂木斯克运输机械制造厂的改组计划,该企业将被拆分为3个股份公司,第一个从事铁路车厢的生产,第二个从事汽车拖拉机的生产,第三个生产包括坦克在内的军品。2004年2月,鄂木斯克运输机械制造厂债权人委员会批准利用该厂的生产能力成立一家新企业——鄂木斯克车辆厂(Омсквагонзавод)股份公司,该厂将主要从事铁路设备和拖拉机的生产。2004年3月1日,Омсквагонзавод完成了注册,其注册资金为9.7亿卢布,51%的股份属于鄂木斯克运输机械制造厂,49%的股份属于莫斯科"Мегатранскор"投资公司。2006年3月,鄂木斯克州仲裁法院做出了撤销"Омсквагонзавод"股份公司的决定,该公司的资产被返还运输机械制造厂。

2004年12月,债权人委员会决定延长对鄂木斯克运输机械厂的临时管理,以便完成子公司的组建。到2005年1月,外部管理计划并没有完成。2005年6月,鄂木斯克州政府讨论了正在经历破产程序的鄂木斯克运输机械制造厂的未来,并决定组建从事装甲装备生产的企业,因为没有这样一个企业就无法解决T-80坦克的改造问题。虽然这项工作也可由其他企业来完成,但是需要投入大量资金,最佳方案是在鄂木斯克恢复T-80的生产,资金可通过国防订货和发展拖拉机和车辆生产来解决。此外,目前有一些国家非常需要T-55和T-62坦克的备附件。关于鄂木斯克运输机械制造厂的去留和下一步工作的问题,军方的观点非常明确,他们认为,为了确保俄罗斯的国防力量,必须保留该厂。

2005年6月举办的鄂木斯克防务展的主要结论之一即是保留鄂木斯克运输机械制造厂。俄罗斯联邦工业局副局长承诺,该企业将获得战略企业的地位以及约5亿卢布的国防订货。鄂木斯克州政府认为,这一数额的资金仅足够保存该厂的技术潜力。为了正常生存,该厂还需每年生产约10亿卢布的军品。

2005年7月,俄罗斯联邦工业局、鄂木斯克州政府和鄂木斯克运输机械制造厂的代表讨论了工业局提出的计划。根据该计划,T-80坦克的生产将由一家独立的100%归国家所有的股份公司来完成。鄂木斯克运输机械厂的其他财产将出售,以消除新股份公司的债务。只有这样才可以向该厂下达国防订单,并且不必担心这些款项会挪作他用。国防部计划每年调拨7亿卢布用于T-80坦克的改造。但是州政府不同意该计划,并认为应当保存整个生产链,因为没有铸造车间和机械组装工段就无法进行坦克的生产。如果联邦工业局认为调拨的款项会被债权单位控制,可以与机械制造设计局签订合同。而且按照工业局的计划,在组建新的股份公司时仅有870个工作机会,其他人则将失业。最后,会议决定在鄂木斯克运输机械制造厂的基础上组建从事T-80坦克生产的股份公司的事宜推迟到2005年年底。

2007 年 1 月,在俄罗斯军事工业委员会会议上做出了完成鄂木斯克运输机械厂破产程序的决定,在 7 月 1 日前联邦预算将耗资 11 亿卢布来消除工资债务和收购用于生产 T－80 坦克以及装甲车辆维修和改造的设备和场地。2007 年 3 月,军事工业委员会做出了在鄂木斯克运输机械厂的基础上成立俄罗斯维修改造中心的决定。该中心将主要从事俄罗斯军队装备的鄂木斯克运输机械制造厂生产的 T－80 坦克的维护,负责把 T－80Б 和 T － 80БВ 坦克升级至 T － 80У 的水平。预计 2007 年年底该中心将加入以乌拉尔车辆厂为首的控股公司。至此,鄂木斯克运输机械制造厂的定位已经最终确定,该厂将从事装甲装备的维修,其下属的设计局也将保留,该企业已经度过了最艰难的时期。俄罗斯武装力量武器主管处副主管则宣布,鄂木斯克运输机械制造厂将加入坦克装甲车辆－火炮控股公司——乌拉尔科研生产联合体股份公司。该厂将从企业的总体结构种分离出来,与运输机械制造设计局联合起来进入控股公司,这样就可以保留能够生产新的 T－80 坦克和改造与维修已生产坦克的生产场地。

2007 年 3 月底,俄罗斯政府下设的军事工业委员会委托俄罗斯财政部和国防部在 10 日内确定消除鄂木斯克运输机械厂债务的方案。该厂即将结束竞争生产程序。政府计划从预算中划拨 11 亿卢布来支持对该企业动员能力的收购,而这些动员能力是建立从事 T－80 坦克维护的维修改造中心所必需的。有消息称,俄罗斯维修改造中心将每年改造 450 辆坦克,这是一笔数额非常大的订单。目前,俄军共装备有约6 000辆 T－80 坦克。

到 2007 年 7 月,拯救鄂木斯克运输机械制造厂的计划仍未启动,各个联邦权力执行机关(国防部、联邦工业局和联邦税务局)关于该厂的命运未达成一致的协议。政府预防破产委员会提出了解决问题的以下方案:停止破产并在该厂和运输机械制造设计局的基础上组建维修改造中心。俄罗斯计划每年为维修改造中心下达 7 亿多卢布的国防订货。到 2007 年 6 月,鄂木斯克运输机械制造厂的债务累计达 16 亿卢布。根据俄罗斯法律,不允许把预算资金拨付给曾经处于破产状态的企业,因此需要由俄罗斯政府把这笔预算转交给指定的中心,由后者收购鄂木斯克运输机械制造厂的债务和财产。

2007 年 10 月下旬,俄罗斯联邦工业局召开了关于鄂木斯克运输机械制造厂恢复生产的会议。会议日程中包括 4 个问题:2008 年的国防订货;开展拖拉机生产;组织车厢和铸造生产;根据俄罗斯政府批准的鄂木斯克运输机械制造厂财政状况恢复计划,在该厂和运输机械制造设计局的基础上成立维修改造中心。该厂的部分生产能力将由车里雅宾斯克拖拉机厂——乌拉尔拖拉机厂接收,后者将与乌拉尔车辆厂一起计划利用该厂的设备生产 PT－160 轮式拖拉机。此外,

乌拉尔车辆厂还谋求获得该厂的铸造生产设备和生产货运车厢的设备。

二、俄罗斯国防出口公司

俄罗斯国防出口公司于 2000 年 11 月 4 日由俄罗斯总统签署命令(No. 1834)成立。是目前俄罗斯唯一的国家军品进出口商和专门对军品及技术出口进行宏观调控和指导的机构。该公司代表了俄罗斯著名的武器品牌和先进的军事科学与技术基础。它与 60 多个国家开展军事技术合作,主要客户为包括印度在内的第三世界国家。该公司主要业务包括:出口各种常规武器、军用和两用硬件以及战略性原材料和炸药;后勤和维护支援,包括提供零配件、工具、附件和辅助设备;建造永久性防务设施,包括武器制造厂、机场、军械库、射击场、训练设施及其他设施;提供许可证允许的武器生产所需的各种材料部件和零配件;对以前提供的武器系统进行改造和维护,在俄罗斯或客户所在国进行人员培训。此外,该公司还提供维和、执法和特种作战所需的军用和两用设备以及反恐和反走私装备。

截至 2010 年 11 月 4 日,俄罗斯国防出口公司成立 10 周年之际,公司总经理阿纳托里·伊赛金向俄罗斯和国际媒体介绍了公司 10 年来的主要成就。

俄罗斯一直在寻求加强与其他国家的互利伙伴关系以维护本国的安全,所以军事技术合作是俄罗斯对外政治和经济活动不可分割的一部分。军事技术合作促进了俄罗斯国防工业体系的发展,推动了新型武器型号的研制和试验设计工作以及对现有武器型号的现代化改造,同时提供了大量工作岗位,有利于社会问题的解决。

作为一个经营主体,俄罗斯国防出口公司虽然具有一定的经济独立性,但完全处于国家的监管之下并且对国外用户和国内国防工业企业负责,这是其独特之处。这样的官方身份确保了国家对其所有进出口业务的支持。

目前,俄罗斯 80% 以上的武器和军事技术出口都由国防出口公司负责,出口额年平均增加 5 亿 ~7 亿美元,从 2000 年的 21 亿美元增加到 2009 年的 75 亿美元。该公司成立以来,从根本上扩大了俄罗斯武器和军事技术出口的范围,目前其出口业务已涵盖世界上 70 多个国家。国防出口公司的武器出口都严格按照国际准则进行,同时充分考虑地区武力平衡。公司特别注意禁止世界范围内不合法的武器扩散,避免恐怖分子和极权制度国家获得武器。

国防出口公司每年提供给国外用户的军用产品种类逐年增加,目前已有数千种产品处于国际领先水平,而某些产品的质量水平甚至更高。另外,大部分俄罗斯武器和军事技术的费效比都优于其国际竞争对手。

近年来,国际用户对军用航空产品的需求最迫切,主要是苏 - 30MK 和

米格－29战斗机。2010年，战斗机的出口占该公司总出口的40%，装甲技术、陆军和海军武器的出口分别占16%到19%。对于向已具备防御能力的采购国出口的技术，国防出口公司始终致力于帮助贸易伙伴掌握和熟练应用该技术，从而使整个系统准确、快速、协调而有效地工作。这样既提高了整个系统的工作效率，又降低了总成本，减少了相应基础设施的建设费用。

到目前为止，俄罗斯国防出口公司定购总额已经达到400亿美元，2010年武器出口额超过100亿美元。印度是该公司最大的进口国之一，除此之外，越南、马来西亚、叙利亚以及阿尔及利亚、委内瑞拉是其主要用户。

俄罗斯国防出口公司一直在积极拓展出口市场。其中，拉美国家是其首选。该公司不仅与委内瑞拉签订了合同，还与墨西哥、秘鲁、哥伦比亚、巴西、古巴建立了贸易伙伴关系。俄罗斯还为向智利、乌拉圭、厄瓜多尔和中美洲国家出口创造了良好条件，并继续加强与东南亚国家（越南、印度尼西亚、马来西亚）以及中东、近东、北非国家的军事技术合作。在过去的十年间，俄罗斯国防出口公司与国外用户签订了14 000种协议，接待代表团3 500余个。

俄罗斯国防出口公司还积极开展与独联体国家和集体安全条约组织的军事技术合作。这方面比较活跃的国家有白俄罗斯、哈萨克斯坦等国。鉴于许多独联体国家和集体安全条约组织国家都装备苏联和俄罗斯研制的武器，与之合作的优势很明显。俄罗斯对这些国家提供优惠政策，军事技术合作形式呈多样性。考虑到用户的需要，俄罗斯努力使其军事技术符合北约标准，供货范围不断扩大，一些北约国家如土耳其、希腊以及东欧国家对采购其防空武器系统、直升机、装甲技术、近战武器和弹药表现出巨大的需求，这些武器装备的战术技术指标都符合北约标准。

目前，俄罗斯国防出口公司在与国外贸易伙伴的合作中不断实现自我完善。如果说以前只出口武器型号或某项军事技术，现在还向用户提供整个寿命周期的服务，包括维护、现代化改进及老旧武器装备的利用。与此相适应，许多用户国家都修建了维修基地、维护中心，作战和技术人员都得到培训，印度的一家工厂还获得了T－90C主战坦克的生产许可证。俄方还有专业公司负责舰艇、战斗机和直升机的售后服务工作。

近几年，俄罗斯国防出口公司专用产品的出口稳步增长。专用武器和专项技术设备出口的绝对值占俄罗斯国防总出口的1%，是俄罗斯国防出口公司增长速度最快的业务之一。在2008—2010年间，专用武器出口扩大了4倍，这首先是因为俄罗斯参加了国际反恐斗争。

现在，俄罗斯国防出口公司与国内700多家国防工业企业有业务关系，它们

中的许多单位在若干年前就有产品出口到国外。俄罗斯国防工业企业的产品质量不断提高，包括许多以前落后于竞争对手的领域，如基础元件、新材料、微电子、计算机和纳米技术等。

俄罗斯国防出口公司致力于寻求使俄罗斯产品走向国际市场的新的高效的发展方式。首先，通过分析潜在用户的需求，采取主动出击式的销售政策；其次，积极参与国际所有主要航展。为增强航展的广告宣传效果，以现代三维模拟和可视化为基础，该公司开发了互动式展示系统，从而加深了人们对产品的印象并可吸引更多人参观。

俄罗斯国防出口公司十分注重对青年专家的培养。该公司与俄罗斯技术公司和国防部下属的莫斯科国立国际关系学院合作，制定和实施了高等职业教育培养计划，培养军事技术合作和高技术领域管理人才。2010 年，第一批学员毕业，15 名毕业生进入俄罗斯国防出口公司的不同部门工作。

俄罗斯国防出口公司的人员管理政策一直是多层面的，不仅深化和强化人事工作的主要方向，而且利用所开发的人员管理专用 IT 系统，将其整合到统一的企业人力资源管理系统之中。由于制定和实行有效的人员管理政策，俄罗斯国防出口公司的人力资源部在 2007 和 2008 年获得俄罗斯最佳人力资源管理部门的光荣称号。

三、俄罗斯战术导弹公司

在俄罗斯实施《国防工业体系重组和发展（2002—2006）》专项计划的框架下，2002 年 1 月 24 日，俄罗斯总统普京签署第 84 号令，宣布组建战术导弹武器无限股份公司。2003 年 3 月，公司正式注册成立。战术导弹公司是俄罗斯排名第三的军工企业。根据俄罗斯总统法令，战术导弹公司成立的目的是综合并高效地利用现有资源，保持俄罗斯在战术导弹研制和制造领域的发展和建设，以此巩固国家的国防实力，增强俄罗斯在国际军火市场的竞争力。战术导弹公司的战略目标为保持和发展导弹制造潜能，保证俄罗斯的国防力量，集中资源以研制高效导弹和陆海空基武器系统，并加强俄罗斯在世界武器市场中的地位。

2010 年 5 月 13 日，战术导弹公司董事会通过了创新发展决议。2010 年 8 月 3 日，俄联邦政府高技术与创新委员会通过决议，批准了战术导弹公司提出的创新要求和建议。在此基础上，战术导弹公司制订了 2020 年创新发展计划。2011 年 4 月 14 日，董事会批准了该计划。战术导弹公司创新发展的战略目标是通过有效创新，在保持和巩固武器市场竞争地位的基础上，动态、长期、稳定、平衡地发展，包括在推进有突破性产品及其市场需求方面取得领先地位。为实现创新

发展战略目标,该公司认为必须积极发展新一代航空杀伤武器、水下武器,完善现有技术,研究和采用下一代技术和新方案,在先进科学技术的基础上,提高生产技术和工艺水平。

创新发展计划确定了如下基本任务:

• 进行科技储备,发展创新潜能,完成国家武器计划和国防订单;

• 保持和扩大市场范围;

• 整合设计、生产和试验基地,进行技术改进和产品升级换代;

• 完善创新发展管理体系和机制,首先体现在科研成果利用和知识产权保护方面;

• 筹措科研经费,研制、开发、生产有竞争力的创新产品,并推向市场;

• 在对外经贸合作领域提出创新措施;

• 有针对性地提高员工的发展潜能。

(一)人力资源保障

为更好地实施创新发展计划,公司积极采取措施,有针对性地提高员工业务水平,其主要体现在以下几个方面:

• 根据公司所属企业的科研专业特点,公司参与制定专业教育标准,针对员工的受教育水平,提出相应的水平提高要求;

• 在大学生中为公司所属企业定向培养高技能人才(初次职业培训),便于其很好地承担科研生产计划;

• 定向再培训或提高公司所属企业员工的技能;

• 组织实习,让高校大学生毕业前到相应企业实习,尽量使其毕业后很快适应企业的实际工作;

• 实施专家培养计划。

俄罗斯国防军工公司及所属企业都有自己培训员工的对口高校,例如战术导弹公司(主导企业)的对口高校有莫斯科航空学院、莫斯科国立理工大学、莫斯科国立鲍曼理工大学、俄罗斯国立齐奥尔科夫斯基工艺大学(МАТИ);礼炮公司的对口高校为萨马拉国立航空航天大学;图拉耶夫联盟机械制造设计局的对口高校有莫斯科航空学院(国立理工大学)、莫斯科国立鲍曼理工大学,俄罗斯国立齐奥尔科夫斯基工艺大学;自动化设计系统科研中心的对口高校为俄罗斯国立齐奥尔科夫斯基工艺大学等。

在创新发展计划中,战术导弹公司对2011—2014年各专业人才的需求数量做出了详细而明确的规定,如需设计工程师70~80人,工艺工程师50~60人,需

光学专家、可靠性专家、专利和发明工作专家若干人等。2011—2014 年公司人员的专业培养、轮训和技能提高的主要方向有航空工程、航空，导弹和航天技术、航空，导弹和航天热工技术、工艺过程和生产自动化、飞行器发动机、信息系统和技术、自动化系统的信息安全、信息与计算机技术（计算机技术和自动化系统软件）、电子产品设计与技术、机械制造中的设计—工艺支持、冶金，机械制造和金属加工、应用数学、仪器仪表制造、无线电电子系统、飞机和直升机制造、步兵火炮、大炮和导弹武器、飞行器传动系统、专用车辆等。

（二）各类武器研制

战术导弹公司创新发展计划中的各项措施，涵盖了科技发展、武器试样及其组件的战术—技术—经济和使用指标改进方面的所有最重要方向。表 8－1 列出了各类武器的研制方向。

表 8－1　俄罗斯战术导弹公司各类武器的具体发展方向

武器	研制方向
航空杀伤武器	全天时全天候应用； 高精确制导和强目标识别能力； 具有作用于目标区的优选通道； 抗干扰能力强； 具有自动目标识别功能的导引头和机载控制系统； 能够在仪表（信息）不完备的条件下使用； 制导导弹至群目标的给定单元； 提高射程，进行防区外打击； 通过降低自身特征、提高速度和采用特殊弹道提高武器的生存能力； 与载机的信号交联尽可能少； 能够传输所杀伤目标和命中结果的数据； 运输尺寸小，能够共形配置或在机体内配置； 升级改造可能性大，可不断提高作战质量，降低研制、试验和批生产费用； 制造工艺性高，快速补充备件的成本低
空空导弹	具有较高的动力－弹道特性，可保证先敌打击； 多通道，自主性，全方位应用； 可打击多种目标（有人驾驶飞机、无人机、高速目标、低速目标和高低空目标）

表 8-1(续)

武器	研制方向
多用途空面导弹	选择附效应最小的地面目标进行击毁; 从同一载体齐射群目标和分散目标,通过超视距系统实现目标识别和自主制导; 能在城区使用; 能在空中重新瞄准; 能挂载(包括内置)各类前线航空兵与远程航空兵飞机
反辐射导弹	整个飞行过程中的平均弹道速度高; 根据无线电技术图像识别群目标中的给定目标,并制导导弹至该目标; 导弹作用于目标的外露部件时,战斗部适时爆炸; 在敌-我状态下能够确定目标属性; 能在飞行中重新瞄准
反舰导弹	超低空掠海飞行; 平均飞行速度高; 超声速导弹采用组合弹道飞行; 能够识别群目标中的给定目标,有选择地将导弹导向群目标或大尺寸目标的部件
航空炸弹	最大限度地降低质量-尺寸指标,从而增加载弹量,同时实现精确制导; 飞行高度和速度范围较大,包括低空和超低空飞行; 一次进攻中,单射和齐射一个或几个目标; 配备多用途作战装备,保证有效打击多种目标; 配备可控爆炸装置,有选择地打击相应目标; 采用通用化和模块化设计
此外,对于多用途鱼雷、水下高速导弹、防水雷系统等都提出了具体发展方向	

(三)产品开发、生产与推广

战术导弹公司所属企业实施的产品创新方案的具体措施如表 8-2 所示,该方案将为俄罗斯的科学、工艺和技术的发展做出贡献。

表8－2 俄罗斯战术导弹公司产品创新方案的具体措施

	具体措施
开发产品方面	采取有效的符合实际的科研政策，该政策可保证完成国家装备计划、国防订单，通过改进传统的航空、地面和海上武器系统、研制有突破性的相应产品，保持和扩大市场占有份额，进行与公司未来产品发展方向相适应的技术储备
整合设计和生产、技改、产品升级换代和研制全新产品方面	执行统一的科研政策，保证国家装备项目、国防订单、国家和联邦专项计划及出口合同的完成； 缩短研制周期，减少研制费用，提高设计质量，降低创新风险； 实现技改和生产方案，落实整合措施； 在公司技术中心、高效专业生产中心的基础上，实现生产专业化，包括为其配备先进设备、高效机床和装置； 发展生产合作关系体系； 在公司所属企业及整个公司发展信息技术，建立统一的公司信息系统； 发展质量监督体系
筹措资金、研制有市场竞争力的创新产品方面	对承担的国家装备计划、国防订单、国家计划、联邦专项计划及其他计划进行充分论证，提出保证上述任务完成的研制经费申请，按照所论证的合同价签署合同； 积极从事产品推介活动，组织展览，以便与国内外用户签署合同； 参与国家技术平台的搭建并推动其发挥作用，同时鼓励至少搭建战术导弹公司科研生产领域的一个技术平台； 参与建立和推动区域创新集团，参与区域创新项目与计划，包括与国家管理局下属的区域组织签署关于与小型企业开展区域创新合作的协议，以促进区域的创新发展； 由公司下属企业出资成立科技发展基金会，合理使用其资金，促进公司的创新发展； 减少生产和销售成本，提高利润，包括：调整公司所属企业降低成本的计划，优化生产结构和工艺环节、消除薄弱环节，减少材料用量和劳动量、缩短产品研制周期，提高单位生产效率，保证元器件、结构件和工艺的通用化和标准化； 提高能效； 提高劳动生产率； 对于闲置资产进行转型或出售，出售非专业资产，制定和实施利用公司所属企业资源提高效率的计划

(四)与潜在伙伴的合作

战术导弹公司创新发展计划确定了对外合作的主要方式为通过技术平台，加强对外合作、与科研机构合作、与高校合作、与创新型的中小型企业合作、与Сколково新技术研制与推广中心发展基金会及地方创新集团合作。

1. 技术平台

战术导弹公司创新发展计划拟加入的技术平台主要有8个方面:空中机动性和航空技术;水下技术设备;保证俄联邦在导弹和空间技术用固体发动机领域领先的开创性技术;新型高分子复合材料和技术;高科技机械制造设备;机电一体化技术,嵌入式控制系统,无线电频率识别,机器人设计制造技术;超高频技术;内置智能系统和未来医学。

2. 与科研机构合作

为了实现创新发展目标,战术导弹公司积极与航空工业研究机构合作,主要有国家航空系统科研所、全俄航空材料科研所、俄罗斯联邦国家科学中心、茹科夫斯基中央空气动力研究所、巴拉诺夫航空发动机制造中心所、格罗莫夫飞行研究所、国家航空系统科研靶场、标准化和通用化科研所。

3. 与高校合作

战术导弹公司根据与高校及科研机构签署的协议展开合作。其共同研究的主要方向如下:建立和使用高强度复合吸波材料和透辐射材料;优化技术,气动设计;基于三维计算机仿真的未来制导杀伤武器的设计;采用新原理的未来制导杀伤武器的气动力和力矩数学模型的设计和应用;未来制导杀伤武器的作战使用仿真过程;水下武器综合控制系统的设计;水下武器导航与控制系统分析;远程监控人类活动的多功能系统的研制;基于可再生能源的电能。

4. 与中小型企业合作

为了提高科研生产工作效率,战术导弹公司积极与创新型中小型企业合作。其主要合作方向:制定基金会资金使用办法,对根据公司创新发展要求完成工作的中小型企业给予经费支持;制定并采用吸引中小型企业完成公司创新发展工作的制度;提出并实施旨在吸引中小型企业的创新发展方案;就与小型创新公司展开合作问题,公司与高校签署协议,参与这类小型公司的业务,以实现创新发展。

5. 与Сколково新技术研制与推广中心发展基金会及地方创新集团合作

战术导弹公司计划积极参加基金会的创新活动,以及公司所属企业所在地的创新发展活动。

(五)阶段目标

战术导弹公司的创新发展计划分为三个阶段:第一阶段为2011—2014年;第二阶段为2015—2017年;第三阶段为2018—2020年。表8-3为俄罗斯战术导弹公司为实施创新计划每个阶段结束所应达到的关键性综合指标。表8-4为俄罗斯战术导弹公司在2011年取得的成果。

表8-3 俄罗斯战术导弹公司的关键性综合指标

序号	关键性综合指标	各阶段指标值		
		第一阶段	第二阶段	第三阶段
1	在公司销售量中创新产品所占的份额	>50%	>80%	>80%
2	在保证产品质量且保护环境的同时,降低成本	>4%	>7%	>10%
3	劳动生产率的增长速度	≥5%/每年	≥5%/每年	≥5%/每年
4	降低生产能耗	≥5%/每年	≥5%/每年	≥5%/每年
5	公司自行投入的研制资金占公司总营业收入的比例	3.5%	>5%	≥10%

表8-4 2011年俄罗斯战术导弹公司的初步成果

序号	指标	2011年总计
1	产品销售收入(不含增值税),按现行价格计算/百万卢布	37 770
2	纯利润,按现行价格计算/百万卢布	2 757
3	纯利润的赢利率,%	7.3
4	劳动生产率(一名工人的产量),千卢布/人	1805
5	与中小型创新企业合作的项目/合同量	5
6	与中小型企业签署合同完成的业务占总预算外投入的比重/%	0.7
7	与高校合作完成的研制合同数量	26
8	支付给高校执行合同的资金/百万卢布	128
9	工人培训开支/百万卢布	21

苏联解体后,为适应国家政治、经济和军事战略的需要,俄罗斯全面调整了航天与导弹工业的国家政策。为适应国家政治与经济体制改革需要,俄罗斯航天与导弹工业也经历了10年的改革,通过转型、转产、转制、股份制改造、合并与

重组等改革措施,俄罗斯航天与导弹工业的管理体制发生了巨大变化。战术导弹公司自成立以来,在反舰、反辐射和多用途战术导弹及其武器系统的研制、批产、技术维护、导弹延寿等方面成绩斐然。

四、俄罗斯金刚石-安泰防空企业

金刚石科研生产联合体是俄罗斯最大的防空导弹系统研制企业和俄罗斯空军唯一的防空导弹系统研制企业。金刚石科研生产联合体历史悠久,其前身可追溯到第一特种设计局,又称 CB-1 设计局。该设计局成立于 1947 年 9 月,主要任务是研制地空导弹。1998 年 6 月 24 日,俄罗斯政府颁布第 625 号命令,决定于同年 12 月 9 日在金刚石中央设计局股份有限公司的基础上组建金刚石科研生产联合体(НПО)。安泰科研生产联合体也是一家防空导弹系统的设计、生产单位。

2002 年,俄罗斯开始实施《国防工业体系重组和发展(2002—2006)》目标计划,同年 4 月 23 日,根据俄罗斯总统普京签署的第 412 号令,俄罗斯金刚石科研生产联合体与安泰科研生产联合体合并,组建了金刚石-安泰防空企业,这是俄罗斯国防工业史上的一个重大里程碑。新成立的金刚石-安泰防空企业为联合股份有限公司,是俄罗斯著名的防空武器设计生产企业,也是俄罗斯最大的军工企业之一,有 46 家防御工业公司加盟,包括多家工厂、科研生产联合体、设计局和科研所。该公司总部设在莫斯科,共有雇员 9 万人。2004 年,俄罗斯总统签署第 1009 号令,将金刚石-安泰防空企业正式纳入战略防御企业。2007 年,公司迅速扩大,到现在纳入旗下的单位有 60 多家,分布在俄罗斯的 17 个区。

目前,金刚石-安泰防空企业已成为俄罗斯最大的军工企业,该企业也成为俄罗斯解决股本组成和公司管理系统的先驱者。

(一)公司发展战略

该公司的使命是满足俄罗斯在国家防御中对空(空天)防御武器和军事技术的要求以及扩大对外贸易规模。

公司的宗旨是执行俄罗斯装备计划,保持必要的机动,即军队进入战斗状态,国民经济部门转入战时状态的能力,扩大俄罗斯对外贸易规模;挖掘金刚石-安泰防空企业所属子公司的科研、生产和经济潜能;为金刚石-安泰防空企业所属子公司创造条件,促进各公司稳定发展,研制和生产高技术军品、两用产品,提高各公司在俄罗斯和国际市场的竞争能力。

公司的任务是制定金刚石-安泰防空企业的科研和生产政策;提高子公司管理水平;优化子公司的结构和组成;整合企业的各种资源,研制现代化武器,掌

握先进技术;实行多种经营,提高财政稳定性;提高生产率和产品质量;改善职工的生活条件。

公司的主要业务方向包括研制、生产防空导弹系统及其组成部分、雷达系统、计算技术设备、雷达设备、武器控制系统及其他军品、民品,并对其进行现代化改进;根据俄罗斯国防订单、出口合同及其他协议交付产品;按照批准的范围从事武器、军事技术、工程、服务、智力成果及其他军品、军民两用产品和民品的对外贸易活动,同时按照现行法律独立进行外贸活动;科技和创新项目的研究和实施;子公司的人才保障;现有产品的现代化改进及新产品的研制;提高企业及其子公司的资本化程度;开展销售和推介与展览活动。

(二)人才培养

金刚石－安泰防空企业科研人员共有约14 000人,其中1 000多人拥有学位。

为提高人员的能力和水平,金刚石－安泰防空企业在人才培养、轮训和专业能力提升方面与各大院校广泛合作。其主要机构及25家子公司积极与29家高校展开合作,其中15家高校的26个基础教研室和10个研究生部极具影响力。

到2010年底,在金刚石－安泰防空企业合作高校的基础教研室接受培训并进入企业实习的人员共有1 515人,其中414人是应届大学毕业生。为了吸引业务熟练的青年人才,企业吸纳在基础教研室培训过的高年级大学生参加工作。

金刚石－安泰防空企业设有科技委,以保证有效解决科学技术领域的问题。科技委成员包括金刚石－安泰防空企业、俄罗斯国防部科研部门的主要专家、学者以及联邦权力执行机构的代表。科技委最主要的工作方向有:分析研究防空反导(空天防御)武器与专用军事技术装备(ВВСТПВО－ПРО(ВКО))重要型号研制中迫切需要解决的科学技术问题;就科研生产发展、科技创新工作及知识密集型产品研制领域的战略问题向企业领导提出合理建议;为俄罗斯联邦军工系统科技委和军事工业委员会会议准备提案,内容涉及国家计划文件(国家武器装备规划、联邦专项纲要等)草案、武器与专用军事技术装备主要型号的总研制计划图、与金刚石－安泰防空企业工作有关的最重要的科技问题等。

总之,金刚石－安泰防空企业是俄罗斯实行股份制改革的先驱。苏联解体后,俄罗斯政府给航天与导弹工业的财政拨款锐减,许多已列入航天与导弹计划的研制和生产项目被取消或推迟,航天与导弹工业受到巨大影响。普京上台后,加大调整改革力度,改进管理体制,加大军贸出口,推行国防工业的股份制改造,并加强后备队伍人才建设,使得金刚石－安泰防空企业的发展有了新的立足点。作为军事强国俄罗斯的主要防空导弹研制企业,其主要业绩与管理模式、发展方

向值得长期关注。

五、俄罗斯的核工业企业重组

从俄罗斯整个核工业管理体系的历史来看,从1954年6月世界第一座核电站投入运行至今,俄罗斯民用核工业历经60年的发展,形成了完整的产业体系。无论是20世纪50~80年代的核工业体系大力发展阶段,还是切尔诺贝利核事故、苏联解体后发展的萧条阶段,以及90年代中期在中国核电订单帮助下的重生、后续的复苏和现在的振兴年代,核工业作为俄罗斯国家战略性发展项目的定位和地位从未改变。围绕核能国家发展战略,在国家层面和自身能力建设方面,俄罗斯一直坚持内部改革,增强自身实力以及核电外交能力,抢抓国际市场,独立发展并完善自己的独特的核工业体。

(一)管理模式改革

随着形势的不断变化,俄罗斯产业管理模式也经历了不断变革的过程。1953年,苏联成立中型机械部,负责核工业体系的管理工作;1986年成立了专门的苏联原子能部。苏联解体后,1992年成立俄罗斯原子能部;2004年,原子能部改名为国家原子能署;2007年12月,原子能署改制为俄罗斯国家原子能集团公司,核工业由政府机构改制为企业集团化运作模式。2005年11月15日,基里延科被任命为俄罗斯原子能署署长,开始从事核能管理工作。2007年12月12日,俄罗斯总统普京任命其为俄罗斯国家原子能集团公司总经理,掌控经过改制后的国家核工业的发展命运。基里延科曾经承诺通过高技术产品和服务出口每年为俄罗斯带来35亿美元的外汇收入。

机构改制之前,俄罗斯国家原子能集团公司面临着一系列的尴尬问题:芬兰洛维萨核电站扩建项目竞标失利;国内核电项目发展内力不足,150万千瓦级VVER压水堆设计经费不足;前任领导人的超级低调使得集团公司从未向政府要求增加行业项目发展的投资费用;公司领导人没有核能行业从业经历,业界对其领导能力持疑问态度。

在新的体制框架下,该集团公司进行了大规模改革。在集团公司顶层设计方面,设立了监管委员会、董事会、监察委员会、总经理、副总经理层级。其中监管委员会由9人组成,一人为集团公司总经理,其余8人由国家安全委员会常务委员、总统助理、政府副总理、政府军工委员会办公厅主任、国家法规局局长、能源部部长、经济发展部副部长、国家安全局经济局局长担任。监管会成员由总统任命,代表总统和政府负责集团公司的战略发展,委员会主席由国家安全委员会常务委员担任。董事会由总经理、集团8名副总经理(安全、预算、核武、发展及

国际业务、运营管理、创新、财务、国际合作)、1 名职能部门主任(生产体系发展部)、4 名板块负责人(核与辐射安全国家政策部、核能机械集团、燃料元件集团、核电康采恩)组成,董事会成员由监管委员会根据集团公司总经理的提名任命,为固定职位。监察委员会由国家监察委员会、财政部军费司、国家审计委员会、国防部国防工业局高管人员组成,由监管委员会批准该委员会的委员人事任命。从集团顶层设计上来看,俄罗斯核能战略方针政策由集团公司负责执行,并受总统、政府授权的委员会监督管理,公司发展战略需要经过监管委员会批准,公司的使命就是实现国家的战略思想。

在集团内部管理方面,该集团设立了科技委员会、公众委员会、仲裁委员会、活动透明度提高委员会和 15 个职能部门。其中科技委员会包括 10 个专业分委会(核能装置及核电站、核材料及燃料工艺、核电原材料、核设备制造工艺、可控热核及新能源工艺、核素,激光,等离子辐射工艺、核电新工艺平台、核能领域复合材料,环境核安全、实体保卫、核能领域经济创新)。15 个主要职能部门包括:集团生产体系发展部、总监、组织发展部、燃料循环和核电站管理部、内部监督和审计部、投资及业务效率管理部、法规部、财务部、投资部、人力部、总会计师、采购管理部、公共关系部、信息技术部、总经理秘书组。

(二)内部兼并重组

为了做大做强俄罗斯核工业,实现其世界领先目标,俄罗斯国家原子能集团公司整合了其旗下优势资源,组建了 11 大板块(兵团),分别为核与辐射板块、核能机械板块、燃料元件板块、核电板块、海外板块、ARMZ 铀矿开采板块、Uraniumone 铀业公司板块、技术出口公司(离心技术等)板块、科学与创新板块、核电工程设计及原子能出口建设板块、原子能舰船板块。此外,还与核能产业相对集中的州府、研究院所、高校签订产业园协议,建设核能产业基地,并解决一些企业的股份问题,划归集团全资控股,如解决俄罗斯核电康采恩的股份和产权划分问题,将康采恩股份 100% 转为集团公司控制。

根据集团战略精神和自身发展需求,集团公司各板块进行了资源重组。如俄罗斯三大核能设计院(莫斯科核能设计院、彼得堡核能设计院、下新城核能设计院)改名为设计工程公司,对外从事核电工程设计和总包活动;田湾核电站一期总承包商俄罗斯原子能建设出口公司被下新城核能设计工程公司兼并重组,实现其国内核能设计工程公司可保证直接参与国外项目的出口设计和承包任务及新业务的开展的目标;俄罗斯第一电力工艺设计院与彼得堡核能设计院(田湾一、二期总设计院)重组;核能机械集团将压水堆总设计院——水压机设计院、快堆总设计院——阿夫里坎托夫设计院及中央材料研究院纳入其麾下,为其核电

主设备的生产提供设计和技术支持。为了增大核能机械集团设备生产能力(现在主设备生产能力为每年 5 台),集团公司曾与俄罗斯最大核能设备制造企业伊佐尔厂进行谈判,但因股份问题,没能达成收购意向。

虽然该集团公司内部的兼并重组带来了资源配置、权力分配、人员流失等诸多矛盾问题,但肩负国家使命、内部统一、形成对外合力的体制改革也为俄罗斯核能领域注入了内部创新的活力和对外开发的动力。一些项目的建成和良好运行业绩为该集团公司赢得了声誉,并起到了良好示范效应。随着各国能源需求不断扩大,俄罗斯赢得了大量订单,进入了收获季节。白俄罗斯、土耳其、越南、孟加拉国、芬兰、匈牙利、哈萨克斯坦等国家决定与俄罗斯合作建设核电站;中国、印度、伊朗与俄罗斯继续合作核电建设。2011 年,该集团公司十年期订单金额为 500 亿美元,2013 年实现订单达 730 亿美元,计划 2014 年达到 980 亿美元,预计将突破1 000亿美元。

(三)开拓国际市场

2014 年 6 月 2 日,基里延科向总理梅德韦杰夫汇报工作时表示:俄罗斯国家原子能集团公司对外业务发展势头良好,国内将再建 8 台机组,其中 3 台机组有望 2014 年进入物理启动阶段。考虑国内用电需求弱于预期,核电建设进程也将趋缓,国外核电出口和建设项目将是其后续重点任务目标。听取汇报后,梅德韦杰夫表示,该集团公司的订单是很可观的,这不仅对俄罗斯核电会有帮助,也为集团的发展奠定了基础,并能够解决国家的经济问题。

对于开拓国际业务,该集团公司制订了长期的发展推进计划。基于对国际市场的研究,集团 11 大板块适应市场需求,积极推销其核能技术,展开务实合作,展示竞争实力。其中核能机械集团整合了核能主设备设计院、材料院和工厂,形成国内 6 大企业、国外 3 大企业年生产 5 台(套)主设备的能力;燃料元件集团向 76 台机组供应核燃料,市场占有份额 17%,其燃料生产能力占世界的 15%;技术出口公司的离心技术占国际市场 1/3 以上的份额,铀业市场更是占据了国际市场的半壁江山。

考虑市场竞争态势和提高份额占有率的局限性,该集团公司及时调整策略,拓展新的市场领域,制定企业新产品和服务清单,研发新产品和替代产品以占领市场主导地位。并且,该公司不局限于设备的出口,还以设备和设备技术为基础,推销备品备件和服务。通过对市场的细化分析和对信息的准确掌握,俄罗斯核电康采恩下属的服务公司,开展国外核电项目的备品、备件、改造支持等业务,仅第一年就获 2 亿美元订单。

体系整合和板块化运作增强了该集团公司对核能行业的领导力,并使国内

形成了良好的研究、优势互补和技术竞争气氛，与库尔恰托夫院、物理能源研究院、伊佐尔厂等一些单位保持着合作和良性竞争关系，并有助于技术进步和占领更多市场份额。集团公司高层曾表示，保持领先是集团的价值所在。通过分析形势和自身优劣，可以得出结论：俄罗斯技术是领先的，俄罗斯制造是有质量保证的，核电订单已证明了实力。据统计，俄罗斯国家原子能集团公司现有员工27.5万人；10座国内核电站，33台运行机组，8台在建机组；10座国外在建核电站项目；904家核能设备制造厂；540家核能服务机构和公司；17家燃料循环企业(312个项目)；39个核材料及放射性废物贮存场，包括3个深井废液处置场；75个研究堆；6176个辐射危险项目；109家核燃料循环领域科研实验设计单位；28个原子能船项目，其中包括8条核动力船、2个核材料库、1个液废处置厂、1个在建浮动堆。

有研究人员认为，俄罗斯的核工业体制改革是一种垄断方式的改革，从长远看，将会给别国带来巨大的技术服务垄断和利益损失，不会有出路，必须加以抵制。但从其国家战略定位和顶层设计的科学性及具体分工中坚持自主原创、注重合力、积极拓展国外市场的巧妙思路来看，俄核能领域的成功改革正是俄罗斯占领市场、实现其国家利益最大化传统的一贯表现，并且这一改革使俄罗斯整个核能产业链充满了发展动力和创新活力。

六、案例总结

(1)鄂木斯克运输机械制造厂曾是与乌拉尔车辆厂并驾齐驱的大型坦克生产厂，其产品大量装备俄罗斯陆军并销往国外。但是在俄罗斯国防部停止采购T-80坦克之后，该厂的经济状况急剧恶化。关于鄂木斯克运输机械制造厂的去留和下一步工作的问题，俄罗斯军方的观点非常明确，他们为了确保俄罗斯的国防力量，制定了一系列拯救鄂木斯克运输机械制造厂的计划。

(2)俄罗斯一直在寻求加强与其他国家的互利伙伴关系以及维护本国的安全，所以军事技术合作是俄罗斯对外政治和经济活动不可分割的一部分。军事技术合作促进了俄罗斯国防工业体系的发展，推动了新型武器型号的研制和试验设计工作以及对现有武器型号的现代化改造，同时提供了大量工作岗位，有利于社会问题的解决。作为一个经营主体，俄罗斯国防出口公司虽然具有一定的经济独立性，但完全处于国家的监管之下并且对国外用户和国内国防工业企业负责，这是其独特之处。这样的官方身份确保了国家对其所有进出口业务的支持。

(3)俄罗斯独立后，为适应国家政治、经济和军事战略的需要，全面调整了航天与导弹工业的国家政策。为适应国家政治与经济体制改革需要，航天与导弹

工业也经历了10年的改革，通过转型、转产、转制、股份制改造、合并与重组等改革措施，俄罗斯航天与导弹工业的管理体制发生了巨大变化。战术导弹公司自成立以来，在反舰、反辐射和多用途战术导弹及其武器系统的研制、批产、技术维护、导弹延寿等方面成绩斐然。

（4）金刚石－安泰防空企业是俄罗斯实行股份制改革的先驱。苏联解体后，俄罗斯政府给航天与导弹工业的财政拨款锐减，许多已列入航天与导弹计划的研制和生产项目被取消或推迟，航天与导弹工业受到巨大影响。普京上台后，加大调整改革力度，改进管理体制，加大军贸出口，推行国防工业的股份制改造，加强后备队伍人才建设，使得金刚石－安泰防空企业的发展有了新的立足点。作为军事强国俄罗斯的主要防空导弹研制企业，其主要业绩与管理模式、发展方向值得长期关注。

（5）俄罗斯的核工业体制改革是一种垄断方式的改革，从长远看，对别国将会带来巨大的技术服务垄断和利益损失，不会有出路，必须加以抵制。但从其国家战略定位和顶层设计的科学性及具体分工中坚持自主原创、注重合力、积极拓展国外市场的巧妙思路来看，俄核能领域的成功改革正是俄罗斯占领市场、实现其国家利益最大化传统的一贯表现，并且这一改革使俄罗斯整个核能产业链充满了发展动力和创新活力。

第九章

其他典型国家国防科研生产能力发展现状与监管

第一节　日本国防科研生产能力的发展现状与监管

一、日本科技计划体系和管理体制

基于历史原因,日本的国防科研能力是置于其整个国家的科技研发体系之内的。经过发展,日本在科技计划的制订和实施上形成了三层计划体系——国家层面制定的科技战略规划、国家重点科技领域的科技发展计划(一般由政府各部门制定特定领域的科技计划)、科研机构的研究发展计划。日本科技计划的制定和实施带有明显的"纵向延伸、层进式指导"的特点,其三个层次的计划自上而下有机地组成了日本的科技计划体系。

(一)日本科技计划体系

1. 国家级科技计划

(1)制定主体。根据《科学技术基本法》,负责制订日本科学技术基本计划的是隶属于内阁府的"综合科学技术创新会议"(CSTI)。该会议主要负责以下工作:制定人文、社会、自然科学等以科学技术为研究对象的综合战略方针;与科技有关的跨省行政事项;审议个别省的研究计划,确定是否要列为国家重点;有计划地制定全面振兴科学技术的基本政策;制定有关科技预算、人才等资源分配的基本方针;对与科技有关的国家重大研究发展项目进行评价。

(2)提出动议机制。日本科学技术基本计划以 5 年为一个周期,从 1995 年至今已经施行了五期。按照惯例,在下一个计划正式开展的前一年,CSTI 的专家

议员会向首相提议，组建由学者、产业界代表、大学负责人等各界代表组成的“基本计划专门调查会”，经 CSTI 的例会通过之后，该调查会便开始启动新一期科技基本计划的筹备和制定工作。

(3)计划审议方法。CSTI 在制订计划前，会通过多种方式总结评价之前科技计划和政策的效果。其中包括：委托日本科学技术学术政策研究所(NISTEP)和一些商业咨询机构对之前科技基本计划的实施情况进行全面评估；参考科技调研活动的数据和信息，比如 NISTEP 的《科技预见》和日本经济社会综合研究所的《未来社会所需的科技创新》调查报告；参考相关政府机构以及社会团体的调查信息和数据资料。

计划制订方式。咨询和调查工作完成后，CSTI 进入计划的项目遴选和制定阶段。CSTI 的专家议员聘任一些内外部专家组成“基本计划专门调查会”，审议和制定科技基本计划。

2. 省厅级科技计划

(1)制定主体。各省厅一般会设立政策审议和制定机构，这些机构根据科学技术基本计划的部署，制订本部门的科技计划。比如，文部科学省的科学技术学术政策局和科学技术学术审议会负责文部科学省科技计划的咨询、审议和制定。

(2)咨询和审议方法。各省厅的科技政策审议机构通常会邀请各方面学者、专家组成“科技计划评价研讨会”，咨询审议本部门的科技计划。在咨询审议时，各省厅的相关机构首先会评估上一期科技计划的执行情况、成效和社会影响等，为新一期科技计划的制订提供借鉴和参考。

(3)计划制订方式。各省厅会在其科技、学术审议机构中设置不同领域的委员会，由其制定这些领域具体的执行政策并通过公开征募的方式来确定具体的研究项目。

3. 科研机构的科技计划

(1)制定主体。科技计划由科研机构下设的战略规划部门来制订，规划制定委员会主要由机构的理事和各个下属研究所的负责人组成。相关主管省厅通常为其下属的科研机构制定中期目标，这些机构则根据国家级的科学技术基本计划和主管省厅的中期目标制订本机构的中期计划和年度计划。

(2)咨询和审议方法。科研机构通常由理事、研究部门负责人和外部专家组成咨询委员会，负责制订本机构的科技计划。这些咨询委员会通常参考主管省厅的中期和年度评估报告，结合自我评估报告，对机构科技计划的成效、不足、影响进行综合评估。同时，这些咨询委员会结合内外部专家的意见，在研究方向、实施政策等方面形成基本框架。

(3)计划制订方式。在计划制订前这些咨询委员会会向主管省厅提交本机

构科技计划相关方向的报告书，经主管省厅审阅通过后，便以此为基础制订正式的中期计划。中期计划详细写明科研机构内各个部门的具体工作及其任务目标。年度计划则以中期计划为依据，同时参考科研机构上一年度的运营情况来编制。

（二）日本科技计划管理体制

1. 动议与决策过程

隶属于内阁府的 CSTI 负责根据 1995 年颁布的《科学技术基本法》制定以 5 年为周期、连续颁布的《科学技术基本计划》。CSTI 由首相领导，成员包括 6 名与科技相关的内阁大臣和 7 名不同领域的专家，确定重大研究领域，制定战略性综合科技政策，调查和审议科技预算，并对相关省厅进行全面协调。CSTI 先后成立了多个专门调查会，由科技界和产业界人士参加，针对重要问题向首相提供咨询，例如科学技术创新政策推进专门调查会、生命伦理专门调查会、评价专门调查会、重要课题专门调查会。《科学技术基本计划》具体制定流程如下：

提出动议。在下一个计划正式开展的前一年，CSTI 向首相提议，组建由 CSTI 的 7 名领域专家委员和其他 29 名外部专家（含大学校长、企业 CEO、科研机构负责人、律师、大学知名教授）组成的"基本计划专门调查会"，启动新一期科技基本计划的制定工作。

咨询和审议。CSTI 在实际制订计划前，通过多种方式总结评价之前科技计划和政策的效果，包括委托 NISTEP 和相关咨询机构（三菱综合研究所、日本综合研究所等）进行科学前瞻和技术预见以及对之前科技基本计划进行评估，并参考文部科学省的科技统计调查数据。同时，"基本计划专门调查会"组织相关会议，征询对重大挑战和科技战略的意见。

计划的制定。主要由"基本计划专门调查会"负责计划的讨论和起草，并向首相和 CSTI 汇报成果。

计划细化。各省厅根据科技基本计划中的不同领域，邀请各方面专家参加"科技计划评价研讨会"，经过研究、咨询、审议后制订本部门的科技计划。

预算编制。日本预算流程由各省厅向财务省上报预算要求，内阁形成政府预算方案并提交国会批准。为确保政府科技预算的合理性，避免交叉重复，CSTI 主导成立了"科技创新战略预算会议"，制定科技预算的分配方针，并代表内阁协调、修改各省厅的科技预算。

2. 实施与协调机制

国家级科技计划的实施与协调。CSTI 在计划中提出具体的政策目标与项目清单，明确研究领域的主题及其责任部门；相关省厅作为计划执行部门会对项目

专门立项，其具体关系如图 9－1 所示。

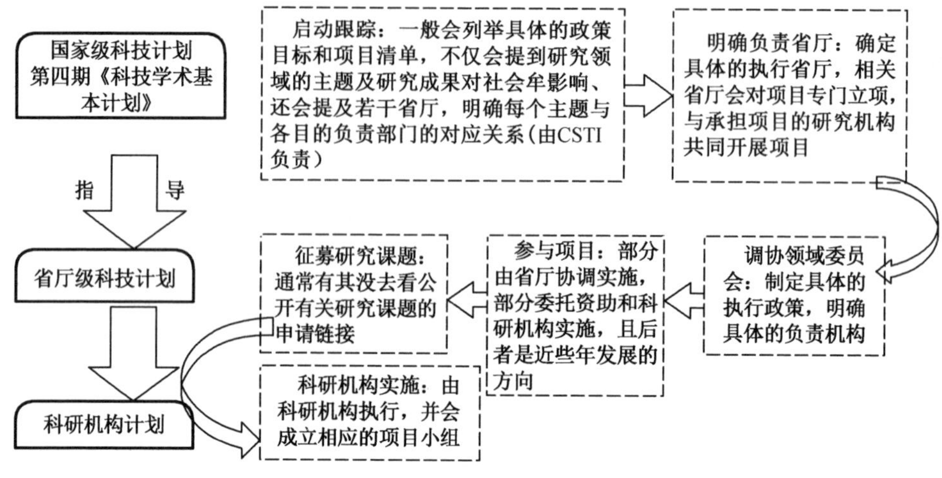

图 9－1　日本科技计划的实施与协调机制

3. 跨部门科技计划的实施与协调

日本跨部门计划的协调与管理主要由 CSTI 任命的协调员及专家工作组完成。如在第三期《科学技术基本计划》的重要领域“氢利用与燃料电池”跨部门计划中，CSTI 指定该领域的杰出专家作为协调员，并由省厅（总务省、经济产业省、国土交通省、环境省、文部科学省）主管人员和外部专家组成工作组，建立从基础到应用推广的连贯协调体制。协调员牵头组织工作组会议，把握研究开发内容，跟踪评价研究与合作，向基本政策专门调查委员会报告，必要时提出修正目标的建议。

4. 监督评价机制

日本各层次科技计划的评价机制都有明确的立法依据（图 9－2 所示），例如根据《行政机构实施政策评价法》，由 CSTI 负责在制订下一期科技基本计划时对前一期计划进行评价，具体由其“基本计划专门调查会”负责。CSTI 的“评价专门调查会”负责对个别投入较大的项目进行事前审核和事后评价。

日本通过第四期《科学技术基本计划》，对科技计划政策的具体反馈机制提出了进一步明确要求。具体内容包括在科技政策制定及计划立项前，要与内阁各部门的行政决策结合，与法律兼容，与社会沟通；在科技计划课题执行中，要实施计划、执行、检查、处理的循环，加强第三方评价和社会监督；在科技计划实施完成后，要面向社会加强公众参与和媒体宣传，加快成果推广应用等。

发展的要求是进行动态调整，这既包括由于内阁更替等原因带来的对于总

的中长期科技发展战略的调整,也包括对年度科技计划(预算)的调整。在日本科技计划的管理构架和动态调整机制中,综合科学技术会议起到了核心作用。它是在内阁总理大臣和科学技术政策担当大臣的领导下,综合政府各部门意见和国会及社会各界专家建议,在国家战略层面常态化举行的重要政策会议。

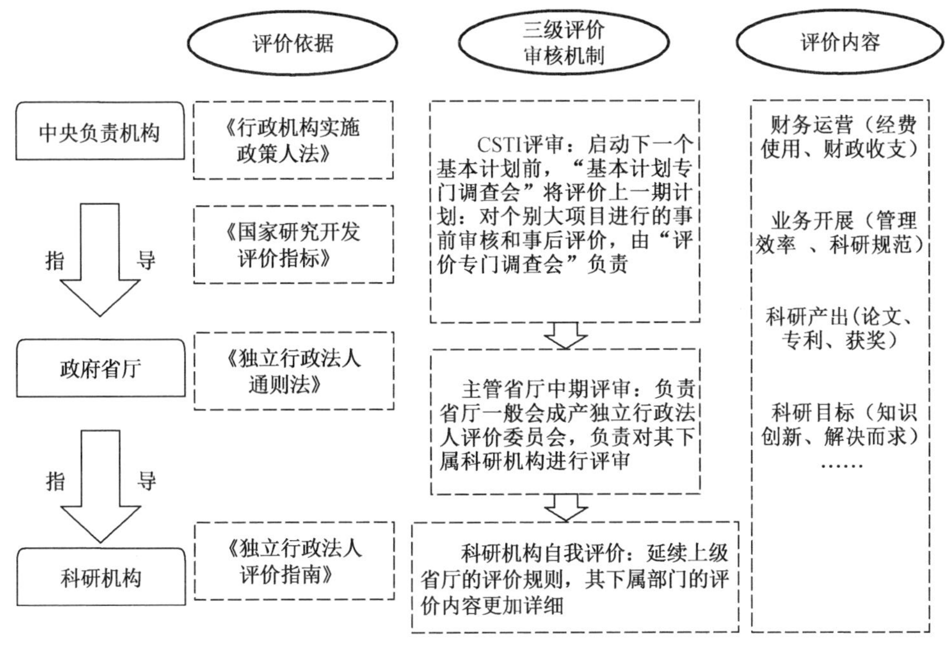

图 9－2　日本科技计划评价机制的立法依据

(三)日本科技计划管理的专业机构

1. 日本学术振兴会

日本学术振兴会(JSPS)是受日本文部科学省管辖的独立行政法人,其职责是推动学术研究、资助培养研究人员、促进国际学术交流以及开展其他与学术振兴有关的业务活动。JSPS 资助项目涵盖自然科学、人文社科等众多领域,覆盖从基础研究到应用研究的全部阶段。

目前,在日本政府出资的科学研究基金中,资助金额最大、资助范围最广、资助项目数量最多的是由文部科学省负责拨款,由 JSPS 负责资助管理的“科学研究费补助金”(科研费)。该研究基金由日本政府设立,以提升日本科学研究水平为宗旨,主要资助对象为日本大学、研究机构的基础研究,特别是在关键领域从事研究的科学家或研究小组。科研费是日本科研人员从事基础研究最主要的经

费来源,在发放形式上不同于政府对大学的经常性财政拨款,属于典型的竞争性研究经费。

科研费的资助内容从大类来看,分为科学研究费、特别研究促进费、研究成果公开促进费、特别研究员奖励费、创造性科学研究费等。其中科学研究费金额最多,占总经费的90% 以上。科学研究费又分为特别研究项目、优先领域科学研究项目、创新领域科学研究项目、科学研究项目、探索性研究项目、青年科学研究项目、青年科学家启动研究基金项目、奖励研究项目等。

科研费评审机制包括两个阶段。第一阶段:由 JSPS 委员会的各位评审专家根据申请人提交的研究计划进行个别书面评审。第二阶段:根据第一阶段的评审结果,由委员会进行合议评审。JSPS 的工作目标、资金预算、运营活动都受文部科学省的指导。文部科学省提出 JSPS 五年目标,JSPS 据此制定实施计划,独立行政法人评价委员会对计划执行和目标完成情况进行评估。

2. 日本科学技术振兴机构

日本科学技术振兴机构(JST)是受日本文部科学省管辖的独立行政法人。JST 在全面推动作为创新源泉的知识创造及利用研究成果报效社会和国民的同时,提供保障这些工作顺利实施所需的科学技术信息,增进国民对科学技术的了解,并开展战略性国际合作。作为推动日本科技创新的核心机构之一,JST 的主要职能:制定科技创新的研发战略;推进研发活动;构建科技创新的基础。

JST 的研发计划类型,主要通过项目的形式资助科研人才,采取“自上而下”的方式支持国家战略需求导向的重大课题研究,重点聚焦制定面向科技创新的研发战略、推进科技创新、构建和夯实科技创新的基础。JST 研发计划的评审机制根据实施的科研计划分为两类:“项目负责人实施计划”和“公开招聘研究人员计划”。

项目负责人实施计划的评审流程包括三个阶段。第一阶段:成立“选拔委员会”。由 JST 下属的研究项目推进部成立“选拔委员会”,成员由来自大学、科研机构或企业的 6 名专家组成。第二阶段:选拔“项目负责人”。有意成为“项目负责人”的学者须由大学、科研机构或者企业的资深专家推荐,原则上不允许自荐;1 名专家最多推荐 2 名候选人。然后,“选拔委员会”初步遴选符合要求的候选人组成“第一批候选人”。“选拔委员会”从其中遴选出 6 ~ 10 名候选人成为“第二批候选人”,再通过书面审查、面试选拔的方式最终确定 1 名研究负责人。第三阶段:由项目负责人自主选定研发团队,并主导实施项目的研发。

公开招聘研究人员计划的评审流程包括两个阶段。第一阶段:任命“研究负责人”和“领域顾问”。JST 下属的研究项目推进部在每个研究领域任命 1 名“研究负责人”和 10 名“领域顾问”。第二阶段:选拔研究人员。首先就某个研究领

域公开征集研究代表和提案，然后由“研究负责人”和“领域顾问”对候选研究人员进行书面审查和面试选拔，并最终确定研究人员。这些研究人员在“研究负责人”的领导下开展研发工作。

3. 日本新能源与产业技术综合开发机构

日本新能源产业技术综合开发机构（NEDO）是隶属于日本经济产业省（METI）的独立行政法人，负责新能源、节能领域的技术研究开发及产业技术领域的研究开发，主要承担 METI 的竞争性科技计划资助管理。从 20 世纪 80 年代末开始，经济产业省的重大产业技术项目逐步转为由 NEDO 以委托方式组织企业和国立科研机构参与。

NEDO 项目评价机制是根据国家基本计划和 METI 产业发展方向，由产业技术本部和能源环境部门提出项目申请书，组织由外部专家组成的专家委员会进行事前评价，然后公开征集意见，形成项目基本计划草案，公开征求意见后由相关部门撰写项目基本计划，此后由多方专家参与的“项目遴选审查委员会”，经公开投标、评选、公示后确立中标的实施机构。同时，NEDO 为项目设立项目主管（PL）。

NEDO 项目有两种实施机制：(1) 产学研合作型。NEDO 将项目委托给由企业或企业群（技术研究组合）、大学和科研机构（独立行政法人等）组成的技术创新联盟（实用化阶段项目多为提供补助），由技术创新联盟具体实施研究开发，主要是基础技术研究开发项目。这类项目的预算方案的制定有三种方式，一是由 PL 制定，二是由 NEDO 在听取 PL 意见后制定，三是由项目推进委员会根据预算分配方案，在与各相关方充分协商后制定。(2) 向企业集中投入型。直接将项目委托给特定企业或企业群（技术研究组合），由技术研究组合具体实施研究开发，主要是实用化、商业化阶段的研究开发项目。

NEDO 计划管理的流程包括：相关独立行政法人机构在具体管理科技计划和项目时，普遍采取系统综合管理的方法，控制立项、执行、应用及与社会结合几个环节：对上，与部门、内阁决策结合，与法律兼容结合；对课题本身，加强第三方评价和社会监督；对社会，则加强公众参与和媒体宣传。

二、日本推动国防科研生产能力发展的主要做法

（一）促进非传统企业参与武器装备研制生产的典型做法和主要措施

在科技创新支持方面，军民两用科技创新需要大量资金投入，为有效规避技术创新风险，世界主要国家普遍采用科研“基金”运作模式。借鉴美国 DARPA 组织在美国国防科技创新、重大科研项目投资和管理方面的有关做法和经验，2014

年，日本防卫省计划设立研制军事技术的基金，把政府和市场结合起来，激发大学及其他民间研究机构发展军事科研项目，形成较为成熟的基金运作模式，从而降低科研成本，巩固军民合作。2015 财年，日本政府预算拨款约 20 亿日元用于科研基金运作，3 年内将拨款额提高至 60 亿日元。同时，为了让企业和大学成为技术创新的主体，成为军民融合的主体，为此出台了许多优惠政策，激励这些企业积极承担和拓展军品科研生产项目。如根据《中小企业开拓新领域协调法》，对这些企业在补助费和税制上实行优惠政策。按照每年度内阁会议决定的《关于中小企业国家合同方针》，在防卫厅设置协商窗口，向中小企业提供每年度需求项目订货信息，还对军品产值在企业销售额中占比较大、拥有自行研制的独特技术或诀窍的中小企业尽量做到分散订货，让中小企业有更多的机会获得军品订货，以使众多的中小企业形成一种合理有序的竞争局面，避免企业因国家削减装备采购费而陷入困境。因此，日本绝大部分武器装备的研制任务和几乎所有生产任务，均以合同方式委托民间企业完成。

在装备采购方面，日本高度重视营造开放公平的国防竞争市场，让企业和大学成为技术创新的主体，成为军民融合的主体，为此日本出台了许多优惠政策，激励这些企业积极承担和拓展军品科研生产项目。着眼于利用防卫合同促进先进技术，特别是具有民用或两用先进技术的发展，日本开展了有指示性的国防装备采购。如防卫省曾对海上装备进行评估审查，以确定哪些军用标准设备可被民品替代，其中包括船体、柴油机、计算机等被确认可从军用标准中清除。军工企业发展军民两用技术和相关产品，能够在获得国家经费支持的情况下增加民品技术含量及种类，从长远的角度看有利于军工企业的稳定和发展。目前，日本已经形成了官、军、民三位一体的研发结构体系，防卫省制定武器装备计划与方案，军方科研部门与民间企业合作开发武器与装备。防卫省还将从体制入手加强军民两用技术采办管理。2015 年《国防工业战略》提出，日本将建立企业联合采办的国防订货体制，整合各企业优势，实现企业间技术互补，推动联合研发，以提升装备技术水平；由政府成立综合项目管理小组，统一进行全寿命成本管理和节点控制。

日本政府大力支持利用民用企业提升军民技术协同创新能力，推动民用先进科技创新与国防武器研发相结合，日本国防产品中的大多数科技来自民用企业，如计算机软件、集成电路等。这推动了军工技术的提高。2017 年 8 月，日本《东京新闻》报发表题为“防卫省欲将中小企业技术转为军用”。该报道称防卫省已经开始调查中小企业有没有可用于自卫队装备的技术，加速推进民间技术用于军事领域的“军民融合”。日本的装备采购此前依赖防卫产业的大型企业，但现在开始着眼于开发防护服用纤维等中小企业的技术，扩大民用转军用的范

围。通过将尖端技术运用于国内的防卫领域，还可以阻止相关技术被卖给或流入美国、中国等国。调查的对象是尚未成为大型防卫企业分包商的中小企业。防卫省于2016年12月在东京面向中小企业举行了产品展示会，此次参展的企业由经济产业省招募，来自纤维、精密加工等领域的十家企业参加了展示会。防卫省装备采购负责人、自卫队陆上幕僚监部、航空幕僚监部相关人士出席了展示会，就可用于防护服的高耐用性纤维、3D打印机等听取了建议，其目的是发掘与防卫产业有关联、拥有高技术的企业，为它们创造参与防卫事业的机会。某中小企业关于超感光度相机的介绍中罗列了具体的使用方法，比如"可夜间拍照"以及"可用于基地警备、舰船搭载等"。

在知识产权管理方面，根据《基于研究委托合同或试行合同所得专利管理办法》，防卫省通过签订委托合同，所得技术成果的专利权归国家所有，政府出资支持的科研活动所得专利归民间企业所属，政府委托的科研项目所得科研成果的专利权也可以归受委托方企业所属，该措施极大地促进了民间企业的研发热情。

（二）促进军民部门之间的合作和协调的典型做法及其主要措施

日本强调注重政产学研科技协同创新。为此，日本形成了军政民三位一体的研发体系。在产学研科技协同创新中，大学负责相关基础研究，政府负责构建运行机制，科技创新活动主要以民用企业为中心，如日本防卫局的武器装备计划与方案就是由军方科研部门与民间企业合作完成。日本产学研的主要特征是：政府提出新产品研发与新技术项目需求，以合同形式将研究交给大学或科研机构，鼓励和支持民用企业加入军民两用技术研发创新活动。例如，日本的《国家研究与发展计划》《未来工业基础技术研究与发展计划》确定了未来科技的发展重点，它们大都间接或直接与武器装备的研制相关，对高技术武器装备的发展起主导作用，在未来的军事高技术发展中也将占有重要的地位。

《国家研究与发展计划》中包括的关键技术项目主要有高性能计算机系统，先进机器人技术，可互相操作的数据库系统，先进的材料加工和机加工系统，以及超音速/特超音速运输推进系统等。这些项目的研究周期大多为6~10年，年预算达1 000~2 000万美元。

《未来工业基础技术研究与发展计划》由7大领域47个项目组成（见表9-1）。这些项目的研究周期大多为6~10年，年预算为200万~1 500万美元。

表 9－1　日本“未来工业基础技术研究与发展计划”的基本内容

领域	项目
新材料	高温超导材料、非线性光电子材料、铁磁材料、分子功能材料、高级复合材料、合金/金属复合材料、精细陶瓷材料、碳素材料、非晶材料、高纯度聚合材料、硅化学材料、微电子材料
电子学	超导设备、石英元件、电子功率元件、光电子元件、大面积电路元件
生物技术	动植物细胞工程、高性能酶和生物材料、遗传工程、生物数据银行、基因分类和离析、生物反应材料
新材料/电子学相关技术	原子水平精密操作技术、金属与无机材料处理技术鉴定、分析和测试技术、设计和仿真技术、光化处理技术、极度环境处理技术
生物电子学	蛋白质定向技术、生物膜技术、生物相关材料分析
生物材料	仿生物材料、生物亲和材料、生物处理材料
计算机软件和系统工程	自组织数据处理系统、自组织神经网络、超平行处理系统结构、集成机械控制软件、软件开发技术、分离预防技术、环境控制技术、资源和能源技术、自动化技术、人相关技术

三、推动军民两用技术转移以促进国防科研能力的发展

(一)突破现有的体制机制障碍,发展军民两用技术

日本发展的军民两用技术领域广、水平高。日本政府鼓励技术与产品的军民结合与兼容。防卫省指出,积极开展军用技术与民用技术的交流,有助于减小装备科研风险且降低成本,确保国防科研的稳定发展,并要求在国防科研的基础研究阶段和开发武器装备项目中尽可能采用民用先进技术。2014 年 6 月,日本防卫省颁布《防卫生产和技术基础战略》,其对未来 10 年国防工业发展目标和政策举措等方面进行了全面规划部署,并指出日本将通过国防工业体制改革、武器装备出口、军民两用技术转化等举措,维持并提升国防工业能力。2016 年 8 月 31 日,日本防卫省发布《防卫技术战略》,其提出培育和挖掘具有军用前景的先进民用技术,不断扩展对先进民用技术的调查与跟踪,更有效地推进技术民转军,大力投资有利于形成国家技术优势的领域,协助研发机构开展初期研究,并使成果尽量公开透明,以利于开放式创新和成果利用率的最大化。

为了确保民用技术为军所用,日本政府首先是在以下三项政策上予以扶持:

一是有计划、有重点地开发军民两用技术，以保持相关领域的领先优势；二是抓紧抓好军民两用技术的相互转化，以满足紧急状态下的国防工业需求；三是吸引更多的私营企业参与军民两用技术开发，使自卫队更便于利用私营企业的技术和成果，借助私营企业的科研力量，从而达到节约人力、物力和财力的目的。

此外，日本内阁府等其他政府部门力图构建有利于军民两用技术发展的科研体制，以“民用”名义推动社会广大科研团体投身于潜在军事技术研究，间接推动国防科研创新。

（二）设立军民两用技术转移机构，推动技术双向转移

日本防卫省下属的技术研究本部（现属于防卫装备厅）专门设立一个收集关于军民两用技术信息的部门，并协调将这些技术进行转移转化。如技术研究本部曾对日本光学、电子学和指挥自动化技术系统进行集成，并与军品承包商共同将军民两用技术部署至武器系统中。作为推动军民两用技术转移转化的机构之一，经济产业省监管着日本 15 个实验室和服务于技术创新及数量众多的原创性研究项目。这些实验室负责支撑私营企业无法完成的先进技术研发。这些研发活动促进了先进民用技术的发展，并将其应用到国防装备中去。

（三）利用国防采购合同，激发军民两用机构研发热情

国防采购合同是日本促进军民两用技术发展的主要手段之一，主要着眼于利用防卫合同促进先进技术，特别是具有民用或两用先进技术的发展。如防卫省曾对海上装备进行评估审查，以确定哪些军用标准设备可被民品替代，包括船体、柴油机、计算机等被确认可从军用标准中清除的。军工企业发展军民两用技术和相关产品，能够在获得国家经费支持的情况下增加民品技术含量及种类，从长远的角度看有利于军工企业的稳定和发展。目前，日本已经形成了官、军、民三位一体的研发结构体系，防卫省制定武器装备计划与方案，军方科研部门与民间企业合作开发武器与装备。根据《基于研究委托合同或试行合同所得专利管理办法》，防卫省通过签订委托合同，所得技术成果的专利权归国家所有，政府出资支持的科研活动所得专利归民间企业所属，该措施极大地促进了民间企业的研发热情。

防卫省还从体制入手加强军民两用技术采办管理。2015 年《国防工业战略》提出，日本将建立企业联合采办的国防订货体制，整合各企业优势，实现企业间技术互补，推动联合研发，以提升装备技术水平；由政府成立综合项目管理小组，统一进行全寿命成本管理和节点控制。

(四)重视军民技术通用性,促进国防技术长远发展

在发展国防技术的同时,确立军民两用技术和通用技术的地位,实现国防技术与民用技术在技术要素上的相辅相成。特别是在航天和网络空间领域,由于很难划清国防需求和民用需求,所以必须重点考虑相关基础设施的建设问题。同时,着力解决日本缺乏技术战略的问题,使目前开展的中长期技术评估项目通过扩大评估范围的方式,真正成为国防技术发展战略。在各种技术调查和掌握装备发展需求的基础上,预测满足未来国防装备所需的技术,以及运用相关技术的国防装备可能在未来战争中所产生的影响,进而确定是否发展这些相关技术。

(五)实施政产学资源共享机制,推动军民两用技术转移

2014 年 6 月,日本经济产业省、厚生劳动省、文部科学省依据《制造业基础技术振兴基本法》第 8 条规定,联合发布年度报告《2014 版制造业白皮书》。该白皮书强调加强国家核心制造技术的开发和应用,并在 X 射线自由电子激光设施(SACLA)的建设和共用方面投入 77.99 亿日元。汇集了日本国内 300 多家企业的技术进行开发建设的 X 射线自由电子激光设施,可振荡超过 10 亿倍亮度的 X 射线激光,并通过采用兼具激光、放射光特征的光可瞬间测量和分析原子级超细微结构、化学反应的超高速动态和变化,是世界最高性能的研究基础设施。

再例如,创新高性能计算机基础设施(HPCI),以拥有世界最高水平计算功能的超级电脑“京”为核心,通过高速网络将国内大学的计算机和存储器连接,实现了应对多样使用者需求的创新性计算环境。日本于 2012 年 9 月开始实施“HPCI 战略计划”,以最大效能地应用“京”和“HPCI”,构建了“下一代制造”等战略领域的研发和计算机科学技术体制。具体来说,各领域都设有 4 ~ 7 个研发课题,同时政府还采取完善研究支撑体制、开展人才培育等措施。

四、最新进展

(一)日本成立“智能制造支援机构联络会议”助力先进制造

2017 年 12 月 4 日,日本经济产业省召集相关政府下属机构、公司和社团共同成立“智能制造支援机构联络会议”,为发展智能制造业提供支持。

1. 背景

当前,世界各国普遍将智能制造作为支柱性产业大力支持,日本的制造业企业面临人才不足、生产效率不高等问题。为了支持本国企业发展,经济产业省组织成立了“智能制造支援机构全国联络会议”,以期在信息共享、经验传播、政策

宣讲等方面给予企业指导。

2. 核心组成单位

日本经产省以发展智能制造为目标组成的“智能制造支援机构全国联络会议”，核心组成员单位包括：经济产业省机器人系统综合促进组织、日本 IT 组织协调协会、日本机器人发展倡议协会（RRI）、日本产业价值链协调发展倡议组织（IVI）、广岛产业振兴机构、静冈县产业振兴财团等。

3. 主要议题

（1）发展智能制造的目的。日本企业可利用经产省开通的最新检索网站，了解日本“利用物联网实现企业发展的典型事例”，以及国内外关于智能制造的新理念，使日本企业家在发展智能制造时树立合理、正确的价值理念。

（2）成本低、效率高的生产方法。日本机器人发展倡议协会（RRI）通过在全国制造业企业中征集成本低、效率高的生产方法，经评审遴选出典型案例并向全国推介。

（3）利用物联网实现新型商业模型和新型制造。日本企业“骏河精机”在国内的众多生产车间已实现了加工和生产信息的共享，总结建立了最优的生产方法，实现了个性化生产、拓展了产品销路。

对物联网和智能制造的金融支持政策。2017 年 4 月，日本政策金融银行（JFC）面向中小企业新设置了“IoT 财政投资项目”，通过低息贷款的方式，支持从事智能制造和物联网服务的中小企业改进生产技术和设备。

（二）日本发布第 2 期战略性创新推进计划

2018 年 7 月，日本综合科学技术创新会议（CSTI）发布第 2 期战略性创新推进计划（SIP）。CSTI 是日本的最高科技决策机构，SIP 项目是由内阁府直接负责，实现第 5 期科学技术基本计划的重要抓手。第 2 期 SIP 项目主要资助了网络空间、材料开发、光量子技术等 12 个领域。

1. 基于大数据和人工智能的网络空间基础技术

基于大数据和人工智能的网络空间基础技术研发内容包括：人机交互基础技术，实现与人类的高度协作，并开展各领域（看护、教育、接待等）的原型设计和有效性验证；跨领域数据协作基础，开发跨领域数据共享和利用的技术和平台；人工智能之间合作的基础技术，包括自动协调多个人工智能产品的技术及原型设计和有效性验证。

2. 物理空间数字数据处理技术

物理空间数字数据处理技术研发内容包括：开发实现物联网解决方案的通用平台技术；开发超低功耗物联网芯片和创新型传感器技术；实施社会 5.0 的社

会应用技术,如构建网络物理系统(CPS)所需的社会应用技术、在云系统上实现实时处理等。

3. 与物联网社会相对应的网络物理安全

与物网社会相对应的网络物理安全研发内容包括:通过反复执行物联网设备和供应链各组成部分的安全保证(创建信任)和确认(信心证明),建立和维护信任链,确保物联网系统与服务和供应链的安全,并通过相关研究开发和动向调查,在各类服务和产业实现应用

4. 自动驾驶(系统和服务的扩展)

自动驾驶(系统和服务的扩展)研发内容包括:自动驾驶系统的开发和验证,开发信号信息提供技术、收集和利用车辆探测信息的技术、下一代公共交通系统、实现移动服务的环境整合技术,等等;开发自动驾驶实用化的基础技术,包括建立虚拟空间安全评估环境,开发高效的数据收集、分析、分发技术等;培养社会对自动驾驶技术的接受度,包括明确自动驾驶的风险、针对出行受限人员进行调查研究等;加强国际伙伴关系,在国际会议广泛发声、与国外机构开展共同研究等。

5. 综合材料开发系统的材料革命

综合材料开发系统的材料革命研发内容包括:材料集成逆问题基础技术,包括逆问题分析技术、各种材料工艺的设计技术、在原子水平上设计结构的技术、结构材料专用数据库的构建技术、集成系统技术;材料集成逆问题的应用,包括最先进的结构材料,如多功能(阻燃)高分子复合材料、下一代超高强度钢和超硬铝,以及最先进的工艺,如建立耐热合金(镍基、钛铝合金等)三维层压技术、超耐热复合材料的成型和评估技术。

6. 利用光和量子的社会5.0实现技术

利用光和量子的社会5.0实现技术研发内容包括:激光加工,通过高度集成的网络(模拟器)和物理(激光加工)融合实现智能生产,通过开发日本拥有的核心技术"空间光控技术"实现智能生产,实现日本光子晶体激光器的更高输出;光量子通信,综合集成量子加密、秘密共享和秘密计算,结合解读技术开发云服务消除安全风险,使用电子病历、基因组分析信息、智能制造信息等进行应用;光电信息处理,开发用于光电信息处理的软件和中间件,用于智能制造和云服务的处理。

7. 智能生物产业和农业基础技术

智能生物产业和农业基础技术研发内容包括:建立智能食物链系统,根据需求灵活供应农林水产物,结合大数据、生物技术开展数据驱动型的育种工作,提供具有新的价值的农作物;通过食物建立新的卫生系统,开发农林水产物和食品

对健康影响的评价系统；利用生物功能进行制造，如开发创新生物材料和先进功能产品，生物材料等供应链中的瓶颈技术（低成本、稳定的基础化合物供应系统等）。

8. 实现脱碳社会的能源系统

实现脱碳社会的能源系统研发内容包括：能源管理；无线电力传输系统（WPT），开发基于下一代半导体的高频器件、提高 WPT 输电方和使用方效率的先进的传输控制技术等；创新的碳资源高利用率技术，开发甲烷氧化低温重整工艺技术、廉价的氧气生产技术、混合生成物的膜分离和净化技术等；通用智能功率模块，开发宽带隙型半导体高速数字控制器、高功率密度高温工作的核心模块、基于碳化硅的宽带隙型金属－氧化物半导体场效应晶体管。

9. 加强国家抵御能力（防灾减灾）

加强国家抵御能力（防灾减灾）研发内容包括：疏散和紧急活动的综合支持系统，可利用大数据快速掌握灾害发生时的社会动态，利用卫星等在灾后 2 h 内观察和分析损害情况等；市政灾害应对集成系统，可在短时间内分析大数据，自动提取指定的疏散目标区域和疏散建议，确定给出指示的时间等。

10. 人工智能医院的先进诊疗系统

人工智能医院的先进诊疗系统研发内容包括：开发高度安全的医疗信息数据库及医疗信息的遴选、分析技术；使用人工智能自动记录医疗期间的各项活动；开发类似运用血液进行超高精度检查等的基于患者生理信息的人工智能诊断、监测和治疗技术，实现癌症等病患超早期诊断；对人工智能医院在医学领域的示范试验的研究评价。

11. 智能物流服务

智能物流服务研发内容包括：构建物流和商业流量数据平台，在 2020 年前实现物流和商业数据流的高度安全运转；开发“物体运动可视化”技术，在 2020 年前开发能掌握货物动向和累积情况的 3D 传感器技术和画像分析技术以检查集装箱损坏情况，开发用于物流中心的货物识别和累计情况分析技术；开发“产品信息可视化”技术，到 2022 年开发出开发单价为 1 日元或更低的超过 80 比特的射频识别（RFID）标签、高精度的读取器、产品的快速粘贴方法，以及获得国际标准。

12. 创新的深海资源研究技术

创新的深海资源研究技术研发内容包括：调查分析稀土泥等海洋矿产的资源量；开发深度超过 2 000 m 的深海资源调查技术和生产技术，如水下通信、定位、感应、充电技术、稀土泥的污泥处理技术等；深海资源调查和开发系统的示范。

(三)日本发布纳米技术和材料科学技术研发战略草案

2018 年 6 月,日本文部科学省发布了《纳米技术和材料科学技术研发战略(草案)》。该战略指出,纳米技术和材料科学技术领域可能会出现新的变化,例如利用快速发展的人工智能/物联网/大数据技术的数据驱动型研发方法加速材料开发,纳米技术和材料领域的研发战略将引领未来社会的实现。为实现社会 5.0 和可持续发展目标(SDGs)等,日本将创造具有吸引力的特征的材料,以带来社会变革。

1. 基于新突破口提高材料性能

含有相互物理性质的超级复合材料。结合多个不同材料,提高复合材料的性能,以同时实现材料的轻量化、强度和耐热性等的提高。

利用非平衡态和亚稳态结构来大幅提高材料的性能。具有非平衡态和亚稳态结构的物质的数量大大多于稳定结构物质的数量,因此利用非平衡态和亚稳态结构可以大大提高产生新性能的可能性,并能促进产生具有吸引力的性能。此外,数据驱动的材料科学将加速亚稳态结构搜索的进展,有望使材料制造更加活跃。

利用生物机制以实现材料的新性能或显著性能改进。希望促进材料和工艺的发展,将环境适应、自我恢复、检测功能、运动功能、室温反应、复杂物质的生产等生物机制结合到材料中以创造有吸引力的性能。

2. 战略性和可持续发展的研究领域

制定有助于元素和物质的循环以及新性能开发的下一代元素战略。为了有效利用有限资源,开发元素的潜在功能,必须研发基于科学的物质、材料、元素的循环、再利用、再生产、回收。

分子技术。通过自由设计和控制分子,促进"分子技术"创造新性能,以实现环境、能源、信息、健康和医疗领域的创新,解决社会问题。基于物理学、化学、生物学、数学等科学知识,分子技术通过利用分子的特性进行设计、合成、操作、控制和整合,创造出所需的材料性能。

物联网/人工智能时代的创新设备(包括传感器和驱动器技术)。随着万亿传感器(trillion sensor)时代的来临,具有高耐久性和环保性的材料,是柔性基板制备技术、能源供应系统更新、节能通信的必需材料,也是开发用于获得化学信息等的传感器和能应对各种情况和环境变化的智能驱动器的重要材料。为实现社会 5.0 时代的高度网络基础系统,需要推进这些系统中所使用的半导体、微电子机械系统(MEMS)/纳电子机械系统(NEMS)、量子科学技术等尖端技术飞跃发展所需的材料革新。

生物材料。创新材料有可能为健康和长寿开辟新的解决方案。实现健康长寿的传感器技术离不开材料技术的发展进步,比如,研发备受关注的监测和记录人体生理信息的可穿戴传感器,必须运用新型的材料来满足长时间、安全、低负荷穿戴的要求。另外,还出现了通过拥有各种功能的纳米机器来突破常规的血液脑屏障的革新性治疗技术。革新性材料和医疗融合的实现,将促进纳米医疗、再生医疗、纳米诊断等先进医疗技术的飞跃式进步。

能源转换、存储、高效利用的创新材料。需要提高与高性能和新功能有关的材料的创造。为实现可持续发展目标,摆脱对稀有元素的依赖,要大力发展能支撑未来可再生能源时代低碳社会的新材料科学技术。此外,探索利用量子现象的新能量转换原理也成了重要的方向。

能产生创新分离技术的材料。需要创新分离技术的领域包括化学物质、稀有元素、生物材料和药物成分。如果创造出能源成本满足大面积推广的要求并能实现新的分离技术的材料,很多产业就有可能实现革新。创新分离技术的材料包括可选择性地去除废水和海水中含有的杂质、有害物质、病毒等的创新水处理膜,可选择性地分离氧气、二氧化碳、甲烷和氢气等未来能源资源主要气体燃料的多孔高分子(PCP)和沸石等多孔材料等。

结构材料。需要开发高性能材料(高强度、高延展性、高可靠性、高耐腐蚀性等)来应对地震、台风等自然灾害以及建筑加固等挑战。此外,提高能源效率已成为重要的全球性问题,需要寻求有助于减轻汽车和飞机等运输设备质量的高强度材料,用于发电厂和喷气发动机的高性能(耐高温、使用寿命长、高可靠性)高温材料。

革新机器人的材料。机器人的市场规模将从2015年的1.6万亿日元增长到2035年的9.7万亿日元,日本的优势材料是决定机器人开发竞争力的关键技术。能根据形状大小和环境变化完成各种动作的执行器,柔软高强度人造皮肤,质轻且强韧的结构材料,各种能检测气味和皮肤表面压力的智能传感器,长时间运转的电池,远程电力供应技术,用于高效利用和提高操作可靠性的润滑材料,以及用于顺畅通信的装置,开发这些领域的创新材料将非常重要。

极端超级测量技术。在创造革新性的材料方面,测量技术是必不可少的。开发纳米技术和材料领域的测量仪器需要尖端技术,需要与材料开发共同推进。需要建立一条通向超高水平、超高性能的集成了传感、测量技术和系统的道路,实现可随时随地在现场使用的测量设备。

五、典型案例

(一)三菱重工

三菱重工创建于1870年,1934年公司改名为三菱重工业株式会社。三菱重工从1920年开始生产飞机,到第二次世界大战结束为止,共生产飞机1.8万架,发动机5.2万台。日本战败后,该公司解体,分解为西日本重工业株式会社、中日本重工业株式会社和东日本重工业株式会社三个公司。1964年上述三家公司合并,重新成立了三菱重工业株式会社。该公司目前在日本国内有8个分公司,5个研究开发中心,14家工厂,海外的办事处13个,分公司8个,海外关联公司37家。

三菱重工是日本最大的军工生产企业,其军品采购比例占日本防务省开支的1/4左右,其业务涉及核能设备、航空航天系统、防务系统、车辆、造船、动力系统、通用机械、机床、空调与制冷设备、钢结构、印刷机等众多领域。三菱重工是日本军用飞机和直升机、水面舰艇和潜艇、制导武器、空间系统、军用发动机等武器的重要主承包商,也是核电厂设备与工程及民用飞机部件的主承包商。三菱重工从事飞机和航空发动机制造的工厂有广岛制造厂、名古屋导航和推进系统制造厂及名古屋航空宇宙系统制造厂等三家,其中名古屋航空宇宙系统制造厂是三菱重工主要从事航空制造的工厂。三菱重工生产的F-2和F-15J型战斗机,在航空自卫队中发挥着重要作用;舰船方面,为海上自卫队建造了近1/2的潜艇和1/3的驱逐舰。另外,三菱重工从1929年开始开发坦克,在第二次世界大战结束后中断了坦克生产,开始转产建筑机械,成立了特种车事业本部。战后,三菱重工在坦克生产方面有一段空白时期,但该公司很快就揽到了为美军修理坦克的机会,因此得以延续坦克生产技术。日本90式坦克、最新的10式坦克同样来自三菱重工。因此,三菱重工在日本军工行业中具有很高的军事地位。

历史上,三菱重工一直坚持军民融合来发展国防科研生产能力。1877年日本西南战争爆发后,三菱重工因全面协作军事运输而获得快速发展。后来,明治政府开始遏制三菱重工的过分膨胀,严禁三菱重工发展海运以外的事业,但这一禁令反而推动了其汇兑、海上保险、仓储等业务的发展。1907—1952年,日本造船业开始腾飞,第二次世界大战期间,日本已具备航空母舰研制生产能力,而三菱重工是日本军事扩展的重要支撑力量。从船舶建造起家,经过140余年的发展,船舶产业所占比重已降至10%左右,逐步形成了集动力系统、航空航天、精密制造、造船与海洋工程等产业为主体的多元化发展模式,而且,这些产业全部涉足军用和民用两个领域。

三菱重工军民融合产业之所以能兼并发展,一方面,与其自身先进的民用领域技术优势有着密切关系。在日本政府看来,许多民用领域的技术完全可以运用于军工,而且要求凡是能够采用民用标准的武器装备,一律取消军用标准,从而实现资源利用的最大化。另一方面,这也与日本政府的重点扶持密不可分。日本政府为保护主要军工企业和军品生产线,规定将军品产值占企业总产值10%以上的企业列为重点军工企业,对其实行政策倾斜,投入经费保障,并保护其生产设施不受军品订货减少的影响,三菱重工便是受保护的对象之一。此外,日本政府还对那些难以实现大规模生产的军品科研项目实行大额补贴,以保护和激励军工企业维持核心能力和研发能力。这些持续不断的投入,既保持了三菱重工在诸多领域的军品科研生产能力,也促进了许多先进军用技术成果的转化,反哺了民用产业。同时,民用领域的先进技术还可及时被吸收利用到军工产品研制生产中。日本的国防工业已成为典型的军民融合型产业。这种知识产权的双向转化,有政府制定的相关政策和体制机制作支撑保障,且基本以企业自身转化为主,充分发挥了市场定价和转化收益激励的作用,大大提高了转化成功率和效益。

三菱重工一方面向军需产业投入力量,同时在民间设备投资及出口主导型路线上继续发展,防卫产业只是其副业。由此可见,三菱重工的特点是亦军亦民,可根据形势变化及时调整产业方向:在战争期间,主要进行军品生产,进入军工领域,发展武器装备制造业,通过军备订货促进发展;在和平时期,发展耐用消费品、重大技术装备和武器装备(战机、舰艇、坦克)并举,同时,向高技术产业装备制造扩展,如核能、运载火箭、导弹等。如1973年石油危机爆发之后,全球经济不景气,日本最早提出的应对措施就是强化防卫产业。三菱重工针对造船业萧条的状况,提出了全公司的应对方针,注重强调向防卫产业投入力量,甚至在劳动组合方面,也提出必须强化防卫产业。因此,三菱重工一直没有把耐用消费品和防卫产业路线分得清清楚楚。三菱重工就是在同一车间生产“钻石2000”民用飞机和F-15J型战斗机的。

(二)IHI公司

IHI公司(英语:IHI Corproation,日语:株式会社IHI)曾被称为“石川岛播磨重工业”(英语:Ishikawajima-Harima Heavy Industries),是日本一家重工业公司,亦为日本重要的军事防务品供应商。IHI公司起源于1853年(嘉永6年),当时江户幕府指令水户藩主德川齐昭下令于江户隅田川河口的石川岛(位于现在东京都中央区佃二丁目)建设造船厂,称为“石川岛造船厂”。一战后IHI公司开始涉足汽车及飞行器制造业务,第二次世界大战时参与建造军舰及飞行器。第二

次世界大战后通过并购继续壮大,20 世纪 70 年代石川岛播磨重工业公司向澳大利亚和巴西出口燃煤火力发电用锅炉和大型纸浆生产成套设备。80 年代初接受防卫厅订货为喷气式教练机生产国产 F－3 发动机,80 年代中期完成出口到阿尔及利亚的世界最大级液化石油气成套设备并完成世界第一套移动式人工岛原油钻探装置。80 年代末开始并研制成功 H－1 火箭用液态氧/液态氢涡轮泵以及用于大型客机的 V2500 涡轮扇发动机。20 世纪 90 年代初石川岛播磨重工业公司建成22 000 t东方维纳斯号客轮和世界最大的无重力试验用降落塔设施并向防卫厅交付了宙斯盾舰用主机 LM2500 蒸汽涡轮发动机。90 年代中期研制成功 H－2 型火箭用 LE－7、LE－5A 发动机涡轮泵并成功发射 1 号火箭。90 年代末期建成装载宙斯盾系统的鸟海号护卫舰,建成世界最大级6 500吨脉冲连续冲压机。完成了公司的扩建工程——在福马县新建一座生产喷气发动机部件的相马工厂。2007 年更名为 IHI 株式会社,从当时以造船业起步发展到今天能够生产桥梁成套设备直至航空航天设备的综合性企业。

（三）日本网络防御系统国产化项目

2017 年开始,日本政府将开始推进输电网、铁路系统等重要基础设施防范网络攻击系统的国产化。目前日本使用的设备大都来自美国等海外制造商,今后将与国内企业联手构建防范体系,形成能够对网络攻击给予更快速应对的态势。

近年来,世界很多国家的军队不仅加强了网络空间的防卫能力,还在开发网络攻击能力。与此同时,各国政府机构和军队的情报网络遭到攻击的案例屡见不鲜,日本也不例外。据报道,日本防范黑客盗取或者篡改电脑内储存信息的设备主要来自以美国为主的海外电脑网络系统公司。在全日本范围内使用的防范系统中,日本企业开发的产品不足 10%。据披露,驻地和基地之间相互连接的高速、大容量通信网络以及陆上自卫队系统遭入侵时有发生。经确认,这是利用防卫省系统漏洞进行攻击的招法。“防卫情报通信基础”分成“部外系系统”和“部内系系统”,前者连接外部网络,后者是有关人士交流内部情报的系统。为防止病毒经由电子邮件入侵电脑,两套系统是分离的。不过,个别电脑同时连接两套系统,在进行切换使用时没有完全分离易出现漏洞。可以认为,攻击者是利用这一漏洞进行了有效攻击。

早在 2014 年 3 月,日本防卫省创设“网络防卫队”以提高应对网络攻击的能力,该部门除每天 24 小时监视通信状况外,还引进了高级分析装置。然而,原本被认为“安全”的系统其实存在多处漏洞。一位专家推测称:“攻击者对防卫省、自卫队和防卫大学等系统进行了彻底地调查,就采取什么攻击手法等进行了研究,花费了相当长的时间进行准备。”基于此,日本政府决定在 2017 年度预算中

纳入超过 25.5 亿日元(约合 2 162 万美元)的经费用于助推民间企业的研发工作。日立制作所主要承担早期探知攻击并进行分析的技术研发。防范机密情报外泄方面则由松下公司负责。日本电报电话公司将就如何防范来自外部的非法操作进行研究。各大企业除了加强系统维护和售后服务外,还将强化在紧急时刻保持联络的态势。

(四)安全保障技术研究推进制度竞争性资金资助高技术研发

1. 安全保障技术研究推进制度概况

2015 年,日本防卫省创设了针对研发人员或大学研究机构提供竞争性资金的《安全保障技术研究推进制度》,其宗旨为:“在日本防卫安全环境愈加紧张的情况下,保持和提高国防安全保障技术的优势对国民生命和和平时期的生活不可或缺,特别是近年来技术革新迅速发展,防卫技术不仅可用于国防,而且也可能应用于民生”。在这种情况下,安全保障技术将围绕基础技术开展,设立《安全保障技术研究推进制度竞争性资金制度》对防卫领域未来研究开发预期会有裨益。其预算金额从 2015 年度的 3 亿日元上涨到 2016 年度的 6 亿日元,2017 年的 110 亿日元。

2. 2017 年度竞争性资金招标情况

2017 年 3 月 29 日,安全保障技术研究推进制度竞争性资金制度开始对社会公开招标,招标期截止到 5 月 31 日,其间累计收到投标文书 104 件。其主要来源于大学、研究机关、企业等,具体如表 9－2 所示。

表 9－2　安全保障技术研究推进制度竞争性资金投标情况

代表性研究者所属单位类别	大规模研究课题	小规模研究课题	合计(占比)
大学	1	21	22(21%)
研究机关	5	22	27(26%)
企业	12	43	55(53%)

资料来源:日本防卫装备厅,http://www.mod.go.jp/atla/funding/kadai/h29oubojyoukyou.pdf

2017 年 8 月 29 日公示的中标项目共计 14 项。其中,大规模研究课题类的项目负责人分别来自 2 家研究机关和 4 家企业,对应的子课题承担者来自 4 所大学、3 家研究机关和 4 家企业。小规模研究课题类的项目负责人分别来自 3 家研究机关和 5 家企业,对应的子课题承担者来自 1 所大学、1 家研究机关和 3 家企业。主要涉及的领域及内容概括如表 9－3、表 9－4 所示。

表9-3 2017年立项的重点项目简介

课题研究名称	概要	代表性研究机构	合作机构
高超音速飞行的流体/燃烧基础研究	在本研究中,为了提高未来支持超音速飞行的基本技术,从地面设备的风洞试验数据,飞行试验和计算机分析,高超音速地区的燃烧现象和气动力,我们的目标是获得一个估计加热的方法	日本航空航天探索局	冈山大学 东海大学
光子晶体光束质量中红外量子级联激光器的研制	在这项研究中,我们的目标是通过引入使用光子晶体的表面发射元件来实现量子级联激光器的高功率和高光束质量的中红外光源	国家材料科学与技术研究所	东京理工大学 东芝公司
创新材料技术研究建立一个无冷却的汽轮机	在这项研究中,假设应用于航空发动机,我们研究了使用钼合金和镍合金材料形成非冷却涡轮机系统所需的材料技术和制造工艺,证实了它的可行性	IHI公司	国家材料科学与技术研究所
利用共振拉曼效应开发空气中有害物质遥测技术	在这项研究中,我们的目标是实现一种测量方法,即时通过激光照射瞬时测量由微量有害物质发出的共振拉曼散射光,从而远程识别多种物质的类型,数量和位置	四国研究所	通用电力研究院公益基金会激光技术研究所
创新的高输出高频率器件,采用极限量子限制效应	在这项研究中,我们应用了采用新型半导体材料的强大的量子限制效应的电子传输通道结构,并且通过融合高散热材料等不同材料,显著提高了高频器件的输出	富士通公司	东京农工大学德山株式会社 国家先进工业科学和技术研究所
提高复合结构黏附可靠性管理技术的研究	本研究通过观察分子水平上的化学状态和电子状态,微观和宏观的黏附强度评价,界面化学状态的分子模拟,通过系统地掌握过程因素的影响程度和评估新的表面改性方法,我们将研究获得超过现有技术/方法的结合强度	三菱重工	国家先进工业科学和技术研究所

资料来源:日本防卫省防卫装备厅,http://www.mod.go.jp/atla/funding/kadai/h29kadai.pdf

表 9－4　2017 年立项的一般项目简介

课题研究名称	概要	代表性研究机构	合作机构
非均匀介质中埋藏物体高分辨率三维形状估计的多角三维全息图 GB－SAR 研究	在这项研究中，我们的目标是实现一种测量方法，通过从不同角度观察被掩埋物体的电磁波散射来精确地估计嵌入地下的物体的三维形状	国家研究开发公司日本航空航天探索局	东京农工大学
CFRP 粘接界面区环氧当量的电化学测量	在这项研究中，我们的目标是实现一种新的评估方法，通过电化学观察 CFRP 黏附中的分子键，在黏附界面的分子水平上观察黏附破坏	国家研究开发公司日本航空航天探索局	—
海水微观电磁场响应及其在水下传感中的应用	本研究提出了一种考虑海水微观电磁波响应的电磁场传播模型，应用建模和传感技术，以高灵敏度和高精度检测海底下埋藏物体的技术 我们的目标是实现	国家信息通信技术研究所	国家海洋研究与发展组织
半导体陷阱能级积累电子的固态电池的研究和开发	在这项研究中，由于离子转移和化学反应是不必要的，我们的目标是实现一个预期具有高安全性的固态电池	东芝材料公司	东芝公司
超宽带传输光学材料·镜头的研究与开发	在这项研究中，我们正在研究新的光学材料，透镜的成型工艺研究，以及通过透射超宽带从可见光透射到远红外光的材料和光学系统来实现在超宽带上的分辨率的光学设计我们的目标是实现。	松下公司	铃木精工玻璃
非易失性高能量密度充电电池的研制	在这项研究中，我们的目标是实现一个创新的锂二次电池，提高电解液的挥发温度，实现高安全性和高能量密度	日立制作所	

表 9-4(续)

课题研究名称	概要	代表性研究机构	合作机构
MUT 型声学元件对声阻抗的主动控制	在这项研究中,我们的目标是实现基于声阻抗匹配的物理模型,通过 MEMS 技术主动控制声学特性的声学超材料	日立制作所	
超高温热障涂层系统的研制	在这项研究中,我们的目标是实现超高温绝热的陶瓷涂层材料,通过理论计算对最佳化学成分和层组成进行设计检验,并通过实际工艺优化条件	普通基金会精细陶瓷中心	Talkar 公司

注:GB-SAR 表示地基合成孔径雷达;CFRP 表示碳纤维增强塑料;MUT 表示微机械超声波传感器;MEMS 表示微电子机械系统。

资料来源:日本防卫省防卫装备厅,http://www.mod.go.jp/atla/funding/kadai/h29kadai.pdf

根据立项概述可以看出,防卫省的《安全保障技术研究推进制度》支持的项目均是围绕无线通信技术、新材料、高端海洋装备等战略前沿技术展开联合攻关,项目研制方既有东芝、松下等企业,也有高校、科研院所等机构。防卫省、经济省以及企业、高校等社会主体间的合作机制非常畅通,以激励相容为政策制度原则,发挥军地间的融合发展。

作为日本新"产军学协同"一体化战略的重要内容,自 2015 年《安全保障技术研究推进制度》竞争性资金制度实施以来,日本防卫省装备厅在科技协同领域支持企业、科研院所围绕前沿战略性新兴产业开展基础技术协同攻关,在一些领域取得突破性进展,并有望于 2020 年之前实现产业化,具体情况如表 9-5、表 9-6 所示。

表 9-5 《安全保障技术研究推进制度》竞争性资金项目成果发表情况(2015—2017 年)

发表年度	起草年度	研究成果公布业绩(件)		专利申请数
		论文发表[1]	口头发表[2]	
2017 年	2016 年	—	1	—
	2015 年	4	17	3
2016 年	2016 年	0	1	0
	2015 年	2	19	7
2015 年	2015 年	0	1	0

注:该成果统计于 2017 年(平成二十九年)8 月 28 日。1:杂志期刊等刊登论文情况;2:头发表指通过新闻发布等公开的研究成果。

表 9-6 最新攻克重大成果明细表

研究题目	发布日期	代表性研究机构	文件名
通过异质结构优化提高高频器件的输出	2017.12.4	富士通	全球首次在室温下结合单晶金刚石和碳化硅的技术(高效冷却,增加 GaN-HEMT 功率放大器的输出功率,使雷达观测范围提高约 1.5 倍)[1]
光电倍增管自适应水下光无线通信研究	2017.10.2	海洋研究发展组织	水下超过 100 米的 20Mbps 双向光电无线通信技术试验成功(首次建立了水下光线无线网络通信技术,向水下观测设备的物联网迈进)[2]
通过异质结构优化提高高频器件的输出	2017.7.24	富士通	用于 W 频段的氮化镓传输功率密度达到世界上最高的功率密度(无线通信距离更远,容量更大,并且实现了低功耗)[3]
使用黑色超材料的各向同性宽带光吸收器	2017.4.26	理化研究所	用铝纳米结构制造“染色剂”(作为超材料和染色剂,相比涂料更具有永久性和轻盈性特征)[4]

注:1. 资料来源于富士通研究所, http://pr.fujitsu.com/jp/news/2017/07/24.html.

2. 资料来源于海洋研究发展组织,http://www.jamstec.go.jp/j/about/press_release/20171002/

3. 资料来源于富士通研究所, http://pr.fujitsu.com/jp/news/2017/07/24.html

4. 资料来源于理化研究所, http://www.riken.jp/pr/press/2017/20170426_1/

第二节 以色列国防科研生产能力的发展现状与监管

一、以色列国防科研生产能力发展的背景与趋势

(一)以色列国防科研生产能力发展背景

翻开世界地图,在中东地区,弹丸小国以色列背靠地中海,周边环绕着埃及、约旦、叙利亚及黎巴嫩,四国总面积约 129 万多平方公里,相当于以色列国土的

48 倍。除海岸线外,以色列被这四个阿拉伯国家紧紧包围着。它北与叙利亚为邻,南与埃及相连,东与约旦相邻,同时国界还与划分给巴勒斯坦阿拉伯人的国土成犬牙交错之势。在北部叙以边界上,戈兰高地巍然耸立,由上可以俯瞰整个以色列。在南部埃以边界上,是一望无垠的内格夫沙漠,不仅不利于隐藏,还无法构筑坚固防御工事。在东部约以边界上,是约旦河与埃拉瓦谷地,也根本不具备军事防御依托价值。西部的海岸线长约 240 公里,地形皆为平原,这无疑等同于敞开的大门,巴勒斯坦军队完全可以从海上发起突袭。

建国以来,以色列与周边的巴勒斯坦、埃及、约旦、叙利亚和黎巴嫩都进行过激烈的战斗。在中东这一地区,以色列没有朋友,只有敌人。面对这样的地缘安全环境,以色列人清醒地认识到:其百万人口至少面对的是 1 个亿的潜在敌人;几十万国防军要对付的是 100 多万的阿拉伯国家军队;以色列不仅人口和资源处于劣势,而且国土幅员和战略纵深都不如邻国。鉴于此,以色列第一任总理本·古里安就大声疾呼:“以色列除了把国家安全问题置于核心外,没有任何选择余地。”

正是这种严峻的国家地缘安全环境,促使以色列形成了一种打破陈规、鼓励创新的军事文化,使仅控制 2.5 万平方千米,只有 800 多万人口的“袖珍国家”,却是中东地区响当当的军事强国,在数次中东战争中都取得了最后的胜利。追寻其屡战屡胜的原因,大国的支持、民众强烈的危机感和兵员的高素质是其中的重要因素,而其如“永动机”般不竭的军事科技创新能力和所造就的先进国防科技工业,则是其胜战之源。

(二)以色列国防工业发展的历史沿革

以色列国防工业大致经历三个发展阶段:

1. 初创时期(1948—1967 年)

以色列国防工业企业于 1948 年建立,它是在修造和更新从西方国家进口落后的飞机、坦克和火炮的基础上建立起来的,不久即设计出性能优异的“钨兹”冲锋枪,一时成为国际军火市场的抢手货,为刚刚起步的以色列军工企业提供了急需的资金。1957 年苏伊士运河战争的爆发,为以色列军工企业的发展注入了活力。这一时期,以色列从法、美和西德等国进口了许多先进武器,并在吸收消化外国先进技术的基础上,制造出包括喷气式战斗机在内的许多先进武器,并开始向印度、缅甸、新加坡等第三世界国家出口武器。

2. 大发展时期(1967—1991 年)

1967 年“六五”战争前,法国对以色列的武器禁运,促使以色列领导人痛下决心加强国防工业。以色列政府加大对国防工业的投入,加强了与美国等国的

军事合作,特别是在联合研发先进武器系统方面的合作。与西方先进国家的军事合作使以色列能够分享世界上最新军事科技成果,对其国防工业的发展起到了巨大的推动作用,到20世纪70年代中期,在以军的主要武器系统中,国产武器占有越来越多的份额,其中包括拉法尔导弹艇、"幼狮"多用途战斗机、"加百利"导弹和梅卡瓦坦克。自行研发和生产武器大大提高了以色列的军备自给水平,避免了遭受武器禁运的风险,也提高了更新改造进口武器装备以适应自身需要的能力,形成了一个迅速发展的军工生产体系。

20世纪80年代末,以军军工企业大约有150多家(还有数千家小企业从事转包合同)。这一时期以色列最大的军工企业均为国有,其中著名的有:以色列军备发展局,一般称之为拉法尔公司,是专为以色列国防军野战部队"量身定做"研发先进武器装备的主要机构;以色列飞机工业集团,主要生产有"幼狮"战斗机、Arava飞机、Ramta轻型装甲车、"加百利"反舰导弹和高速巡逻艇等;以色列军事工业公司,主要生产"鸽兹"式冲锋枪和自行火炮等轻型武器以及"黛利拉"空射巡航导弹等。Tadiran电子公司是当时最大的私营军工企业,主要生产军用通信设备、电子战设备、指挥控制系统和生产无人驾驶飞机。在80年代中期,军工企业雇用的工人为65 000人,达到顶峰。1988年由于国防预算削减,加之国际军火市场严重萎缩,以色列军工企业遭受严重亏损,一时间下岗人数竟达50 000人。到80年代初,以色列的对外军火销售增长很快,五大洲的50多个国家成为以色列军工企业的客户。

在这些国家中,既有中国、罗马尼亚、摩洛哥、土耳其、印度尼西亚和马来西亚,还有一些美国所称的"无赖"国家,如伊朗和南非。20世纪到80年代末,以色列成为世界上军火销售大国,每年军火销售额达15亿美元左右,占全部工业出口值的三分之一。

3.扩张时期(1991年至今)

"冷战"结束后,中东地区的政治、军事、经济格局发生了巨大变化,被以色列视为敌对国家的伊朗、叙利亚等国的军事实力大增,于是,以色列开始重新审定国家防务战略,决定增拨军费(每年100多亿美元),加大对国防工业的投入,同时进一步深化与美、英、德等国联合开发先进武器系统,如与美国弹道导弹防卫组织联合开发"箭"式反导弹系统,与德国蔡司公司(Zeiss Optronik)联合开发飞机激光定位系统等。目前,以色列大约有200多家军工企业,包括国营(占80%)、私营和与美、英、法、德等国合资的企业三大类,由政府和国防部共同管理。其中最大的五家公司是以色列飞机工业集团、以色列军事工业公司、以色列军备发展局、Elbit公司和Elrisa公司,这五家占到全国武器出口额的90%左右。以色列在世界军火市场上的地位显著上升,目前以色列已成为世界第六大军火

出口国,2007 年武器装备出口额高达 44 亿美元,出口产品包括航空产品、导弹、舰载武器系统、雷达和电子战设备等。其中导弹工业是以色列出口创汇的主要行业,以色列 65% 的导弹产品用于出口。近几年以色列的武器装备出口额达到了军工总产值的一半。

(三)以色列国防科研生产发展的现状与特点

1. 以色列国防工业的现状

以色列建国之初即采取了以国防工业为立国之本的战略方针,逐步建立起比较完整的国防工业体系,对国防工业的投资占整个国家工业投资的 50%。20 世纪 80 年代后,以色列以国防工业生产能力的 70% ~80% 用于满足本国军队的需要,并开始寻找国际市场,逐步走上以出口武器为主的发展道路。20 世纪 90 年代,以色列政府加大了对大型军工企业的改制力度。1991 年,内阁经济委员会决定,以色列国防工业公司在行政上挂靠国防部,但拥有自主经营权,从而由行政型企业变为经营型企业,除继续研制和生产高技术武器装备外,一些军工企业转向民品生产。90 年代末期,国防工业产值占全国工业总产值的 25%,国防工业雇员约占全国雇员总人数的 20%。进入 21 世纪以来,以色列政府持续实施国有军工企业私营化改革。2004 年,以色列军事工业公司开始向私营国防企业出售部分业务部门。政府通过合理的政策引导,充分发挥和利用国防工业的技术、人才和资源优势,不仅促进了国防工业的发展,而且带动一大批相关产业,促进了国民经济的快速发展。

以色列军用技术在民航、机械工业、环保设备、娱乐模拟系统、电话与通信网络等方面都得到广泛应用。以色列飞机工业公司除拥有军用飞机集团外,还组建了相对独立的民用飞机集团、贝德克航空集团、电子集团和 MLM 系统工程公司等。民用飞机集团研制出了 IAI1124 西风、IAI1125 阿斯特拉及银河双发中远程公务机。贝德克航空集团从事飞机发电机和附件的改装、升级、维修、保养。该公司 1993 年完成了 150 架飞机修理工程,营业额为 2.75 亿美元。MLM 系统工程公司主要研制和生产空中交通控制系统、空中和地面测量系统、图像处理和升级系统。该公司的拳头产品为空运控制系统(MUL - T - CONMLM),具有处理雷达和飞机资料、训练和管理功能,可与已有的航空交通控制系统相结合来升级机场的小型和中型控制中心。该系统还可提供气象数据、辅助导航、通信设备和导航状况记录及播放。目前,以色列飞机工业公司已成为一个开发各式飞机和航空系统的大规模工业集团,成为以色列最大的出口商,产品销往 75 个国家,2002 年,销售额突破 30 亿美元。

以色列在电子领域发展规模最大的是通信业务,特别是在电信方面,主要是

办公室通信设备的现代化，其中包括用户交换机、通话装置以及电话线路增容器等。以色列军事工业公司 1990 年实行公司化改造后，组建技术、系统、弹药、武器与装甲车系统集团。该公司已进入民用通信市场，成功地开发了程控电话，目前正在开辟抗灾服务市场，通过提供紧急事件和救灾产品及各种相关服务，组建民品市场网络。2001 年，公司成立一支专业队伍，其任务是帮助政府和公司用户做好应付战斗状态或人为灾难的准备、训练和装备工作。公司竞标肯尼亚和土耳其等国的项目，还挺进南美和东南亚的市场，为用户“紧急事件管理”提供帮助，产品包括用于地区指挥中心和野战部队的指挥与控制系统、特殊传感器与早期预警雷达装备、野战医院、生化战净化设备及各种通信设施等。2002 年赢利达 1 500 万美元。

其他一些公司大都有民用项目，如拉法尔武器发展局改为公司后，开发了医疗诊断设备和通信设备，发展的手提式卫星通信终端设备占全世界市场的 25%；塔迪兰公司的民品产值已占其总产值的 70%；埃尔毕特公司的民品产值也由几年前的 30% 提高到 70%。

目前，以色列从事武器装备研制生产的企业超过 250 家，其中规模较大的 20 家公司中有 8 家主要根据军事合同开展业务活动，排名前 5 家的公司中有 3 家主要生产武器装备产品。

2. 以色列国防工业的特点

(1) 自主开发能力强

以色列国防工业从“仿制”起家，但高度重视自主开发能力建设，投入大量资金用于国防科技研究。其居高不下的国防开支中有很大一部分是用于国防工业，并建立了一系列国防科研机构，其中著名的有拉法尔武器发展局、海法技术大学、武器研究中心、航空航天学会、韦兹姆研究院（研究核技术）等。强大的自主开发能力使以色列在无人机、中小型侦察机、空战局势分析系统、歼击机电子设备等高科技武器装备领域处于世界领先地位。据悉，美、俄、英、法和以色列均能制造飞机预警系统，但以色列研制的“费尔康”预警机的性能要高出俄罗斯 A—50 预警机四倍，是世界目前较先进的预警机。

(2) 集众家之长

在高度重视自主开发能力的同时，以色列还加强与美、法、德等国的军工企业合作，共同研制具有国际先进水平的武器装备。在国际合作中，以军工企业掌握了许多先进技术，使其研发武器装备的水平也大大提高。以色列著名的“幼狮”战斗机，就是在从瑞士秘密获得的法国“幻影”Ⅲ设计方案的基础上，装备了美国通用电气公司生产的 J79 发动机和以色列自己研制的飞行控制系统及武器投放系统后研制成功的。1990 年两德合并后，德国将大量原民主德国的苏制武

器包括米格—29战斗机、空对空导弹和T72坦克配件在内的军火卖给以色列，以色列经过消化吸取苏联武器的精华，改进了自己的梅卡瓦坦克、巨蟒—4空对空导弹，一时成为世界军火市场的畅销货。以色列军工企业还到美国、德国、波兰、印度等国建立合作企业，把自己研制的武器装备，拿到国外去生产，以避开贸易壁垒，扩大在国际军火市场的份额。

（3）高度依靠国外市场

以色列军火出口遍布世界各地，南非共和国和拉丁美洲是以色列军火的传统市场。以色列同南非的军火交易始于20世纪50年代，即使是联合国通过对南非的武器禁运条约，以色列同南非的秘密交易也从没有停止过。自50年代起，以色列军火商便向拉美渗透，到1984年，至少有18个拉美国家从以色列购买武器。印度是以色列新兴军火市场，已成为继俄罗斯之后印度的第2大武器供应国。近十几年来，印以双方签署了数十项协议，以色列向印度出售30多亿美元军火。2001年7月，印以继而达成总金额为20亿美元的军火协议。同时，以色列还向欧美销售军火，埃尔毕特公司近80%的产品出口美国。以色列的伊洛普光电子公司已成为许多西欧国家豹-2坦克瞄准器上的热成像系统主要供应商，用户包括德国、荷兰、瑞典和丹麦等。有统计数据显示，以色列每年生产的70%~75%的军火用于出口，在其每年39亿美元的销售额中有75%是军火出口收入，军火出口成了以色列主要的外汇来源。以色列银行行长摩西·曼德尔鲍姆曾坦言："在外债和通货膨胀严重的情况下，只有一个因素使以色列免遭破产，那就是输出军火赚取美元。"

（四）以色列国防科研能力发展的主要战略

以色列国小民少，资源匮乏，与周边国家长期处于敌对状态。为保障国家安全，它采取种种策略发展国防工业，目前已经成为军工大国，除美国等少数发达国家外，世界上很少有国家在武器系统的国产化、种类、数量及科技含量上超过以色列。其国防工业发展的主要战略包括以下几点。

1. 以国防工业为支柱，重视人才培养及国防科研投入

20世纪50年代末，以色列只能生产部分轻武器，改装和维修一些装备。长期的战争状态迫使以色列每年将大量经费用于国防，年度国防经费在国民生产总值中一直占10%以上，国防工业的投资占整个工业投资的50%。到80年代末期，以色列国防工业迅速崛起，形成人员齐整、设备先进、门类齐全的国防工业体系。当前，以色列的国防工业已走在了世界的前列，其之所以能够迅速成为国防工业强国，在很大程度上得益于其人才优势。"人才立国"是以色列的基本国策，国防科技关系到国家存亡，政府倍加重视人才培养、储备和引进。以色列国民具

有强烈的忧患意识，高中毕业后都得服兵役，然后再上大学。以色列 6 所大学每年培养出 1 800 名工程师和 3 000 名高级技术人员，其技术人才在全国人口的比例居世界首位，科学家和工程师占总人口的比率居世界第 2 位。

以色列特别注重引进人才，作为一个以移民立国的国家，以色列最主要的资源就是其卓越的人才资源。该国自 20 世纪 90 年代以来相继实施了两个时段的安置或吸引海外高技术人才的移民政策。高技术移民在较短时间内源源不断涌入，这不仅推动了以色列经济的高速发展，而且直接助推了该国的科技腾飞，高技术移民成为经济崛起与科技创新中的关键支撑。以色列高技术移民的基本条件是：接受过高等教育（硕士及以上学历）、从事研发及相关工作；从具体职业来看，主要包括科学家、工程师、医生、科研人员等专业群体。

1973 年 6 月 24 日，以色列政府通过特别决议，决定在国家研发委员会之下设立科学吸收中心。1975 年底，该中心转归移民吸收部管辖。除了帮助移民科学家和海归人才融入以色列研发体系和学术界以外，该中心的另一主要职能就是为他们提供各种资助。

面对来自苏联的庞大高技术犹太移民群体，以色列政府有针对性地推进了多个人才安置计划，其中包括提供专项基金。

第一是“夏皮拉基金”（Shapira Fund）。从 20 世纪 70 年代开始，以色列政府实施了为移民科学家提供津贴的“夏皮拉基金”，其具体由科学吸收中心进行管理。夏皮拉基金规定，移民科学家进入以色列的第一年由该基金为其支付薪水，雇主无须支付薪水；第二年各支付一半，之后该基金支付 30%，直至雇佣者完全被以色列就业市场吸收。这种举措旨在鼓励雇主雇佣那些在以色列没有任何经历的移民科学家，并尽力减轻雇主的负担。直到 1988 年第二波苏联移民潮进入以色列前，该中心帮助了大约 3 500 名科学家，其中 65% 受雇于高等教育机构，20% 受雇于政府和其他公共机构、医院和实验室，15% 受雇于工业部门。

第二是“吉拉迪计划”（Gileadi Program）。1989 年，苏联走向解体，大批苏联犹太人涌入以色列，这批移民中的科学家比例非常高，并且其中超过一半多的移民科学家（7 735 人）是在 1990—1993 年间到来的，为此，以色列政府设立了一批新的资助计划来安置和整合这些移民科学家。1994 年，以色列政府启动了面向移民高端人才的“吉拉迪计划”。该计划以著名化学家埃利泽尔·吉拉迪（Eliezer Gileadi）的名字命名，致力于为来自苏联的一流移民科学家提供 300 个大学研究岗位。

第三是“卡米尔计划”（KAMEA Program）。1997 年，以色列政府决定将资助范围扩大，为新来的移民科学家在以色列大学提供 500 个研究岗位，并为其提供绝大部分津贴，直到退休（通常为 68 岁）。1998 年，“吉拉迪计划”正式扩展为

“卡米尔计划”,后者是希伯来语“吸收移民科学家”(KlitatMadanimOlim/Absorption of Immigrant Scientists)的缩写。该计划受益者的条件是:年龄超过44岁,且成功通过“夏皮拉基金”和“吉拉迪计划”考核的科学家。作为移民科学家的持久资助项目,该计划60% 的经费来自以色列移民吸收部,其余由高等教育委员会和所在大学共同承担,用于出版著作与论文、教授与指导学生、建造研究与教学实验室、开拓新的研究领域、提交研究计划、参与专业性的研讨会等等。

从1998年“卡米尔计划”启动到2011年底该计划结束为止,总共有680名移民科学家接受了该计划的资助,花费总额约为15亿新谢克尔,每位科学家受惠于该计划的平均时间为9年。该计划的绝大部分受益者都被就职于高等教育机构,还有一些被研究机构或医院雇佣。根据统计资料显示,移民科学家使以色列大学的科研产出增加了20% 以上。

以色列有著名军工科研机构十几家,如以色列武器研究中心、航空航天学会、韦兹姆研究院(研究核技术)等,这些机构拥有大量世界顶尖级技术人才。拉法尔武器装备发展局既是以色列最大的军工管理机构和重要的生产综合体,也是最具实力的武器装备研制机构,35%的员工是科学家或技术专家。以色列军事工业公司中有50%左右是工程师、科学家和技术人员。塔迪兰公司中57%的人员是工程技术人员。

以色列政府还把大量财力投入国防科研上,对每项科研计划都提供足够的资金,如为研究用于搜集情报的气球,政府就投入了1亿多美元。以色列大学所获得的专利经费是美国的2倍多。在政府的努力下,以色列逐步建立起了以政府、大学、企业为主干的科研体系。国防部直属研究机构主要担负一系列攻关型、尖端型研究项目。高等院校从事基础科学研究,承担自然科学与技术领域30%的研究工作。以色列大中型企业都设有专门的研究与开发机构,据统计,千人以上企业用于研究与开发的经费占企业经常性支出的60%以上。尽管以色列公司总数比许多国家要少,但都属于尖端行业的新兴技术公司,其绝对数仅次于美国,居世界第2位。

研发支出占GDP的比重是最能反映一个国家科技发展水平和经济含量的重要指标。以色列政府十分重视研发资金的投入,自2000年以来,研发支出占GDP的比重一直维持在4% 以上,远高于同期OECD国家的平均水平,也要高于美国、欧盟及中国等国家。持续大规模的研发投入有助于以色列迅速提升技术水平,通过技术创新促进经济增长,从而提升国家竞争力。

2. 技术引进和自主开发相结合,保持国防工业高度自主

以色列几乎每年都要引进成套武器设备,采购费用占国防预算的25%。建国初期,以色列主要从苏联(通过捷克中转)进口大炮、机枪和飞机。第一次阿以

冲突后,以色列转而从美、法等国进口武器。目前,美国依然是以色列的最大武器供应国,并且几乎把所有高技术武器都卖给了以色列。此外,以色列还可免费获得许多美国政府不允许转让给其他国家的国防高新技术。可以说,以色列一跃成为有相当实力的军工大国,与引进美国装备和技术是分不开的。

以色列不只是购买别国装备和技术,还将仿制和自主研制相结合,开发有自主知识产权的产品。从20世纪40年代末以色列便开始仿制国外武器,经过20年的磨砺,积累了不少经验,获得了大量先进技术。到70年代,以色列利用英国105 mm坦克炮的先进火控系统技术、美制柴油发动机的先进防火抑爆装置等生产出“梅卡瓦”主战坦克,其性能达到M60A1坦克的水平。70年代后期,加装了反应装甲,大大提高了坦克的防护能力,经受住了T-72炮火的考验。以色列还对外国制造的各类装甲车等进行改装,通过这种改装发展策略,以色列坦克装备技术已跻身于世界先进行列,占领了国际军品市场。“幼狮”战斗机是60年代引进法国幻影Ⅲ式战斗机的基础上发展起来的,也是以色列仿制和自主开发相结合的另一代表作。以色列改进了该机的发动机,采用美国J79型发动机技术,使其性能仅次于F-15战斗机。在幼狮式飞机技术标准的基础上,以色列继而研制了狮子战机。目前,以色列自产的武器装备达1 000多种,国产化达60%以上。陆军武器自给率超过95%,无人机、光电传感器、侦察系统、先进防空系统、空空与空地导弹、头盔瞄准系统、通信与电子战系统等方面具有世界领先水平。以色列飞机工业公司的无人驾驶侦察机制造技术在世界遥遥领先,该公司可生产全系列的无人驾驶机。此外,还研制出了无人攻击机,如反雷达无人攻击机航速达500 km/h,能全天候执行各种作战任务。以色列还研制出红外制导格斗导弹——巨蟒4型第4代空空导弹。2002年,在巨蟒4型基础上研制出超视距空空导弹“德比”(34567),标志着以色列成为继法、俄、美之后的第4个设计、研制主动雷达寻的制导空空导弹的国家。

3. 开展多样化的国际合作,从合作中谋共赢

为迅速发展国防工业,以色列广泛吸收外国军工技术,除引进成套设备外,还采取许可证生产、共同研制等多种国际合作形式。许可证生产始于20世纪50年代。1956年,以色列与比利时FN公司合作生产火炮和步枪,与芬兰泰普勒公司合作生产迫击炮。1967年后,以色列的许可证生产关系转向美国。正是通过这些许可证生产活动,以色列解决了本国必需的部分武器装备和武器零部件问题,实现了出口创汇,从中积累了丰富经验,为发展本国武器装备奠定了基础。80年代以来,以色列采用外商资本注入或与外商联营等形式,大量引进外资,扩大合作,以色列不仅是同这些国家合作生产,还参与合作开发。海湾战争后,以色列与美英等国军工合作有了新发展,共同研发高技术武器项目越来越多。“箭

式”导弹是美以合作的代表作。该项目始于1988年，以色列飞机工业公司是主承包商，其他承包商有拉法尔公司（研制导弹弹头）、以色列军事工业公司（制造运载火箭）、埃尔塔公司（开发雷达项目）、美国仙童公司（承担光电跟踪的传感器研制任务）。项目初期发展经费总额为3.33亿美元，美国负担72%；未来5.56亿美元的部署经费中，美国负担36%。箭式导弹系列共有两种型号：箭－1型和箭－2型。1998年以色列在特拉维夫部署了第1个箭－1型导弹连，其后，在海法港部署了另一个导弹连。箭－2导弹以反战术导弹为主，兼顾反飞机、反巡航导弹等。2000年以色列在特拉维夫北部部署了第1套箭－2导弹防御系统，2002年继而在特拉维夫南部部署了第2套。目前，以色列成为世界上第1个拥有两级国家导弹防御网的国家。美以还合作开发主要对付“喀秋莎”等火箭袭击的先进激光武器。1994年，克林顿总统发起建立了美以科技委员会，加强了以色列在高科技研发，特别是军事领域内与美国的合作，使以色列公司能够大量参与美国公司的军品研发。2000年以色列成功地进行了用高能激光器摧毁飞行中的单个“喀秋莎”火箭弹的试验。在海军装备研制方面，以色列海军科研部门与美国海军麦克马伦造船公司联合设计了萨尔－5级轻型护卫舰，该舰具有很强的反舰和反潜能力。随着以色列军品公司的开放化，更多的西方公司向以投资，如瑞典博福斯公司与以军事工业公司合资研制120 mm炮弹，德国莱茵金属公司及桑塔·巴巴拉公司与以军事工业公司合作开发火炮弹药。在国际合作中，以军工企业掌握了许多先进技术，使武器装备的现代化水平大大提高。

4. 积极拓展国际军火贸易，维持国防工业高速发展

以色列政府制定了旨在促进军品外销政策，国防部宣布将向国际市场出售所有武器。武器出口为以色列获得大量发展资金，用来研制新一代武器，实现滚动式开发，即使用一代，储备一代，研制一代。由于以军工技术不断得到及时有效的更新，使其保持了技术先进优势，从而使以色列的预警飞机、空空导弹、地面监视雷达系统和热成像系统居世界领先水平。为拓展国际市场，以色列主要采取了以下措施。

（1）积极开展现有武器的更新改造

在“冷战”后相对和平时期，各国无力拿出更多的资金研制新装备，于是改装现役武器，以提高性能并延长服役期成为最佳选择，因而也造就了一个巨大的军品改装市场。以改造更新旧武器而起家的以色列在这方面具有巨大的优势。由于以色列曾引进了美、英、法等西方国家的武器，又通过战争等渠道取得了大量苏式装备，它的改装是博采众长，再加上它的改装完全是针对战场特点，且经过实战考验，所以在军火市场上很有竞争力。以色列先后帮助东欧国家和印度等国升级更新了大量苏联时期的武器，也为一些发展中国家更新美、法等国生产的

武器设备。据报道，以色列已帮助土耳其升级了 200 辆 M－60 坦克和数十架 F－4 型战斗机。2005 年 1 月，双方商定，以色列再帮助土耳其升级 100 多辆 M－60 坦克和 44 架 F－4 型战斗机。

（2）定制开发高性能军工产品

高价厚利是犹太人做生意的重要法则，军火销售也不例外。以色列刚开始是向第三世界出口武器，但一方面由于面临着巴西等国同类产品的竞争；另一方面也因为第三世界国家财政困难，购买力有限，于是就转向与发达国家合作开发高性能武器，打入发达国家市场，以谋求更大的利益。以色列的“费尔康”预警机就是在俄制伊尔－76 型运输机（价值5 000万美元左右）上搭载机载预警系统。据估计，其成本不过 1 亿美元，却要价 3 亿美元，从中可以看出高技术军品的利润丰厚。高技术武器设备使以色列在国际军火市场上左右逢源，大发其财。韩国、菲律宾、比利时、法国、瑞士购买无人机，印度采购无人机、导弹、“费尔康”预警系统、电子设备、超现代化雷达，波兰求购反坦克导弹，芬兰、荷兰进口空战分析系统，西班牙、希腊购买歼击机瞄准系统，丹麦采购夜视系统，澳大利亚购买海军装备，美国进口装甲运输车使用的装甲、无人机、瞄准仪、歼击机瞄准系统。

（3）输出“军事知识产品”

“军事知识产品”是指自行开发的或在实践中学来的战斗、情报技术。如拉法尔还出售一种叫作“ABS－2010”的作战伪装项目知识产品，使模拟者无须看到整个战场，只需在地图、报告和网络通信基础上就能做出恰当的决定，从而大大提高军事演练的成效。贝塔·提克瓦公司的主营业务是训练国内外的安全人员，经他们培训的人能够胜任对重要人物和石油管道的保护，甚至反劫机等工作。安全和情报咨询公司（SIA）则在拉美开拓了新市场——培训拉美国家的反恐和缉毒人员。“9·11”后，如何有效防范和应对恐怖主义成了世界的新课题，而在“反恐”方面有实战经验丰富的以色列，一时成了世界的反恐圣地。美国多次派出专家和要员到以色列学习“反恐”经验。英国、印度等许多国家与以色列建立了“反恐”合作关系。波兰加入欧盟后，表示要学习以色列在巴以边界建立隔离墙的安全技术，以确保欧盟东部边境的安全。

（4）推进国防工业“军民融合”，以军促民带动整体发展

以色列国防工业通过推行“军民融合”战略，不仅使国防工业在国民经济中继续占有重要地位，且带动了一大批相关民用产业的形成和发展。如民用电子技术的发展就是得益于军用电子技术。20 世纪 80 年代前，以色列几乎没有像样的电子工业，现在，电子产品占工业出口额的27%以上，占国民生产总值的12%。另外，以色列军用技术在民航、机械工业、环保设备、娱乐模拟系统等方面都得到广泛应用，现在，已很难界定军工企业的性质，很少有公司纯粹为军火市场而生

产，大多数公司都生产军民两用产品。军用技术带动了民用技术的发展，从而促进了整个国民经济的发展。可以毫不夸张地说，以色列军工产业已成为其富国强兵的支柱产业。

二、以色列国防科研生产能力的管理体制与决策机制

以色列的国防科技工业由政府和军方共同管理，总理领导下的国防委员会是其最高决策机构。在具体分工上，国防部与总参谋部统一管理三军常规武器的科研与采购，原子能委员会管理核武器的科研，科学与发展部的航天局统一管理军用与民用航空航天活动。

以色列的最高军事决策机构是国防委员会，其成员由总统、总理以及国防、外交、内政、财政、交通、邮电部部长和总参谋长等组成，国防委员会主席由以色列武装力量最高统帅总理兼任，直接掌管国家的最高军事决策权。国防委员会有权决定军事战略、军队建设方针、战争计划、战争动员、武器装备的生产和采购等重大问题。

在国防领导体制上实行文官领导国家武装力量的制度。国防领导的体制是总理—国防部长—总参谋长这一架构。国家的安全和防务问题由总理和内阁（国防部）掌握，总理具有最后的决定权。国防军总参谋部必须接受总理和内阁的领导，以保证国防领导的高度集中统一。同时，国防部长和总参谋长既有分工，又是上下级关系。

以色列相关管理机构的设置及职能如下所述。

（一）国防部

国防部是以色列的最高军事行政机关，是内阁的一个部，部长由文官担任，战时可行使总司令职权。国防部副部长和总参谋长协助国防部长工作。国防部主要负责兵力动员、国防工业生产和研究、军费开支、武器装备的采购和供应、军队规章制度的颁布等军事行政领导工作。在国防部副部长之下还设有总务长官，主要负责国防部的日常业务。总务副长官、主任科学官、军事工业协调官协助总务长官工作。

国防部下设有办公厅，办公厅主任和总参谋长共同掌管国防科研和生产活动。主任科学官、军事工业协调官以及经济顾问作为办公厅主任的特别专业参谋，协助其进行工作。

国防部内对国防科技工业进行业务管理的主要部门有研究发展局。国防部内对国防科技工业进行业务管理的主要部门有研究发展局、采购和生产管理局以及对外军援及军品出口部等。以下是各部门的职能分工。

1. 研究发展局

该局主要负责三军武器装备的研制工作。研究发展局接受国防部和总参谋部的双重领导,具有双重身份,执行双重任务。一方面,其作为国防军的机构,需要提出符合军事要求的国防研制项目及其战术技术指标;另一方面,作为国防部的机构,还应根据国防军的需求拟定具体的研制计划。通常由研究发展局提出研制任务,然后将具体的研制工作通过招标或委托承包的方式交由国防部下属的或私营的研制机构和公司承担。

这其中,拉法尔军火研制局作为以色列四大军工骨干企业之一,承担了大部分国防研制工程。在提出符合国防军需求的建议、制定研制先进武器的文件之后,研究发展局还需负责与拉法尔公司或是其他院校厂商科研机构签订具体合同。

除了提出军事需求、拟定计划、签订合同以外,研究发展局还具有制定研究和发展政策的职责,该局负责提出年度和长远工作计划,以保证以色列军工科研水准赶上或是保持世界先进水平。

研究发展局内有一个重要机构,即首席科学家办公室,其主任由国防部长直接任命。首席科学家办公室是国防部和总参谋部之间的中介组织,在国防产品研制方面具有相当程度的否决权,直接控制着40%的军事研究和发展预算。

2. 采购和生产管理局

采购与生产管理局负责以色列三军装备的采购和生产。采购项目需根据以色列三军的要求,从技术和战术上详细地加以论证,采购按照各种法律规定程序(投标、签订合同等)进行。国内市场的采购以招标的方式进行,采购与生产管理局按合同规定划拨经费,并监督检查技术和进度,以保证采购计划按时按质完成。国外采购工作则由国防部派驻世界各国或主要城市的代表团负责,对于国外军品的采购均按照国际贸易原则进行。

3. 对外军援与军品出口部(SIBAT)

SIBAT是以色列国防部下设的主管军事装备出口和提供对外国防援助的政府机构,它主要负责对以色列国防产品出口进行协调和管理,包括为所有国防出口颁发许可证,并推销为以色列国防军研制的从电子部件到导弹船和坦克的各种产品。每年对外军援与军品出口部都会出版一份武器销售目录,这是关于以色列国防工业所提供产品的权威指南。其宗旨在于促进以色列的军事装备出口,并为有意于进行国防工业合作的外国企业提供帮助。SIBAT主要开展以下几个层次的服务:

● 沟通海外与国内相关企业及政府部门的联系。这一中介作用涉及以色列传统的国防技术和新兴的准军事应用技术的出口,包括新设备和现代化改装项目出口的各个方面:从元器件到整机设备、专门技术、培训等。

• 负责以色列国防设备和专门技术出口的审批、管理。

• 帮助外国军事代表团或其他政府代表了解以色列国防工业的发展情况。

• 作为政府代理机构销售以色列国防军现役多余装备。这些装备除电子设备及部件外,还包括经过战斗考验的大型平台,如飞机、导弹艇、坦克、车辆等。

促成海外客商与国内公司的合作。

• 充分发挥内部工作人员的技术专长。这些人员都曾在国防军服役并有行业工作经验。

• 承担政府间贸易的质量监控任务,并为美国国防部提供质量保证服务。这些服务是由经验丰富的军方和非军方质保人员来完成的。他们是一些通晓力学、电子学、航空电子学、水力学,具有丰富的弹药及软件知识的工程技术人员。

• 组织专业性的研讨会,参加国防设备展览,出版市场销售指南等。

(二)原子能委员会

以色列原子能委员会对核武器的科研工作进行统一领导和管理。原子能委员会的主席由政府总理亲自担任。该委员会有权对政府的核武器研究发展政策以及优先发展核武器的相关事宜提出建议,并负责监督政府批准的各项方案的实施,颁发核动力工厂生产许可证。原子能委员会管辖两个核研究中心,并具体领导设在内盖夫研究中心附近的迪莫纳武器工厂。

(三)航天局

航天局的任务是制定和实施国家航天计划。航天局设有全体委员会,负责制定航天政策。全体委员会下设 4 个分委会。

(1)研究与教育分会。其职责是促进高等院校及研究机构的空间研究活动,提出空间研究活动建议。

(2)工业应用分会。负责管理国内研制航天零部件的有关机构并促进与国外工业界的合作。

(3)外事分会。负责与世界各国的航天机构建立联系与合作关系。

(4)基础结构筹建分会。其任务是创建一个实施航天活动的科学与工业机构。

三、以色列推动国防科研生产能力发展的组织措施

为了适应新的国际安全环境和国家经济发展的需要,以色列积极推动国防工业部门军转民,使国防科技工业寓军于民、军民融合,以便进一步发挥国防科

技工业的优势,使之在国民经济增长中发挥重要作用,并由此将国防科技工业植根于整个国家工业实力基础之上,使国防工业得到持续发展。为此,以色列采取的主要措施有以下几条。

(一)公平竞争和企业投资激励政策

20 世纪 90 年代初,以色列对国防部所属机构和企业进行改制,推行国有军工企业自主经营、自负盈亏的政策。为吸引国内外投资,以色列政府出台了各种类型的鼓励投资研发和出口的政策措施。例如,鼓励研发方面,出台《工业研发鼓励法》,规定政府可以以企业日后专利权使用费为交换,资助研发或分担技术开发的风险;鼓励投资方面,出台《资本投资鼓励法》,规定企业可根据相关条件,获得拨款和税收减免;《工业(税收)鼓励法》规定了对国防经济有利的指定领域内投资的鼓励措施。

以色列在国防工业的发展中,重视吸纳各方面的管理和技术人才,制定鼓励发展"知识经济"和重视知识分子的政策。政府一方面自主培养科技人才,另一方面重视广纳世界科技人才。以色列通过引进移民大量吸纳国外军事技术人才,并把有专长的专家和学者安排到重要军工部门,推动先进武器系统的研制生产。

(二)国防工业结构重组与私有化政策

为进一步开拓业务范围并推进国际合作,以色列对国防部下属企业进行结构重组。如,以色列军事工业公司进行了结构重组,成立了董事会,负责公司业务活动的监督检查,并成立了更适应市场运作的下属集团。集团成立后,对人员进行精简,对工厂进行关闭整合,使人员数从 1.2 万人减至5 000 人,工厂总数降到 20 个。21 世纪初,以色列推行了国有企业私有化政策,实行现代化管理,进一步确定了国有军工企业私有化的改革计划和进程。在推进私有化改革中,以色列将国有军民企业技术含量较低的部门进行私有化,合并中小型军工企业,组建规模庞大的军工集团,以增强军工企业的国际竞争力。

(三)促进国防工业国际化战略政策

在军事技术开发和武器装备的生产上,以色列重视吸收国外先进技术和开展国际合作。以色列采取购买专利、获得生产许可证、引进成套设备、聘请国外专家等策略,广泛吸收国外先进的军事装备研制技术,通过争取国外贷款的方式来获得武器系统发展所需的技术资金。以色列与美国、法国、英国、德国等国家合作的"箭"式反战术弹道导弹计划中,美国提供的经费占研制总经费的 73%。

在军贸出口战略上,以色列始终把“军品必须打入国际市场”作为基本政策。为鼓励出口,以色列制定了《鼓励出口的投资激励政策》,设立“促进海外市场活动基金”,建立免税贸易区与自由港,鼓励企业通过武器装备和军事技术出口为国家获取大量持续发展经费,为不断开展新一代武器装备的研制和关键技术攻关创造良好条件,并使武器装备的研制销售进入良性循环。目前,以色列武器装备和技术70%以上用于出口,客户遍及100多个国家和地区。

(四)“以军带民”,促进军民协调发展政策

以色列采取“以军带民”的发展模式,通过发挥国防高科技的优势,推动国防高技术产业和国民经济的快速发展。这不仅使以色列形成了较强的科技转化能力和改革创新能力,涌现出以色列航宇工业公司、以色列军事工业公司、拉法尔武器发展局等世界知名的大型军民两用企业,也使以色列成为全球高科技创新最为发达的国家之一,中东地区第一经济强国和军事强国。近些年来,以色列通过对国防工业的结构调整,使企业不断适应新的国内外环境,成为国际市场竞争的主体,进一步带动了国家科学技术和国民经济的发展。

四、典型案例研究——以色列主要的大学技术转移公司

以色列许多高校都成立了全资技术转化公司,负责学校科研成果的商业化。公司制定了高度市场化运作的技术转化流程,保证筛选出具有较高转化价值的科技成果,通过制度保证高校技术转化高成功率和高收益,并保证科学家全心投入技术研发获得稳定收益,不必为技术转化的商业运作分心。

以色列主要的大学技术转移公司有如下几家:

YISSUM。以色列最古老的大学希伯来大学的技术转移公司,成立于1964年。目前已有2 023项发明申请了7 000项专利,有530项技术授权许可,成立了72家创新公司。这些来自希伯来大学的创新发明和由YISSUM商业化的产品每年市场销售近20亿美元。

Yeda。以色列第一家技术转移公司,负责以色列魏兹曼科学院的成果转化。以色列魏兹曼科学院是以以色列第一任总统魏兹曼命名的学院。据说是魏兹曼完成了世界上第一个技术转移。在2010—2011年期间Yeda向公司介绍和推介了2 500项魏兹曼技术,其中65项授权许可,有70个研发项目通过Yeda获得企业资助、或以色列工贸部首席科学家办公室的资助,或者通过耶达与企业联合资助,例如与美国强生公司等。2013年11月宜兴一家环保企业与以色列魏兹曼研究院耶达技术转移公司在宜兴市签署2项技术授权协议,此次合作涉及技术转让合同高达500万美元。

Ramot。以色列最大的大学特拉维夫大学技术转移公司,成立于 1973 年。Ramot 是特拉维夫大学的独资子公司,专门负责推动大学研究成果的商业化。它开展多项工作:管理专利、使大学的科研成果的商业化和产业化。同时向潜在的商业合作伙伴推荐大学的创新研究成果,创建新兴企业,在其起步阶段提供管理方面的协助。2010 年苏州一家生物医药公司与拉莫特技术转移公司合作,获取了特拉维夫大学一项关于肝纤维化早期诊断的技术。2012 年 1 月,基于该技术的再创新,该苏州企业参与了国家“十二五”863 体外诊断专项之“代谢性疾病、感染性疾病、内分泌性疾病等常见疾病体外诊断试剂的研制”。企业还因此吸引了风投的关注和支持,并获得江苏省科技成果转化专项资金的支持。

以色列理工学院技术转移公司。以色列理工学院有“美国之外的麻省理工”美誉的,目前已有 3 位诺贝尔奖获得者。2009 年 T3 技术转移对外发布了 107 项以色列理工学院发明技术,90 项递交或准备递交专利申请,有 24 项获得专利许可,其中排在前 3 名的是电子工程、药学和化学。2008 年以色列理工学院投入科研经费约6 250万美元,通过技术许可收入约7 194万元。以色列大学技术转移公司一般包括 4 个部门:专利委员会或专利部,负责技术评估、筛选和专利申请保护等;商业发展部,负责技术推广、寻找客户和技术转移谈判等;法律部,负责制定在技术转移过程中签署的各项协议;财务部负责预算与收益管理。一项科研发明从实验室走向企业生产线到消费者手中,经过一系列复杂的技术转移过程,以色列已经形成并完善了一套成熟的技术转移流程。其主要包括发现实验室成果、技术评估、市场设计、商业发展、签订协议和服务、收益分配 6 个环节。

在技术转移方面最成功的案例之一就是闪存技术。闪存是一种非易失性存储器,闪存卡是利用闪存技术达到存储电子信息的存储器,目前已广泛应用于手机、相机存储卡、U 盘等。特拉维夫大学完成了闪存技术 X4 错误纠正和信号处理技术,由特拉维夫大学 Ramot 技术转移公司独家许可给 SanDisk 公司从而获得巨大成功。SanDisk 已发展成为全球最大的闪存数据存储产品供应商。SanDisk 当前在美国拥有大约 860 项专利,在其他国家或地区拥有大约 550 项专利,而且是全球唯一一家有权制造和销售各种主要闪存卡格式的公司,公司在 1995 年 11 月上市,2016 年 05 月,西部数据公司正式宣布以 160 亿美元收购 SanDisk 公司。

第十章
典型国家国防科研生产能力实践特征比较

第一节　典型国家国防科研生产能力体系结构对比研究

一、骨干科研生产能力布局——向大企业高度集中，竞争态势削弱

进入《防务新闻》世界国防工业百强排行榜企业的国防收入在很大程度上体现出美欧国防工业骨干能力的分布。首先是因为入榜《防务新闻》的公司中，国防市场收入最少的在两三亿美元的量级上，从这一点上看，该排行榜罗列了美欧绝大多数具有规模的国防工业公司；其次，2012—2015 年，美国和欧洲的入榜公司（美国平均 41 家，欧洲平均 26 家）国防收入分别达到本国或本地区国防采办开支的 71% 和 121%，这表明这些公司占据了本国（本区）主要的国防市场份额。

二、特大型企业经济规模——总量大，生产率高

从数量上来讲，美国国防工业骨干企业年收入在 100 亿美元以上的占了近三分之一；50 亿～100 亿美元的占了 15%；两者总计接近 50%，数量达到 19 家。欧洲的数字要低一些，50 亿美元以上的达到 27%，数量为 7 家；骨干企业年收入主要集中在 10～50 亿美元之间，总数达到 15 家，占比 58%。

三、特大型企业国防业务——行业界限模糊，服务对象多样化

这一点以美国的诺思罗普·格鲁曼、通用动力、洛克希德·马丁、雷声以及意大利芬梅卡尼卡和法国的泰勒斯公司表现得最为突出。例如，诺思罗普·格鲁曼公司集航空系统、卫星系统、海军舰艇、导弹和电子系统于一身；通用动力公司则

在地面武器系统、航空系统、海军舰艇三者上等量齐观;泰勒斯公司既经营其传统的电子系统,也经营航空系统和地面武器系统。

四、中小企业创新生力军的地位已经确立

中小企业是创新的生力军,这是美欧军民领域的主流看法,美国国防部甚至不惜用夸张的口吻说道:“小型企业才是真正的创新力量”,并且把这个理念落实到了行动上,把中小企业视作推动军事力量转型不可缺少的力量,扶植中小企业的技术创新活动。21 世纪以来,美国国防部着力加强了对“小企业创新研究”(SBIR)计划、“小企业技术转让”(STTR)计划、“小企业革新质量奖励”计划的组织管理和投入,成立了专项技术创新管理机构,对 SBIR 计划的投入大幅度提高,截至 2015 年,投入经费就较 2010 年翻了一番。

五、大量参与到主承包商的供应链中

在大公司合并的同时,美国参与国防市场的中小企业数量迅速上升,通过分包合同,支撑武器系统的研发。美国国防部总合同额与小企业分包额的逐年对比,可以看出总体趋势在走高,平均占当年国防部合同总额的 20% 。

第二节　典型国家国防科研生产能力监管模式对比研究

一、美国国防科研生产能力的监管特点

美国是世界上自由市场经济最发达的国家,国防工业作为国家战略性行业,一方面具有资本主义市场经济运行的特征,另一方面美国国防工业的运行并非完全“自由”,我们可以将其视为“非完全自由”条件的市场经济。美国国防科研生产能力的政府监管特点包括以下几点。

(一)将国防工业视为国家战略威慑力量

“9·11 事件”后,美国政府出台了新的军事战略,提出了由进攻性打击系统(核与非核)、主动与被动防御、灵活反应的基础设施组成的“新三位一体”战略威慑力量,将以国防工业为主体的“灵活反应的基础设施”确定为国家的三个战略威慑力量之一。

美国虽然视国防工业为战略威慑力量,但是国防工业并不是美国的经济支柱产业。美国国防工业产值占其全国 GDP 的比例相当低。其经济规模一是来自

美国国防预算中的采办项目，二是来军贸，前者近几年约2 200亿美元(包括装备采购、研究、开发、试验与验证)；后者近几年每年为300亿~500亿美元，总计占GDP的比例不到2%。美国第一大军工企业洛克希德·马丁公司在2010年世界500强企业中的排名为第159位。

(二)实行“三头管理”

美国三权分立的政治体制决定了美国对国防工业的管理必然来自立法、行政、司法三个不同方面。国会拥有立法权和预算审批权，涉及国防科技工业的政府预算、国防部等行政部门的机构设置与撤销、重要的规章、条例，均须经过国会审查与批准方能生效；行政系统负责提出和制定研发、采办及其相关政策和项目决策，评估国防工业能力、掌握未来战争对工业能力的需求；司法系统通过司法审判进行干涉，包括企业兼并重组及出售等。

在行政系统国防工业与采办管理方面，主要管理部门的设置情况是：国家不设国防工业的政府管理机构，对国防工业的管理融入在武器装备采办、法律法规体系建设之中，由此引导国防工业的发展。在常规武器研制生产方面，航空、导弹、舰船、兵器和军事电子等方面武器装备的研制生产统一由国防部主管，国防部负责采办、技术与后勤的副部长总负责，该副部长办公室及国防部相关署、局机构具体承担，三军主管研究、开发与装备采办的部门(空军、陆军装备司令部、海军研究局等)参与本军兵种武器装备的相关管理工作；在军用和民用核领域方面，核武器和核能方面的政府管理由能源部负责，其中能源部核军工局具体负责核武器与舰船核动力方面的管理，能源部与国防部之间建有跨部门机构。美国核管理委员会(NRC)主要负责管理民用核设施的安全和许可证审核；在航天方面，政府管理由国防部、国家航空和宇航局和多个政府部门承担，军方系统包括国防部以及国家侦查局、地理空间情报局等国防部所属机构负责军事航天的管理，国家航空和宇航局、国家地质调查局、国家海洋大气管理局等分别承担各自领域的政府管理职能。

(三)实行“间接”管理

美国政府不设管理国防工业的专门机构，不实行统一领导和全面的行业规划，不出台相关产业政策，一般不干涉企业的具体经营行为。政府对国防工业管理主要通过国会立法、相关法律约束(如对外资进入进行司法裁决、对军品出口进行管制、对航天发射进行审批等)、武器装备采办活动及政府部门与企业之间的合同、武器装备项目采办监督、政府对新技术发展投资、支持基础设施建设等手段，宏观调控和支持国防工业发展。政府在国防工业管理的职责主要体现在

四个方面。

一是制定适当的国家宏观经济政策和法律，采取适当措施，创造有利于经济增长和技术创新的环境，包括公平竞争环境。

二是利用装备采办、军贸、税收和法规，引导和控制国防工业发展，特别是利用装备采办合同竞争、合同实施与监督实现对国防工业的管理与控制。

三是有选择地对基础研究、技术创新进行政府投资、开发具有广泛效益的关键军用或军民两用技术。

四是通过立法、司法程序和相关法律，保护国防工业核心能力和竞争环境。例如，在商务部或其他行政机构提出上诉时，对外资进入重要的国防工业企业须通过法律程序进行裁决，颁布《反托拉斯法》以防止垄断和保持市场上的公平竞争（根据美国相关法律，国防部在必要时有权不按《反托拉斯法》而推进企业重组）。此外，政府根据相关法律、合同约定，保护为研制生产武器装备建设的国有基础设施或政府资产，不允许私营企业利用政府设施和资产营利；

（四）在市场经济环境下进行“非自由”的市场经济运行

一方面，美国政府通过出台《国防合同法》《签订合同竞争法》《诚实谈判法》《反托拉斯法》等法律，始终坚持在武器系统采办过程中采用竞争政策，确保在项目全寿命周期内有相互竞争的供应商，保证主承包商对主要和关键的产品与技术形成有效竞争。这使得国防工业企业与市场经济中的其他企业一样，需要进行公平合理的竞争。另一方面，美国政府对国防工业采取的是自由市场经济环境下的“准计划”管理，坚持“适当竞争”的政策。与其他行业的市场经济有很大不同，美国政府对国防工业的运行并非按“完全自由”的市场经济进行运行，其市场竞争也存在“适当竞争”的特征，与其他行业的自由市场经济有很大不同，主要体现在如下几点：

一是国防工业的经济规模由政府国防预算和出口管制所约束，近几年美国国防工业经济规模约 2 500 亿 ~3 000 亿美元（包括国防部、能源部、航天领域各政府机构获得的政府预算、军贸出口额等）。

二是政府拥有的科研机构包括三军实验室（如空军实验室、海军实验室、陆军实验室、阿诺德工程发展中心、航空系统中心、机载武器中心、电子系统中心等）、NASA 的十大研究中心、能源部下属 21 家国家实验室和研究院所等，是国防科研的主力军，由政府出资开展的科研主导着美国国防科研和技术发展活动。例如，仅美国空军实验室（AFL）每年从政府获得基础研究、应用研究和技术开发预算经费约 20 亿美元，另外获得来自各类客户的经费 15 亿 ~20 亿美元（75% 的经费提供给工业界、大学和国际合作伙伴）；海军实验室（NAL）每年从政府获得

预算经费约10亿美元。

三是政府通过规划－计划－预算－执行系统（PPBE）按“计划”分配国防部经费资源，尽管项目采办大都采用招标制度，但这与其他行业完全以自由市场为杠杆的经济模式是不同的。

四是政府对先期技术研究和技术创新进行大笔投资，国防部设立了从事先期技术开展、技术演示验证的先期技术计划局（DARPA），支持国防先期技术的开发和创新活动；该机构所支付的研发经费占国防部科研费的很大比例。

五是政府在招投标上采取有限竞争方式。考虑国防工业基础的健全、稳定和未来应急能力以及某些特殊情况时，政府对有些项目采取有限竞争（例如指定少数企业参与竞争），甚至免除竞争而直接指定企业。此外，美国国防部大宗合同长期以来主要授给少数大型国防工业总承包/集成商，这与真正的自由市场竞争也有很大差别。

六是虽然美国武器装备研制生产是以私人企业完成合同为主，但仍有一批国有企业承担武器装备研制生产，其在获得政府的项目合同、基础设施建设、破产保护等方面均得到政府更多的支持。这些企业如从事舰艇建造与维修的海军船厂、多家弹药生产厂、空军部分维修厂、从事军用核产品生产的工厂等。

七是国防企业重大兼并活动需要经过政府批准或司法裁决。特别在国外资本进入美国国防工业时，美国政府往往要进行干预，常常需要通过司法裁决程序。

八是美国政府确定并动态修订军品和两用品清单，出台《美国政府常规武器转让政策》《军贸安全倡议》等政策，严格管制军品和关键技术出口（国务院负责军品出口管制，商务部负责两用品出口管理）。同时，政府大力推动军贸出口，特别是推动政府间协议军售（FMS），FMS在美国军售方面占绝大比例。

九是对参加武器装备或军工产品研制活动的企业，采取许可证制度。例如，即使是面向市场的商业航天制造与运行，航天企业也需要由联邦航空管理局、国务院等机构审批和发放生产许可证、航天发射许可证，从而对商业卫星、航天发射服务、相关地面设备及应用设备的研制生产等进行了有效的管理。

（五）定期进行能力评估

美国国防部每年都开展国防工业能力评估，向国会提交年度工业能力报告。美国国防部通过有针对性地开展工业能力评估，掌握国内国防工业装备开发与制造能力状况及未来潜在技术的开发能力情况，及时发现问题并采取补救措施。这有助于其促进国防工业基础的良性发展，为美国研制世界一流的国防装备与技术提供充分保证。

二、欧盟主要国家国防科研生产能力的监管特点

（一）不设专门管理国防工业的部级机构，通过武器装备采办和国防企业控股引导和影响国防企业的发展

法国政府不设专门管理国防工业的部级机构，政府通过武器装备采办和国防企业控股引导和影响国防企业的发展。国防部武器装备总署负责武器装备的采办，是国家采购武器装备的政府代表，并以独立的政府机构身份保留很大的自主权。根据法国国防部关于武器装备总署职责和组织机构的2005年政令第一条规定，武器装备总署署长担负“保持和发展国防所必要的技术和工业能力”的职责。常规武器的研制生产与采购均由武器装备总署负责管理；军用和民用核工业由法国原子能委员会负责管理，其中核武器项目在武器装备总署统一规划下由法国原子能委员会负责研究、设计、制造和维护；军用和民用空间系统的研制生产由法国国家空间研究中心负责管理。

（二）制定和发布军事计划指导工业与技术发展

与美国等多数西方国家不同，法国的国防工业活动不属于完全的自由市场经济活动，计划经济色彩浓厚，其管理体制也相对集中。法国国防工业活动基本是在国家有关规划与计划框架下运行的，这些规划与计划不仅明确相应时期国防工业活动的方向和重点，还给出国家的相关政策和经费支出力度，其中包括远景规划、长期规划、中期计划，如明确未来作战样式和国防需求、研究项目和研究的指导原则、远期目标能力的《30年远景规划》（每年修订）；决定法国国防工业与技术的发展方向和规模的5年期《军事计划法》（法国武器采购计划以法律形式出现，称为计划法，经费一旦确定不得轻易变更）。

（三）国家对国防工业实施宏观调控

“冷战”结束以来，法国开始改变过去对国防工业管得太宽太细的做法，实施以宏观调控为主的政策，减少对军工生产的直接参与和管理。法国的具体措施包括：一是由装备总署负责制定和发布国防工业发展政策，指导国防工业能力与结构的调整；二是将军工企业进一步推向市场，减少国家控股份额，主要军工企业陆续实现股票上市；三是统筹武器装备工业生产部门、武器采办主管部门和武器需求部门（参谋总长与三军参谋部），加强对武器装备计划、经费的管理和产品质量控制；四是调整企业资金结构，对大型军工企业以国家控股的方式实现股份化，引入大量私人资本。

（四）政府在军工企业中占有较高股份

在法国，承担武器装备科研生产任务的总承包商一般为国家参股的大型军工企业，或政府所有投资公司参股的大型军工企业。大型国防企业的大宗股份为政府所有，如泰雷兹集团公司、达索飞机公司、法国舰艇建造局、奈斯克特集团、欧洲航空防务与航天公司等，政府通过大型军工企业股权和代表影响军工企业。

（五）陆海空三军基本不设科研生产机构

国防科研生产任务由武器装备总署所属国家科研机构、试验中心和军外军工企业承担，陆海空三军基本不设科研生产机构，但参加部队系统和武器系统的设计和规划，参与武器装备研制、生产、试验、鉴定全过程的管理。武器装备总署通过科研合同对军外科研活动进行战略性控制。

（六）推行多年总订货制

法国部分武器装备订货实行多年总订货制，即在某一时期集中一次确定以后几年内的装备订货总量。从军方来讲，这样可以大大降低装备的成本；从制造商来讲，这样有利于组织批量生产和赢得效益（因多年总订货方法受国家预算法所规定的年度拨款制度制约，目前主要限于中小型项目）。

（七）实行招标制，通过平等竞争选择主承包商

法国国防工业的竞争政策长期以来并不突出，随着 20 世纪开始的国防工业改革的深入，国防部提出鼓励竞争的采办策略，发布公平竞争的规则，鼓励竞争。作为国家采购武器装备的总代表，武器装备总署对三军所需的武器装备的研制和生产都要制订采办计划，实行公开招标制度，确保合同签订的透明度，保证中小企业在国防科研项目中占一定比例，实现通过平等竞争选择主承包商。在法国，若主承包商一级只有一家时，要保证在欧洲范围进行招标；若主承包商在欧洲只有一家，该承包商必须与武器装备总署建立开放式的合作关系，要求价格的谈判和控制以及生产能力的合同目标都必须透明。主承包商负责选择分包商及其设备供应商，对于分系统和设备的竞争应最大限度地开放，引入以成本 - 价值分析为基础的竞争机制。

（八）政府在推动军贸销售方面发挥了重要作用

法国国防工业的国内市场相对较小，为维持一个独立自主和强大的国防工

业，需要依赖出口市场，因此推动武器装备出口是法国政府支持国防工业发展的重要工作。一是成立由总统、总理、国防部长、财政部部长等组成的武器出口工作领导小组。为扩大武器出口，政府还成立了由国防部长领导的部级军品出口委员会；二是政府在必要时给予政治上的支持，甚至以政府间协议的方式促成出口合同的签订；二是在制定新的武器发展计划时都把出口潜力考虑在内，政府和企业签订武器研制合同时首先要对武器系统的出口潜力做出评估，然后在此基础上确定分摊研发费用的比例；三是要求军队积极配合军品出口工作，并在武器装备总署内设国际发展局促进军贸出口；四是要求金融部门为军品出口提供更加有效的信贷保证。

（九）大力推进欧洲范围内的国际合作

法国积极推进欧洲防务和武器市场的一体化发展。其主战常规武器项目均可与欧盟国家分享技术成果和共同研制；一般装备则实行来源多元化，可从国际市场直接引进符合军队需求、价格合适的产品。某些涉及战略意义的敏感信息技术等，可同盟国合作开发，但法国必须拥有主导权。核武器及相关技术装备因涉及国家主权和根本利益，必须完全独立研制和生产。

（十）扶植、支持、利用和发挥国防工业组织在武器装备研制生产中起重要作用

法国国防工业系统的行业组织有两个层次：全行业的组织和分行业组织。如法国国防工业委员会（CIDEF，全行业的组织）、法国航空航天工业集团（GIFAS）、地面防务装备工业集团（ICAT）、海军舰船制造和武器装备工业集团（GICAN）等。这些机构每年就法国国防工业的发展现状、存在的问题进行评估分析，向行业成员和国家提出方针政策性建议。

三、俄罗斯国防科研生产能力的监管特点

（一）实行总统领导下较为集中的管理模式

为了解决职能部门管理环节多、关系协调难等影响国防工业发展的问题，俄罗斯大力调整了国防工业管理体制，撤并了一些部门，并将各职能部门管理国防工业的职能集中起来，实行总统领导下的纵向管理模式。如 2000 年 12 月，普京总统签署命令，国防部接管以前由工业、科学技术部承担的与外国军事合作的职能，构成总统—政府—军贸公司组成的三级纵向管理体制。又如，俄罗斯对建国初期的总统—国家安全会议—国防工业跨部门委员会—各职能部—各有关局—

相关生产科研机构的管理环节进行压缩,减少了中间层次。国防工业管理权力呈现两种走势:一是国防科研生产的规划及费用管理权有逐步向国防部集中的趋势;二是国防工业部门管理体制有由多个专业部门管理的设置向国家综合部门管理的设置转变的趋势,逐渐形成了总统领导下较为集中的国防工业管理模式,即:

国防部系列:总统—国防部—总装备部—各军种装备技术部—相关生产科研机构;

政府部门系列:总统—国家安全会议—联邦工业、科学技术部—五个国防局(弹药局、常规武器局、控制系统局、造船局、航空航天局)—相关生产科研机构;

对外合作系列:总统—国防部—对外军事技术合作委员会—俄罗斯国防出口公司—企业。

(二)在对国防工业进行战略重组的基础上,打造企业集团

俄罗斯制订了“2002—2006 年国防改革和发展”计划,决定对国防工业生产体系进行大规模重组和调整,形成大型企业集团。到 2006 年将在 10 个专业领域形成 41 ~ 55 家企业集团,解决国防工业生产体系的力量分散问题。

(三)逐步走向市场化、股份化、私有化

俄罗斯国防工业严格按市场经济规律办事,实行优胜劣汰,政府将大部分国有国防工业企业改造成股份公司,并允许私人、外资进入国防工业企业领域。俄罗斯在出口导向型企业的基础上成立控股公司,然后计划到 2004 年将国防工业企业的数量减少一半,并吸收国家、私人的投资和外资,对企业集团进行股份化,股份公司由 957 家减少到 247 家。

(四)向军民兼容方向发展

能军能民是俄罗斯国防工业的发展方向,因此,俄在重视军品生产的同时,更重视民品的生产。2001 年军工企业民品生产规模增长 16.5%,民品产值在全部军工企业产值中的比重 2000 年和 2001 年分别为 44% 和 47.8%。俄罗斯国防工业在整个国民经济中有着举足轻重的地位。国家经济增长、外汇来源以及经济领域几乎所有重要部门——运输业、无线电通信、燃料动力综合体和卫生保健等部门的技术更新,都取决于国防工业企业的发展水平。

第十一章 典型国家国防科研生产能力发展与监管对我国的启示

一、国防科研生产能力发展和监管的战略目标

围绕建设先进的国防科技工业的总体要求，把建设先进的国防科研生产能力作为转变国防科研生产能力建设方式的战略目标。从“先进性”的一般表征入手，提出先进国防科研生产能力的目标图像。

所谓“先进性”，是一个相对性概念，即与同类事物相比，处于发展进步前列的，属于“先进”；处于发展进步后端的，属于“落后”；处于中间状态的，属于“一般”。国防科研生产能力的“先进性”含义亦是如此，即先进的国防科研生产能力，是指其技术水平、组织方式以及产出效能，在总体上处于世界先进行列。

美国著名学者甘斯勒发表的一份国防工业基础问题研究“民主的弹药库：创造21世纪的国防工业”，审查了美国国防工业基础面临的各种挑战，并对国防工业及能力建设满足21世纪的挑战提出了一系列建议，在一定程度上对国防科研生产能力的“先进性”进行了表述。他在报告中指出：

• 用可用资源满足21世纪中期国家安全需要。

• 应是技术先进的，并不断调整，维持美国一贯的技术优势。

• 高度创新的（在体系结构、产品、工艺、应用上），关注改变游戏规则的技术，并制造这些创新技术演示验证样机。

• 破除当前军民技术融合的障碍，顺应国防工业全球化趋势，以从民用技术和全球技术的快速进步中获益，同时保护那些关键领域。

• 显著降低武器系统的单价，为我们的军队提供足够所需的装备。当前舰船、飞机的造价过高。为了能生产满足未来作战需要的足够装备，必须通过改进产品和工艺设计来降低单价。将来所有武器系统都要将成本当作重要要求。

• 在所有层级都保证竞争水平，在每一个关键领域必须至少有两家公司，但不一定都是总部设在本国的公司。

• 灵活的和响应快速的，必须能够跟得上对手变化的步伐，并意识到对手能够从全球技术市场快速获得技术，并创新应用。

• 足够健康，能够抵御当前环境中各种形式的缺陷，包括物理和赛博攻击、自然灾害、火灾、攻击、不断变化的地缘政治环境。

充分借鉴甘斯勒的观点，我们认为国防科研生产能力的先进性主要体现在以下几个方面：

一是高端性。科研生产设备设施的技术水平和人才队伍能力水平总体上世界一流，具有现代化科研与生产组织结构，具有与社会主义市场经济制度相适应的运行方式，与尖端技术、复杂系统和高端配套的要求相匹配。

二是可持续性。基础性、前沿性和关键性技术的储备充足，适应新一代装备发展需要。

三是集约高效性。结构布局集约高效，资源合理配置，统筹布局。

四是适应性。创新能力强、产出效能高、产品性能好，尖端技术和高端产品的产出满足装备建设的现实与未来需求等。

二、国防科研生产能力发展和监管的重点方向

（一）面向全国科技与工业范围进行能力布局，实现国防科研生产能力的统筹建设

打破传统国防科技工业范畴的限制，改变传统军工领域自成体系的全谱系建设能力的做法，将目光转向更广大的国家科技与工业基础上，特别要注重国家科技与工业中先进的能力要素的引入，包括人才的引进，技术的采用等，要充分利用民用领域的条件和渠道，解决制约武器装备建设和国防科研生产能力水平提升的瓶颈问题。动态调整优化国防科研生产能力结构，统筹利用军民两方面资源，提升国防科研生产能力水平。这一点也是美国政府近年来特别倡导的，在2010年美国国防部四年防务审查报告中强调，“虽然专门针对国家安全的创新成果往往出现在（纯军）的国防工业基础之中，但绝大多数能够维持我们技术优势的创新性和变革性部件、系统和方法都存在于民用市场、小型防务公司，或美国的大学。因此，国防部提出要努力建立相应的需求和专门的项目，以充分利用可供利用的整个工业基础，包括国防公司、纯粹的民用公司，以及越来越重要的创新型先进技术公司与研究所（有些机构既是公司又是研究所）”。

(二)进一步转变能力建设重心,强化多方位培育和保护,注重全要素能力建设

综合分析美国、欧洲、俄罗斯和日本等国家对于国防科研生产能力的论述,我们可以看出,各国所重视国防工业能力的重心往往并不仅仅是基础设施等,而是更多强调国防技术的先进性、人才技术能力的高水平、供应链的完备与健康、强大的研发能力、对战略性企业的保护等,更强调"软"能力的提升和全要素建设。因此,要转变以投资拉动为主、注重物质条件为主的"硬"能力建设的局面,将建设重心转向培育人才、技术、基础条件和运行管理方式有机结合的全要素能力上来。加大对人才发现、人才培养、科研活动、文化建设及完善组织管理运行等方面的"软"能力的投资支持力度。加强全要素能力保护,防止能力要素的缺失或流失,对武器装备建设造成不利影响。

(三)建立国防科研生产能力建设与监管的有机协调机制,以监管促建设

要把国防科研生产能力建设与国防科研生产能力监管有机结合起来,将政府投入形成的国防科研生产能力,以及由其他社会投入形成的国防科研生产能力都纳入监管范围,重点对核心能力建设形成的重要设备设施和核心技术实施有效监管,并加强核心人才管理。充分发挥政府对国防科研生产能力监管的各类手段,包括目录管理、登记管理、定期报告、审批管理、组织检查等方式,构成闭环式的管理体系,以确保核心能力的安全、有效。同时对政府投入与社会投入形成的国防科研生产能力,采取不同方式,实行分类监管,通过监管来保证国防科研生产能力建设的合理性和有效性。

三、国防科研生产能力发展和监管的一般原则

(一)与军事需求和武器装备创新发展要求相匹配

要把是否满足军事需求和武器装备创新发展要求作为判断转变国防科研生产能力建设方式成果的首要的标准。要将军事需求和武器装备创新发展的要求,进行逐层细化,分解落实。找出国防科研生产能力建设中的薄弱环节和存在问题,并进行适应性完善和系统解决。同时,要寻求能力建设促进创造需求的方式,解决单纯需求牵引造成的需求提不出来或提不准确的问题,重视能力供给,特别是技术创造需求的因素,并以此推动构建新的能力。

(二)与国防科技工业结构布局调整和体制改革相衔接

适应军事需求的变化,以及国家转变经济发展方式的总要求,国防科技工业

通过企业改造、科研院所改革以及投资体制改革等进行结构布局的调整和体制改革。国防科研生产能力建设方式的转变要与国防科技工业的调整改革有机衔接,处理好整体与局面的关系。既要为国防科技工业调整改革提供支撑,同时,也要充分利用国防科技工业改革为国防科研生产能力建设方式的转变创造有利条件。

(三)与军民融合式发展战略要求相适应

军民融合式发展战略,强调突破传统国防科技工业体系的观念,综合利用军用和民用优势科技资源,促进科技要素在军民之间的双向流动和转移,不断为形成"寓军于民"的开放式体系;另一方面通过实施军民两用技术发展战略,既吸收民用领域的科技优势,服务于国防建设,又发挥国防科技工业科技优势,促进国家战略性产业和高新技术产业的快速发展,为军工经济持续发展提供科技支撑。对于国防科研生产能力建设来说,要把打造开放式的能力体系,更多地利用国家工业能力基础,更多地利用民用技术、人才、设备设施资源作为重要的转变方向。

(四)与两化融合发展工业发展路线和工业转型升级战略相协调

两化融合发展和工业转型升级战略是有效提升国家工业能力的重大战略举措,强调以信息化带动工业化,以工业化促进信息化,推动工业化和信息建设的复合式发展,同时强调集约化发展,加大技术改造力度等。国防科技工业作为国家大工业的特殊组成部分,要在建设国防科研生产能力过程中,要以信息化为方向,着力建设以信息化为主导,把两化融合发展的工业发展路线和工业转型升级战略有效地予以贯彻。

四、处理好国防科研生产能力发展和监管几个方面的关系

(一)处理好政府主导与发挥市场基础作用的关系

关于政府和市场在国防工业建设和国防科研生产能力建设中定位与关系,一直是世界各国政府着力解决的问题,且对于相关问题的认识也随着环境和需求的变化而发生转变。如美国在其2010年《四年防务审查》报告中,就提出"要改正几十年来对美国国防工业基础的撒手不管的态度是不可能一蹴而就的,需要与工业界和国会长期合作才能改变现状。我们部队所依靠的各种产品和服务,需要国防部与工业基础建立一种完善的关系,既要考虑到促进民用技术的迅速发展,又要考虑国防部的独特需求。国防部要尽可能依靠市场力量来创造、塑造和维持工业与技术能力,但我们必须准备在绝对必要时进行干预,以创生或维

持竞争性、创新性和重要的工业能力”。

作为管理和服务主体，政府在国防科研生产能力建设中职能的发挥主要是通过政策和制度供给、资金投入、监督激励等手段引导国防科研生产能力建设方向，协调军队、市场、企业、社会等多方面关系。政府要在投资、规划、监管和服务等方面发挥引导和指导作用。英国政府就提出“政府将帮助维持一个有吸引力的整体环境，包括：通过国防部有针对性的投资刺激，保持科技领先；大力支持工业的融资、业务服务、设计和市场营销；高度熟练和灵活的劳动力；对国防和安全公司提供专门的出口支持”。

而市场的基础作用对于国防科研生产能力建设来讲更多的是对于一些市场手段运用，包括竞争、供需关系等，这些市场基础作用的发挥要在政府有效引导下进行，换句话说国防科研生产能力建设中的发挥市场基础作用，要在政府的强有力的干预下进行。是一种可控的市场行为。政府建设核心能力的目的是保持核心能力的底线，要保留最低限度，对于市场本身能形成的核心能力，要由市场来解决。政府管理的职责是不断发现和培育更多的核心能力，而不仅是对现有能力的维持和保护。

（二）处理好存量能力调整与增量能力牵引的关系

转变国防科研生产能力建设方式并不是完全在新增能力上下功夫，而是要把调整现有能力的结构和运行方式与在新增能力中贯彻新要求两者有机地结合起来，对于存量能力调整确实有困难的，再试图通过在增量能力建设逐步引导存量能力的调整。同时也要注重存量能力与增量能力的总规模，不能片面地强调通过增量能力建设，形成新的能力，而对存量能力兼顾不到位。

（三）处理好政府、军方、企事业单位之间的关系

一是把握好军地、政企、部际等关系，搞好总体协调，强化供需对接，从供需两个方面加强核心能力的论证，把握好军队建设需求和军工能力建设的关系，实现统筹发展，除加强政府与大型军工集团公司及成员单位的沟通协调外，还要加强政府与民营企业和科研机构、私营企业和科研机构等参与国防产品研制生产单位之间的沟通协调。美国国防业务委员会（DBB）战略关系模型特别小组 2008 年 7 月的报告指出，不与工业部门、作战指挥官、军队就未来作战需求进行良好沟通，供应商就难以明确如何优先投放其研发资源。国防部不给出明确导向，工业部门对于军事能力需求的超前塑造就可能导致技术超出需求，进而导致采办项目中的费用、进度、性能问题。报告同时指出，以前二者的联系是活跃的，如国防部长和/或部长助理每半年与重要国防工业领袖会面，提供政策指向，关键问